V&R

Innovative Methoden für den Lateinunterricht

Herausgegeben von

Julia Drumm und Roland Frölich

2. Auflage

Vandenhoeck & Ruprecht

Abbildungsnachweis: Dietmar Griese, Laatzen: S. 67, 72 (alle), 73 (alle), 324 – © Wolfgang Schnaubelt & Nina Kieser – Atelier Wild Life Art (Foto: Jutta Schweigert): S. 264 – Joanna Siemer: S. 49, 50 (alle) – Julia Drumm: S. 145, 338 – Roland Frölich: S. 136 (alle), 142, 159 (alle), 334 – Limesmuseum Aalen: S. 255, 256.

Redaktion: Jutta Schweigert

Mit 22 Abbildungen

Bibliografische Information der Deutschen Nationalbibliothek

Die Deutsche Nationalbibliothek verzeichnet diese Publikation in der Deutschen Nationalbibliografie; detaillierte bibliografische Daten sind im Internet über <http://dnb.d-nb.de> abrufbar.

ISBN 978-3-525-71047-0

Gesamtherstellung: ⊕ Hubert & Co, Göttingen

Gedruckt auf alterungsbeständigem Papier.

Inhalt

1 Vorwort *(Julia Drumm / Roland Frölich)* 7

2 Methodische Großformen 9

2.1 Einführung in die methodischen Großformen (Julia Drumm) 9

2.2 Handlungsorientierte Unterrichtsformen 14

2.2.1 Handlungs- und produktionsorientierter Literaturunterricht *(Philipp Wehmann)* 14

2.2.2 Szenische Interpretation (SzI) *(Joanna Siemer)* 32

2.3 Materialgestützte offene Unterrichtsformen 63

2.3.1 Lernzirkel (LZ) *(Julia Drumm)* 63

2.3.2 Freiarbeit (FA) *(Ingvelde Scholz)* 90

2.3.3 Wochenplan *(Marina Keip)* 103

2.3.4 Gruppenpuzzle *(Roland Frölich)* 131

2.4 Projektartige Unterrichtsformen 165

2.4.1 Projektunterricht und seine Abstufungen *(Roland Frölich)* 165

2.4.2 Projektorientierte Gruppenarbeit *(Roland Frölich)* 197

2.4.3 Vorhaben *(Roland Frölich)* 207

2.4.4 Projektorientiertes Übersetzungstraining *(Rolf Lotz)* 218

2.5 Außerschulische Unterrichtsformen 240

2.5.1 Museumsbesuche *(Joanna Siemer)* 240

2.5.2 Schulfahrten *(Bettina Münch-Rosenthal / Rolf Lotz)* 268

Anhänge zu Kap. 2.5 294

3 Methodische Elemente *(unter Mitarbeit von Martina Steinkühler)* 313

3.1 Einführung in die methodischen Elemente (Julia Drumm) 314

3.2 Übersicht über die Sozialformen 315

3.2.1 Klassenunterricht *(Joanna Siemer)* 317

3.2.2 Einzelarbeit (EA) *(Joanna Siemer)* 318

3.2.3 Partnerarbeit (PA) *(Julia Drumm / Ingvelde Scholz)* 319

3.2.4 Gruppenarbeit (GA) *(Julia Drumm / Ingvelde Scholz)* 320

3.3 Übersicht über die Aktionsformen 321

3.3.1 Schülervortrag, Referat, Präsentation *(Bettina Münch-Rosenthal)* 323

3.3.2 Lehrervortrag *(Roland Frölich)* ... 324
3.3.3 Unterrichtsgespräch *(Roland Frölich / Joanna Siemer)* 325
3.3.4 Rundgespräch *(Roland Frölich)* ... 326
3.3.5 Rollenspiel *(Roland Frölich)* ... 327
3.3.6 Szenische Elemente *(Joanna Siemer)* ... 328
3.3.7 Musikalische Elemente *(Stefan Kliemt)* ... 329

3.4 Übersicht über die Medien ... 330
3.4.1 Arbeitsblätter *(Joanna Siemer)* ... 332
3.4.2 Tafel und Folien *(Julia Drumm / Philipp Wehmann)* .. 333
3.4.3 Plakate *(Roland Frölich)* ... 334
3.4.4 Tonträger *(Martin Biastoch)* ... 335
3.4.5 Computer *(Tilman Bechthold-Hengelhaupt)* ... 336
3.4.6 Bilder *(Ingvelde Scholz)* ... 337
3.4.7 Lernspiele *(Julia Drumm)* ... 338

Zu den Autoren ... 339

Abkürzungen

AB:	Arbeitsblatt
EA:	Einzelarbeit
FA:	Freiarbeit
GA:	Gruppenarbeit
HA:	Hausaufgabe
KA:	Klassenarbeit
L 1:	Latein als erste Fremdsprache
L 2:	Latein als zweite Fremdsprache
L 3:	Latein als dritte Fremdsprache
LU:	Lateinunterricht
LZ:	Lernzirkel
ML:	Musterlösung
OHP:	Overhead-Projektor
PA:	Partnerarbeit
SzI:	Szenische Interpretation
TB:	Tafelbild
Tempz.:	Tempuszeichen
UE:	Unterrichtseinheit
WP:	Wahlpflicht

1 Vorwort

Ziel des Buches

Das vorliegende Buch will einen Beitrag zur Fortentwicklung des Lateinunterrichts leisten, indem es die bewährten und vielfach in der fachdidaktischen Literatur beschriebenen traditionellen Unterrichtsformen durch innovative Methoden ergänzt. Diese stammen überwiegend aus dem Bereich des »offenen Unterrichts« und sind in besonderem Maße schülerzentriert. Sie fordern die Kinder und Jugendlichen heraus, ihre Gaben und Fähigkeiten in ganz verschiedenen Bereichen einzubringen, und wollen ihnen helfen, einen Bezug zwischen dem Unterrichtsstoff und ihrem Lebensalltag herzustellen.

Auf diese Weise dienen die innovativen Methoden einerseits dem Erwerb von Fachwissen; andererseits vermitteln sie sog. Schlüsselqualifikationen wie Methodenkompetenz, Kommunikations- und Teamfähigkeit und eigenverantwortliches Arbeiten.

Die vorgestellten innovativen Methoden sind in anderen Fächern und Schularten zum Teil schon lange etabliert. In den letzten Jahren haben sie auch verstärkt in den Lateinunterricht Eingang gefunden und zur Lebendigkeit und Vielfalt des Unterrichts beigetragen. In diesem Buch werden verschiedene innovative Methoden und ihre Einsatzmöglichkeiten speziell im Lateinunterricht vorgestellt.

Aufbau und Charakteristik des Buches

Der erste Teil des Buches (Kap. 2) behandelt die methodischen Großformen Handlungs- und produktionsorientierter Literaturunterricht, Szenische Interpretation, Lernzirkel, Freiarbeit, Wochenplan, Gruppenpuzzle, Projektarbeit, Projektorientierte Gruppenarbeit, Vorhaben, Projektorientiertes Übersetzungstraining, Museumsbesuche und Schulfahrten.

Im zweiten Teil (Kap. 3) werden verschiedene konstitutive Elemente dieser Großformen, z. B. die einzelnen Sozialformen und ausgewählte Aktionsformen, sowie der Einsatz von Medien kurz charakterisiert.

Primat der Didaktik

Die Autoren möchten sich in ihrem Bestreben, innovative Ansätze für den Lateinunterricht zu beschreiben, nicht dahin missverstanden wissen, dass die Methode allein schon guten Unterricht bewirkt. Vielmehr gilt der Primat der Didaktik: Ausgangspunkt für die Unterrichtsplanung sind immer die fachlichen Inhalte bzw. Kompetenzen, die vermittelt werden sollen. Erst dann kann eine methodische Großform ausgewählt werden, die zu den Inhalten passt und die angestrebten Ziele am besten erreichen lässt. Inhalte dürfen nicht ausschließlich dazu ausgewählt werden, um eine bestimmte Methode einsetzen zu können.

Ebenso wenig geht es um ein Ersetzen oder eine Abwertung klassischer Methoden des Lateinunterrichts oder um ein Ausspielen verschiedener Methoden gegeneinander. Wir halten die innovativen Methoden für gleichberechtigt neben anderen Unterrichtsformen.

Dank

Wir danken allen, die an diesem Projekt beteiligt waren: den Autorinnen und Autoren für ihre Kreativität und Ausdauer, den Schülerinnen und Schülern[1] für ihre wertvolle Kritik und ihre vielen Anregungen sowie zahlreichen Kolleginnen und Kollegen, die mit Unterrichtsbeispielen und Hinweisen und durch viele kritische und anregende Gespräche das Buch bereichert haben, und nicht zuletzt dem Verlag Vandenhoeck & Ruprecht für die kompetente Betreuung und Begleitung.

Kaiserslautern, im Winter 2006 Julia Drumm und Roland Frölich

1 Um der besseren Lesbarkeit willen verwenden wir in den Texten dieses Buches in der Regel nur die männlichen Formen, wobei stets Schülerinnen und Lehrerinnen mit gemeint sind.

2 Methodische Großformen

2.1 Einführung in die methodischen Großformen

1. Definition »Methodische Großform«

Definition

Unter methodischen Großformen verstehen wir – in Anlehnung an die Definition von Hilbert Meyer[1] – komplexe Organisationsformen für eine UE, also z. B. ein Projekt, einen Lehrgang oder ein Trainingsprogramm, LZ-Arbeit oder eine Exkursion.[2] Innerhalb einer methodischen Großform kommen in der Regel unterschiedliche Sozialformen[3] und Handlungsmuster/Aktionsformen[4] vor. Eine Großform besteht aus mehreren Phasen[5] und beinhaltet den Einsatz verschiedener Medien.[6]

Beispiel

Methodische Großform: Lernzirkelarbeit			
Phase	**Sozialformen**	**Aktionsformen**	**Medien**
1. Einführung	Klassenunterricht	z. B. Lehrervortrag	z. B. Folie, Tafel
2. Arbeit am Lernzirkel	Einzelarbeit, Partnerarbeit, Gruppenarbeit	z. B. Textarbeit, gegenseitiges Abfragen, Rollenspiel	z. B. Arbeitsblätter, Karteikarten, Computer, Lernspiele
3. Auswertung	Klassenunterricht	z. B. Rundgespräch	z. B. Tafel

---

1 → Meyer (1994), 146: »Methodische Großformen des Unterrichts sind komplexe, historisch gewachsene und institutionell verankerte feste Strukturen der zielbezogenen Organisation thematisch zusammenhängender schulischer Aufgabenkomplexe.«

2 Meyer nennt als Beispiele für Großformen: Lehrgang, Trainingsprogramm, Projekt, Vorhaben, Kurs/Unterrichtseinheit/Lektion, Workshop, Klassenfahrten, Studienfahrten und Exkursionen, → Meyer (1994), 143–146.

3 Klassenunterricht, Einzelarbeit, Partnerarbeit, Gruppenarbeit → Kap. 3.2, S. 315–320.

4 Z. B. Referat, Lehrervortrag, Rundgespräch, Rollenspiel, → Kap. 3.3, S. 321–329.

5 Z. B. Einführung, Erarbeitung, Auswertung.

6 Z. B. Arbeitsblätter, Tafel, Folien, Bilder; → Kap. 3.4, S. 330–338.

2. Aufbau des Buches

In einem Bild gesprochen sehen wir eine methodische Großform als ein »Haus«, das aus einem Bausteinkasten gebaut wurde. Die verschiedenen »Bausteine« entsprechen methodischen Elementen wie Sozialformen, Aktionsformen oder Medien. Diese einzelnen »Bausteine« kann man später auch zum Bau eines ganz anderen »Hauses« verwenden.
Dementsprechend ist das vorliegende Buch in zwei Teile gegliedert. Im ersten Teil werden verschiedene methodische Großformen mit der ihnen eigenen Struktur und ihrem besonderen Charakter vorgestellt – im Bild gesprochen: die »Baupläne« für die einzelnen »Häuser« inklusive einiger repräsentativer Beispiele.
Der zweite Teil widmet sich den methodischen Elementen, die in allen Großformen vorkommen, und die darum zu einer Art »Nachschlagewerk« zusammengruppiert wurden.
Folgende Grafik verdeutlicht den Aufbau des Buches:

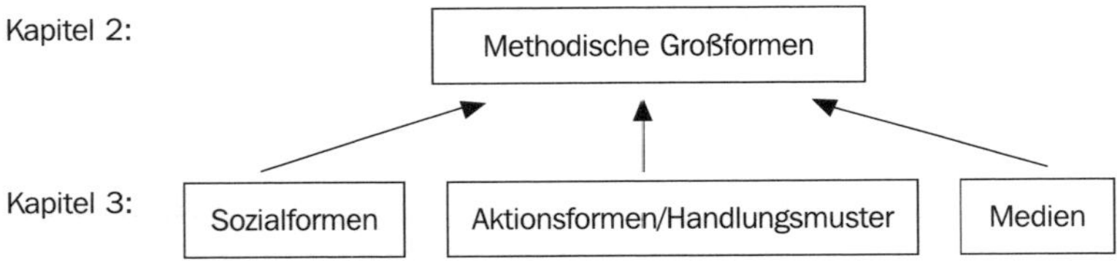

3. Auswahl der vorgestellten Großformen

Die vielen methodischen Großformen, von denen der Unterrichtsalltag geprägt ist, lassen sich in eher »geschlossene« und eher »offene« Formen einteilen. Kriterien dafür sind u. a. das Ausmaß an Selbsttätigkeit der Schüler und die Frage, welche Rollen Lehrer und Schüler im Lernprozess einnehmen.[7]
Die in diesem Buch vorgestellten methodischen Großformen gehören alle im weitesten Sinne dem Bereich »offene Unterrichtsformen«[8] an.

---

7 → Meyer (1994), 145; → Nissen, 5–16.

8 Grundidee des »offenen Unterrichts« ist die von den Reformpädagogen formulierte Erkenntnis, dass jedes Kind einen inneren Drang besitzt, Dinge zu erforschen und selbst schöpferisch tätig zu werden. Um dieses Potenzial der Kinder für den Lernprozess nutzbar zu machen, soll der Unterricht sich in besonderer Weise für die Interessen und Persönlichkeiten der Kinder öffnen. Diese Öffnung umfasst mehrere Dimensionen:
- Die inhaltliche Dimension: Öffnung des Unterrichts für Erfahrungen aus der Lebenswelt der Schüler
- Die methodische Dimension: Öffnung des Unterrichts für innovative Lernformen und für die Mitgestaltung des Unterrichts durch die Schüler

Sie lassen sich vier bestehenden Ausprägungen offenen Unterrichts zuordnen:

- Handlungsorientierte Unterrichtsformen:[9] Handlungs- und produktionsorientierter Literaturunterricht, Szenische Interpretation
- Materialgestützte offene Unterrichtsformen:[10] Lernzirkel, Freiarbeit, Wochenplan, Gruppenpuzzle
- Projektartige Unterrichtsformen:[11] Projektunterricht und seine Abstufungen, projektorientierte Gruppenarbeit, Vorhaben, projektorientiertes Übersetzungstraining
- Außerschulische Unterrichtsformen:[12] Museumsbesuche, Schulfahrten

Diese vier Gruppen seien im Folgenden kurz charakterisiert.

Handlungsorientierte Unterrichtsformen (→ Kap. 2.2)

Schwerpunkt der handlungsorientierten Unterrichtsformen ist die aktive, handelnde Auseinandersetzung mit einem Lerngegenstand, also ein ganzheitliches Lernen mit allen Sinnen. Dadurch sollen auch Verbindungen zur Lebenswirklichkeit des Schülers oder zur gesellschaftlichen Wirklichkeit ermöglicht werden.[13]
Ausgangspunkt für die beiden hier vorgestellten Großformen (handlungs- und produktionsorientierter Literaturunterricht → Kap. 2.2.1 und szenische Interpretation → Kap. 2.2.2) ist ein sprachlich und inhaltlich bereits erarbeiteter lateinischer Text aus dem Lehrbuch oder der Lektüre, der handlungsorientiert umgesetzt bzw. interpretiert wird.

- Die organisatorische Dimension: Öffnung des Unterrichts für veränderte Unterrichtsabläufe und -zeiten sowie für außerschulische Lernorte (→ Wallrabenstein, 54–55).

Damit einher geht eine veränderte Sicht der Lehrerrolle. Während der Lehrer bei geschlossenen Unterrichtsformen meist im Zentrum der Aufmerksamkeit steht und den Schülern den Stoff darbietet, tritt er bei offenen Formen in den Hintergrund. Die Schüler erarbeiten sich den Stoff selbstständig; der Lehrer wird zum Beobachter und Berater, der auf den Lernprozess eher indirekt durch das Bereitstellen von Arbeitsaufträgen und Material Einfluss nimmt. → Wallrabenstein, 107; → Hecker (1989), 27.

9 Die Grundidee des handlungsorientierten Unterrichts geht v.a. auf Herbert Gudjons zurück; → Meyer (1994), 214.

10 Materialgestützte offene Unterrichtsformen gehen u.a. zurück auf Ideen von Maria Montessori, Peter Petersen und Célestin Freinet; → Potthoff, Einführung, 214–217.

11 Wichtige Vertreter der Projektidee sind John Dewey und Johannes Bastian/Herbert Gudjons; → Potthoff, Einführung, 205–210; → Meyer (1994) 143–144.

12 Hinweise auf historische Einordnung und wichtige Vertreter → Meyer (1994), 144.

13 → Nissen, 10.

Materialgestützte offene Unterrichtsformen (→ Kap. 2.3)

Bei materialgestützten offenen Unterrichtsformen wird den Schülern zu einem bestimmten Unterrichtsthema ein großes, vom Lehrer vorbereitetes Angebot an Material zur Verfügung gestellt, anhand dessen sie selbstständig an dem Thema arbeiten. Es handelt sich also um forschend-entdeckendes, eher individualisiertes Lernen.
Je nach Ausprägung der einzelnen Großform (Lernzirkel → Kap. 2.3.1, Freiarbeit → Kap. 2.3.2, Wochenplan → Kap. 2.3.3 und Gruppenpuzzle → Kap. 2.3.4) gibt es dabei bestimmte Vorgaben und Rahmenbedingungen, z. B. bzgl. der Auswahl oder der Bearbeitungsreihenfolge von Aufgaben, bzgl. des zur Verfügung stehenden Zeitrahmens oder der zu wählenden Sozialformen.

Projektartige Unterrichtsformen (→ Kap. 2.4)

Ausgangspunkt für projektartige Unterrichtsformen sind ein bestimmtes Problem und damit verbundene Fragestellungen. In einem gemeinsamen Arbeits- und Lernprozess werden Lösungen erarbeitet, indem z. B. Gruppen gebildet, Material beschafft oder Arbeitsaufträge festgelegt werden. Das Ergebnis wird am Schluss in der Regel anhand eines selbst hergestellten Produktes präsentiert. Charakteristisch für diese Unterrichtsform ist das problemlösende Lernen innerhalb der Gruppe.
Vier Großformen werden vorgestellt (Projektunterricht → Kap. 2.4.1, projektorientierte Gruppenarbeit → Kap. 2.4.2, Vorhaben → Kap. 2.4.3 und projektorientiertes Übersetzungstraining[14] → Kap. 2.4.4), die sich unterscheiden im Grad der Lehrerlenkung und in der Art und Weise, wie sie organisatorisch und thematisch in den laufenden Unterricht eingebunden sind.

Außerschulische Unterrichtsformen (→ Kap. 2.5)

Das Besondere an diesen Großformen ist, dass außerschulische Lernorte mit in den Lernprozess integriert werden. In Ergänzung zur unterrichtlichen Arbeit findet eine reale Begegnung mit den Lernobjekten statt.
Die vorgestellten Konzepte (Museumsbesuche → Kap. 2.5.1 und Schulfahrten → Kap. 2.5.2) stellen dar, wie man die Begegnung mit antiken Objekten im Museum oder am originalen Ort gestalten und sie in den Unterricht einbinden kann.

14 Beim Konzept des projektorientierten Übersetzungstrainings handelt es sich streng genommen um eine Kombination zweier methodischer Großformen: Den Rahmen bildet die offene Form einer projektorientierten Unterrichtseinheit, der Kern entspricht der eher geschlossenen Form eines Trainingsprogramms.

4. Aufbau eines Kapitels

Zur ersten Orientierung steht am Anfang jeweils eine kurze Definition der vorgestellten methodischen Großform sowie die Gliederung des Kapitels.
Den Hauptteil des Kapitels bildet eine ausführliche Beschreibung der methodischen Großform. Besprochen werden u. a. die Einbettung in den LU, Lehrer- und Schülerrolle, Voraussetzungen, Konzeption und Vorbereitung sowie die Durchführung im Unterricht inklusive Nachbereitung und ggf. Benotung.
Die theoretischen Ausführungen werden ergänzt durch repräsentative unterrichtspraktische Beispiele aus der Lehrbuch- und der Lektürephase.

Literatur

Drumm, Julia: Erprobung der Unterrichtsform Lernzirkel zur Einführung grammatikalischer Phänomene. Pädagogische Hausarbeit zur Zweiten Staatsprüfung für das Lehramt an Gymnasien, Kaiserslautern 1998.

Groß, Engelbert (Hg.): Freies Arbeiten in weiterführenden Schulen. Hinführung – Begründung – Beispiele, Donauwörth 1992.

Gudjons, Herbert: Handlungsorientiert lehren und lernen. Projektunterricht und Schüleraktivität, 2. Auflage, Bad Heilbrunn/Obb. 1989.

Hecker, Ulrich (Hg.): Praxismappe Freiarbeit. Band 1, Mühlheim an der Ruhr 1989.

Hecker, Ulrich (Hg.): Praxismappe Freiarbeit. Band 2, Mühlheim an der Ruhr 1990.

Meyer, Hilbert: Unterrichtsmethoden I: Theorieband, 6. Auflage, Frankfurt am Main 1994.

Meyer, Hilbert: Unterrichtsmethoden II: Praxisband, Frankfurt am Main 1987.

Nissen, Peter: Öffnung von Unterricht, in: AU 1/1997, 5–16.

Peterssen, Wilhelm H.: Methoden-Lexikon, in: Friedrich Jahresheft 1997, 120–128.

Potthoff, Willy: Einführung in die Reformpädagogik. Von der klassischen zur aktuellen Reformpädagogik, 2. Auflage, Freiburg 1994.

Potthoff, Willy: Freies Lernen – verantwortliches Handeln, 2. Auflage, Freiburg 1994.

Potthoff, Willy: Grundlage und Praxis der Freiarbeit, 4. Auflage, Freiburg 1992.

Wallrabenstein, Wulf: Offene Schule – Offener Unterricht. Ratgeber für Eltern und Lehrer, Reinbek bei Hamburg, 4. Auflage 1994.

2.2 Handlungsorientierte Unterrichtsformen

2.2.1 Handlungs- und produktionsorientierter Literaturunterricht

Ausgangspunkt für diese methodische Großform ist der bereits erschlossene Inhalt eines lateinischen Textes aus der Lehrbuch- oder der Lektürephase. Diese Textvorlage wird von den Schülern verfremdet oder in andere Gestalt übertragen.

1. Definition und Ziele des handlungs- und produktionsorientierten Literaturunterrichts
2. Möglichkeiten des handlungs- und produktionsorientierten Unterrichts
   - Freies Schreiben
   - Szenisches oder musisches Gestalten
   - Grafisches Gestalten
3. Einbettung in den LU
   - Geeignete Texte
   - Planungen im Vorfeld
   - Durchführung
4. Präsentation und Evaluation der Ergebnisse
5. Beispiele für handlungs- und produktionsorientierte Unterrichtsreihen
   - Lehrbuchphase: »Hercules am Scheideweg«
   - Lektürephase: »Hyginus, Fabulae – Faszination Mythos«

1. Definition und Ziele des handlungs- und produktionsorientierten Literaturunterrichts

Definition

Beim handlungs- und produktionsorientierten Literaturunterricht[1] verlassen die Schüler das übliche Schema der passiven Rezeption literarischer Inhalte, um stattdessen ihre Vorlagen zu verfremden und in andere Gestalt zu übertragen, indem sie auf ihr persönliches Erfahrungs-

1 Der handlungs- und produktionsorientierte Literaturunterricht steht in einer Tradition, die auf die Produktionsdidaktik des 17. und 18. Jahrhunderts zurückgeht. Diese wurde im 19. Jahrhundert weitgehend zurückgedrängt, bis am Anfang des 20. Jahrhunderts die Kunsterziehungsbewegung und die neue Schreibdidaktik frische Impulse setzten. Auch diese Anstöße gingen jedoch wieder verloren; erst Mitte der zweiten Hälfte des 20. Jahrhunderts wurden die verschiedenen Fäden wieder aufgenommen und weiterentwickelt. Dabei hat das 1971 von → Haas entwickelte Konzept des handlungs- und produktionsorientierten Unterrichts Parallelen mit ähnlichen Ansätzen bzw. bekam Anregungen durch sie; zu nennen wären hier die Freinet-Pädagogik, der »Offene Unterricht«, das »Praktische Lernen« und das »Kreative Schreiben«. → Haas, 7 ff.

und Ausdrucksbedürfnis zurückgreifen. (→ Möglichkeiten dazu S. 16–17.) Dabei liegt ein Schwerpunkt auf den konstruktiven Fähigkeiten der Schüler, da sie, von dem ihnen vorliegenden Text ausgehend, etwas ganz Eigenes gestalten. Ziel ist es, dass die Schüler einen intensiven Kontakt mit der Vorlage und ihrem Inhalt durch handelndes Reagieren auf sie und produktives Agieren mit ihr herstellen. So wird Verschiedenes möglich: Entwicklung von Lesebereitschaft und -fähigkeit, eine stärkere Verbindung von Lesen und eigener Erfahrung, Ausbildung sowohl der emotiven als auch der kognitiven Möglichkeiten und die Fähigkeit, sich in fremde Sichtweisen hineinzuversetzen und diese nachzuvollziehen.[2]

Ziele

Im LU liegt der Schwerpunkt auf der Lektüre antiker Texte. Das Konzept des handlungs- und produktionsorientierten Literaturunterrichts eröffnet dabei die Möglichkeit, Zugang zu der für die Schüler fremden Welt dieser antiken Texte zu finden, diese vom eigenen Standort aus zu betrachten und sich reflexiv und kreativ mit ihr auseinanderzusetzen. Alle, schnelle wie langsame Lerner, können daran teilhaben, ihre individuellen Fähigkeiten entfalten und zu einem ganz eigenen Ergebnis kommen, da nie nur eine Lösung akzeptabel sein kann.[3] In dieser Motivation liegt ein ganz bedeutender Vorteil der hier vorgestellten Methode.
Die Möglichkeiten des Handelns und Gestaltens sind vielfältig, lassen sich jedoch in drei Gruppen einteilen.[4]

2. Möglichkeiten des handlungs- und produktionsorientierten Unterrichts

Freies Schreiben

Freies Schreiben hat das Ziel, den Text zu verfremden. Die Textverfremdung kann variieren in Bezug auf

- die erzählte Zeit;
- den im Original vorkommenden Ort;
- die Erzählperspektive;
- den Entwicklungs- bzw. Kenntnisstand des jeweiligen Protagonisten;

---

2 Ausführlicher dazu → Haas, 39 ff.

3 → Pfeiffer, 2. Einwände gegen den handlungs- und produktionsorientierten Literaturunterricht widerlegen → Haas/Menzel/Spinner, 12–15 überzeugend.

4 Eine Auflistung aller Möglichkeiten kann an dieser Stelle nicht erfolgen. Nähere Informationen finden sich u. a. bei → Haas, 53–199; → Haas/Menzel/Spinner, 14 (mit einer detaillierten Übersicht über die wichtigsten Verfahrensweisen des handlungs- und produktionsorientierten Literaturunterrichts) sowie → von Werder passim. Speziell für den LU zeigt das AU-Heft 6/1999 einige interessante Beispiele auf.

- die Personenkonstellation;
- das Entwicklungsstadium der geschilderten Konflikte oder Themen.

Das Ergebnis einer solchen Verfremdung kann aus einem Parallel- oder einem Gegentext bestehen, je nachdem ob die Textaussage bei aller Verfremdung übernommen oder abgewandelt wird.[5]
Im Folgenden einige Möglichkeiten der Textverfremdung:

- Einen Text zu Ende schreiben
- Einen Zwischentext verfassen, beispielsweise die Ereignisse zwischen zwei Stationen einer Handlung oder eines Gesprächs mit eigenen Worten wiedergeben
- Einen inneren Monolog in Form eines Tagebucheintrags oder eines Briefes verfassen
- Einen Text oder eine Textaussage als Zeitungsbericht wiedergeben
- Eine Parodie verfassen
- Die Figur einer Handlung anklagen oder verteidigen
- Ein Gedicht zu einer Textaussage verfassen; dies kann in freierer oder in stärker formalisierter Form geschehen, wie z. B. in:
  - Einem Elfchen: Ein Elfchen ist ein Gedicht, das aus elf Wörtern und fünf Zeilen besteht, wobei die Aufteilung der Wörter auf die Zeilen nach dem Muster 1–2–3–4–1 erfolgt.[6]
  - Einem Haiku: Ein Haiku ist eine aus Japan stammende »Rede in Versen«,[7] die aus 17 Silben und drei Zeilen besteht, wobei die Aufteilung der Silben auf die Zeilen nach dem Muster 5–7–5 erfolgt.[8]
  - Einem Akrostichon: Ein Akrostichon ist ein spielerisches Gedicht, bei dem ein Wort senkrecht geschrieben wird. Jeder Buchstabe bildet nun den Anfang eines neuen Verses.
- Personenverzeichnisse oder Steckbriefe erstellen

---

5 → Beispiel S. 21.

6 Es gibt auch inhaltliche Festlegungen (→ Haas, 84), die jedoch im Rahmen des handlungs- und produktionsorientierten Literaturunterrichts vernachlässigenswert erscheinen. Gerade bei den ersten Begegnungen mit dem Gedichteschreiben kann es jedoch sinnvoll sein, bestimmte Vorgaben zu machen → Beispiel für eine Aufgabenstellung, S. 18.

7 → Lamping, zit. n. → Wittbrodt.

8 Das Haiku beschreibt in seiner strengen Form ein Naturerlebnis in einer bestimmten Jahreszeit (→ Wittbrodt passim); möchte der Lehrer sich jedoch nicht diese feste Thematik, sondern lediglich die strenge Form des Haikus zunutze machen, die den Schülern mehr Orientierung als eine freiere Gedichtform bietet, ist auch diese Vorgehensweise möglich und legitim. Ein entsprechendes Beispiel → S. 21.
Interessant zum Thema »Haiku« ist auch die Internet-Seite → http://www.haiku-heute.de (10.4. 2005).
Zu Elfchen und Haiku und deren Verwendung im Unterricht → Poier passim.

Szenisches oder musisches Gestalten

- Einen Text in rhythmischer (Partitur) oder szenischer (Pantomime) Form umgestalten[9]
- Einen Text vertonen, z. B. mit Orff-Instrumenten[10]
- Eine Szene oder Geschichte dialogisieren
- Ein fiktives Interview mit einem der Protagonisten führen
- Ein Streitgespräch aus Sicht der Protagonisten führen
- Ein Standbild bauen[11]
- Ein Rollenspiel gestalten und darstellen[12]
- Einen Text/Textabschnitt in eine Bühnenszene umschreiben und spielen
- Ein Theaterstück, Hörspiel oder Drehbuch zur Textvorlage verfassen und darstellen.

Grafisches Gestalten

- Eine Textaussage als Bildergeschichte oder Comic gestalten
- Einen Fotoroman zu einem Text konzipieren
- Zu einem Text ein Werbeplakat, eine Illustration, ein Filmplakat oder ein Bühnenbild entwerfen
- Eine Bild- oder Text-Bild-Collage zu einer Textaussage erstellen

Fächerübergreifendes und Fächer verbindendes Lernen

Wie aus den dargestellten Möglichkeiten ersichtlich wird, bietet sich der handlungs- und produktionsorientierte Literaturunterricht auch für fächerübergreifenden oder -verbindenden Unterricht an: die Fächer Deutsch (eingeschränkt auch die modernen Fremdsprachen), Kunst, Musik, Darstellendes Spiel, Religion und Philosophie können in entsprechende Unterrichtsreihen mit einbezogen werden. Allerdings muss das Problem überwunden werden, dass das Fach Latein oft nicht im Klassenverband unterrichtet wird. Gelingt dieser organisatorische Spagat, so können Vorbereitung wie praktische Umsetzung sowohl auf zwei (oder auch mehrere) Fächer verteilt als auch – in noch engerer Zusammenarbeit zwischen den Lehrern – parallel und im besten Fall sogar im Team-Teaching unternommen werden.
Besonders das Fach Deutsch bietet viele Anknüpfungspunkte für die hier dargestellte Methode, zu denen insbesondere das Verfassen von Gedichten gehört. Dazu ein Beispiel:

---

9 → Ausführliche Darstellung in Kap. 2.2.2, S. 32–62.
10 → Kap. 3.3.7, S. 329.
11 → Kap. 2.2.2, S. 47.
12 → Kap. 3.3.5, S. 327.

Arbeitsblatt für eine 8. Klasse: Elfchen

Ein Elfchen-Gedicht zum Thema »Virtus«

Elfchen sind Gedichte, bei denen für jede Zeile eine bestimmte Ordnung vorgegeben ist:

1. Zeile: das Wort, über das ihr schreibt
2. Zeile: zwei Eigenschaftswörter, die dieses Wort näher bezeichnen
3. Zeile: drei Wörter, die mit dem beschriebenen Wort zu tun haben
4. Zeile: vier Wörter, die mehr über das beschriebene Wort aussagen
5. Zeile: ein Wort, das den Abschluss darstellt.

Ihr seht, es ist nicht schwer. Versucht also, ein Gedicht dieser Art über die Virtus zu schreiben!

Schülerbeispiel einer Achtklässlerin: Elfchen

Tugend
realitätsgetreu, ehrlich
Willen, Nützlichkeit, Unsterblichkeit
anderen gegenüber hilfsbereit sein
Hercules

3. Einbettung in den LU

Textbezug

Ausgangspunkt der hier beschriebenen Methode ist der bereits erschlossene Inhalt des lateinischen Textes. Die Interpretation, die in den verschiedenen Formen der Texterschließung bereits bis zu einem gewissen Grad erfolgt ist, setzen die Schüler selbsttätig fort. Einzelne Aspekte der philologisch-historischen Werkinterpretation, der biografischen, der soziologischen wie auch – allerdings unter größerem Aufwand – der motiv- oder rezeptionsgeschichtlichen Interpretation können in handlungs- und produktionsorientiertem Unterricht entwickelt bzw. weiterentwickelt werden.[13]

Kriterien für geeignete Texte

Diese Methode kann sowohl in der Lehrbuch- als auch in der Lektürephase eingesetzt werden. Am besten geeignet sind Stoffe, die sich mit Gefühlen auseinandersetzen oder mit anderen Inhalten, die für die Schüler eine ausreichende Aktualität besitzen. Zur ersten Gruppe zählen u. a. lyrische Texte und Briefe (Ovid, Catull, auch Teile des Plinius-Werks), zur zweiten u. a. solche, die philosophische Inhalte trans-

13 Die Erarbeitung der Stellung eines Werks in der Literaturgeschichte, wie es die gattungs- und literaturgeschichtliche Interpretation vorsieht, erscheint mit der hier dargelegten Methode nur schwer machbar, da diese sowohl auf eine philologisch-historische Interpretation als auch auf den Vergleich von Werken bzw. Werkabschnitten zurückgreifen muss.

portieren, wie entsprechende Monografien (Cicero), Fabeln (Phaedrus), mythologische Texte (Hygin), Komödien (Terenz und Plautus) und Briefe (Seneca). Bei Texten v.a. geschichts-, politik- oder naturwissenschaftlicher Art, also solchen, die zum einen weniger subjektiv sind und zum anderen die Emotionen der Schüler weniger ansprechen, erscheint es schwieriger, eine ganze Reihe nach diesem Konzept durchzuführen. Einzelaspekte können jedoch auch bei solchen Texten handelnd-produktiv erarbeitet werden.[14] Dies zeigt das folgende Beispiel.[15]

Arbeitsblatt für eine 11. Klasse: Charakterisierung

Charakterisierung der Sempronia

Ihr habt in Sallust, Catilina 25 die Sempronia kennen gelernt. Eure Aufgabe ist es nun, eine Textform zu finden, die es euch ermöglicht, verschiedene Seiten dieser Frau darzustellen. Verfasst dann einen entsprechenden Text. Zieht auch weitere Informationen aus Fachliteratur, Lexika, Internet usw. hinzu.

Schülerbeispiel einer Elftklässlerin

Meinungsumfrage über Sempronia

Aktueller Freund:
Sempronia ist eine der schönsten Frauen, die ich kenne. Man könnte meinen, dass sie nur Schönheit und eine adlige Herkunft, also Geld, zu bieten hat; doch so ist es nicht!! Sempronia ist sehr intelligent – sie beschäftigt sich mit griechischer und lateinischer Literatur. Darüber hinaus ist sie künstlerisch sehr begabt: Sie tanzt sehr gut und spielt Leier. Sie ist eine rundum tolle Frau, weshalb ich auch mit ihr zusammen bin!

Ehemaliger Geliebter:
Sempronia ist eine falsche Schlange. Ihr ist jedes Mittel recht, um an ihre Ziele zu kommen. Sie weiß natürlich, wie sie aussieht und welche Wirkung sie auf Männer hat. Ich muss gestehen, dass ich auch zu jenen gehöre, die sie um den Finger gewickelt hat: Sie hat mich nur benutzt!!

---

14 → Beispiel der Attilius-Regulus-Episode aus Ciceros *De officiis* bei → Niemann, 63–64.

15 Diese Aufgabe lässt sich sowohl im Zusammenhang mit Ciceros Reden gegen Catilina als auch mit Sallusts *De coniuratione Catilinae* bearbeiten. Das abgedruckte Beispiel stammt von Laura Hallauer, Gymnasium Ramstein-Miesenbach, LK Latein, Abitur 2007.

Catilina:
Sempronia ist eine hübsche und intelligente Frau. Außerdem gehört sie zu meinen treuesten Anhängern. Auf sie ist immer Verlass. Sie war einmal Zeuge eines Mordes und hat diesen nicht gemeldet, nur um mir zu helfen. Außerdem steht sie einem Mann in Sachen Kühnheit in nichts nach.

Frau eines Verehrers:
Wenn ich diesen Namen schon höre, wird mir schlecht. Sempronia hatte eine Affäre mit meinem Mann. Sie hat mich sehr gedemütigt. Doch ich bin kein Einzelfall. Hier geht es vielen so.

Ehemalige Freundin:
Sie war einmal meine beste Freundin. Wir waren immer füreinander da. Ich habe ihr mehrmals geholfen, da sie sich in einem finanziellen Engpass befand. Doch mein Geld habe ich nie wieder bekommen. Und das, obwohl wir beste Freundinnen waren und sie mir versprochen hatte, das Geld zurückzugeben.

Einbettung im Unterricht – Lektürephase

Handlungs- und produktionsorientierter Literaturunterricht kann sowohl eine ganze Unterrichtsreihe ausmachen als auch eine mehr oder weniger untergeordnete Einbettung in eine übergeordnete UE erfahren. Eine komplette Unterrichtsreihe mit diesem Schwerpunkt bietet sich v.a. für eine Übergangs- oder Hauptlektüre an (→ Beispiel 2, S. 29–30), da hier das sprachliche Moment etwas in den Hintergrund tritt. Freilich müssen sich die Schüler in dieser Phase noch an die sprachliche Komplexität der Originallektüre gewöhnen und verschiedene grundlegende Interpretationsschritte kennen lernen, sodass hier auch auf die Vielfalt von Interpretationsansätzen innerhalb einer Unterrichtsreihe geachtet werden sollte.

Einbettung im Unterricht – Lehrbuchphase

In der Phase des Spracherwerbs hingegen liegt ein gewichtiger Schwerpunkt auf der Grammatikarbeit, während in einer auf Handlungs- und Produktionsorientierung hin konzipierten Reihe durch die intensive inhaltliche Arbeit das (fremd-)sprachliche Element in den Hintergrund treten muss. Daher bietet sich diese Konzentration auf das Inhaltliche nur bei Lektionen an, in denen – die inhaltliche Ergiebigkeit vorausgesetzt – grammatisch weniger anspruchsvolle Themen behandelt werden (→ Beispiel 1: »ferre« sowie Konjunktiv Imperfekt/Plusquamperfekt in Konditionalsätzen). Möglich ist es jedoch auch, dass die Schüler zu einzelnen ausgewählten Aspekten eines Textes/einer Lektüre eigene Produkte hervorbringen, was sich besonders für den Abschluss der inhaltlichen Arbeit anbietet. So wird im folgenden Beispiel die Geschichte vom Damokles-Schwert resümiert:

Arbeitsblatt für eine 9. Klasse: Tagebucheintrag

> Tagebucheintrag des Dionysius
>
> Versetzt euch, nachdem wir die Geschichte von Damokles und Dionysius gelesen haben, in die Person des Königs und verfasst aus seiner Sicht einen Tagebucheintrag an dem Abend, an dem er seinen Thron wiedererlangt hat. Lasst Dionysius seine Gedanken wiedergeben, die ihn beim Tausch seines Thrones bewegt haben.

Schülerbeispiel einer Neuntklässlerin

> Liebes Tagebuch,
>
> heute war Damokles bei mir. Von dem habe ich dir doch vor ein paar Tagen geschrieben. Ich habe ihm heute erlaubt, mein Leben zu testen. Es wurde köstliches Essen hergerichtet, er durfte meine Möbel benutzen und die Diener gehorchten nur ihm. Dann habe ich an einem Rosshaar ein Schwert über ihm aufgehängt. Weißt du, wieso ich das gemacht habe? Er sollte erfahren, dass das Leben als Herrscher auch nicht immer einfach ist. Du hättest sein Gesicht sehen müssen. Als er ging, hat er gesagt, dass er mich nie wieder beneiden wird, weil er trotz der vielen guten Seiten nicht so viel Verantwortung tragen will.
> Als er weg war, habe ich ihn ausgelacht. Der hat das alles wirklich geglaubt. Als ob ich die ganze Verantwortung tragen würde, dafür habe ich genug andere Leute, die ich bei einem Fehler feuern kann. Aber es ist gut, dass er glaubt, mein Leben sei nicht ganz so schön, denn dann kommt er nicht auf die Idee, mir meinen Posten streitig zu machen. Ein Hoch auf die naiven Menschen!
> Ich hoffe, du verzeihst mir meine Lüge gegenüber Damokles, aber ich möchte mein Leben ohne viele Neider genießen.
> Das war ein wunderschöner Tag! Bis morgen,
> dein ICH![16]

Aber auch als Einstieg in eine Thematik kann unsere Methode dienen, um beispielsweise auf das Thema »Goldregen« hinzuführen:

Schülerbeispiel einer Elftklässlerin: Haiku

> Goldregen
>
> Gold regnet herab
> Werd' ich reich, werd' ich glücklich
> Doch fehlt mir so viel.[17]

16 Das Beispiel stammt von Melanie Müller, Gymnasium Ramstein-Miesenbach.

17 Zum entsprechenden Arbeitsauftrag und seiner Einbindung in die Unterrichtssequenz → S. 30.

Planungen im Vorfeld

Die Planung des Lehrers muss außer die oben dargestellten inhaltlichen Aspekte auch die folgenden mit einbeziehen:

- Zeiteinteilung: Wer sich für handlungs- und produktionsorientierten Unterricht entscheidet, muss sich darüber im Klaren sein, dass dieser, für eine ganze Unterrichtsreihe konzipiert, relativ zeitaufwändig ist. Umso wichtiger ist es, feste zeitliche Vorgaben zu machen und darauf zu achten, dass diese eingehalten werden. Dies wird erleichtert, wenn die Schüler einen Teil der Kreativaufgaben als HA erledigen. Erfahrungsgemäß machen sie solche Arbeiten recht gern und es bleibt genug Zeit zur Präsentation einer angemessenen Zahl von Schülerarbeiten.
- Materialbeschaffung: Gerade wenn auch bildliche Herangehensweisen wie Collage oder Fotoroman oder Verfahren der bildenden Kunst Anwendung finden sollen, muss der Lehrer im Voraus planen, über die Bereitstellung der technischen Ausrüstung nachdenken und rechtzeitig Aufträge zum Sammeln von Material erteilen.[18]
- Methodenkompetenz: Wichtig ist auch, welche Erfahrungen die Schüler bereits mit dem eigenverantwortlichen Lernen und im Umgang mit den verschiedenen Arbeitsformen haben. Davon hängt ab, wie frei der Lehrer die Schüler arbeiten lassen kann bzw. welche Vorgaben er machen muss. Die Lenkung der Schüler durch den Lehrer kann in unterschiedlichem Maße erfolgen:
  - Nach Übersetzung und Interpretation erschließen die Schüler einen Text oder eine Textaussage produktiv. Dabei können sie zwischen verschiedenen Aufgabentypen wählen, sind aber in Bezug auf die vom Lehrer vorgegebene Problemstellung festgelegt.
  - Nach Übersetzung und Interpretation entscheiden die Schüler selbstständig, wie sie den Text weiter bearbeiten. Sie suchen sich dazu zu der vorher gemeinsam erarbeiteten Textaussage eine eigene Fragestellung, formulieren diese und erarbeiten sie produktiv. Dies setzt die Kenntnis verschiedener Möglichkeiten voraus.
  - Nach der Übersetzung bearbeiten die Schüler den Text selbstständig. Sie finden einen eigenen Interpretationsansatz, formulieren ein Problem und stellen sich dazu eine Aufgabe, überlegen sich deren kreative Umsetzung und führen diese durch. Dies setzt Übung und Selbstständigkeit voraus.[19]

---

18 Bei materialaufwändigem Arbeiten ist auch der finanzielle Aufwand in Betracht zu ziehen.

- Sozialform: Die Wahl der Sozialform hängt von der Methoden- und Sozialkompetenz der Lerngruppe sowie den Formen des Handelns und Gestaltens ab, für die sich die Schüler entscheiden. So ist die EA (→ Kap. 3.2.2, S. 318) für das Verfassen eines Briefs, eines Tagebucheintrags oder eines Gedichts (→ S. 18) eher sinnvoll, die PA (→ Kap. 3.2.3, S. 319) oder GA (→ Kap. 3.2.4, S. 320) z. B. für das Verfassen eines Theaterstücks oder einer Bildergeschichte. Je weniger Lenkung eine Lerngruppe benötigt, desto eher bietet sich eine GA an.

Durchführung

Die Durchführung der handlungs- und produktionsorientierten Arbeit am lateinischen Text selbst setzt zunächst dessen Übersetzung voraus. Danach lässt sie sich in vier bis fünf Phasen gliedern:

- Interpretation (je nachdem, für welche Stufe der Lenkung der Lehrer sich entscheidet)
- Formulieren einer Problem- und/oder Aufgabenstellung
- Kreative Auseinandersetzung mit dem Problem bzw. der Aufgabe
- Präsentation des Ergebnisses
- Evaluation der Methode, der Schülerarbeit, der Arbeitsergebnisse und ggf. der Präsentationen

In der Planungs- und in der Evaluierungsphase muss sich der Lehrer am stärksten einbringen.
Während der kreativen Phase sollten die Schüler weitgehend allein arbeiten; der Lehrer beschränkt sich auf Hilfestellungen (z. B. in Bezug auf die von den Schülern gewählte Ausdrucksform), organisatorische Hinweise (v. a. bei GA, in Bezug auf die Planung der Präsentation usw.) und die Lösung von Disziplinproblemen, die durch die Freiheit während der selbstständigen Arbeit auftreten können.
Der Ablauf der Präsentationsphase ist abhängig von der Problemstellung und deren praktischer Umsetzung. Je stärker die Lenkung des Lehrers ist, desto leichter lässt sich die Präsentationsphase im Vorfeld planen. Haben die Schüler jedoch weitgehend freie Wahl ihrer Mittel und Methoden bekommen, kann der Lehrer – ggf. nach Rücksprache mit den Schülern – erst im Verlauf der selbsttätigen Arbeit über den Ablauf der Präsentation entscheiden und entsprechende Rahmenbedingungen vorbereiten.

---

19 → Pfeiffer, 3–4.

4. Präsentation und Evaluation der Ergebnisse

Möglichkeiten der Präsentation

Für die Präsentation schriftlicher und grafischer Arbeitsergebnisse ist zunächst der Schülervortrag im Rahmen des Unterrichts zu erwähnen, der sich v.a. für szenische wie musische Ergebnisse am ehesten anbietet. Darüber hinaus gibt es jedoch noch zahlreiche weitere Möglichkeiten. Dazu zählen u.a.:

- Gestaltung eines Hefts oder einer Arbeitsmappe
- Zusammenstellung einer Zeitung oder einer Wandzeitung
- Vorbereitung einer Ausstellung auf Wandtafeln oder in Schaukästen
- Organisieren eines Lesenachmittags oder -abends
- Erstellung einer Computerpräsentation mithilfe beispielsweise des Power-Point-Programms; die Präsentation kann ggf. auch auf der Homepage der Schule veröffentlicht werden.
- Vorbereitung einer multimedialen Zusammenschau: Bei dieser sehr reizvollen, aber auch aufwändigen Form der Präsentation werden die verschiedenen Arbeitsprodukte, seien sie schriftlicher, musischer, szenischer oder grafischer Art, zu einem vorher festgelegten Zeitpunkt geschlossen nebeneinander präsentiert. Dies kann bei einem Schulfest, im Rahmen eines Elternabends oder auch innerhalb der Schulklasse geschehen.[20]

Evaluation

Gerade wenn die Schüler mit Engagement bei der Sache waren, akzeptieren sie es nur in Ausnahmefällen, wenn ihre im Unterricht erbrachten Leistungen nicht beurteilt werden, und auch auf eine Benotung wollen sie nur selten verzichten. Ebenso kann der Lehrer auf Dauer nicht das Erheben von Leistungsmessungen unterlassen.
Die Beurteilung im handlungs- und produktionsorientierten Unterricht kann u.a. erfolgen durch:

- Eine Verbalaussage des Lehrers
- Selbstkritik der Autoren
- Die Verteidigung der Autoren durch einen »Anwalt« oder einen »Anwaltspool«, der nicht direkt an der Leistung beteiligt war
- Eine offene Diskussion in der gesamten Lerngruppe
- Schriftliche »Stellungnahmen« aller Schüler der präsentierenden Lerngruppe
- Die Beurteilung durch andere Lerngruppen mithilfe von Kriteriumskatalogen, Fragebögen, Podiumsdiskussionen usw.

---

20 → Haas, 150–152.

Dabei müssen sowohl Beurteilern als auch Beurteilten die Kriterien bekannt sein, nach denen die vorgestellten Werke besprochen werden. Mögliche Kriterien sind:[21]

- Wahl der Kunstform, je nach Stufe der Lenkung
- Das Reflexionsniveau der Problemstellung, je nach Stufe der Lenkung
- Die Ausgestaltung des Produkts und Anpassung an die vorgegebene/gewählte Kunstform
- Stringenz der Gedankenführung
- Die Identifikation mit der angenommenen Rolle, die Einfühlung in die Handlungen der dargestellten Figur, die Darstellung der fremden Perspektive
- Die Nutzung des Textzusammenhangs
- Die Originalität der Ideen, Bilder, Sentenzen usw.

Die Anwendung und Gewichtung der Kriterien bei der Beurteilung hängen stets vom Entwicklungs- und Wissensstand der Schüler ab. Nur was im Unterricht besprochen wurde, kann gefordert und Grundlage für die Beurteilung werden. Darüber hinaus stehen den Schülern selbstverständlich alle Möglichkeiten offen, müssen aber vom Beurteilenden entsprechend gewichtet werden.

Benotung

Vor Beginn der Schülerarbeit sollte der Lehrer die Schüler darüber informieren, ob er die Arbeitsergebnisse benoten wird oder ob er es bei einer der oben dargestellten Beurteilungsmöglichkeiten belassen wird. Sollte er sich für die Benotung entscheiden, so erfolgt diese auf der Basis der vorangegangenen Beurteilung. Dabei muss jeder Lehrer für sich entscheiden, inwieweit er die Note selbst erteilt oder den Schülern ein Mitspracherecht gibt.[22] So kann er z. B.

- einer Arbeitsgruppe eine Gesamtnote geben. Die Gruppenmitglieder einigen sich dann auf persönliche Noten, deren Durchschnitt die Gesamtnote ergibt;
- die Schüler dazu veranlassen, ihre eigenen Leistungen zu beurteilen und diese dann in der ganzen Klasse diskutieren lassen, wobei der Lehrer sich selber mehr oder weniger stark an der Diskussion beteiligt;
- eine Jury einsetzen, die aus je einem per Zufallsverfahren ermittelten Schüler pro Arbeitsgruppe besteht. Diese Jury einigt sich auf

---

21 → Niemann, 64–65.

22 → Menzel passim. Auch ist die Justiziabilität entsprechend dem jeweiligen Schulrecht zu beachten.

die Noten für die verschiedenen Arbeitsergebnisse, die der Lehrer nach kritischer Prüfung übernehmen kann;
- jeden Schüler eine Note für eine präsentierte Arbeit abgeben lassen, deren Durchschnitt die Endnote ergibt, die der Lehrer nach kritischer Prüfung übernehmen kann.

Besonderes Augenmerk muss bei diesen die Schüler stärker beteiligenden Vorgehensweisen v. a. auf die Sozialkompetenz gelegt werden, da von ihr stark abhängt, ob die Schüler überhaupt in der Lage sind, sich selbst fair zu beurteilen. Die Schüler dazu zu erziehen, kann jedoch ein weiteres Lernziel sein.
Für den Fall, dass eine ganze Unterrichtsreihe auf handlungs- und produktionsorientiertem Unterricht aufbaut, bietet es sich an, auch in einer KA bzw. Klausur eine entsprechende Aufgabe zu stellen. Hier ist es wieder wichtig, in einem den Schülern bekannten Rahmen zu bleiben; v. a. die Textform und die Freiheit der Aufgabenstellung müssen den Schulaufgaben und HA entsprechen. Ebenso müssen dieselben Beurteilungskriterien angelegt werden, die die Schüler bereits im Unterricht erfahren haben.

Möglicher Ablauf einer handlungs- und produktionsorientierten Arbeit

Beispiel: Mythen Prometheus, Tantalus und Niobe (nach Hygin, → S. 29)

Phase 1: Die Schüler vergleichen im Unterrichtsgespräch die drei mythischen Gestalten, v. a. im Hinblick auf die Gemeinsamkeiten.
Phase 2: Die Schüler suchen gemeinsam eine Textform, die den drei mythischen Gestalten ein gemeinsames Auftreten und die Diskussion der Gemeinsamkeiten und Unterschiede zwischen ihnen ermöglicht. Dies kann beispielsweise eine Talkshow zu dem Thema: »Hilfe, ich werde ungerecht behandelt!« sein.
Phase 3: Die Schüler erarbeiten in drei Gruppen Standpunkte und Argumente, die die mythische Gestalt, für die sie zuständig sind, in Bezug auf sich selbst und auf die jeweils anderen beiden vertritt.
Phase 4: Zwei nach Phase 2 gemeinsam gewählte Talkmaster führen durch das auf zehn min. begrenzte Gespräch. Die Talkmaster haben dieses Gespräch vorher geplant und durch gezielte Fragen vorstrukturiert.
Phase 5: In einer weiteren Podiumsdiskussion mit je zwei Vertretern pro Gruppe werden die Arbeitsergebnisse in Form der Argumente und deren Präsentation beurteilt. Hier gibt der Lehrer ggf. Impulse, damit alle wichtigen Aspekte beleuchtet werden. Auch die Rolle der Talkmaster muss dabei betrachtet werden.

5. Beispiele für handlungs- und produktionsorientierte Unterrichtsreihen

Im Folgenden werden zwei Beispiele für handlungs- und produktionsorientierte Unterrichtsphasen in zwei verschiedenen Unterrichtsreihen vorgestellt. Dabei wird vorausgesetzt, dass neben diesen handlungs- und produktionsorientierten Phasen auch Übersetzungs-, Grammatik- und inhaltliche Arbeit anhand vielfältiger Medien stattfindet. Was die jeweiligen Vorschläge zur Handlungs- und Produktionsorientierung betrifft, so sind zahlreiche Variationen möglich, da je nach Selbstständigkeit und Leistungsstärke der Lerngruppe mehr oder weniger Vorgaben notwendig sind. Ebenso ist es von der Lerngruppe abhängig, eine wie intensive Interpretation des Textes/der Textstelle der handlungs- und produktionsorientierten Phase vorgeschaltet wird.

Beispiel 1: Lehrbuchphase

Thema:	Hercules am Scheideweg – Hinführung zur Wahrnehmung existenzieller Fragen des Menschseins[23]
Text:	Lehrbuch Salvete, L. 32
Zeitpunkt:	Lerngruppen am Ende des zweiten oder zu Beginn des dritten Lernjahres, L 2

Inhalt	**Arbeitsaufträge mit Handlungs- und Produktionsorientierung**	**Funktion**
Einstieg: Die vita beata	Sammelt aus allen möglichen Quellen (Zeitschriften, Internet usw.) Bildmaterial, das ihr mit dem Thema »Glück« in Verbindung bringt. Erstellt daraus eine Collage. Wählt aus der Collage einen Ausschnitt mit einer Person, die ein glückliches Leben führt, aus. Durch welche Entscheidung konnte sie dieses erreichen? Schreibt eine Geschichte dazu.	Die Schüler werden auf das Thema eingestimmt. Die Schüler werden für den planvollen Umgang mit dem eigenen Leben bzw. die Abhängigkeit des Lebens von langfristigen Entscheidungen sensibilisiert.
Hercules und das Angebot der Voluptas (Z. 1–6)	Verfasst einen Brief an Hercules, in dem ihr ihm einen Ratschlag gebt, ob er sich für das Angebot der ersten Frau entscheiden soll oder nicht. Schreibt Argumente dafür und dagegen auf und wägt sie in dem Brief ab.	Die Schüler begegnen erstmals dem »leichten« Lebensweg der Voluptas; sie identifizieren sich mit der Situation des Hercules.

23 → Wehmann.

Inhalt	**Arbeitsaufträge mit Handlungs- und Produktionsorientierung**	**Funktion**
Voluptas oder Vitium? Eine Auseinandersetzung mit dem Lebensentwurf der Voluptas (Z. 7–11)	Sammelt die Verlockungen und Gefahren der »via bona et iucunda«. Bringt die Begriffe in eine Reihenfolge, die einen rhythmischen Vortrag in Form eines Rap-Songs ergibt.	Die Schüler werden für die Einseitigkeit des Voluptas-Wegs sensibilisiert, indem sie ihn auf ihre eigene Realität beziehen. Beim Erstellen des rhythmischen Vortrags denken sie ihre Assoziationen vertiefend durch.
Was heißt Virtus? Ein etwas anderer Lebensentwurf (Z. 11–17)	Stellt euch vor, ihr befändet euch auf einer Reise und kämt zu dem Gespräch zwischen den beiden Frauen und Hercules hinzu. Auf Hercules' Nachfrage hin stellt ihr euch vor die drei Personen auf einen Baumstamm und haltet eine Rede über die Vor- und Nachteile der Virtus und eines Lebens mit ihr.	Die Identifikation mit der Situation des Hercules wird vertieft durch das Abwägen von Argumenten für und gegen den steinigen Weg der Virtus.
Hercules' Entscheidung für die Virtus	Verfasst ein Elfchen-Gedicht, in dem ihr entsprechend den Regeln dieser Gedichtform eure Vorstellung vom Begriff »Tugend« umschreibt. (→ S. 18.)	Durch die Bildung von Assoziationen kreieren die Schüler eine eigene Vorstellung des abstrakten Tugend-Begriffs.
Gesamtinterpretation des Mythos »Hercules am Scheideweg«	Schreibt die Geschichte »Hercules am Scheideweg« in ein Rollenspiel um. Versucht dabei, euch so weit wie möglich vom Original zu entfernen. Dafür könnt ihr die mitspielenden Personen beliebig verändern, den antiken Schauplatz in einen modernen umwandeln, eine Situation einbeziehen, die ihr kennt, und/oder das Ende der Geschichte verändern. (→ Kap. 3.3.5, S. 327)	Der Hercules-Mythos wird von den Schülern problematisiert und aktualisiert und in seiner Bedeutung für das eigene Leben bzw. die eigene Realität vertiefend erfasst.

Beispiel 2: Lektürephase

Thema: Hyginus Fabulae – Faszination Mythos[24]
Zeitpunkt: Lerngruppen ab dem vierten Lernjahr Ende Sek. I, Anfang Sek. II

Inhalt	Arbeitsaufträge mit Handlungs- und Produktionsorientierung	Funktion
Missachtung der Götter: Prometheus, Tantalus, Niobe	Entwickelt eine zehnminütige Talkshow zu dem Thema: »Hilfe, ich werde ungerecht behandelt!« Dazu müssen drei Gruppen gebildet werden, die jeweils einen der mythischen Sünder auswählen und sich Standpunkte überlegen, die dieser in Bezug auf sein eigenes Leben und das der anderen beiden vertritt.[25] Zwei auszuwählende Talkmaster bereiten die Talkshow vor, überlegen sich Fragen, mit denen sie durch das Gespräch führen und versuchen zu klären, ob die drei Sünder ihre Strafen zu Recht erteilt bekommen haben.	Zum Abschluss des Themenkreises über mythische Sünder werden die Schüler für die unterschiedlichen Formen der Schuld und der Bestrafung und deren Angemessenheit bzw. Unangemessenheit sensibilisiert.
Tödliche Missverständnisse: Oedipus und Theseus	Die Väter Laios und Aigeos tauschen sich aus zu dem Thema: »Wir lieben unsere Söhne.« Entwickelt dieses Gespräch in Form eines Dialogs, eines Briefwechsels, einer Chat-Room-Konversation oder einer weiteren Kommunikationsform eurer Wahl.	Die beiden Mythen werden zueinander in Bezug gesetzt, damit die naturgegebene menschliche Unzulänglichkeit herausgearbeitet werden kann.
Verbotene Liebe I: Io	Erzählt den Io-Mythos nach, entweder aus der Perspektive der Io selbst, aus der des Iupiter oder derjenigen der Iuno.	Die Schüler werden für die unterschiedlichen Gefühle, von denen die Handlungsträger geleitet werden, sensibilisiert und machen sich so das Prinzip der Multiperspektivität bewusst.

24 Der Unterrichtsreihe liegt zugrunde die Ausgabe von → Frölich, Künzel.
25 → S. 26.

Inhalt	**Arbeitsaufträge mit Handlungs- und Produktionsorientierung**	**Funktion**
Verbotene Liebe II: Danae	1. Auftrag (vor dem Lesen des Mythos): Was assoziiert ihr mit »Goldregen«? Notiert eure Assoziationen und verfasst auf dieser Grundlage ein Elfchen oder ein Haiku.[26] 2. Auftrag (nach dem Lesen des Mythos): Verfasst ein weiteres Gedicht zum Thema »Goldregen« in einer von euch frei zu wählenden Form. Stellt in diesem Gedicht den Zusammenhang zum Danae-Mythos her.	Den Schülern wird verdeutlicht, wie das Bild vom Goldregen umgedeutet werden kann. 1. Gedicht: eigene, freie Assoziationen zu dem Begriff »Goldregen« werden hergestellt. 2. Gedicht: Die Schüler entscheiden sich für einen der möglichen Interpretationsansätze – Danae als »Heilige«, die ihre Keuschheit für den »glanzvollen« Gott bewahrt, oder als »Kurtisane«, die ihre Keuschheit gegen Gold fortwirft.
Odysseus in der Fremde	Erstellt eine Wandzeitung zum Thema »Odysseus – Der Listenreiche«. Zeigt Odysseus' Listenreichtum mithilfe von Texten, deren Form euch selbst überlassen ist, sowie mithilfe von Fotos, die beispielsweise selbst erstellte Standbilder zeigen und mit entsprechenden Schlagzeilen versehen sind.	Einfalls- und Listenreichtum werden als Charakteristika des Odysseus herausgestellt; der Kern der einzelnen Geschichten wird in unterschiedlichen, weitgehend frei wählbaren Formen herausgearbeitet und dargestellt.

Literatur

Frölich, Roland/Künzel, Giselher: Hyginus, Fabulae – Faszination Mythos, Göttingen 2003.

Glücklich, Hans-Joachim: Lateinunterricht. Didaktik und Methodik, 2. Auflage, Göttingen 1993.

Haas, Gerhard/Menzel, Wolfgang/Spinner, Kaspar: Handlungs- und produktionsorientierter Unterricht, in: Praxis Deutsch Sonderheft. Handlungsorientierter Unterricht, Seelze 2000, 7–15.

Haas, Gerhard: Handlungs- und produktionsorientierter Literaturunterricht. Theorie und Praxis eines »anderen« Literaturunterrichts für die Primar- und Sekundarstufe, 4. Auflage, Seelze-Velber 2001.

---

26 → Beispiel S. 21.

Menzel, Wolfgang: Zur Beurteilung kreativer Leistungen, in: Praxis Deutsch Sonderheft. Handlungsorientierter Unterricht, Seelze 2000, 45–48.

Niemann, Karl-Heinz: Wie lösen Schüler produktionsorientierte Aufgabenstellungen in S-II-Klausuren?, in: AU 1/1999, 61–67.

Pfeiffer, Michaela: Produktive Lernprozesse im altsprachlichen Unterricht, in: AU 6/1999, 2–7.

Poier, Wolfgang: Das Haiku. Erfahrung der Welt im Augenblick. Anregungen für ein produktionsorientiertes Literaturprojekt, in: Praxis Deutsch 28, 7/2001, 32–35.

Wehmann, Philipp: Hinführung zur Wahrnehmung existenzieller Fragen des Menschseins anhand des Lehrbuchtexts Salvete, Lektion 32, A, »Hercules in bivio« in einer neunten Klasse des Gymnasiums (Latein 2. Fremdsprache). (Pädagogische Hausarbeit im Fach Latein), Kaiserslautern 2002.

von Werder, Lutz: Lehrbuch des kreativen Schreibens, 2. Auflage, Berlin 1993.

Wittbrodt, Andreas (o. J.): Ein Definitionsvorschlag. http://www.haiku.de/haiku2/html/haikuist2.html (10.4. 2005).

AU 6/1999.

http://www.haiku-heute.de

2.2.2 Szenische Interpretation (SzI)

Die Szenische Interpretation (SzI) ist eine spezielle Form des handlungs- und produktionsorientierten Literaturunterrichts. Ein lateinischer Text aus der Lehrbuch- oder der Lektürephase wird übersetzt und dann szenisch umgesetzt. Durch dieses Einbeziehen von Körpersprache und Emotionen wird die Interpretation vertieft.

1. Grundlagen
   - Begriffsklärung und Definition
   - Begründung und Ziele
   - Didaktischer Ort und zeitlicher Rahmen der SzI
   - Voraussetzungen und Kriterien für die Textauswahl
2. Phasen einer UE zur SzI
   (1) (Einführungsphase)
   (2) Übersetzungsphase
   (3) Interpretationsphase mit SzI
   (4) Vertiefungsphase
   (5) Nachbereitung
3. Rolle des Lehrers und des Schülers
4. Probleme und Tipps
5. Beispiele/Materialien
   - Lehrbuchphase: SzI eines Lehrbuchtextes zum Orpheus-Mythos
   - Lektürephase: SzI von Catull, carmen 5
   - Additum: Übungen zum »Warm-up«

1. Grundlagen

Begriff

Den Begriff »Szenische Interpretation« (SzI) gibt es in der literaturdidaktischen germanistischen Literatur seit 1980. Geprägt wurde er von Reinhold Klinge,[1] der das dazugehörige Konzept auf der Grundlage der Rezeptionstheorie[2] im Deutschunterricht der gymnasialen Oberstufe entwickelte. Sein Konzept sieht vor,

- literarische Texte mit Theatermitteln »spielerisch zu inszenieren«;
- die »assoziative Primärrezeption ins szenische Bild zu setzen«;

---

1 → Klinge.

2 Literaturtheoretischer Ansatz der Rezeptionsästhetiker vor allem der 70er-Jahre (wichtige Vertreter: Wolfgang Iser, Roland Barthes, Hans Robert Jauß), der im Unterschied beispielsweise zu dem der textimmanenten Interpretation (Ansatz der Produktionsästhetik) davon ausgeht, dass ein Text erst durch seine Rezeption Bedeutungen erlangt, die deshalb auch nicht fixiert werden können. Bei dieser Rezeption spielen die sog. »Leerstellen« eine große Rolle, Andeutungen im Text, die vom Autor unausgeführt blieben und jeden Leser zu einer unterschiedlichen Ausgestaltung anregen.

- die ästhetische »Genuss- und Produktionsfähigkeit« zu steigern;
- »psychosoziale Gruppenprozesse« anzuregen.

Eine fertige Inszenierung wird dabei ausdrücklich nicht angestrebt.
An diese erste Begriffsbestimmung hat sich inzwischen eine Debatte der germanistischen Didaktik um genauere Definitionen angeschlossen, deren (wahrscheinlich vorläufige) Ergebnisse folgende sind:[3]

Definition

Die SzI ist eine ganzheitliche Form des Interpretierens von Texten,[4] die sich, von modernen Textrezeptionstheorien ausgehend, eine bestimmte Offenheit von Textbedeutungen bewusst macht. In Ergänzung zum herkömmlichen kognitiv-analytischen Interpretieren bezieht sie ganz bewusst und wesentlich die Körpersprache und Emotionen in das Interpretationsverfahren mit ein, weil sie konstitutive Bestandteile literarischer Texte selbst und – auch deshalb – für den Verstehensprozess des Lesers wichtig sind. Die SzI setzt kognitiv-analytisch gewonnene Interpretationsergebnisse szenisch um, sodass Verständnis und Bedeutung von Personen, Thematik und Sprache des Textes anschaulich werden,[5] und sie setzt szenische Verfahren ein, um auf weitere mögliche Bedeutungen zu stoßen.
Die SzI ist ein »Methodenensemble« der Interpretation, basierend auf einer Mischung verschiedener Ansätze aus einer Vielzahl wissenschaftlicher Disziplinen.[6] Daher versteht es sich, dass die SzI für Fächer verbindendes Arbeiten prädestiniert ist.
Eine Verwandtschaft zum Schultheater besteht insofern, als dieses auch szenisch verfährt und in einer Inszenierung natürlich ebenfalls Interpretationsergebnisse sichtbar werden. Im Gegensatz zum Schultheater steht bei der SzI aber nicht die gemeinsam fixierte Werkaufführung und damit das schauspielerische Lernergebnis im Zentrum, sondern die – unterschiedlichen – Aneignungsprozesse derjenigen, die sich mit einem Text szenisch interpretierend befassen, und der kritische Austausch darüber: Wie beim rein kognitiv-analytischen Interpretieren muss sich jede SzI immer wieder am Text messen lassen. Letztlich soll

---

3 Vor allem → Scheller (1999) und → Schau (2000) haben umfassende Konzepte ausgearbeitet; Scheller bezieht sich allerdings nur am Rande auf die Unterrichtssituation; er versteht sein »Szenisches Spiel« vor allem als therapeutische Methode in diversen problematischen Lebenszusammenhängen. Schau formuliert ein Curriculum der SzI für den Deutschunterricht.

4 ... oder Bildern oder Filmen oder Ausschnitten davon, was hier aber nicht berücksichtigt wird.

5 → Frommer, 15 spricht hier von »Konkretisation«.

6 → Schau (2000), 21: »Das Methoden-Ensemble reicht von sprachlichen Aktionsformen über musikalische und bildnerische Tätigkeiten sowie motorische und mimischgestische Gestaltungen bis hin zu methodischen Analyseverfahren.«

auch sie »ein fortgeschrittenes Textverständnis dokumentieren und beurteilbar machen«.[7]
Eine speziell auf den LU zugeschnittene Definition gibt es bis dato nicht; es lässt sich allerdings das germanistische Konzept für den LU in weiten Teilen[8] fruchtbar machen.

Begründung

Eine Klarstellung vorweg: Die SzI ist ein – optionaler, aber sehr empfehlenswerter – Baustein des Literaturunterrichts, nicht sein Ersatz! Da das Konzept für den LU noch in den Kinderschuhen steckt, gibt es zwar sicherlich noch einige Erfahrungen zu machen, die dieser Darstellung nicht zugrunde lagen; dennoch lässt sich mit Bestimmtheit sagen, dass es gute Gründe gibt, die SzI im eigenen LU einmal auszuprobieren:

- Die SzI ist ein Gegengewicht zum rein kognitiven Literaturunterricht, der oft im Widerspruch zu den Erkenntnisbedürfnissen der Beteiligten steht. Einer der erfahrensten Befürworter szenischen Spiels beschreibt seine Erlebnisse beim Hospitieren an verschiedenen Gymnasien und bei Universitätsseminaren: »Das Unterrichtsgespräch ließ Themen [von Texten] zum affektneutralen Stoff gerinnen, die im Leben der Beteiligten [eigentlich] eine nicht unwichtige Rolle spielten, und es entfremdete sie von den eigenen Erfahrungen, Wünschen und Vorstellungen.«[9]
- Die SzI ist eine Methode, die Literatur als etwas Lebendiges vermittelt.
- Die SzI nutzt die Komplexität der Lernsituation selbst aus,[10] indem sie die Vielfalt an bewussten und unbewussten Schülerreaktionen auf die Textarbeit systematisch in die Interpretation miteinbezieht: spontane Assoziationen, individuelle Beobachtungen, Gefühle, körperliche Befindlichkeiten – also auch das, was im kognitiv ausgerichteten Unterricht als Störung des Denkprozesses empfunden werden kann.

---

7 → Ewald-Spiller, 53. – Zur schwierigen Frage der Bewertung → Haas.

8 Nicht alle szenischen Verfahren, die man im Deutschunterricht anwenden kann, sind im LU Gewinn bringend; dies hängt zum einen mit der begrenzteren Zahl an antiken Textsorten zusammen und zum andern mit dem noch einmal geringeren Lektürekanon für den LU.

9 → Scheller (1999), 10.

10 → Scheller, 13 hat bemerkt, dass der Unterricht selbst wichtige Merkmale einer Szene aufweist: Die Faktoren Raum, Tageszeit, »Klima« unter den anwesenden Personen, die vorhandenen Gegenstände, Geräusche, Gerüche und alle Handlungen, die vonstatten gehen, spielen für das Lernen eine wesentliche Rolle – eine Erfahrung, die jeder Lehrende bestätigen wird.

- Die lateinischen Texte eignen sich wegen ihrer Fülle an Themen von überzeitlicher Gültigkeit dafür, in einem ganzheitlichen Verfahren den aufgeworfenen Fragen nachzugehen.[11]

Ziele

Die SzI will fächerübergreifend

- Begeisterung für Literatur wecken;
- zu kritischem Verstehen von Literatur erziehen;
- zum Lesen animieren;
- in der ständigen Auseinandersetzung mit dem Text Formen des entdeckenden Lernens fördern, »in welchen der Diskurs, das Reflektieren über das eigene Handeln, konstituierend ist«;[12]
- einen Beitrag leisten zur Steigerung der Fähigkeiten körperlicher und sinnlicher Wahrnehmung.

Die fachspezifischen Lernziele der SzI für das Fach Latein sind:

- Durch neue und »mehrkanalige« Zugänge zum Text und seinen Aussagen die Interpretationsarbeit zu vertiefen und zu einem Erlebnis, das über das Kognitive hinausgeht, werden zu lassen
- Durch längeres Verweilen am Text, häufiges Repetieren, Anschaulichmachen auf ungezwungene Art die fürs spätere Leben so wertvolle Verankerung besonders lohnender Texte im Gedächtnis zu fördern
- Durch die Begegnung mit gesprochenem Latein das Verhältnis zur totgesagten Sprache zu verlebendigen
- Die Einbindung von schwächeren Schülern in den LU zu ermöglichen, indem auch die kreativen Potenziale gefordert sind
- Das Zusammengehörigkeitsgefühl in den oft zusammengewürfelten Lateingruppen zu stärken

Didaktischer Ort

Der didaktische Ort der SzI ist der Literaturunterricht auf allen Klassenstufen, wobei man vom Anspruch her zwischen der SzI von Lehrbuchtexten und von Originaltexten unterscheidet.[13]

Zeitlicher Rahmen/ Textumfang

Der »normale« zeitliche Rahmen für eine umfänglichere SzI (Gesamttext/längerer Textausschnitt) ist sicherlich eine ganze UE innerhalb des Literaturunterrichts im gängigen Einzel- oder Doppelstunden-Takt.

---

11 → Scheller, 25: »Für solche Lernprozesse reicht die Begriffssprache nicht aus, weil sie nur erklären und rechtfertigen würde, was erst zum Bewusstsein kommen soll. Sie allein ist nicht in der Lage, komplexe sinnlich-körperliche und emotionale Erlebnisse angemessen zu benennen.«

12 → Schau (2000), 23.

13 Die Lehrbuchtexte (besonders die der ersten Lektionen) beanspruchen für sich nicht immer einen künstlerischen Wert; demzufolge legt man an ihre Interpretation etwas »lightere« Maßstäbe an.

Für ein intensives Arbeiten und Erleben am besten geeignet sind Projekttage, und dies besonders dann, wenn eine Klasse zum ersten Mal mit der SzI umgeht. Schließlich kann man einzelne Elemente der SzI auch punktuell (in einer Stundenphase auf Teile von Texten) anwenden. In jedem Fall empfiehlt es sich, bereits in den unteren Klassen mit kleineren Einheiten zu beginnen, um später ohne großen Aufwand auf diese Erfahrungen zurückgreifen zu können.

Voraussetzungen

Für das subjektive Gelingen einer UE zur SzI können folgende Überlegungen hilfreich sein:

- Der Lehrende sollte überzeugt sein von der Sinnhaftigkeit des Konzepts der SzI,
- zu Beginn genug Mut mitbringen,
- sich eine anfängliche »Erfahrungssammelzeit« zugestehen,
- das sichere Gefühl haben, die Schüler gut genug zu kennen, um etwas Neues auszuprobieren,
- sich immer wieder bewusst machen, dass weniger das szenische Ergebnis, als vielmehr der Prozess der Erarbeitung im Zentrum steht,
- damit rechnen, dass Unterrichtsstunden offen ausgehen können

Für einen reibungslosen Ablauf ist an Folgendes zu denken:

- Im Falle Fächer verbindender Aktionen sollte man sich der Kooperationsbereitschaft der betreffenden Kollegen versichern.
- Bei den Kollegen der angrenzenden Räume sollte man sich informieren, wann Klassenarbeiten stattfinden (Geräuschpegel).
- Die Schülergruppe sollte – bei einer ersten Erprobung des Konzepts durch den Lehrer – eine überschaubare Größe haben und einen kooperationswilligen Eindruck machen.
- Raum und Mobiliar müssen so beschaffen sein, dass eine Spielfläche hergestellt werden kann.
- Der erste Einstieg in die SzI (selbst in eine kleinere Einheit) erfordert eine genaue Zeitplanung, damit die spannende Begegnung mit dem Neuen nicht zu einem psychologisch ungünstigen Zeitpunkt durch den Gong abrupt unterbrochen wird.
- Der Text muss sich eignen.

Textauswahl: »Szenische Prädikatoren«

Folgende Merkmale oder »szenische Prädikatoren«[14] qualifizieren einen Text[15] für die SzI (es müssen nicht alle Kriterien erfüllt sein; je

14 Nach → Schau (2000), 27, sind »szenische Prädikatoren« die Merkmale eines Textes, die ihn für eine szenische Umsetzung geeignet machen. Die von Schau gegebene Übersicht (im Hinblick auf lateinische Texte und Textinhalte hier modifiziert und um Beispiele erweitert) erleichtert die Textdiagnose.

mehr erfüllt sind, desto mehr Ansatzpunkte der SzI für szenische Verfahren[16]):

- Offene Strukturen (»Leerstellen«: nur angedeutete oder unscharf gezeichnete Figuren, Beziehungen oder Situationen). *Geeignete Texte:* Sprichwörter, Inschriften, narrative, poetische, politisch-historische Lehrbuch- und Originaltexte. *Beispiel:* Martial. 2,87: Person des Sextus, situativer Kontext (Grund für die Beleidigung), Verhältnis des Dichters zu Sextus und beider zu den »puellae«
- Vorgegebene Szenen oder Szenenartiges (Dialoge/Konflikte). *Geeignete Texte:* Dialogtexte im Lehrbuch; *Vulgata*, *Legenda aurea*, Fabeln, Rollenlyrik (Catull, Martial), Komödie (Plautus, Terenz). *Beispiel:* Phaedr. 1,1
- Mimik, Gestik, Bewegungen (im Text beschrieben oder aus dem Kontext zu erschließen, können als »Regieanweisungen« aufgefasst werden). *Geeignete Texte:* Lehrbuchtexte, in denen Menschen handeln; Fabeln, rhetorische Texte[17] (Reden/Theorie), Komödienausschnitte (Plautus, Terenz). *Beispiel:* Cic. Catil. 1,1
- Rhythmisch-metrische Elemente. *Geeignete Texte:* Sprichwörter, Inschriften, *Carmina Burana*, poetische Texte, Fabeln, rhetorische Texte. *Beispiel:* Hor. c. 1,4 (besonders 4. Strophe)
- Musikalische Elemente. *Geeignete Texte:* Lehrbuch- oder Originaltexte, in denen es wesentlich[18] um das Thema Musik geht (z.B. Mythen von Orpheus, Narziss/Echo, Syrinx/Pan) oder die vertont wurden (z.B. *Carmina Burana*,[19] *Catulli Carmina*). *Beispiel:* Lehrbuch *Interesse*, L. 39 A: *Orpheus* (→ S. 44–46)
- Atmosphäre/starke Stimmungen. *Geeignete Texte:* Prosa- und poetische Texte (Lehrbuch/Lektüre), in denen es um menschliche Grenzerfahrungen geht, z.B. emotionale Beschreibungen (Sall. Cat., Proömium), Sterbeszenen (Tac. hist., Seneca), Invektiven (Catull c. 49; c. 93), Liebesgedichte (Catull, Horaz, Ovid), persönliche Briefe (Cicero, Plinius, Ovid). *Beispiele:* Ov. trist. 1,3; Catull c. 5 (→ S. 47–56)

---

15 Alle genannten Texte sind im Bildungsplan 2004 von Baden-Württemberg als Lektüren verzeichnet.

16 → Schau (25) spricht von »szenischen Tätigkeiten«, womit er alle Formen szenischer Umsetzung zusammenfasst; → Kap. 3.3.6, S. 328; → Kap. 3.3.7, S. 329.

17 Viele unterrichtspraktische Beispiele finden sich im → AU-Heft »Rhetorik« (2+3/2005).

18 Auch, aber nicht nur um Musik geht es z.B. in manchen Charakterporträts von Frauen (Sempronia, Grabepigramme).

19 Ganz eigene »szenische Interpretationen« sind die Carmina Burana und Catulli Carmina von Carl Orff.

- Kontrastives (Figuren/Strukturen/Stimmungen, z. B.: mutig ↔ feige / Abend ↔ Morgen / Freude ↔ Zorn). *Geeignete Texte:* Manche Lehrbuchtexte; *Vulgata*, *Legenda aurea*, Fabeln, Seneca, Horaz. *Beispiel:* Lehrbuch *Interesse*, L. 3 A (Freude ↔ Trauer am Ende der Ferien) / Parabel vom verlorenen Sohn
- Schlüsselwörter/Schlüsselsätze/Schlüsselszenen. *Geeignete Texte:* Manche Lehrbuchtexte; Sprichwörter, philosophische Texte, poetische Texte (Catull, Horaz), Komödie. *Beispiel:* Hor. c. 1,11
- Bilder/Motive/Metaphern/Allegorien. *Geeignete Texte:* Sprichwörter, Fabeln, *Vulgata*, poetische Texte, philosophische Texte. *Beispiele:* »manus manum lavat«; Phaedr. 1,24
- Farben/Gerüche. *Geeignete Texte:* Bukolika, Episches (Ovid, Vergil), Komödie. *Beispiel:* Verg. ecl. 2
- Faszinosa/Fabelhaftes. *Geeignete Texte:* Mythologische Lehrbuchtexte; Originaltexte: Phaedrus, Fabelwesen und fabelhafte Ereignisse der Mythologie und des Epos (Ovid, Vergil), Schilderungen religiöser Bräuche (Livius)

2. Phasen einer UE zur SzI

Man kann den Ablauf einer UE, in der die SzI in größerem Umfang vorkommt, in folgende Phasen unterteilen:[20]

(1) (Einführungsphase)
(2) Übersetzungsphase
(3) Interpretationsphase mit SzI
- (Warm-up)
- (Kognitive Texterschließung)
- Erarbeitung einer szenischen Darstellung in Gruppen
- (Zwischenphase zur Reflexion)
- Vorführung vor der Klasse

(4) Vertiefungsphase
(5) Nachbereitung

(1) Einführungsphase

Wenn die Schüler mit der SzI noch nicht vertraut sind, kann es sinnvoll sein, eine theoretische Erklärung des Konzepts »Szenische Interpretation« oder eine praktische Vorübung (→ Beispiel »Standbilder«, S. 47–48) voranzustellen.

(2) Übersetzungsphase

Sprachliche Arbeit am Text: Wie vom herkömmlichen Unterricht her vertraut, lässt sie sich durch eine thematische Hinführung, beispielsweise ein Bild, einen modernen Text, eine aktuelle Frage usw. einlei-

20 Die eingeklammerten Phasen sind fakultativ.

ten und dadurch vorentlasten. Je nach kulturhistorischem Fremdheitsgrad des Textes ist es während der Übersetzung, die ja an sich schon eine Teil-Interpretation darstellt, unvermeidlich, bereits auf Aspekte der Interpretation in Form von Sachinformationen einzugehen.

(3) Interpretationsphase mit SzI

Die Schüler erarbeiten eine szenische Darstellung des übersetzten Textes:

Warm-up

Wenn man viel Zeit zur Verfügung hat (Projekttag), ist es von Vorteil, der Interpretationsphase einige ganzheitliche Übungen zur Aufwärmung (Warm-up) voranzustellen, um mitten im bewegungsunfreundlichen Unterrichtsalltag die Sinne zu aktivieren (und auf längere Sicht zu schulen). Da die Aufwärmung auch eine inhaltliche Vorbereitung für die nachfolgende Phase der SzI sein kann, orientiert sich die Auswahl der zahlreichen Warm-up-Übungen sinnvollerweise am Thema oder an den sonstigen Erfordernissen des Textes, soweit sie vor der Interpretationsphase vom Lehrer vorauszusehen sind. Einige Übungen (Pantomime, Freeze, Standbild[21]) sind direkt als szenische Verfahren einsetzbar.

Kognitive Texterschließung

Wenn man die (ungeübten) Schüler ihre »assoziative Primärrezeption« nicht unmittelbar in Szene setzen lassen möchte, kann man eine kognitive Texterschließung voranstellen, in der man in Frage-Antwort-Manier (AB/Unterrichtsgespräch, → Beispiel »Anregungen zur Erschließung des Gedichts«, S. 54–55) die Schüler dazu bringt, sich erst über bestimmte neuralgische Punkte Gedanken zu machen, bevor sie ihre szenischen Ideen entwickeln und umsetzen.[22]

Erarbeitung einer szenischen Darstellung in Gruppen

Damit die Schüler ihrer Kreativität möglichst freien Lauf lassen können, findet die Erarbeitung einer umfänglichen SzI vorzugsweise in Kleingruppen statt. Bei dieser Phase handelt es sich um den am schwersten zu planenden Teil der SzI. Es sollte genügend Zeit (d. h. mindestens 20 min) zur Verfügung stehen, aber je nach Erfindungslust und -reichtum der einzelnen Gruppen kann die Dauer dieser Phase ziemlich variieren. Deshalb empfiehlt es sich, von vornherein ein nachprüfbares Arbeitsziel zu formulieren, z. B. die Niederschrift der GA-Ergebnisse, und ggf. noch andere (auch organisatorische) Aufgaben für die Schnellen bereitzuhalten (→ Beispiele S. 42 unter »Rolle

---

21 Erläuterungen der Begriffe und Beispiele zu Übungen → S. 57–61.

22 Der Weg der »assoziativen Primärrezeption« lässt sich bedenkenlos bei weniger dichten Texten beschreiten oder wenn man sich die Unsicherheit eines gänzlich offenen Interpretationsergebnisses leisten kann; sind die Texte komplexer oder braucht man Planungssicherheit, sollte man sich an den Alternativweg halten.

des Schülers«). Zunächst kann man den Schülern einige konkrete Anregungen zur Erarbeitung ihrer SzI an die Hand geben. Am besten stellt man auf einem AB/einer Folie eine Auswahl von szenischen Elementen zusammen (→ Kap. 3.3.6, S. 328, und Beispiel »Ideenliste zur Gestaltung einer SzI«, S. 55).

Zwischenphase zur Reflexion

Gerade wenn die Schüler in der GA ihre Ideen zur SzI sehr selbstständig entwickeln, kann es kreativitätshemmend sein, wenn der Lehrer von außen zu oft eingreift. Man kann dennoch erwägen, ob man in einer Zwischenphase zur Reflexion, wenn die Schüler ihre SzI ausprobiert haben, Impulse gibt, die dazu anregen sollen, sich in den Kleingruppen über die Wirkung der SzI auszutauschen. Dadurch wird die Vertiefungsphase im kleinen Rahmen vorbereitet. Beispiele für solche Impulse:

- Wie erlebt ihr eure Rolle während des Spielens/Beobachtens?
- Wie wirkt der Text jetzt, nach dem Spiel, im Vergleich zu vorher auf euch?
- Gibt es Textstellen, die ihr jetzt nach dem Spielen/Beobachten anders versteht?
- Welche Textstelle mögt ihr besonders? Warum?
- Welche Textstelle mögt ihr nicht? Warum?
- Welche Textstelle findet ihr (noch) unverständlich? Fällt euch noch eine szenische Darstellungsmöglichkeit ein, um das Unverständliche zu deuten?
- Welche Aktionen von Spielern fandet ihr gelungen? Warum?
- Welche Aktionen von Spielern fandet ihr nicht gelungen? Warum? Könnt ihr daran noch etwas verbessern?

Vorführung vor der Klasse

Sie beschließt die Phase zur SzI. Dazu stehen die Stühle im angedeuteten Halbrund vor der »Bühne« (freie Fläche vor der Tafel). Vor der ersten von mehreren Vorführungen kann der Lehrer eine kleine offzielle Begrüßung der »Zuschauer« mit Ankündigung der folgenden SzI vornehmen, um die Aufmerksamkeit zu bündeln und eine Atmosphäre der Spannung zu erzeugen.
Besonders gelungene Ergebnisse der SzI kann man auch in größerem Rahmen präsentieren: durch eine erneute Vorführung live vor Publikum, durch Dokumentation per Fotos oder eine Videoaufzeichnung. Fotos und Video lassen sich in einer anderen Klasse hervorragend zur Besprechung derselben Texte einsetzen (sozusagen SzI aus zweiter Hand).

(4) Vertiefungsphase

Gemeinsame Reflexion der SzI: Wie eine herkömmliche rein kognitiv-analytische Interpretation muss sich auch die SzI der Kritik stellen, in unserem Fall also den Zuschauern. Im Unterschied zur – schriftlichen

und daher, kommunikativ gesehen, monologischen – Aufsatzkorrektur ist jedoch das gleichberechtigte Gespräch zwischen den Interpretierenden und den Zuschauern dazu gedacht, die Interpretation durch Fragen, Erläuterungen, Einwände, erneute Textlektüre weiter zu vertiefen. Die Vertiefungsphase ist deshalb von zentraler Bedeutung. Man sollte nach der SzI unbedingt noch Zeit für sie haben.
Da das Vertiefungsgespräch den Text als Bezugspunkt hat, sollte er entweder für alle gut lesbar an die Wand projiziert werden (OHP) oder jedem Schüler vorliegen. Die Ergebnisse, die diese Phase liefert, sollten die Schüler schriftlich fixieren (Tafel und Heftaufschrieb/Protokoll/Regiebuch mit anschließender Kopie an alle).

(5) Nachbereitung

Mit einigem zeitlichem Abstand sollte man, gerade wenn man die Methode der SzI neu erprobt hat, eine Nachbereitung folgen lassen: Hier kann zwecks Rückmeldung an den Lehrer die Methode der SzI von allen Beteiligten kritisch reflektiert werden, entweder in einem Rundgespräch (→ 3.3.4, S. 326) oder/und ergänzend mittels Fragebogen. Manchmal ist das noch ergiebiger, weil die mündlich zurückhaltenden Schüler sich schriftlich vielleicht eher äußern. Was an Anregungen aus der Nachbereitung hervorgeht, sollte man sich notieren, um es beim nächsten Mal verwenden zu können.

3. Rolle des Lehrers und des Schülers

Aufgaben und Rolle des Lehrers

Bei der Vorbereitung einer UE zur SzI sollte genug Vorlauf eingeplant werden, denn Wahl und Auswertung des Textes benötigen beim ersten Mal viel Zeit, da man wie beim herkömmlichen Literaturunterricht einen Erwartungshorizont der Interpretation erstellen muss.[23] Den Schülern kann man auf AB/Folie ggf. »Anregungen zur Texterschließung« (→ Beispiel S. 54–55) bzw. – wenn man Teile des Textes auf Deutsch liest – gezielte »Fragen zu einer Übersetzungskritik« aushändigen (die Arbeitsaufträge sollten auf die neuralgischen Punkte der Interpretation zielen). Je nach Anlage des Bausteins in einer UE zur SzI kann es sinnvoll sein, rechtzeitig Absprachen mit Kollegen zu treffen, ihren Rat einzuholen oder sogar Fächer verbindend (D, Gr, BK, Mu, Sp, Rel, Ge) zu planen.
Die notwendigen technischen Geräte müssen rechtzeitig vorgemerkt werden (mit Kollegen absprechen, in dafür vorgesehene Terminplaner eintragen).

---

23 Die zu vielen Schullektüren verfügbaren Lehrerbände, die Interpretations- und weiterführende Literaturhinweise beinhalten, eignen sich auch im Kontext der SzI. Was wo interpretiert ist, findet man in der Bibliographie von → Müller/Schauer.

Die Übungen zum Warm-up sollte man ggf. selbst schon ausprobiert haben (evtl. mit Kollegen zusammen), bevor man sie der Klasse vorstellt, weil man dann besser abschätzen kann, wo die Gefahr besteht, dass sie ins Alberne abrutschen. Evtl. ist dazu Musik[24] auszuwählen. Im Rahmen eines Projekttags lohnt es sich, die Schüler zum Warm-up bequeme Kleidung und einen Handspiegel mitbringen zu lassen.
Falls man eine Aufführung außerhalb des Unterrichts nicht ausschließt, sollte man die terminlichen und sonstigen Bedingungen (Gelegenheit, Räumlichkeiten) rechtzeitig erkunden, um zu vermeiden, dass UE und Aufführung zeitlich zu weit auseinander liegen.
Für das Gelingen der Spielprozesse hat der Lehrer als Spielleiter große Bedeutung, aber »nicht als Vermittler von Inhalten, sondern als Planer und Organisator. [...] Das Vertrauen der Mitwirkenden zu ihm muss eher darin begründet sein, dass er imstande ist herauszubringen, was keine Lösung ist.«[25] Im Einzelnen muss er

- die Spielregeln für die Unterrichtsstunden festlegen;
- evtl. (je nach Klassensituation) Arbeitsgruppen für die SzI zusammenstellen (Gruppengröße abhängig von den in etwa abschätzbaren szenischen Umsetzungsmöglichkeiten);
- Anregungen geben zur Gestaltung der Rollen;
- Mut machen bei der Entwicklung unterschiedlicher szenischer Lösungen;
- Gesprächspartner in der Vertiefungsphase sein: Impulse geben fürs Gespräch, zuhören, ggf. kommentieren, Ge- und Misslungenes benennen, dabei stets zum persönlichen Schutz der Spielenden die Rolle als Rolle bewusst halten.

Rolle des Schülers

Der einzelne Schüler kann bei der SzI eines Textes mitwirken als »Interpret« (mit einer eigenen Rolle) und damit gleichzeitig »Interpretand« (Beobachteter, der sich der anschließenden Diskussion stellt) oder auch nur als »Interpretator« (Beobachter der anderen in ihren Rollen). Beim Darstellen ist Freiwilligkeit oberstes Gebot. In einer Arbeitsgruppe kann darüber hinaus noch einiges an praktischen Zusatzaufgaben entstehen, wie das Basteln von Requisiten, Protokollieren von Zwischenergebnissen, Fotografieren oder Filmen während der szenischen »Aufführung« u.v.a.m. Außerdem ist es denkbar, dass ein Schüler die Rolle des Spielleiters übernimmt.

---

24 Z.B. von der Gruppe »Synaulia« (auf CD erhältlich).

25 → Scheller (1999), 35.

4. Probleme und Tipps

Auch die sorgfältigste Planung kann manche Probleme nicht ausschließen. Einige von ihnen seien hier genannt und mit einem Lösungsvorschlag versehen:

- Es stehen nur Einzelstunden zur Verfügung. Tipp: Anlegen eines »Regiebuchs«.[26] Die Schüler halten ihre Diskussions- und Arbeitsergebnisse darin fest und können sie in jeder neuen Stunde wieder hervorholen.
  - Inhalt des Regiebuchs (beliebig erweiterbar): Originaltext, Spielfassung des Textes, erste Einfälle und Eindrücke, Interpretationen, Rollenverteilung, Handlungsabläufe der Inszenierung, Skizzen zu Bewegungsfolgen und Mimik, Hinweise zu Kulissen, Requisiten, kritische Bemerkungen in allen Phasen, ...
  - Anlage des Regiebuchs: Ringbuch mit Inhaltsverzeichnis (z. B. Texte/Ideen/Inszenierung/Besetzung/Kritik/Material, ...)
  - Führung des Regiebuchs: Abwechselnde Einzeleinträge (protokollarisch); PA: Einer beobachtet, einer schreibt; verschiedene Gruppen haben ihr eigenes Regiebuch.
- Äußere Bedingungen lassen es ungeraten oder unmöglich erscheinen, eine SzI praktisch durchzuführen, aber das Konzept möchte man trotzdem ausprobieren. Tipp: Statt einer praktischen Durchführung veranstaltet man das Ganze schriftlich, als eine Art künstlerischen Entwurf (sog. »gestaltendes Interpretieren«). Die Vorteile gegenüber einer herkömmlichen schriftlichen Interpretation in Aufsatzform (motivierender, evtl. größerer inhaltlicher Ertrag) bleiben erhalten.
- Der lateinische Text ist besonders schwierig zu übersetzen, da er inhaltlich ein hohes Maß an kulturhistorischer Fremdheit aufweist (z. B. Thema »Liebe« bei Catull und den Elegikern). Dadurch könnte die Übersetzungsarbeit gehemmt werden und die Motivation für die SzI stark abnehmen. Tipp: Man entlastet den Text durch eine konzentrierte Einführung in das betreffende Thema vor, z. B. durch ein Schülerreferat oder durch Lehrervortrag oder durch schriftliche Informationen ...
- Es wäre befriedigender, eine größere Textmenge zu interpretieren, aber die Schüler können die Übersetzung in dem Umfang (noch) nicht leisten. Tipp: Bewältigbare Menge übersetzen, Rest auf Deutsch lesen und evtl. gezielte Übersetzungskritik zentraler Textstellen. Oder: Man bildet schon in der Übersetzungsphase Gruppen, die verschiedene Texte oder Textstellen übersetzen.

---

26 → Schau (2000), 91–94.

- Wenn die Gruppen verschiedene Texte übersetzt und szenisch interpretiert haben, sind die szenischen Interpretationen (Vorführungen) für die anderen unverständlich und können nicht vertiefend kommentiert werden. Tipp: Jede Gruppe erstellt ein »Programmheft« für ihre Vorführung. Es enthält eine »Übersetzungsaufgabe« (→ Ideen zur Erstellung einer Übersetzungsaufgabe, S. 51–53), die von den anderen gelöst werden muss, und weitere erläuternde Materialien, die als Vorbereitung auf die Vorführung zu lesen sind.

5. Beispiele/Materialien

Zur Demonstration wird für die Lehrbuch- und die Lektürearbeit je ein repräsentatives[27] Beispiel mit Materialien vorgeführt (Orpheus; Catull). Die Beispiele sind so angelegt, dass sie ohne große Schwierigkeiten ganz oder teilweise auf andere Lehrbuchtexte oder Autoren übertragbar sind.

Beispiel 1: Lehrbuchphase

Text: Lehrbuch *Interesse,*[28] *Ausgabe A*, Band 2, L. 39 A und B
Thema: Der Orpheus-Mythos (Lehrbuchdarstellung nach Ov. met. 11,1 f. und 10,1–71 und Verg. georg. 4,453–606)
»Szenische Prädikatoren« des Themas: Viele musikalische Elemente, intensive Körpersprache
Umfang der Szl: Gesamttext

(2) Übersetzungsphase (4 Stunden)

- Einführung der Subjunktion *cum*[29]
- Zusammenfassende Lektion zum lateinischen Konjunktiv: Immanente Wiederholung während des Übersetzens
- Übersetzung nach Sinnabschnitten; nach jedem Sinnabschnitt wird gemeinsam eine deutsche Zusammenfassung notiert.
- HA: jeweils schriftliche Nachübersetzung der im Unterricht besprochenen Abschnitte ins Heft (mit Zeilenangaben); beim letzten Abschnitt Skandierung

(3) Interpretationsphase mit Szl (2+1 Stunde)

Vorbereitung durch den Lehrer
Diagnose des Lehrbuchtextes/der Lehrbuchtexte auf »szenische Prädikatoren« (→ Aufstellung S. 36–38), hier am Beispiel von L. 39 A:

---

27 D. h. »Orpheus« als eine in den meisten Lehrbüchern vorkommende mythologische Figur bzw. »Catull« als oft gelesener Autor.
28 Verlag J. Lindauer (R. Schäfer), München.
29 Möglicherweise kann man in einer vorausgehenden Stunde anhand geeigneter Übungssätze diesen Schritt schon vorwegnehmen.

A, 1–4
Orpheus bekommt von Apoll die Leier und lernt von den Musen, sie zu spielen und dazu zu singen.

- Leerstellen: 1. Unterricht der Musen. Hier setzt man z. B. kleinere gesungene Partien und leichte tänzerische Bewegungen ein. 2. Klang der Musik. Hier kann man (weitere) musikalische Mittel einsetzen.
- Faszinosa: Apoll, Leier, Musen. Einsatz passender Requisiten
- Musikalische Elemente: Musik des Orpheus. Einsatz ähnlicher musikalischer Mittel wie oben

A, 5–9
Menschen und wilde Tiere (Tiger, Löwen und andere Tiere) freuen sich an Orpheus' Musik, wilde Tiere werden zahm, Bäume und Felsen bewegen sich auf Orpheus zu.

- Kontrastives: Angst ↔ Freude, wild ↔ zahm. Begleitender Einsatz von entsprechender Mimik/Gestik
- Musikalische Elemente: Musik des Orpheus. Einsatz musikalischer Mittel wie oben
- Bewegungen: zu Orpheus hin. Einsatz rhythmischer/tänzerischer Bewegungen zur Musik
- Faszinosa: wilde Tiere, sich bewegende Bäume und Felsen. Einsatz von Requisiten

Erarbeitung einer szenischen Darstellung

Doppelstunde: Das Ziel der nun folgenden Phase ist eine in Gruppen erarbeitete szenische Darstellung des übersetzten Textes. Dazu stellt man auf Folie eine Ideensammlung geeigneter szenischer Elemente zusammen. Anschließend wird der folgende tabellarisch vorbereitete Text[30] (die möglichen Schülereinträge sind kursiv gesetzt) an die vorher bestimmten Arbeitsgruppen ausgeteilt; diese wählen nun arbeitsteilig szenische Elemente aus, sammeln Inszenierungsideen, planen eine Szene und üben sie ein.

30 Dazu muss man nur die szenischen Prädikatoren als Fragen an den Text umformulieren.

Arbeitsblatt

L. 39 A, 1–4		
L. 39 A, 1–4: Tragt hier die Zusammenfassung des Inhalts ein. *Orpheus bekommt von Apoll die Leier und lernt von den Musen, sie zu spielen und dazu zu singen.*		
Fragen an den Text	Szenische Elemente	Inszenierungsideen
Wie sieht der Unterricht der Musen aus?	*Improvisation (Tanz), Requisiten (Tamburin, Flöten)*	*Reigentanz mit Orpheus in der Mitte, Instrumente spielen dazu.*
Wie schenkt Apoll dem Orpheus die Leier?	*Standbild, Requisiten (Mandoline, Lorbeerkranz)*	*Kalliope bekränzt den knienden Orpheus, Apoll reicht ihm die Leier.*
Wie klingt die Musik des Orpheus?	*Standbild, Musik*	*Orpheus sitzt mit Leier, ein griechisches Lied erklingt (CD).*
L. 39 A, 5–9: Tragt hier die Zusammenfassung des Inhalts ein. *Menschen und wilde Tiere (Tiger, Löwen und andere Tiere) freuen sich an Orpheus' Musik, wilde Tiere werden zahm, Bäume und Felsen bewegen sich auf Orpheus zu.*		
Fragen an den Text	Szenische Elemente	Inszenierungsideen
Woran erkennt man, dass die Tiere zahm werden und die Menschen keine Angst mehr vor ihnen haben?		
Wie klingt die Musik des Orpheus?		
Wie bewegen sich wilde Tiere, Bäume und Felsen auf Orpheus zu?		

Vorführung

Die Schüler spielen die von ihnen erarbeiteten Szenen den Klassenkameraden vor.

(4) Vertiefungsphase

Die Vorführung und die Besprechung der Interpretationsergebnisse nehmen eine Einzelstunde ein. In der Besprechung kann man zur interpretatorischen Krönung vertiefend noch einmal auf die eher schwer verständlichen Z. 10–18 des A-Stücks zu sprechen kommen (Bedeutung der Musik und ihres Erfinders).

Beispiel 2: Lektürephase

> *Text:* Catull. c. 5
> *Thema:* Freude am Leben und an der Liebe
> *»Szenische Prädikatoren« des Textes:* Leerstellen (lyrisches Ich, Lesbia, senes, (ali)quis malus, Situation), Dialogcharakter, starke Stimmungen (Kontraste: Freude ↔ Nachdenklichkeit, Lebhaftigkeit ↔ Ruhe, Glück ↔ Neid), sentenzhafter 1. Vers, Zählmetapher, Metrum.
> *Umfang der SzI:* Gesamttext

Die folgende Zusammenstellung von Materialien lässt sich mutatis mutandis auf andere Texte[31] und Autoren übertragen.

(1) Einführungsphase (1 Stunde)

Anhand einer praktischen Vorübung mit Standbildern werden die Schüler in die SzI eingeführt. Sie erhalten dazu das folgende AB »Vorübung: Standbilder« und Rollenkärtchen.

Arbeitsblatt

> Einführung in die Szenische Interpretation anhand von Catull. c. 5:
> Vorübung: »Standbilder«
>
> Wir wollen uns einige mehr oder weniger typische Situationen des Alltags vergegenwärtigen, mit denen junge Pärchen konfrontiert sein können. Um das zu tun, sollen von Ihnen sog. »Standbilder« gebaut und der Klasse vorgestellt werden. Was versteht man unter »Standbildern«?
> Ein »Standbild« ist eine Art Schnappschussbild, das aber live von Ihnen dargestellt wird. Jede Gruppe bekommt eine bestimmte »Rollenkarte«, auf der in wenigen Worten eine Situation zum Thema »Liebespärchen im Alltag« beschrieben ist. Ihre Gruppe bespricht nun zunächst, welche Assoziationen, welche »Bilder« im Kopf der einzelnen Gruppenmitglieder aufgrund der Rollenkarte entstehen. Dann einigen Sie sich auf eine Ihnen für die beschriebene Situation typisch erscheinende Szene, die Sie nun »aufbauen« sollen. Dazu dürfen alle Personen der Gruppe, Tische und Stühle verwendet werden. (Falls die Personenzahl der Gruppe nicht ausreicht, können zur Vorführung vor der Klasse auch kurzfristig Gruppenmitglieder aus anderen Gruppen »ausgeliehen« werden.) »Standbild« bedeutet, dass keine Bewegungsabläufe eingebaut werden dürfen; auch dürfen Sie nicht sprechen. Beim Bauen oder Stellen der Szene sollten Sie stattdessen alle anderen Arten der Körpersprache ausnutzen: für bestimmte Situationen typische Mimik (besonders Mund und Augen), typische Gestik (Handbewegungen, Schulterstellung, Kopfhaltung ...; Sitzhaltungen, Stehhaltungen, Gehhaltungen), Anordnung von Personen im Raum

31 Folgende Catull-Gedichte haben sich ebenfalls für die SzI bewährt: carmina 8, 51, 58, 85, 109 (alle auch von Orff vertont).

(Nähe und Distanz, Zu- oder Abgewandtheit, Berührungen ja oder nein). Probieren Sie Verschiedenes aus und einigen Sie sich dann auf eine Version.
Zur Vorstellung vor der Klasse kommen Sie auf die »Bühne«, einer liest die Rollenkarte vor und dann bauen Sie Ihr Standbild schweigend (!) auf und verharren ca. 60 Sekunden darin; einer gibt das Signal zur Auflösung.
Nach jedem Gruppen-Standbild besprechen wir unsere Eindrücke im Plenum.

Rollenkärtchen

Die »Rollenkärtchen« werden in diesem Fall mit dem Ziel erstellt, sich dem einen oder anderen inhaltlichen Aspekt eines bestimmten Textes anzunähern, hier Catulls c. 5. Gegen folgende Gefährdungen einer jungen Liebe kämpft der Catulltext direkt oder indirekt an:

- Die Alten mit ihren Vorstellungen
- Die Notwendigkeit, das Leben technisch zu bewältigen (Geld verdienen)
- Neider/andere übel Gesinnte
- Die Kürze des Lebens/den Tod/seine Unvorhersehbarkeit

Folgende Konfliktpotenziale lassen sich daraus gewinnen:
[a] Gegensatz alt – jung
[b] Gegensatz otium – negotium
[c] Umgang mit Neid
[d] Konfrontation mit dem Tod

Rollenkarte 1
1 Schüler, 1 Schülerin, weitere Personen
Sie (männlich) sind zu einer wichtigen Familienfeier – goldene Hochzeit Ihrer Großeltern – eingeladen. Ihre Freundin ist nicht eingeladen, aber neugierig auf Ihre Verwandten. Also kommt sie trotzdem mit. [a]

Rollenkarte 2
1 Schüler, 1 Schülerin, weitere Personen
Sie (weiblich) gehen mit Ihrem Freund ins Schwimmbad; Sie können gerade nicht ins Wasser, weil dort die Wassergymnastik für Kurgäste stattfindet. [a]

Rollenkarte 3
2 Schüler, 2 Schülerinnen
Sie (männlich) haben gerade das Abitur bestanden und eröffnen Ihren Eltern im Beisein Ihrer Freundin, dass Sie jetzt für drei Monate mit ihr auf die Malediven wollen. [a/b]

Rollenkarte 4
1 Schüler, 1 Schülerin, weitere Personen
Ihr (weiblich) Freund sieht ziemlich gut aus. Sie machen mit ihm in jeder Pause einen kleinen Spaziergang über den Schulhof. [c]

Rollenkarte 5
1 Schüler, 1 Schülerin
Sie (weiblich) erfahren in den Abendnachrichten von einem terroristischen Anschlag im Ausland. Kurz darauf kommt Ihr Freund noch kurz vorbei; er hat auch schon von dem Anschlag gehört. [d]

Rollenkarte 6
1 Schüler, 1 Schülerin
Sie (männlich) waren auf der Beerdigung eines älteren, Ihnen lieben Verwandten. Danach treffen Sie sich mit Ihrer Freundin. [d]

Ideen von Schülern zur Darstellung der auf den Rollenkarten beschriebenen Situationen:[32]

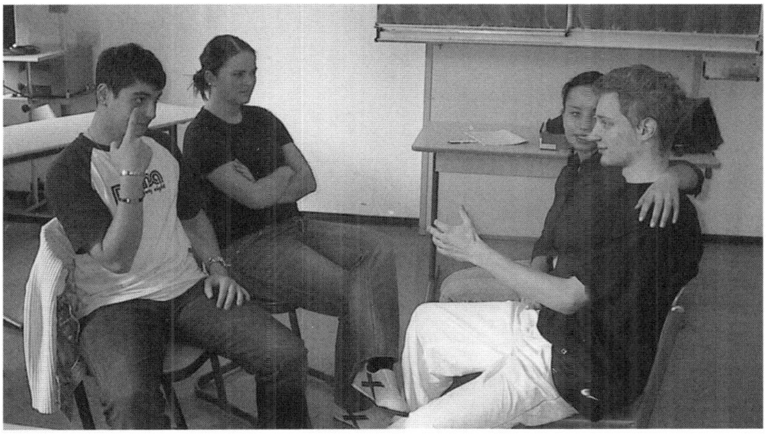

Rollenkarte 3, v.l.n.r.: Vater, Mutter, Freundin, »Sie«. – Hier lassen sich die Unterschiede und Gemeinsamkeiten in der Reaktion der Eltern sowie die Rollenverteilung beim jungen Paar untersuchen.

32 Die Beispiele stammen von folgenden Schülern des Johannes-Kepler-Gymnasiums Stuttgart: Paula Beldi, Sandra Berger, Manuel Gabler, Calogero Gambino, Nicola Gerblich, Helena Hibtes, Elisa Kusmicev, Felix Saemann, Sarah Schiefer, Lisa Theurer.

Rollenkarte 4, v. l. n. r.: »Freund«, »Sie«, Schulhofpublikum. – Besonders bei dem Paar ist nahezu jede Einzelheit der Körperhaltung sinnträchtig und kann vergleichend interpretiert werden. Beim »Publikum« fällt vor allem die Ähnlichkeit in der Reaktion auf.

Rollenkarte 5, v. l. n. r.: »Sie«, Freund. – Offensichtlich schauen sich die beiden die schreckliche Nachricht noch einmal gemeinsam an: In der Reaktion lassen sich Gemeinsamkeiten und Unterschiede feststellen.

(2) Übersetzungsphase mit Besprechung (2 Stunden)

Bei diesem Beispiel bietet es sich an, ein Referat über das Thema »Liebe und Liebesbeziehungen bei den Römern« und/oder »Catull und die Neoteriker« vorzuschalten.

Zur Übersetzung des Textes: Entweder übersetzen die Schüler den Text ohne weitere Impulse, z.B. anhand des AB »Text mit Hilfen zu Catull, carmen 5« (s.u.) in GA oder als HA. Die Ergebnisse werden dann im Unterrichtsgespräch verglichen. Oder sie bekommen das AB »Übersetzungsaufgabe zu Catull, c. 5« (→ S. 52–53) ausgehändigt, das sie (ebenfalls in GA) bearbeiten sollen. Die Übersetzung wird auf diesem AB eingetragen: bei der Besprechung werden bereits wesentliche Fragen der Interpretation vorbereitend gestreift.

Arbeitsblatt

Text mit Hilfen zu Catull, carmen 5

Vivamus, mea Lesbia, atque amemus,
rumoresque senum severiorum
omnes unius aestimemus assis!

Soles occidere et redire possunt:

Nobis cum semel occidit brevis lux,
nox est perpetua una dormienda.

Da mi basia mille, deinde centum,
dein mille altera, dein secunda centum,
deinde usque altera mille, deinde centum.

Dein, cum milia multa fecerimus,
conturbabimus illa, ne sciamus
aut ne quis malus invidere possit,
cum tantum sciat esse basiorum.

rumor, oris m.: *lautmalerische Bezeichnung für jedes dumpfe Geräusch*
senum: *Gen. Pl.* von senex
unius aestimare assis: für ein As (as, assis: *sehr kleine röm. Münze*) halten **unius:** *Gen. Sg. von* unus
perpetuus, a, um: ewig
da: *Imperativ von* dare
mi = mihi
basium: Kuss
dein = deinde
altera = secunda; *bezieht sich beides auf* basia
usque: ununterbrochen
conturbare *terminus technicus aus dem Finanzwesen:* »Zahlenposten einer Rechnung durcheinander bringen«
ne sciamus: *Dahinter steckt die uralte Auffasung, dass das Zählen des Besitzes schädlich sei: Durch das Zählen seiner Güter wird man selbstbewusst, stolz und reizt dadurch die Götter.*
ne quis = ne aliquis
invidere: neidisch sein
tantum *m. Gen.*: eine solche Menge

Ideen zur Erstellung einer »Übersetzungsaufgabe«

Folgende Hilfen oder Aufgaben können den Schülern die Übersetzung erleichtern:

- Lateinische Wörter nach der deutschen Reihenfolge anordnen
- Die lateinischen Wörter genau übersetzen und dann die deutschen Wörter in dieselbe Reihenfolge bringen wie die lateinischen Wör-

ter. Der Schüler muss dann den richtigen Satz selber zusammenstellen (»Interlinearübersetzung«).

- Alle grammatischen Beziehungen zwischen den Wörtern angeben (z.B. durch Unterstreichungen und darüber geschriebene Abkürzungen)
- Bestimmte Teile (Satzanfang, -ende, -mitte oder Konjunktionen oder ...) in der deutschen Übersetzung weglassen
- Lücken in der deutschen Übersetzung mit erläuternden Bildchen anfüllen (Problem: Wörter, die sich bildlich darstellen lassen, sind meist gerade nicht das Übersetzungsproblem)
- Übersetzung in einfachem, wörtlichem Deutsch angeben und stilistisch verbessern lassen
- (Lustige) Übersetzung angeben, die in einem bestimmten Punkt falsch ist, und korrigieren lassen (Problem: Wenn zu viel falsch ist, ist das keine Hilfe, sondern sorgt für Verwirrung.)
- Einen inhaltlich hilfreichen Kommentar zu einer Textstelle geben (z.B.: »Catull ist verärgert.«)
- Zum gesamten Text eine kleine Zeichnung/Skizze anfertigen lassen, die den Inhalt des Textes mit anderen als verbalen Mitteln darstellt[33]
- Zwei Übersetzungen vorschlagen, von denen die, die den Sinn besser trifft, ausgewählt werden soll
- Zeilen einer deutschen Übersetzung in Unordnung bringen und richtig ordnen lassen
- Subjekt oder Objekt in einer Übersetzung nicht mitliefern und ergänzen lassen

Arbeitsblatt

Übersetzungsaufgabe zu Catull, c. 5		
Z.	**Übersetzung**	**Aufgaben**
1	Lass uns	Übersetzen Sie und überdenken Sie dann die Reihenfolge der Wörter.
2/3	und der gestrengen Alten ganzes Gerede/ Gezischel nicht für fünf Pfennig ernst nehmen!/nicht beachten!	Unterstreichen Sie jeweils die Variante, die im Vergleich mit dem Lateinischen besser ist.

33 Sehr anschaulich → Pfeifer-Blaum.

Z.	Übersetzung	Aufgaben
4	Auf jeden Sonnenuntergang folgt ein Sonnenaufgang:/ Auf jeden Sonnenaufgang folgt ein Sonnenuntergang:	Übersetzen Sie wörtlich. Vergleichen Sie dann mit den freieren Übersetzungen: Welche trifft den Sinn besser?
5/6	Wenn für uns einmal müssen wir	Ergänzen Sie die Übersetzung.
7–9	Gib mir	Übersetzen Sie.
10	dann, wenn wir viele tausende gemacht haben,	Verbessern Sie das Deutsch.
11	werden/wollen wir sie/ihre Zählung durcheinander bringen, damit wir sie/ihre Zahl nicht kennen	Wählen Sie aus. Lesen Sie dazu die Hilfen auf dem Textblatt.
12	oder damit nicht sogar irgendein Böser kann,	(ali)quis: Wer könnte gemeint sein? Ergänzen Sie die Übersetzung.
13	wenn er weiß, dass es sind.	Ergänzen Sie die Übersetzung.

(3) Interpretationsphase mit SzI (Doppelstunde)

Kognitive Texterschließung

Da der Text auf den zweiten Blick inhaltlich recht anspruchsvoll ist, erscheint es in diesem Fall nicht ratsam, die Schüler ihre Spontanassoziationen sogleich in Szene setzen zu lassen (zumal wenn es sich um eine Erstbegegnung mit der SzI handelt). Stattdessen

- fasst man die Ideen zur Interpretation, die aus dem Vergleich der Übersetzungsergebnisse hervorgegangen sind, an der Tafel zusammen (→ TB »Inhalt von Catull, carmen 5«, S. 54)
- oder man lässt die Schüler in ihren Gruppen den Text erst einmal auf bestimmte Fragen hin untersuchen (AB »Catull, carmen 5: Anregungen zur Erschließung des Gedichts«, → S. 54–55), wobei der Lehrer als Ansprechpartner zur Verfügung steht; eine allgemeine Besprechung dieses AB findet eher nicht statt.

Das Ziel beider Vorgehensweisen ist ein gesichertes Textverständnis als Basis für die SzI.

Tafelbild

Inhalt von Catull, carmen 5

- Dichter ruft Lesbia auf zur Liebe als wesentlichem Lebensinhalt.
- Er ermuntert sie, eine Haltung der Souveränität einzunehmen gegenüber Kritikern, die den Sinn des Lebens im Geschäftemachen sehen.
- Er weist beschwörend auf die Kürze des Lebens hin und hält ihr den Genuss der Liebesfreuden (Küsse) entgegen.
- Die Liebenden selbst sollen sich allerdings der Intensität ihrer Liebesfreuden nie allzu bewusst werden, da das Bewusstsein davon Neider (Menschen wie Götter) auf den Plan rufen könnte.

Arbeitsblatt

Catull, carmen 5: Anregungen zur Erschließung des Gedichts

1. Inhaltsbeschreibung
a) Fertigen Sie eine Skizze an, die die Beziehungen der einzelnen Personen zueinander zeigt.
b) Ordnen Sie den Personen ihre Tätigkeiten zu. Tipp: Die Beschäftigung der senes wird nicht direkt genannt, man kann sie aber aus Aufgabe 2 c indirekt erschließen.

2. Untersuchung sprachlicher Auffälligkeiten
a) Beschreiben Sie die Wortstellung in Z. 1.
b) Wie oft kommt der s-Laut in den Z. 2–3 vor, wie oft die Laute um/om?
c) Die Metapher in Z. 3 unius aestimemus assis stammt aus dem Bereich des Geschäftslebens. An welcher Stelle wird diese Metaphorik wieder aufgenommen?
d) Worin besteht die Klimax in den Z. 7–10?
e) Erklären Sie die Metapher in Z. 6 und finden Sie in den Z. 5–6 mindestens zwei weitere Stilmittel.

3. Gliederung: Charakterisierung des Sprechers[34]
a) Gliedern Sie das Gedicht in Sinneinheiten, die Sie auf Ihrem AB stichwortartig neben dem Gedicht vermerken.
b) Sortieren Sie die Prädikate des Gedichts nach ihrem Modus und notieren Sie, ob sie in Haupt- oder Nebensätzen stehen.
c) Beschreiben Sie Auffälligkeiten der entstandenen tabellarischen Übersicht:
   - In welchen Sinnabschnitten überwiegt die Parataxe (nur Hauptsätze), in welchen die Hypotaxe (Wechsel von Haupt- und Nebensätzen)? In welchen Sinnabschnitten werden welche Modi verwendet?
   - Was sagt das aus über die Intentionen des Sprechers?

34 Sprecherhaltungen: Appell (1–3), Reflexion (4–6), eindringliche und begründete Aufforderung (7–12).

4. Deuten
Deuten Sie Ihre Untersuchungsergebnisse in einem Gespräch und notieren Sie das Gesprächsergebnis.

Erarbeitung einer szenischen Darstellung

Nach dieser vorgeschalteten kognitiven Phase erarbeiten die Schüler in Gruppen eine szenische Darstellung. Als Hilfe erhalten sie das AB »Ideenliste zur Gestaltung einer Szenischen Interpretation«.

Arbeitsblatt

Ideenliste zur Gestaltung einer Szenischen Interpretation

Die folgende Liste ist nicht vollständig. Sie können sich auch andere szenische Darstellungsmöglichkeiten einfallen lassen, die geeignet sind, der Klasse das Gedicht mit Ihren Deutungsergebnissen nahe zu bringen. Übrigens: Jede von Ihnen gestaltete SzI kann grundsätzlich auch in unsere Lebenswirklichkeit übertragen sein.

- Standbild zu einem bestimmten Aspekt des Gedichts (z. B. zur vermuteten Zentralaussage)
- Mehrere Standbilder zu verschiedenen Aspekten: nacheinander/parallel
- Statt ein von Anfang an unbewegliches Standbild zu bauen, kann man auch aus einer Bewegung heraus eines einfrieren (sog. »Freeze«).
- Nach der Minute Standbild kann man es gleich ganz beenden oder es sich in Bewegungen auflösen lassen (könnte man »Loosening« nennen).
- Freeze und Loosening können sich abwechseln.
- Standbild mit Sprecher
  - »Einflüsterer«: Einer, der nicht im Standbild mitwirkt, spricht aus dem Off.
  - Text: (Deutsch/lateinisch) gesprochener Satz: Zitat aus dem Gedicht selbst/bekannte Redewendung im Original oder verändert/selbst formulierter kurzer Kommentar

Vorführung vor der Klasse

Die einzelnen Gruppen führen ihre Szenen vor der Klasse auf. Ideen von Schülern zur SzI von Catull. c. 5:

1. Beispiel
Standbild: Im Hintergrund ein Grüppchen feiner Herren (Toga, große Geldbeutel) beim Tuscheln (nicht hörbar, nur gestisch); zwei zeigen auf das Paar im Vordergrund und schauen verächtlich. Im Vordergrund steht ein in eine ärmliche Tunika gekleideter Catull, der eine Schreibfeder hinterm Ohr trägt, mit ausgebreiteten Händen vor Lesbia und sagt »Carpe vitam!«
Lesbia geht einen Schritt auf Catull zu, hält dann aber inne und schaut verunsichert auf das tuschelnde Grüppchen: Freeze.

Aus der Gruppe der Feinen löst sich einer (Loosening) und geht mit selbstbewussten Schritten herausfordernd auf Lesbia zu; er bleibt auf Catulls Höhe zu dem Zeitpunkt stehen (Freeze), als das Licht ausgeht. – Standbild. – Lesbia sagt: »Da mi basia mille!« Der Zuschauer kann nicht sehen, zu wem Lesbia gesprochen hat.

2. Beispiel
Hintergrundkulisse: Folie mit Foto der scheinwerferimaginierten Türme des WTC nach dem 11. September
Vordergrund rechts: Vier Schüler im Standbild »An der Börse« (entsprechendes Outfit, typische Gesten, Börsen-Requisiten)
Vordergrund links: Zwei Schüler im Standbild »Schlafendes Liebespaar«

(4) Vertiefungsphase

Die Vorführungen vor der Klasse und die Vertiefungsphase nehmen eine Unterrichtsstunde ein.
Gesprächsauswertung zum 1. Beispiel: Catull will Lesbia zeigen, dass die Welt ihnen offen steht. Sie reagiert darauf, aber lässt sich, wie vielleicht auch im Gedicht, von der Meinung der senes severi beirren, möglicherweise weil sie einen solideren Eindruck machen als Catull (Geldbeutel versus Schreibfeder). Der »Neider«, der sich an Lesbia heranmacht, stellt für Catull ganz klar eine Konkurrenz dar. Das ausgehende Licht soll Verschiedenes symbolisieren: den offenen Ausgang des Gedichts (man weiß ja nicht, wie Lesbia reagiert) und jede Art von Dunkelheit im Leben (im Gedicht: das Bewusstsein des Todes). Durch das Bewusstwerden der Dunkelheit (Licht aus) wird in Lesbia eine Bejahung der Liebesaufforderung ausgelöst (das will auch Catull im Gedicht erreichen: Imperative). Allerdings könnte Lesbia die Liebe gewählt, sich aber für den Vornehmen (Geld und Liebe) und gegen Catull (nur Liebe) entschieden haben. Von dieser Mischung der Konzepte ist im Gedicht nicht die Rede, aber Catull lässt ja offen, warum Lesbia überhaupt überzeugt werden muss.
Gesprächsauswertung zum 2. Beispiel: Im Gedicht geben die Z. 4–6 die Hintergrundkulisse für alles Geschehen ab; bei uns ist es die Erinnerung an die Katastrophe vom 11. September; die virtuellen Türme stehen gleichzeitig für endgültigen Tod und Untergang sowie für die Fähigkeit der »Natur« bzw. der von Menschen gestalteten Technik, »die Sonne wieder aufgehen zu lassen«. Vor diesem Hintergrund gibt es verschiedene Lebensentwürfe, die wir unbewertet nebeneinander stellen – worin wir uns vom Gedicht unterscheiden. Wir lassen dem Betrachter die Wahl. Das muss Catull letztlich auch, und darin stimmen wir wieder mit ihm überein.

Additum: Übungen zum Warm-up

Wo es möglich ist, sollte man auch in dieser Phase einen Bezug zum LU herstellen (lateinische Wörter verwenden, römische Musik vorspielen,[35] thematische Bezüge zur Antike herstellen usw.).
Zur Durchführung des Warm-up müssen die Tische an die Wände gestellt werden; die Stühle stehen (erreichbar) am Rand (für einen Teil der Übungen werden sie benötigt). Folgende Typen von Übungen lassen sich unterscheiden:[36]

Wahrnehmungsübungen

Sie zielen vor allem auf die Sensibilisierung der »Nah-Sinne«,[37] indem die »Distanz-Sinne« eingeschränkt werden. (Tipp: Nicht nur in eine UE zur SzI einbringen, sondern zwecks Entspannung und Gewöhnung an solche Übungen auch in andere UE.) Hinweis für den Spielleiter: Zeit lassen, Einhalten der Regeln einfordern (vor allem: nicht sprechen!), nach der Übung Zeit für mündlichen Austausch geben, Übungen wiederholen, variieren.

- Die Schüler bewegen sich kreuz und quer durch den Raum und bleiben stehen, wenn der Lehrer »sistatur!« ruft. Kleine Pause. Temposteigerung.
- Je zwei Schüler tragen Alltagsgegenstände zusammen (möglichst nur solche, die es auch schon im alten Rom gab) und tasten sie nacheinander mit geschlossenen Augen ab.
- Ein Schüler geht an den Ort seines Platzes im Klassenzimmer und verweilt kurz. Danach geht er woanders hin, lässt den neuen Platz auf sich wirken und sagt nach der Übung seinem Partner, wie er von dort aus »seinen« Platz wahrnimmt.

Vorstellungsübungen

Vor dem inneren Auge entstehen Orte, Dinge, Begebenheiten ..., die die Fähigkeit der Schüler, ihre eigene Fantasie spielen zu lassen, stärken sollen. Hinweis für den Spielleiter: langsam sprechen, Pausen machen, anschauliche, aber nicht zu enge Formulierungen wählen, am Ende behutsam beenden. Die Übungen können thematisch zum behandelten Text/Thema passen. Die Schüler begeben sich in eine entspannte Haltung, schließen die Augen und richten ihre Aufmerksamkeit auf Körper und Atem.

- Fantasiereise: Der Lehrer malt verbal eine Landschaft und geht dabei auf möglichst viele Sinneseindrücke ein. (»Ich führe euch jetzt

---

35 Zum Beispiel von der Gruppe »Synaulia« (auf CD erhältlich).

36 Klassifizierung nach → Scheller (1999), Kap. 2, 37–73 und → Schau (2000), Teil C, 95–145. Dort und bei → Broich sowie → Waegner auch reichhaltiges weiteres Übungsmaterial.

37 Scheller (1999), 37 unterscheidet zwischen den »Distanz-Sinnen« (Auge, Ohr) und »Nah-Sinnen« (Riechen, Schmecken, Berühren/Tasten/Bewegen).

an einen weißen Sandstrand in Süditalien. Es ist Mittag, die Sonne brennt vom Himmel ...«)
- Raumbeschreibung: Der Lehrer oder ein Schüler durchwandert verbal den Klassenraum und beschreibt nicht nur das, was er sieht, sondern auch Gerüche, Geräusche, Tastempfindungen.

Übungen zum Sprechen und Lesen

Varianten des Sprechens (Intonation, Lautstärke, Geschwindigkeit, Artikulation, auch in Kombination mit Mimik und Gestik) werden erprobt, ihre Wirkungen werden analysiert. Hinweis für den Spielleiter: Sprech-Übungen im Gehen oder Stehen ausführen lassen, auf räumliche Distanz zwischen den Schülern achten, damit ggf. die Lautstärkenskala nach oben hin ausgeschöpft wird, Nur-Wortwechsel erfolgen immer wieder mit geschlossenen Augen, damit viel über die Intonation gelernt wird.

- Vokale sprechen,[38] jeder für sich: Auf Mundstellung achten; gedehnt/kurz; crescendo/decrescendo; gedehntes AH! als Lob, OH! als Bedauern, IIH! als Ekel, kurzes EH! als Aufforderung
- Gruppen spielen sich Vokale zu (wiederholend/verändernd), in freundlichem/feindlichem, frohem/traurigem, wachem/müdem Ton; mit rhythmischer Begleitung (a–a- ... + Klatschen, e–e- ... + Fußsteps, i–i- ... + mit flacher Hand auf Schenkel schlagen ...).
- Lese-Übungen anhand kurzer deutscher Texte (möglichst mit Pointe)[39] mit Einführung der prosodischen Zeichen:[40]
  - Vom-Blatt-Lesen, geübtes Lesen
  - Sololesen, Chor-Lesen
  - Lesen mit gestischer/mimischer Unterstützung
  - »Sharing«:[41] Einer liest, ein anderer führt eine passende Pantomime aus.

Übungen zu Mimik und Gestik

Es soll gelernt werden, Mimik und Gestik zu kontrollieren und zu deuten; deren Wirkungen werden reflektiert. In »Scharaden« wird die Körpersprache bewusst eingesetzt. Hinweis für den Spielleiter: Besonders

---

38 Zum Üben von Konsonanten schlägt → Schau (105–106) Gedichte von Jandl und Schwitters vor (gute Beispiele finden sich in fast allen Lesebüchern für den Deutschunterricht).

39 Beispielsweise absurde Zeitungsmeldungen oder Sprichwörter (Prosa) oder Valentin-Dialoge (Drama: in fast allen Lesebüchern für den Deutschunterricht) oder Gedichte (Lyrik) wie in → Fröhlich.

40 Prosodische Zeichensetzung für die Markierung von Lesetexten nach Schau (2000), 110:
/: kleine Pause, //: große Pause, <: laut, >: leise, ↗: Stimme rauf, ↘: Stimme runter (Satzmelodie), ´: Hebung, `: Senkung (einzelnes Wort).

41 Schau (2000), 113.

diese Übungen vorher selbst durchspielen, am besten vor einem Spiegel. Wo die Mimik geübt wird, können die Schüler den Spiegel einsetzen.

- Beobachtung der Augenveränderung: Paarweise beantworten Schüler Fragen und beobachten einander dabei: Was hast du am Wochenende gemacht? Wann warst du das letzte Mal im Kino? Was kam in dem Film vor? Austausch
- Einzelübungen zum Augenspiel: Starr blicken, blinzeln, mit den Augen rollen, böse/freundlich/gelangweilt ... blicken. Ein Partner beobachtet dabei die Veränderungen der Stirn und der Mundwinkel. Austausch
- Die Schüler bilden zwei Reihen und sitzen einander gegenüber. Der Lehrer gibt Gefühle oder Situationen vor. Die eine Seite sucht nach dazu passender Mimik und Gestik und erstarrt, die andere Seite imitiert. Austausch
- Die Schüler stehen im Kreis. Der Lehrer macht eine Geste (drohen/ermahnen/abwehren/verlegen sein/...), die Schüler ahmen sie nach und deuten sie dann.
- Scharaden: Die Schüler stehen im Kreis. Begriffe werden vom Lehrer vorgespielt oder auf Kärtchen den Schülern zum Selberspielen an die Hand gegeben. Wort-Scharaden (z. B. Au/tor, Heu/schnupfen, Hosen/träger, ...); Städte- und Ortsnamen-Scharaden (z. B. Frei/burg, Offen/bach, Würz/burg, ...); Scharaden zum Thema »Hand« (z. B. »sich die Hände reiben«, »von der Hand in den Mund leben«, »alle Trümpfe in der Hand haben«, ..).

Körper- und Bewegungsübungen

Sie dienen dazu, das eigene Alltagsbewegungspotenzial bewusst zu machen, entsprechende Eigenheiten an anderen wahrzunehmen und beides auf seine Wirkungen hin zu überprüfen. Hinweis für den Spielleiter: Übungen vormachen und erklären, dann selbst nicht mehr mitmachen, sondern beobachten, Übungen wiederholen lassen, Erfahrungsaustausch der Partner bei Partnerübungen ermöglichen. Bewegungen mit oder ohne Musik üben lassen.

- Begegnungsweisen darstellen (z. B. sich sehen, aufeinander zugehen, ausweichen, ...)
- Redewendungen darstellen (z. B. jemandem die Zähne zeigen, kein Rückgrat haben, jemandes Last tragen, ...)
- Schüler sitzen/stehen sich paarweise gegenüber und erproben Haltungen: Sitzhaltung/Stehhaltung suchen, die dominant/unterlegen, froh/deprimiert wirkt. In diesen Haltungen über beliebiges Thema reden und die Position halten. Auf Wahrnehmungen achten. Rollentausch. Dann darüber sprechen

- Pantomime: Fünf Schüler verlassen den Klassenraum, der Lehrer gibt eine pantomimisch darzustellende Situation vor, die verbliebenen Schüler üben diese, der erste der fünf Schüler kommt herein, lässt sich die Pantomime von allen vorspielen, macht sie dann nach. Der zweite kommt herein, lässt sie sich vom Vorgänger vormachen usw. bis zum letzten, der sie nach dem Nachmachen erraten muss. Beispiele: Fenster putzen, Auto waschen, Baby wickeln, Kuchen backen, Brot schmieren. Erschwerte Alternative:[42] Bestimmte, nahe liegende Bewegung darf in der Pantomime nicht vorkommen (Kärtchen vorbereiten, auf denen die Pantomime und jene Bewegung vermerkt sind).

Improvisationsübungen

Der spontane körpersprachliche Ausdruck wird geschult und seine Wirkungen werden erfahren.

- »Freeze«[43] (Einzelübung): Der Lehrer gibt eine Stimmung vor (traurig, froh, ernst, ausgelassen, genervt, ...). Die Schüler bewegen sich in dieser Stimmung durch den Raum. Auf ein vereinbartes Zeichen hin (Lehrer klatscht/gongt) erstarren sie in ihrer Bewegung. Nach einer kurzen Pause, in der sie ihr eigenes Freeze begutachten, sehen sie sich die Freezes der Mitschüler an. Auf das nächste Stimmungsstichwort hin geht es weiter. – Alternativ: Mit Musik, ohne Stimmungsvorgabe. Alles wie oben: Wenn die Musik verstummt, Freeze, wenn die Musik wieder erklingt, geht es weiter.
- »Standbild« (Einzel-, Partner- oder Gruppenübung): Der Lehrer gibt eine Redewendung oder ein Sprichwort vor (»auf den Hund kommen«, »Morgenstund' hat Gold im Mund« ...). Die Schüler(-gruppen) überlegen sich eine statische körpersprachliche Darstellungsweise und probieren sie aus. Nach einer bestimmten Zeit (5 min) stellen die Gruppen ihre Standbilder vor; bis die Aufstellung fertig ist, müssen die anderen Schüler wegsehen (am besten drehen sie sich um).
- »Skulptur-Freeze« (Gruppenübung): Eine Gruppe geht irgendeiner Tätigkeit nach (z.B. Volleyball, gemeinsame Mahlzeit, ...) und erstarrt auf ein vereinbartes Zeichen hin.
- »Frage-Antwort«-Spiel (Partnerübung): Ein Schüler führt eine Bewegung aus, hält inne, der Partner ahmt nach/antwortet mit einer Gegenbewegung, die genauso viel Zeit in Anspruch nehmen soll.

---

42 Ein bekanntes Gesellschaftsspiel – »Tabu. Body-Talk. Wer schweigt, der bleibt« (MB Spiele, 2000) – funktioniert so.

43 Begriff aus dem Englischen; auf Deutsch: Einfrieren, Erstarren. Ein »Freeze« ist eine Bewegungs-Erstarrungseinheit.

Dann ist wieder der erste Partner dran. Insgesamt soll ein Körperdialog entstehen, bei dem direkte Körperberührungen vermieden werden.[44]

Literatur

Szenische Interpretation

Broich, Josef: Anwärmspiele, Köln 1999.

Brooks, Peter: Der leere Raum, Berlin 1968.

Brunkhorst-Hasenclever, Annegrit: »Sprache – Bilder – Spiel: Verstehen. Unterrichtsvorschlag für ›szenische Interpretation‹ in der Sekundarstufe I«, in: Der Deutschunterricht 4/1981, 105–110.

Ewald-Spiller, Ulla: Szenische Verfahren im Deutschunterricht am Beispiel von Max Frischs Stück »Andorra«. Kompaktkurs. Staatliches Seminar für Didaktik und Lehrerfortbildung (Gymnasien) Freiburg 2003 [Manuskript].

Frommer, Harald: Lesen und Inszenieren. Produktiver Umgang mit dem Drama auf der Sekundarstufe, Stuttgart, 1995.

Haas, Gerhard: »Bewertung kreativer und produktiver Tätigkeiten im Unterricht«, in: AU 6/1999, 59–62.

Klinge, Reinhold: »Szenisches Interpretieren«, in: Der Deutschunterricht 4 (1980), 87–97.

Laser, Günter: Als römischer Redner agieren, in: AU 6/1999, 43–50.

Lück, Eckhard: Theater aus der Hosentasche. Schüler auf Erlebnisreise Theater, 3. Auflage, Lichtenau 1996.

Müller, Andreas/Schauer, Markus: Bibliographie für den Lateinunterricht. Clavis Didactica Latina, 1. Auflage, Bamberg 1994.

Schau, Albrecht: Szenisches Interpretieren im Unterricht, 1. Auflage, Stuttgart 1998.

Schau, Albrecht: Szenisches Interpretieren. Ein literaturdidaktisches Handbuch, 1. Auflage, Stuttgart 2000.

Scheller, Ingo: Szenische Interpretation, in: Praxis Deutsch. Zeitschrift für den Deutschunterricht, Heft 136/1996.

Scheller, Ingo: Szenisches Spiel. Handbuch für die pädagogische Praxis, 2. Auflage, Berlin 1999.

Scheller, Ingo: Wir machen unsere Inszenierungen selber. II: Szenisches Interpretieren von Dramentexten, Oldenburg 1993.

Spinner, Kaspar (Hg.): Imaginative und emotionale Lernprozesse im Deutschunterricht, Frankfurt 1995.

Thiesen, Peter: Drauflosspieltheater, Weinheim/Basel 1991.

Waegner, Heinrich: Theaterwerkstatt. Von innen nach außen – über den Körper zum Spiel. Kommentierte Wege vom Warm-up bis zur Spielvorlage, Stuttgart 1994.

Waldmann, Günter: Produktiver Umgang mit dem Drama, Hohengehren 1996.

Szenisches im LU

AU 2+3/2005: Rhetorik – (er)kennen und praktizieren.

Catull

Catull (hg. und erklärt von Wilhelm Kroll), 4. Auflage, Stuttgart 1960

Catull, Gedichte. Bearbeitet von Hans-Joachim Glücklich, 4., neu bearbeitete und veränderte Auflage, Göttingen 1999.

---

44 Viele weitere Beispiele bei → Schau (2000), 139–145; → Lück, 29–33.

Catull. Text und Erläuterungen (erläutert von Rolf Heine), 3., völlig neu bearbeitete Auflage, Frankfurt 1975.

Catulli Veronensis Liber (erklärt von Gustav Friedrich), Leipzig/Berlin 1908.

Glücklich, Hans-Joachim: Catulls Gedichte im Unterricht, 3., völlig neu bearbeitete Auflage, Göttingen 2006.

Leben, Lieben, Leiden. Catulls Lesbia-Gedichte mit Begleittexten (bearbeitet von Rainer Nickel, Reihe »ratio«), 1. Auflage, Bamberg 1986.

Leben, Lieben, Leiden. Catulls Lesbia-Gedichte mit Begleittexten. Lehrerheft (bearbeitet von Rainer Nickel, Reihe »ratio«), 1. Auflage, Bamberg 1988.

Sonstiges

Büchner, Karl: Die römische Lyrik. Texte, Übersetzungen, Interpretationen, Geschichte, 1. Auflage, Stuttgart 1976.

Fröhlich, Harry (Hg.): Lustige Lyrik. 50 komische Gedichte: unfreiwillig Komisches, Unverschrumpeltes und Modernes …, Stuttgart 2003.

Pfeifer-Blaum, Diana: Bilder zur Zwischenbilanz und zur Texterschließung bei der Catull-Lektüre, in: AU 6/2002, 41–43.

2.3 Materialgestützte offene Unterrichtsformen

2.3.1 Lernzirkel (LZ)

Anhand von vorbereiteten Materialien erarbeiten die Schüler selbstständig ein Thema des Lehrplans. Das Thema ist in Abschnitte aufgeteilt und wird an verschiedenen »Stationen« im Klassenzimmer präsentiert, die die Schüler in festgelegter oder freier Reihenfolge aufsuchen.

1. Definition von LZ-Arbeit und Einbettung in den LU
2. Die Konzeption von LZ
   - Anzahl der Stationen und Bearbeitungsreihenfolge
   - Erstellen einer Station, Kriterien zur Zusammenstellung der Aufgaben
   - Laufzettel, Wegweiser und Lösungen
   - Tipps zur Gestaltung der einzelnen Stationen: Kriterien für gutes Arbeitsmaterial, Visualisierung von Arbeitsaufträgen, Möglichkeiten der Selbstkontrolle
3. Die Durchführung von LZ im Unterricht
   (1) Einführungsphase
   (2) Arbeitsphase am LZ, Lehrer- und Schülerrolle, EA
   (3) Auswertungsphase, Benotung
4. Probleme und Tipps
5. Beispiele
   - LZ innerhalb einer Unterrichtsstunde zu den Formen des Imperfekts
   - LZ zum Abschluss einer Lehrbuchlektion
   - LZ zum Ablativus absolutus
   - LZ zur Arbeit mit dem lateinischen Wörterbuch
   - LZ zu Mythen des Hygin

1. Definition von LZ-Arbeit und Einbettung in den LU

Definition

In einem LZ[1] wird ein bestimmter Themenbereich des Lehrplans »in kleinere Abschnitte aufgegliedert, mit denen der Schüler an verschiedenen im Klassenzimmer aufgebauten ›Stationen‹ konfrontiert wird.

1 LZ-Arbeit (auch »Stationenlernen« genannt) geht historisch auf die amerikanische Lehrerin Helen Parkhurst (1887–1973) zurück. Sie war Schülerin der Reformpädagogin Maria Montessori und entwickelte 1920 den sog. »Dalton-Plan«, um die Lernbedingungen an ihrem ungegliederten Schultyp zu verbessern. Sie brach mit dem Aufbau der Schule nach Altersklassen und richtete stattdessen Fachräume ein, die mit Materialien ausgestattet waren, mit denen die Schüler weitgehend selbstständig und individuell an fachbezogenen Aufgaben arbeiten konnten. So wurde Schülern unter-

Alle Stationen sind didaktisch so aufbereitet, dass der Schüler die geforderte Arbeit ohne direkte Hilfe des Lehrers leisten kann. Im allgemeinen werden die Aufgabenstellungen über schriftliche Arbeitsanweisungen vermittelt.«[2]
Die Schüler suchen alleine, zu zweit oder in kleinen Gruppen die einzelnen Stationen auf. »Alle Schüler arbeiten, obwohl sie zur selben Zeit mit unterschiedlichen Aufgaben beschäftigt sind, dennoch auf dasselbe Lernziel hin.«[3] Sie haben die Freiheit, so lange an einer Station zu verweilen, »wie es ihre individuelle Lösung der Aufgabe erfordert oder sie Interesse an dem angebotenen Material haben, und wechseln dann zur nächsten Station über.«[4]

Charakteristika

LZ-Arbeit ist eine besondere Form offenen Unterrichts, deren Reiz darin liegt, dass Inhalte und Lernziele klar festgelegt und damit für den Lehrer gut steuerbar sind. Die Arbeitsmethode dagegen lässt den Schülern viel Freiheit und die Möglichkeit zu selbstständigem Arbeiten:

- Die Schüler arbeiten in ihrem persönlichen Tempo.
- Sie setzen sich eigene Schwerpunkte.
- Sie wählen den Schwierigkeitsgrad der zu lösenden Aufgaben.
- Sie haben die Auswahl zwischen unterschiedlichen Zugangsweisen zu einem Thema.
- Sie entscheiden in der Regel, in welcher Sozialform sie arbeiten möchten.
- Sie überprüfen ihre Arbeitsergebnisse selbstständig.

Ziele

Ziel der LZ-Arbeit ist also die individuelle Förderung der Schüler sowohl in fachlicher als auch in sozial-kommunikativer und methodischer Hinsicht. Insbesondere soll die Arbeit mit einem LZ das Planen bzw. Auswählen des eigenen Lernwegs, Zeitmanagement, Team- und Kommunikationsfähigkeit einüben und die Schüler dafür sensibilisieren, dass Erfolg und Misserfolg des eigenen Tuns wesentlich in ihrer eigenen Verantwortung liegen.

Einbettung in den LU

LZ können im LU an verschiedenen Stellen eingesetzt werden:
- Zum Üben von Grammatikstoff (z. B. Deklinationen oder Konjugationen, → Beispiel 1, S. 80)
- Zur Wortschatzarbeit

---

schiedlicher Altersgruppen ein individueller Lernfortschritt ermöglicht; → Potthoff, Einführung, 211; → Potthoff (1996), 108.

2 → Potthoff (1992), 91.

3 → Potthoff (1996), 109.

4 → Potthoff (1996), 108.

- Zur Einführung eines neuen Grammatikthemas (z. B. AcI oder Ablativus absolutus, → Beispiel 3, S. 82–84)
- Zum Training verschiedener Arbeitsmethoden (z. B. Texterschließungsmethoden oder Arbeit mit dem Wörterbuch, → Beispiel 4, S. 84–86)
- Zur Lektüre eines Autors (z. B. Mythen des Hygin, → Beispiel 5, S. 86–88).

Zeitansatz

Die Dauer der LZ-Arbeit ist sehr variabel. Man kann eine ganze UE oder auch nur eine Übungsphase innerhalb einer einzelnen Unterrichtsstunde als LZ gestalten.

2. Die Konzeption von LZ

Die Konzeption des LZ stellt die Hauptaufgabe des Lehrers dar. Alle didaktischen und methodischen Überlegungen müssen in die Gestaltung des LZ-Materials einfließen, da die Schüler in der eigentlichen Arbeitsphase selbstständig arbeiten.

Anzahl der Stationen und Bearbeitungsreihenfolge

Als Erstes muss der Lehrer den Aufbau des LZ festlegen.[5] Die Anzahl der einzelnen Stationen und deren Themen ergibt sich aus fachlichen Erfordernissen und aus der didaktischen Konzeption des Gesamtthemas. Dabei kann die Reihenfolge, in der die Stationen bearbeitet werden, entweder festgelegt oder vom Schüler frei wählbar sein.

Beispiel für den Aufbau eines LZ zu Konjugationen

Die einzelnen Stationen ergeben sich aus dem System, nach dem lateinische Verbformen gebildet werden. Die Reihenfolge der Bearbeitung ist den Schülern freigestellt.

LZ zu Konjugationen

Station 1:	Formen mit Präsensstamm
Station 2:	Formen mit Perfektstamm
Station 3:	Formen mit PPP + esse
Station 4:	Besondere Verben (esse, posse, ire, ...)
Station 5:	Vermischte Formen

Beispiel für den Aufbau eines LZ zum Ablativus absolutus

Die einzelnen Stationen spiegeln die Schritte, in denen ein Ablativus absolutus aufgelöst wird. Die Stationen müssen der Reihe nach bearbeitet werden.

5 → Potthoff (1996), 110–113: Hier werden verschiedene Möglichkeiten, einen LZ aufzubauen, beschrieben.

LZ zum Ablativus absolutus

Station 1: Was ist ein Ablativus absolutus?
Station 2: Zeitverhältnisse
Station 3: Sinnrichtungen
Station 4: Übersetzungsmöglichkeiten
Station 5: Zusammenfassung[6]

»Stau« an der ersten Station

Wenn die Bearbeitungsreihenfolge festgelegt ist, entsteht das Problem des »Staus« an der ersten Station. Es kann auf folgende Arten gelöst werden:

- Man schaltet eine »Station 0« vor, an der grundlegende Fertigkeiten (z.B. Formenlehre) geübt werden können, und empfiehlt den Schülern, zunächst Aufgaben dieser Station zu bearbeiten. Dadurch entzerrt sich der Beginn der Arbeit an Station 1.
- Man erstellt für die Station 1 mehrere Parallelstationen, in denen zwar dasselbe Thema behandelt wird, aber auf unterschiedliche Weise (z.B. einmal als AB, einmal als Kassette). Dann verteilen sich die Schüler auf mehrere Einstiegsstationen.
- Man stellt die Station 1 mehrfach her (z.B. Kopien in Klassenstärke). Dann können die Schüler parallel dasselbe Material bearbeiten.

Neben den themenbezogenen Stationen kann es auch eine Station mit Hilfsmitteln geben, die die Schüler jederzeit aufsuchen können. Dort befinden sich z.B. Lexika, Wörterbücher, grammatische Übersichten o.Ä.

Erstellen einer Station

Eine Station setzt sich in der Regel aus mehreren Aufgaben zusammen. Mögliche Aufgabentypen sind:

- Einführung in ein Thema bzw. Informationen zu einem Thema
- Anwendungsaufgaben, Übungen und Spiele
- Test, mit dem die Schüler ihr Wissen überprüfen können
- Erstellen von neuem Material durch die Schüler selbst.

Beispiel einer Station aus dem »Lernzirkel zu den lateinischen Konjugationen«

Die »Station 2« behandelt inhaltlich die lateinischen Verbformen, die mit dem Perfektstamm gebildet werden. Die Aufgaben Ia und Ib sind Informationen (»I«), die Aufgaben Üa, Üb und Üc sind Übungen (»Ü«). In Üa fragen sich zwei Schüler gegenseitig ab, in Üb wird ein schriftliches Rätsel gelöst, Üc ist ein Wettspiel.

---

6 Dieser Lernzirkel wird bei den Beispielen am Ende des Kapitels ausführlicher vorgestellt.

2	Formen mit Perfektstamm	Ia	Perfekt, Plusquamperfekt, Futur 2 (Aktiv)
		Ib	Perfektstämme
		Üa	Perfektstämme gewusst!
		Üb	Kammrätsel
		Üc	Auf die Plätze, fertig, los!

Kriterien zur Zusammenstellung der Aufgaben

Um Differenzierung zu ermöglichen, sollten beim Zusammenstellen der einzelnen Aufgaben an einer Station folgende reformpädagogische Kriterien beachtet werden:

(1) Die Aufgaben bieten eine Auswahl an unterschiedlichen Schwierigkeitsgraden.

Beispiele

Übungen zum Ablativus absolutus:

Üa Den Blick geschärft (Leicht, da man den Abl. abs. nur suchen muss)
Üb Selbst ist der Mann (Schwer, da man den Abl. abs. selbst bilden muss)

Übungen zu Verbformen mit Präsensstamm:

Üa Kreuzworträtsel (Leicht, da nur Formen im Indikativ Aktiv)
Üb Verhör (Mittelschwer, da Formen im Ind. Akt. u. Pass.)
Üc Formenbaukasten (Schwer, da Formen in allen Zeiten und Modi)

Unterschiedliche Schwierigkeitsgrade kann man erzeugen, indem man den Arbeitsauftrag variiert (wie bei den Übungen zum Ablativus absolutus: »suchen« ist leichter als »selbst bilden«) oder indem man leichte bzw. schwere Formen/Texte als Arbeitsmaterial anbietet (wie bei den Übungen zu Verbformen mit Präsensstamm: eine Übung, in der nur Formen im Indikativ Aktiv vorkommen, ist leichter als eine mit Formen in allen Zeiten und Modi).

(2) Die Aufgaben lassen unterschiedliche Sozialformen (→ Kap. 3.2, S. 315–320) zu.

Beispiel

Spielvarianten für dasselbe Würfelspiel

	Würfle, bilde die Form und kontrolliere dich selbst.
	Einer würfelt und bildet die Form, der andere kontrolliert. Immer abwechselnd!
	Reihum im Uhrzeigersinn würfeln und Formen bilden. Der rechte Nachbar kontrolliert. Für jede richtig gebildete Form bekommt der Spieler einen Punkt. Gewonnen hat, wer nach einer festgesetzten Zeit (z. B. 10 min) die meisten Punkte hat.

Natürlich ist es nicht immer möglich, innerhalb derselben Aufgabe mehrere Sozialformen zur Auswahl zu stellen. Es können auch innerhalb von drei Übungen einer Station verschiedene Sozialformen vorkommen.

(3) Es werden Aufgaben angeboten, die unterschiedliche Lernkanäle ansprechen.

Beispiele

- Hören: Die Schüler bekommen Arbeitsanweisungen oder Beispiele auf Kassette.
- Lesen/Betrachten: Die Schüler bekommen Informationen in einem Text oder auf Bildern.
- Schreiben: Die Schüler verfassen selbst Texte oder bearbeiten Übungen schriftlich.
- Sprechen: Die Schüler fragen sich gegenseitig mündlich ab.
- Handeln: Die Schüler arbeiten mit einem Modell oder spielen ein Spiel.

Aufgaben und Übungen zu den unterschiedlichen Lernkanälen werden unten bei »Tipps zur Gestaltung der einzelnen Stationen« vorgestellt.

Fundamentum und Additum

Ein fertiger LZ besteht somit aus einem großen Angebot an Arbeitsmaterialien. Jeder Schüler stellt sich daraus sein persönliches Programm zusammen. Um dennoch ein für alle Schüler verbindliches Grundwissen zu sichern, ist es sinnvoll, einige Aufgaben zur Pflicht (Fundamentum) zu erklären. Diese Aufgaben vermitteln Grundkenntnisse und Grundfertigkeiten. Sie müssen von allen Schülern bearbeitet werden und sind auf dem Laufzettel (→ S. 70) oder auf dem Aufgabenblatt gekennzeichnet, z. B. durch »!«.
Die Aufgaben des Additums sind freiwillig. Sie bieten vertiefende und ergänzende Aufgaben oder regen die Schüler an, selbst kreativ zu werden.

Querverweise

Um den Schülern bei der Auswahl der Aufgaben oder bei Problemen zu helfen, sollten innerhalb der einzelnen Stationen Querverweise stehen. Sie verweisen auf Aufgaben zum selben Thema oder auf Stationen, in denen aufgetretene Fragen geklärt werden können.

Beispiele

> Solltest du nicht mehr genau wissen, was PPP und PPA[7] sind und wie diese Formen gebildet werden, nimm Station 0, Info b zur Hand.
>
> Wenn dir diese Übung zu schwer ist, bearbeite Station 1, Üa.
>
> Wenn du mehr als zwei Fehler gemacht hast, nimm noch einmal Station 0, Info a zur Hand.

Es ist auch möglich, dieselbe Station mehrmals zu bearbeiten.

Um die Arbeit an einem LZ zu organisieren, sind noch folgende Elemente nötig: Laufzettel, Wegweiser und Lösungen.

Laufzettel

Auf dem Laufzettel sind sämtliche Stationen mit Nummerierung und Titel aufgelistet. Er wird für alle Schüler kopiert und zu Beginn der Arbeit am LZ verteilt.
Der Laufzettel hat für die Schüler zwei Funktionen:

- Übersicht über das gesamte Angebot an Stationen
- Protokoll über die geleistete Arbeit (durch Ankreuzen der bearbeiteten Stationen)

Die Schüler führen den Laufzettel in eigener Verantwortung. Erst am Ende der UE geben die Schüler den ausgefüllten Laufzettel beim Lehrer ab. Es steht dem Lehrer aber frei, auch schon während der Arbeit am LZ die Laufzettel einzelner Schüler zu kontrollieren.
Die Schüleraufzeichnungen auf dem Laufzettel geben dem Lehrer

- Einblick in Arbeitsweise und -tempo der einzelnen Schüler;
- Rückmeldung über die Nutzung des Stationenangebots insgesamt.

---

7 Das »PPP« (Partizip Perfekt Passiv) heißt auch »Partizip der Vorzeitigkeit«, das »PPA« (Partizip Präsens Aktiv) auch »Partizip der Gleichzeitigkeit«.

Beispiel für einen Laufzettel (gekürzt)

Lernzirkel zu den lateinischen Konjugationen[8]

Laufzettel

Name: ______________________

	Stationen				bearbeitet
0	Allgemeines	!	**Ia**	System der lateinischen Verbformen	[ ]
		!	**Ib**	Die fünf Konjugationen	[ ]
1	Formen mit Präsensstamm	!	**I**	Präsens, Imperfekt, Futur 1	[ ]
			Üa	Kreuzworträtsel *(L)*	[ ]
			Üb	Verhör *(M)*	[ ]
			Üc	Formenbaukasten *(S)*	[ ]
2	Formen mit Perfektstamm	!	**Ia**	Perfekt, Plusquamperfekt, Futur 2 (Aktiv)	[ ]
		!	**Ib**	Perfektstämme	[ ]
			Üa	Perfektstämme gewusst! *(L)*	[ ]
			Üb	Kammrätsel *(M)*	[ ]
			Üc	Auf die Plätze, fertig, los! *(S)*	[ ]

Wegweiser

Auf dem Wegweiser stehen alle wichtigen Informationen zur Arbeit mit dem LZ, z. B.:

- Freiheiten und Pflichten der Schüler
- Angaben, in welcher Reihenfolge die Stationen zu bearbeiten sind
- Angaben, wo sich die Lösungen zu einzelnen Stationen befinden
- Erläuterung der verwendeten Symbole

8 → Drumm (2004).

Beispiel für einen Wegweiser (gekürzt)

Lernzirkel zu den lateinischen Konjugationen[9]
Wegweiser durch den Lernzirkel

Freiheiten und Pflichten

Du hast die Freiheit,

- dir deine Arbeitszeit selbst einzuteilen,
- die Stationen in beliebiger Reihenfolge zu bearbeiten,
- alleine oder mit anderen zusammen zu arbeiten (je nach Angaben an den einzelnen Stationen),
- über das Pflichtprogramm hinaus weitere Stationen deiner Wahl zu bearbeiten,
- eine oder mehrere Stationen auch mehrmals zu bearbeiten.

Du hast die Pflicht,

- alle mit **!** versehenen Informationen und je eine Übung aus den Stationen 1–5 zu bearbeiten,
- auf deinem Laufzettel einzutragen, welche Stationen du bearbeitet hast,
- die Symbole und Arbeitsanweisungen an den Stationen genau zu beachten,
- die Selbstkontrolle gewissenhaft durchzuführen (die Lösungen befinden sich an den Stationen),
- mit dem ausgelegten Material sorgfältig umzugehen und das verwendete Material wieder an seinen Platz zurückzulegen,
- durch Ruhe für eine angenehme Arbeitsatmosphäre zu sorgen.

Lösungen

Da die Schüler selbstständig arbeiten, müssen sie auch ihre Arbeitsergebnisse selbst kontrollieren können.[10] Zu diesem Zweck wird eine Sammlung von Musterlösungen (»Lösungsordner«) erstellt und (evtl. in mehrfacher Ausfertigung) im Klassensaal ausgelegt.
Wesentlich eleganter ist es jedoch, wenn eine Kontrolle anhand des Arbeitsmaterials selbst möglich ist. → S. 73: »Möglichkeiten der Selbstkontrolle«.

Tipps zur Gestaltung der einzelnen Stationen

Entscheidend für das Gelingen eines LZ ist, dass die Schüler an jeder Station gutes und ansprechendes Material vorfinden. Das angebotene Material sollte

Arbeitsmaterial

- aktives Lernen und Eigeninitiative der Schüler fördern (»Lust, etwas zu entdecken«);

---

9 → Drumm (2004).

10 In Ausnahmefällen kann die Kontrolle einer einzelnen Station auch durch den Lehrer erfolgen, z. B. wenn die Aufgabenstellung so offen ist, dass es nicht nur *eine* richtige Lösung gibt.

- praktisch und einfach zu handhaben sein;
- klare Arbeitsanweisungen enthalten;
- Aufgaben mit unterschiedlichen Schwierigkeitsgraden anbieten;
- verschiedene Sozialformen zulassen;
- unterschiedliche Lernkanäle ansprechen;
- Selbstkontrolle ermöglichen.

Folgende Medien können für die Gestaltung einzelner Stationen verwendet werden:

- Arbeitsblätter (→ Kap. 3.4.1, S. 332)
- Tonträger (→ Kap. 3.4.4, S. 335)
- Computer (→ Kap. 3.4.5, S. 336)
- Bilder (→ Kap. 3.4.6, S. 337)
- Lernspiele und Modelle (→ Kap. 3.4.7, S. 338)
- Bücher und Lexika
- Wandkarten und Poster
- u. v. m.

In der Regel ist das Material an jeder Station nur einmal vorhanden. Wenn es sich um Arbeitsblätter handelt, auf denen wichtige Informationen stehen (die der Schüler zur häuslichen Wiederholung benötigt) oder die jeder Schüler schriftlich bearbeiten soll, kann man einen Klassensatz kopieren.
Für Übungen, die schriftlich bearbeitet werden, gibt es auch die Möglichkeit, das Aufgabenblatt in eine Klarsichthülle zu stecken oder es zu laminieren. Die Schüler beschriften es dann mit einem wasserlöslichen Folienstift, kontrollieren ihre Lösungen und wischen das Blatt anschließend wieder ab. Auf diese Weise lässt sich die Anzahl der zu kopierenden Blätter deutlich verringern.

Visualisierung von Arbeitsaufträgen

Die Arbeitsaufträge an den einzelnen Stationen dürfen textlich nicht überfrachtet sein. Einfacher und klarer wird es, wenn möglichst viele Angaben visualisiert werden.
Es können z. B. folgende Symbole verwendet werden:

	Einzelarbeit		Kopien entnehmen (jeder Schüler!), schriftlich bearbeiten und im eigenen Ordner abheften
	Partnerarbeit		Lösungen mit Folienstift auf die Klarsichthülle schreiben, kontrollieren, abwischen
	Gruppenarbeit	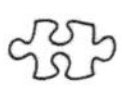	Zur Station gehört weiteres Spielmaterial.

Informationen aufmerksam lesen und lernen (Hausaufgabe!)

Zur Station gehört eine Kassette.

Lösung im Lösungsordner

verpflichtend zu bearbeiten

Auf dem Angabenblatt zu einer Station erscheinen die entsprechenden Arbeitsaufträge dann in einer Wolke. Beispiele:

alleine oder zu zweit bearbeiten

jeder Schüler erhält eine eigene Kopie

Informationen zu Hause lernen!

Lösung im Lösungsordner

Station alleine bearbeiten

Kassette anhören

Angabe der Bearbeitungsdauer

Wenn die Bearbeitungsdauer der einzelnen Stationen eines LZ recht lang ist (über 30 min.) oder von Station zu Station stark variiert, ist es für die Schüler hilfreich, wenn auf dem Angabenblatt zur Station eine Zeitangabe steht.

Möglichkeiten der Selbstkontrolle

Bei der Gestaltung des Materials kann in vielen Fällen eine Selbstkontrolle durch die Schüler ermöglicht werden, ohne dass die komplette Musterlösung im Lösungsordner abgeheftet werden muss.
Selbstkontrolle kann z. B. geschehen durch:

- Die Rückseite: Auf einer Karte steht hinten die richtige Antwort, bei mehreren Karten entsteht beim Umdrehen ein »Lösungsbild«.
- Abdeckungen: Auf einem AB steht unmittelbar unter der Aufgabe die Lösung. Sie ist durch ein mit Tesafilm befestigtes Abdeckblatt verdeckt, kann aber zur Kontrolle eingesehen werden.
- Eine Lösungsfolie: Für Arbeitsblätter, auf denen hauptsächlich Dinge markiert werden müssen, wird die Lösung auf Folie gezeichnet. Der Schüler legt zur Kontrolle die Folie über das von ihm bearbeitete Blatt.
- Eine Kassette: Die Aufgabe ist auf Kassette gesprochen. Nach einer Pause ertönt die richtige Antwort.
- Einen Partner: Der Partner hat die Lösung.
- Ein »aufgehendes« Spiel: Es darf z. B. keine Karte/kein Stein übrig bleiben.

Checkliste für die Konzeption von LZ

- Aufgliederung des Themas in einzelne Stationen
- Bearbeitungsreihenfolge frei oder festgelegt?
- Zusammenstellen einzelner Aufgaben für die Stationen
- Unterschiedliche Schwierigkeitsgrade vorhanden?
- Mehrere Sozialformen möglich?
- Verschiedene Lernkanäle angesprochen?
- Festlegen von Fundamentum und Additum
- Einfügen von Querverweisen
- Erstellen von Laufzettel und Wegweiser
- Visualisierung von Arbeitsaufträgen (Angabe der Bearbeitungsdauer)
- Selbstkontrolle an der Station oder mit Lösungsordner?[11]

3. Die Durchführung von LZ im Unterricht

Voraussetzungen

LZ-Arbeit kann fast in jedem normalen Klassensaal in den vom Stundenplan her vorgesehenen Lateinstunden durchgeführt werden. Methodische Vorkenntnisse der Schüler sind hilfreich, aber keine Voraussetzung. Die LZ-Arbeit ist gut geeignet, Schüler in die Arbeitsweisen offenen Unterrichts einzuführen. Zur Vorbereitung sollten im »normalen« Unterricht immer wieder Phasen eingeflochten werden, die

- die Arbeit mit einem Partner oder in der Gruppe (→ Kap. 3.2, S. 319–320),
- verschiedene Aktionsformen (→ Kap. 3.3, S. 321–329),
- den Umgang mit bestimmten Medien (→ Kap. 3.4, S. 330–338),
- die Selbstkontrolle der eigenen Arbeit

einüben.

Der Lehrer sollte bereit sein, im Vorfeld viel Zeit in die Konzeption des LZ und in die Gestaltung der einzelnen Stationen zu investieren. Je öfter man LZ entworfen hat, desto schneller geht die Vorbereitung. Mit der Zeit entsteht ein »Materialpool«, aus dem man schöpfen kann.[12] Während der LZ-Arbeit muss sich der Lehrer zurücknehmen und Verantwortung an die Schüler abgeben.

Drei Phasen

LZ-Arbeit läuft in der Regel in drei Phasen ab:
(1) Einführungsphase
(2) Arbeitsphase am LZ
(3) Auswertungsphase

---

11 → Potthoff (1996), 149–150.

12 Außerdem kann man fertige LZ zu verschiedenen Themen kaufen; → Literaturliste.

(1) Einführungsphase

In der Einführung zum LZ sind folgende Punkte zu klären:

- Aufbau des LZ und Bearbeitungsreihenfolge
- Was ist Fundamentum, was Additum?
- Wie wird der Laufzettel ausgefüllt?
- Was bedeuten die verwendeten Symbole?
- Wie geschieht die Selbstkontrolle?
- Welche Freiheiten und Pflichten haben die Schüler (→ Wegweiser)?

Haben die Schüler noch wenig Erfahrung mit LZ-Arbeit, sollten die einzelnen Informationen methodisch gut aufbereitet werden. Der Aufbau des LZ kann z. B. durch farbige Plakate (mit den Nummern und Titeln der einzelnen Stationen) an der Tafel visualisiert werden. Die Symbole können groß kopiert zusammen mit der entsprechenden Erklärung an einer Stellwand aufgehängt werden und während der gesamten LZ-Arbeit hängen bleiben (→ Beispiel S. 334).
Außerdem sollen die Schüler durch einen kurzen thematischen Einstieg neugierig auf die Inhalte des LZ gemacht werden.

Folie zur Einführung eines LZ zur Arbeit mit dem Wörterbuch

Durch den Vergleich der Länge eines lateinischen Textes mit der deutschen Übersetzung werden die Schüler neugierig gemacht auf eine lateinische Konstruktion, die in zwei Worten das sagen kann, wozu der Deutsche einen halben Satz braucht (Ablativus absolutus).

Vergleich lateinischer Text – deutsche Übersetzung

Caesar primum suo, deinde omnium ex conspectu remotis equis, ut aequato omnium periculo spem fugae tolleret, cohortatus suos proelium commisit. Milites e loco superiore pilis missis facile hostium phalangem perfregerunt. Ea disiecta gladiis destrictis in eos impetum fecerunt. Gallis magno ad pugnam erat impedimento, quod pluribus eorum scutis uno ictu pilorum transfixis et colligatis, cum ferrum se inflexisset, neque evellere neque sinistra impedita satis

Caesar ließ zuerst sein Pferd, dann die aller übrigen Offiziere außer Sichtweite führen, damit bei gleicher Gefahr für alle niemand auf Flucht hoffen könne, feuerte sein Heer an und begann die Schlacht. Die Soldaten schleuderten ihre Speere und durchbrachen mühelos die feindliche Angriffsfront. Als diese zersprengt war, rissen sie das Schwert heraus und stürzten sich auf die Feinde. Den Galliern war im Kampf sehr hinderlich, dass ein Wurfspieß mehrere ihrer Schilde auf

commode pugnare poterant, multi ut diu iactato bracchio praeoptarent scuta e manu emittere et nudo corpore pugnare ...	einmal durchschlug und zusammenheftete, die Eisenspitze sich verbog und sie den Speer weder herausreißen noch, weil ihr linker Arm behindert war, frei kämpfen konnten, so dass viele erst lange ihren Arm schüttelten, es dann aber vorzogen, den Schild fallen zu lassen und ungeschützt zu fechten ...
Caesar, Bellum Gallicum I,25[13]	

(2) Arbeitsphase am LZ

Für die Arbeit am LZ müssen alle Stationen gut zugänglich auf einer freien Bankreihe, dem Pult oder dem Fensterbrett aufgebaut werden. Die Schüler nehmen die Station, die sie bearbeiten möchten, an ihren Arbeitsplatz und legen sie anschließend wieder zurück. In einem großen Saal mit Gruppentischen kann man auf jedem Gruppentisch eine Station aufbauen. Die Schüler wandern dann von Station zu Station. Dies lässt die ursprüngliche Idee von »Stationenlernen« deutlich werden, bringt aber mehr Unruhe in den Saal, da die Schüler öfter »umziehen« müssen.

Lehrer- und Schülerrolle

Während der LZ-Arbeit arbeiten die Schüler in Eigenverantwortung (→ »Charakteristika«, S. 64). Die Lehrerrolle beschränkt sich auf das Beobachten und evtl. das Beraten einzelner Schüler. Der Lehrer muss der Versuchung widerstehen, zum Zeitpunkt der Durchführung noch dirigierend in den Ablauf des LZ einzugreifen. Diese Arbeit ist vorher – bei der Konzeption des LZ – getan! Die Schüler sollten beim Aufkommen von Fragen nicht sofort den Lehrer herbeirufen; sie werden vielmehr ermutigt, mithilfe des angebotenen Materials (z. B. Lexika, Querverweise) ihre Probleme selbst zu lösen. Es ist auch möglich, ein großes Plakat als »Fragespeicher« im Saal aufzuhängen. Dort notieren die Schüler Fragen, die sie nicht klären konnten. Zu Beginn oder zum Ende einer LZ-Stunde können diese Fragen oder auch aufgetretene Probleme, die alle Schüler betreffen, in einem Stuhlkreis besprochen werden.

Hausaufgaben

HA während der LZ-Arbeit sind grundsätzlich möglich, werden aber nicht am Ende jeder Stunde vom Lehrer für die nächste Stunde aufgegeben, da ja nicht alle Schüler in einer Stunde dieselben Dinge bearbeitet haben. Die HA ergeben sich entweder für einzelne Schüler bzw. Schülergruppen individuell aus der Arbeit an einer bestimmten Station oder sie werden zu Beginn der LZ-Arbeit vom Lehrer für den gesamten Zeitraum gestellt.
HA, die sich aus der Arbeit an einer Station ergeben, können sein:

---

13 → C. Iulius Caesar. Der gallische Krieg. De bello Gallico. Lateinisch-deutsch. Herausgegeben und übersetzt von Otto Schönberger, Düsseldorf/Zürich 2000 (Tusculum Studienausgaben).

- Lernen bzw. Wiederholen des bearbeiteten Grammatikstoffs (z. B. Konjugations-/Deklinationstabellen, Übersetzungsmöglichkeiten für den Ablativus absolutus)
- Fertigstellen eines (produktionsorientierten) Arbeitsauftrags zur Interpretation eines lateinischen Textes oder Vorbereiten einer Präsentation für die Mitschüler (z. B. zu einem Mythos des Hygin).

HA, die sich über den gesamten Zeitraum erstrecken, sollten thematisch im Zusammenhang mit dem LZ stehen, z. B.:

- Wiederholung von Stammformenlisten (parallel zum »Lernzirkel zu den lateinischen Konjugationen«)
- Übersetzen von Texten einer sog. Plateaulektion (Lektion ohne neuen Stoff) im Lehrbuch (parallel zu einem LZ, der eine oder mehrere Lehrbuchlektionen abschließt)

Wie bei der gesamten LZ-Arbeit ist auch beim Erledigen der HA die Eigenverantwortung des Schülers gefragt. Nach der Durchführung des LZ sollte Raum sein, HA, wenn nötig, zu besprechen bzw. vor der Klasse vorzustellen.

(3) Auswertungsphase

Am Ende eines LZ sollten Schüler und Lehrer die UE auswerten. Dabei werden sowohl der inhaltliche als auch der methodische Bereich berücksichtigt.

- Eine inhaltliche Auswertung kann geschehen durch Aufgreifen des Stoffs im »normalen« Unterricht oder durch einen Test/eine KA über den Stoff der verpflichtenden Stationen (→ S. 78, »Benotung«).
- Die Auswertung der Unterrichtsform »Lernzirkel« ist als Klassengespräch oder mithilfe eines anonym ausgefüllten Fragebogens (→ Kap. 2.4.1, Beispiel S. 188–189) möglich.
- Außerdem erhält der Lehrer wichtige Rückmeldungen durch die Kontrolle der Laufzettel (→ S. 69, »Laufzettel«).

Eine solche Evaluierungsphase ist wichtig, weil sie allen Beteiligten sowohl Schwachstellen und Defizite als auch Erfolge und positive Aspekte noch einmal deutlich macht. Die gewonnenen Erkenntnisse können zu einem späteren Zeitpunkt in einer weiteren LZ-Arbeit oder auch im Rahmen anderer offener Unterrichtsformen aufgegriffen und weiterentwickelt werden.

Erweiterung von LZ

Während der LZ-Arbeit haben viele Schüler und Lehrer Ideen und Wünsche, wie der gerade verwendete LZ ergänzt werden könnte. Eine Realisierung dieser Ideen macht allen Beteiligten meist großen Spaß. Besonders motivierend ist hierbei, wenn die selbst konzipierten (Unter-) Stationen Teil des bestehenden LZ werden. Hierbei sind nur wenige Regeln zu beachten:

- Die (Unter-)Station wird in Analogie zu den bereits bestehenden Stationen benannt.
- Der Laufzettel wird entsprechend ergänzt.
- Die Arbeitsanweisungen werden mit den entsprechenden Symbolen visualisiert.
- Arbeitsaufträge, vor allem aber die Lösungen, müssen vom Lehrer kontrolliert werden, da die Schüler diese bei einer späteren Beschäftigung fehlerfrei zur Selbstkontrolle benötigen.

Die Herstellung/Ergänzung eines LZ kann übrigens auch eine lohnende Projektaufgabe (→ Kap. 2.4.1, S. 165–196) sein.

Benotung

LZ-Arbeit zu benoten ist aus mehreren Gründen eine schwierige Aufgabe: Tests und KA bewerten nur fachliche Inhalte, nicht aber die (durch die LZ-Arbeit ebenso erworbenen) sozialen und methodischen Kompetenzen. Außerdem besteht die Gefahr, dass der Notendruck die Freude am Arbeiten und am Ausprobieren schwieriger Aufgaben nimmt oder auch die Bereitschaft, mit schwächeren Schülern zusammenzuarbeiten und ihnen zu helfen, vermindert.
Sollten Lehrer oder Schüler (!) dennoch eine Benotung wünschen, müssen bereits vor der Arbeit am LZ Vereinbarungen über Art, Umfang und Inhalte der Beurteilung getroffen werden.

4. Probleme und Tipps

Beim Einsatz von LZ gibt es verschiedene problematische Punkte. Darum hier noch einmal zusammenfassend ein paar Tipps und Hinweise zum Umgang mit auftretenden Problemen:

Probleme	**Tipps und Hinweise**
Der Lehrer hat viel Vorbereitungsarbeit und Material-/Kopierkosten.	■ Sich bewusst machen, dass einmal hergestelltes Material immer wieder eingesetzt werden kann ■ Möglichst wenig AB im Klassensatz kopieren, → S. 72 ■ Die Vorbereitungsarbeit mit mehreren Kollegen/der ganzen Fachschaft gemeinsam machen
Die räumlichen Verhältnisse sind sehr beengt.	■ Zum Auslegen des Materials auch das Pult, Fensterbänke, den Fußboden vor der Tafel usw. nutzen ■ Für die Zeit der LZ-Arbeit einen anderen Raum organisieren (Filmsaal?, Raumtausch?)

Probleme	**Tipps und Hinweise**
Der Auf- und Abbau der Stationen benötigt viel Zeit.	■ Für jede Station »Paten« bestimmen, die für Aufbau (schon bevor der Lehrer da ist), Abbau und Überprüfung der Vollständigkeit des Materials verantwortlich sind
Die Schüler können mit ihrer Freiheit nicht umgehen: Sie trödeln und stören andere. Sie mogeln bei der Selbstkontrolle usw.	■ Mit den Schülern auch im »normalen« Unterricht eigenverantwortliches Arbeiten üben, z. B. GA (→ Kap. 3.2.4, S. 320), kleinere LZ (→ Beispiel 1, S. 80) ■ Während der LZ-Arbeit das persönliche Gespräch mit »problematischen« Schülern suchen und ihre Verantwortung für den eigenen Lernerfolg (und den ihrer Mitschüler) thematisieren ■ LZ zur Wiederholung für eine KA einsetzen. In dieser Situation sehen Schüler leichter, dass sie für ihren Erfolg selbst verantwortlich sind (→ S. 82). ■ (Zur Not) als Lehrer den Lösungsordner verwalten und nur gegen Vorlage einer fertigen Schülerarbeit herausgeben
Manche Fehler bleiben in den Unterlagen der Schüler unkorrigiert stehen.	■ Den Sinn einer gewissenhaften Durchführung der Selbstkontrolle besprechen ■ Die Schüler ermutigen, offene Fragen zu notieren und z. B. im Stuhlkreis zu stellen, → S. 76 ■ Als Lehrer gelassen bleiben: Auch im »normalen« Unterricht bleiben viele Fehler in Schülerheften stehen ...
Schüler können eine bestimmte Station nicht bearbeiten, weil diese gerade von anderen Schülern besetzt ist.	■ »Kritische« Stationen notieren und für den nächsten Durchgang mehrfach herstellen ■ → Tipps zur Vermeidung eines Staus an der 1. Station, S. 66
Der Geräuschpegel im Saal wird zu hoch.	■ Nicht in den Saal hineinrufen, die Schüler mögen leiser sein, sondern zu einzelnen lauten Gruppen hingehen und sie um Ruhe bitten ■ Besonders laute Stationen (Wettspiel) auslagern, z. B. auf den Flur
Lehrer oder Schüler verschätzen sich bei der Zeiteinteilung.	■ Insgesamt flexibel reagieren: auf den Laufzetteln beobachten, wie schnell die Schüler vorankommen, → S. 69; evtl. eine Stunde dazugeben oder kürzen ■ In der Stunde: leise Musik in den letzten drei min. So können sich die Schüler die Zeit einteilen und werden nicht durch den Stundenschluss abrupt aus der Arbeit gerissen.

Probleme	Tipps und Hinweise
Sehr gute Schüler sind (zu) schnell mit dem LZ fertig.	■ Auf Differenzierung achten und die guten Schüler zur Bearbeitung der schweren Aufgaben motivieren, → S. 67 ■ Genügend Aufgaben für das Additum vorsehen, → S. 68 ■ Darauf hinweisen, dass man Aufgaben auch mehrmals bearbeiten kann, v. a. Spiele, → S. 69

5. Beispiele

LZ innerhalb einer Unterrichtsstunde

Beispiel 1: LZ zu den Formen des Imperfekts

Nach der Einführung der Imperfektformen werden einige Übungen zu einem »Mini-LZ« zusammengestellt. Auch bei so wenigen Stationen kann individuelles und differenzierendes Üben durch Variation in Schwierigkeitsgrad, Sozialform und Eingangskanal ermöglicht werden (→ zur Verdeutlichung der Konzeption die letzten drei Spalten – sie werden auf dem Laufzettel für die Schüler nicht abgedruckt). Allerdings muss bei kleinen LZ jede Station mehrmals vorhanden sein.

Station	**Aufgabe**	Eingangskanal	Schwierigkeit	Sozialform
1 Formen bestimmen	Domino (Form – Bestimmung)	handeln	L	PA / GA
	Auf die Plätze! (Tabelle ausfüllen)	schreiben	M	EA / GA
2 Formen bilden	Kreuzworträtsel	schreiben	S	EA / PA
	Verhör (Konjugieren mit Karteikarten)	sprechen	S	EA / PA
	Formenbaukasten (Stamm, Tempz., Endg.)	handeln	M	PA

Pflicht: eine Aufgabe aus Station 1 und zwei Aufgaben aus Station 2.
Zeitansatz: ca. 30 min.

Weitere Ideen für »Mini-LZ«

- Übung zu esse, posse, ire oder anderen unregelmäßigen Verben
- Vokabeltraining zu einer Lektion oder zu einem Autor
- Einführung einer Satz- bzw. Texterschließungsmethode, z. B. »Dreischrittmethode«

LZ als Kurzeinheit von 1–2 Unterrichtsstunden

Beispiel 2: LZ zum Abschluss einer Lehrbuchlektion

Nach der Durchnahme der Lektion IV aus *Novum Fundamentum Latinum* in einem L3-Kurs wird ein LZ zu den in der Lektion behandelten Themen eingeschoben. Die Grundidee ist folgende:

- Gerade in L 3 ist der LU sehr »dicht«: Innerhalb einer Lektion wird viel neuer Stoff eingeführt und es gibt oft nur wenige Übungen.
- Schiebt man regelmäßig nach drei bis vier Lektionen einen LZ ein, entsteht im Laufe des Schuljahres ein lehrbuchbegleitender LZ. Für einen aktuellen LZ können auch immer alte Stationen aus früheren Lektionen dazugenommen werden.

Themengebiet	**Stationen**		Eingangskanal	Sozialform
1 Vokabeln	1 A	Bilderrätsel	schreiben	EA
	1 B	Vokabelkartei	sprechen	EA / PA
	1 C	Vokabelpuzzle	handeln	EA / PA
	1 D	Bandolino	handeln	EA
2 Deklinationen	2 A	Gitterrätsel Possessivpr.	schreiben	EA
	2 B	Formen würfeln	handeln/ sprechen	PA
	2 C	Deklinationskommode	handeln	EA / PA
3 Satzbau, Übersetzen	3 A	Fälle markieren	schreiben	EA
	3 B	Fälle-Schieber	lesen/handeln	EA
	3 C	Satz-Bausteinkasten	handeln	EA / PA / GA
	3 D	Grammatik-Quiz	lesen/ sprechen	EA / PA
4 Verbformen	4 A	Stammformen-Test	schreiben	EA
	4 B	PPPs gewusst!	sprechen	EA / PA
	4 C	Domino	handeln	PA / GA

Pflicht: Eine Übung pro Themengebiet. Ansonsten werden die Schüler ermutigt, sich selbst bewusst Schwerpunkte zu setzen um eigene Lücken zu schließen.

Weitere Idee für einen LZ von 1–2 Unterrichtsstunden

LZ zur Vorbereitung einer KA: Die Themengebiete ergeben sich aus dem Stoff für die KA. Grundidee ist, dass die Schüler individuell für die KA wiederholen und eigene Defizite feststellen. Die Eigenverantwortung fürs Lernen wird hier besonders deutlich. Außerdem hat der Lehrer Zeit, Fragen einzelner Schüler zu beantworten.

LZ als ganze UE

Beispiel 3: LZ zum Ablativus absolutus

Inhalt

Der »Lernzirkel zum ablativus absolutus«[14] folgt dem Ansatz von Gerhard Fink[15], der den Ablativus absolutus als eigenständigen »Minisatz« versteht, der in einen Haupt- oder Nebensatz eingefügt ist. Der »Abl.-abs.-Satz« wird schrittweise mit dem Hauptsatz zusammengeführt, indem Zeitverhältnisse und Sinnrichtungen geklärt und deutsche Übersetzungsmöglichkeiten vorgestellt werden.
Für die Auflösung eines Abl. abs. ergeben sich daraus drei Arbeitsschritte:

(1) Den Abl. abs. im Kontext **e**rkennen
(2) Den Abl. abs. **v**erstehen, indem man ihn zunächst als selbstständigen **S**atz wiedergibt, dann **Z**eitverhältnis und Sinnrichtung bestimmt
(3) Den Abl. abs. an den Hauptsatz anbinden durch **B**eiordnung, **U**nterordnung oder **s**ubstantivische Wendung
Merksatz: EVa SitZt im BUS.

Konzeption

Stationen				
0	Grundlagen		**Info a**	Ablativformen – alles klar?
			Info b	Partizipien – alles klar?
			Üa	Kreuzworträtsel
			Üb	Kreuzverhör
			Üc	Jagd auf Ablative
1	Was ist ein Ablativus absolutus?	! {	**Ea**	Abl.abs. kennen lernen (Schieber)
			Eb	Abl.abs. kennen lernen (Bildergeschichte)
		! {	**Üa**	Den Blick geschärft (Abl. abs. erkennen)
			Üb	Adlerauge (Abl. abs. im Text finden)
			Üc	Selbst ist der Mann/die Frau (Abl. abs. bilden)
		!	**Üd**	Erste Hilfe im Deutschen (Hilfsübersetzungen)

14 → Drumm (2005, 2000).
15 → Fink/Maier, 48–51.

2	Zeitverhältnisse	!	**E**	Zeitverhältnisse kennen lernen
		!	**Üa**	Vorher oder gleichzeitig? (Zeitverhält. bestimmen)
		!	**Üb**	Tatzeit gesucht (Zeitverhältnisse bestimmen)
			Üc	PPA oder PPP? (Abl.abs. bilden)
		!	**Üd**	Zeitverschiebung (Hilfsübersetzungen)
3	Sinnrichtungen	!	**Ea**	Sinnrichtungen kennen lernen (Drehscheibe)
		!	**Eb**	Sinnrichtungen kennen lernen (Zeichnungen)
		!	**Üa**	Das Partizip – ein Chamäleon (Sinnr. durchspielen)
		!	**Üb**	Volltreffer (die richtige Sinnrichtung treffen)
4	Übersetzungsmöglichkeiten	!	**Ea**	Übersetzungsmöglichkeiten kennen lernen (Kassette)
		!	**Eb**	Übersetzungsmöglichkeiten kennen lernen (Bsp.sätze)
		!	**Üa**	B, U oder S? (Übersetzungen durchspielen)
		!	**Üb**	Aller guten Dinge sind drei (Übersetzen mit B, U, S)
			Üc	Substantive gesucht (Übersetzen mit S)
5	Zusammenfassung	!	**Ea**	Alles auf einen Blick (Aussagekarten)
		!	**Eb**	Alles auf einen Blick (Rätselblatt)

Der LZ besteht aus sechs Stationen. Jede Station setzt sich zusammen aus Einführung (bei Station 0: Information) und Übungen.
Die Stationen 1–5 führen in den Abl. abs. ein. Sie bauen inhaltlich aufeinander auf und müssen darum der Reihe nach bearbeitet werden.
Station 0 behandelt Grundlagen (Ablativformen und Partizipien) und kann jederzeit aufgesucht werden.
Bei den Einführungen gibt es in der Regel zwei Parallelstationen (Ea und Eb), die dasselbe Thema behandeln, aber unterschiedliche Eingangskanäle ansprechen. Hier kann der Schüler je eine der beiden Einführungsstationen auswählen.
Auch bei den Übungen gibt es Parallelstationen. Sie unterscheiden sich im Schwierigkeitsgrad (Üa ist in der Regel am leichtesten), in der So-

zialform und in der Art der Bearbeitung. Auch hier können die Schüler wählen, natürlich auch alle Übungen bearbeiten.
Die Stationen des Fundamentums sind durch »*!*« gekennzeichnet. Von zwei Parallelstationen ist jeweils nur eine verpflichtend.

Zeitpunkt des Einsatzes
Der LZ kann zur Einführung oder zur Wiederholung des Abl. abs. eingesetzt werden. Er ist nicht an ein bestimmtes Lehrbuch gebunden.
Bei der Verwendung als Einführung sollte er vor die Lehrbuch-Lektion eingeschoben werden, in der der Abl. abs. zum ersten Mal vorkommt.
Der LZ setzt voraus, dass die Schüler die beiden Partizipien PPP und PPA kennen.
Zu Wiederholungszwecken kann der LZ zu jedem Zeitpunkt der Lehrbuch- oder Lektürephase eingesetzt werden. Evtl. müssen vorher die Bezeichnungen der Partizipien geklärt werden, da nicht alle Lehrbücher die Abkürzungen »PPP« und »PPA« verwenden.[16]

Zeitansatz
Wird der LZ zur Einführung des Themas verwendet, sind je nach Alter und Vorerfahrung der Schüler sechs bis acht Unterrichtsstunden zu veranschlagen. Zur Wiederholung des Abl. abs. genügen vier bis sechs Unterrichtsstunden.

Beispiel 4: LZ zur Arbeit mit dem lateinischen Wörterbuch

Inhalt
Der »Lernzirkel zur Arbeit mit dem lateinischen Wörterbuch«[17] führt die Schüler in den Gebrauch eines lateinisch-deutschen Wörterbuchs ein. Sie lernen Aufbau, Systematik und Sprechweisen eines Wörterbuchs kennen und erwerben Grundfertigkeiten im Umgang mit dem Wörterbuch.

Zeitpunkt des Einsatzes
Es bietet sich an, den LZ in die Übergangsphase Lehrbuch/Lektüre lateinischer Originaltexte einzubetten. Die Schüler sollten allerdings mit dem Problem der Wörterbucharbeit bereits vor dieser UE konfrontiert worden sein, damit sie die Notwendigkeit sehen, sich mit einem lateinischen Wörterbuch näher zu beschäftigen.
Selbstverständlich kann der LZ auch zu einem späteren Zeitpunkt eingesetzt werden, um den Umgang mit einem Wörterbuch zu üben.

---

16 Das »PPP« (Partizip Perfekt Passiv) heißt auch »Partizip der Vorzeitigkeit«, das »PPA« (Partizip Präsens Aktiv) auch »Partizip der Gleichzeitigkeit«.

17 → Frölich (2001); → Frölich (1999).

Zeitansatz
Je nach Vorerfahrung der Schüler beträgt die Bearbeitungszeit des LZ sieben bis neun Unterrichtsstunden.

Konzeption

Stationen				
A	Grundlegendes	!	1	Zeichen, Abkürzungen, Informationen
		!	2	Gliederung der Stichwortartikel
		!	3	Möglichst schnell ans Ziel?!
			4	Abkürzungen auf *v*
B	Substantive	!	1	Fundamentum (Substantive)
			2	Übersetzen leicht gemacht (Substantive)
			3	Übung macht den Meister
			4	Suchen und noch einmal suchen
		!	5	Nominativ über alles (Substantive)
			6	Ent-deckungen (Substantive)
C	Adjektive/Adverbien	!	1	Fundamentum (Adjektive/Adverbien)
			2	Übersetzen leicht gemacht (Adjektive)
		!	3	Nominativ über alles (Adjektive)
		!	4	Steigerung
D	Verben	!	1	Fundamentum (Verben)
			2	Übersetzen leicht gemacht (Verben)
		!	3	Grundform über alles
			4	Geh auf den Grund!
E	Gleiches Wortbild – verschiedene Bedeutungen		1	Gleich und doch nicht gleich
		!	2	Der Zusammenhang macht's
F	Werkstatt		1	Selbst ist die Frau/selbst ist der Mann
G	Auf die Plätze, fertig, los!		1	Punkt für Punkt zum Sieg
			2	Wer ist schneller?
			3	9 Wörter in 3 Minuten?!
H	Überprüfe dich selbst!	!	1	Erfolgreich?

Der LZ besteht aus acht Stationen, die jeweils einen bestimmten Aspekt der Wörterbucharbeit beleuchten. Jede Station (mit Ausnahme von F und H) setzt sich zusammen aus verschiedenen Übungen und unterschiedlichen Aufgabenstellungen mit verschiedenen Schwierigkeitsgraden, z. T. frei wählbaren Sozialformen und unterschiedlichen Eingangskanälen. Die verpflichtenden Aufgaben sind durch »*!*« gekennzeichnet.

Beispiel 5: LZ zu Mythen des Hygin

Inhalt

Der »Lernzirkel zu Mythen des Hygin«[18] führt allgemein in die Thematik »Antike Mythologie« ein und behandelt die Mythen »Achill«, »Odysseus«, »Niobe« und »Phaethon«/»Deukalion und Pyrrha«. Dabei werden die entsprechenden Hygintexte (in Auswahl) übersetzt und mit verschiedenen Interpretationsmethoden interpretiert. Außerdem wird die Rezeptionsgeschichte der genannten Mythen anhand ausgewählter Beispiele aus Kunst, Literatur und Alltag vorgestellt.

Konzeption

Stationen		
I	**»Mythologie – was ist das?!«**	1. Sachtext 2. Kassette 3. Spiel
II	**Übersetzung**	1. Achill a. Wie Achill nach Troja kam b. Achill tötet Hektor c. Achills Tod 2. Odysseus a. Das Abenteuer bei den Kyklopen b. Die Heimkehr 3. Niobe – Das Schicksal einer Mutter 4. Phaethon/Deukalion und Pyrrha a. Phaethon b. Deukalion und Pyrrha
III	**Interpretation**	1. Achill a. Charakteristik b. Comic c. Monolog, Rede 2. Odysseus a. Fahndungstext b. Dialog, Theaterstück 3. Niobe a. Standbilder

18 → Frölich/Knöller/Vogel/Weickenmeier.

	b. Bericht, Interview, Streitgespräch c. Text 4. Phaethon/Deukalion und Pyrrha a. Bericht, Brief ... b. Bild, Zeichnung c. Text
IV Vorbilder/ Nachwirken	1. Achill a. Homer b. Haefs 2. Odysseus a. Libretto b. Werbung/Internet 3. Niobe a. Attischer Krater b. Kaschnitz 4. Phaethon/Deukalion und Pyrrha a. Werbung/Internet b. Ovid c. Bibel
V Bibliothek/ Hilfsmittel	1. Übersetzungsordner zu allen Texten aus Station II 2. Übersetzungshilfen zu allen Texten aus Station II 3. Lat.-dt. Wörterbücher 4. Lat. Grammatik 5. Lexika zur Antike 6. Lexika zur Mythologie 7. Griechische und Römische Literaturgeschichten 8. Textsammlung zu Hygins »Fabulae« 9. Gustav Schwabs »Schönste Sagen des klassischen Altertums«

Der LZ besteht aus fünf Stationen. An den drei Stationen II (»Übersetzung«), III (»Interpretation«) und IV (»Vorbilder/Nachwirken«) finden sich jeweils Arbeitsaufträge zu den Unterthemen »Achill«, »Odysseus«, »Niobe« und »Phaethon/Deukalion und Pyrrha«, die unabhängig voneinander bearbeitet werden können. Es ist also möglich, z. B. den Niobe-Text nur zu übersetzen und den Achill-Mythos nur zu interpretieren. Station I führt in die Thematik »Mythologie« allgemein ein. Station V bietet den Schülern mehrere Hilfsmittel zur Erledigung der Arbeitsaufträge.

Um zu gewährleisten, dass sich alle Schüler im Rahmen der Unterrichtsreihe mit antiker Mythologie im Allgemeinen, aber auch mit den drei Aspekten Übersetzung, Interpretation und Rezeptionsgeschichte beschäftigen, ist aus den Stationen I bis IV jeweils mindestens eine Aufgabe zu bearbeiten (Fundamentum).

Alternativ besteht auch die Möglichkeit, alle in Station II angebotenen Texte bereits vor der Arbeit mit dem LZ im Unterricht zu übersetzen. Diese Station entfällt dann im LZ.

Zeitpunkt des Einsatzes
Der LZ kann nach Abschluss der Lehrbuchphase in allen Klassenstufen eingesetzt werden: zum Einstieg in die Thematik »Mythologie«, zum Abschluss einer Übergangslektüre zur Thematik »Mythologie«, zur Ergänzung anderer UE (z. B. zu Ovids *Metamorphosen*) oder als selbstständige Zwischenlektüre.
Die Schüler sollten bereits erste Erfahrungen mit lateinischen Originaltexten haben und in einfache Interpretationstechniken (wie z. B. das Erstellen einer Gliederung) eingeführt sein.

Zeitansatz
Zur Bearbeitung der Arbeitsaufträge des LZ benötigt man (je nachdem, ob die Texte schon vorher im Unterricht übersetzt wurden oder nicht) sieben bis zehn Unterrichtsstunden. Hinzu kommen einige Stunden zur Präsentation der Arbeitsergebnisse und eine Kritikstunde, in der u. a. die Arbeitsergebnisse, die Unterrichtsform LZ, aber auch inhaltliche und sozial-kommunikative Aspekte angesprochen werden.

Literatur

Zum Thema LZ/offene Unterrichtsformen

Drumm, Julia: Erprobung der Unterrichtsform Lernzirkel zur Einführung grammatikalischer Phänomene (hier: Participium coniunctum und Ablativus absolutus) in einer 10. Klasse (Latein dritte Fremdsprache). (Pädagogische Hausarbeit im Fach Latein), Kaiserslautern 1999.

Fink, Gerhard/Maier, Friedrich: Konkrete Fachdidaktik Latein, München 1996.

Groß, Engelbert (Hg.): Freies Arbeiten in weiterführenden Schulen. Hinführung – Begründung – Beispiele, Donauwörth 1992.

Gudjons, Herbert: Handlungsorientiert lehren und lernen, 2. Auflage, Bad Heilbrunn 1989.

Hecker, Ulrich (Hg.): Praxismappe Freiarbeit. Band 1: 1989/90, Mühlheim an der Ruhr 1989.

Hecker, Ulrich (Hg.): Praxismappe Freiarbeit. Band 2, Mühlheim an der Ruhr 1990.

Hegele, Irmintraut (Hg.): Lernziel: Stationenarbeit. Eine neue Form des offenen Unterrichts, 3. Auflage, Weinheim/Basel 1998.

Pädagogisches Zentrum des Landes Rheinland-Pfalz (Hg.): Mit Freuden lernen. Offene Unterrichtsarbeit 1. Eingewöhnungsphase – Wochenarbeit – OS und Sek I, Bad Kreuznach 1991/1995 (= PZ-Information 15/95).

Pädagogisches Zentrum des Landes Rheinland-Pfalz (Hg.): Mit Freuden lernen. Offene Unterrichtsarbeit 3. Beispiele für die Unterrichtspraxis, Bad Kreuznach 1991/1995 (= PZ-Information 4/96).

Pädagogisches Zentrum des Landes Rheinland-Pfalz (Hg.): Offene Lernsituationen und selbständiges Lernen, Bad Kreuznach 1999 (= PZ-Information 2/99).

Potthoff, Willy: Einführung in die Reformpädagogik. Von der klassischen zur aktuellen Reformpädagogik, 2. Auflage, Freiburg 1994.

Potthoff, Willy: Freies Lernen – verantwortliches Handeln, 2. Auflage, Freiburg 1994.

Potthoff, Willy: Grundlage und Praxis der Freiarbeit, 4. Auflage, Freiburg 1992.

Potthoff, Willy: Lernen und Üben mit allen Sinnen – Lernzirkel in der Sekundarstufe, 3. Auflage, Freiburg 1996.

Sehrbrock, Peter: Freiarbeit in der Sekundarstufe I, Berlin 1994.

van der Gieth, Hans-Jürgen: Lernzirkel – Die neue Form des Unterrichts, Kempen 1999.

Wallrabenstein, Wulf: Offene Schule – Offener Unterricht. Ratgeber für Eltern und Lehrer, 4. Auflage, Reinbek bei Hamburg 1994.

AU

1/97: Wochenplan und Freiarbeit.

2/97: Wege und Formen des Übens.

1/2001: Lernspiele.

6/2002: Visualisierung.

4+5/2003: Effizienter Grammatikunterricht.

Lernzirkel

Drumm, Julia: Lernzirkel zum ablativus absolutus, Göttingen 2005. 2000.

Drumm, Julia: Lernzirkel zu den lateinischen Konjugationen, Göttingen 2004.

Frölich, Roland/Knöller, Karl-Heinz/Vogel, Volker/Weickenmeier, Michael: Lernzirkel zu Mythen des Hygin, Göttingen 2003.

Frölich, Roland: Lernzirkel zur Arbeit mit dem lateinischen Wörterbuch, Göttingen 1999.

Frölich, Roland: Lernzirkel zur Arbeit mit dem lateinischen Wörterbuch (Stowasser), Göttingen 2001.

Schüler, Alban/Vogel, Volker: Lernzirkel zu den lateinischen Deklinationen, Göttingen 2004.

2.3.2 Freiarbeit (FA)

Bei der FA steht den Schülern ein breit gefächertes Materialangebot zur Verfügung, das verschiedene Bereiche eines Lehrplanthemas abdeckt, im LU z. B. Wortschatz, Grammatik, Textarbeit und Realienkunde. Jeder Schüler entscheidet selbstständig, welche Aufgaben er bearbeiten möchte. Bearbeitungsreihenfolge, Schwierigkeitsgrad und Sozialform sind meist frei wählbar.

1. Definition, Lehrerrolle und Aufgabe der Schüler
2. Voraussetzungen, Organisationsformen und Zeitansatz
3. Vorbereitungen
   - Materialien
   - Lernumgebung
4. Die Durchführung der FA
   (1) Einführungsphase
   (2) FA-Phase
   (3) Abschluss- und Auswertungsphase
5. Beispiel
   - Lektürephase: FA zu Phaedrus-Fabeln

1. Definition, Lehrerrolle und Aufgabe der Schüler

Definition

FA geht auf die Grundgedanken der Reformpädagogen Maria Montessori, Peter Petersen und Célestin Freinet zurück.[1] Sie ist eine Form des Lernens, die sich stärker als beim traditionellen Unterricht an den individuellen Interessen und Fähigkeiten der Schüler orientiert und in erhöhtem Maße selbstständige Arbeitsprozesse in Gang setzt. Im Unterschied zum traditionellen schulischen Unterrichtskonzept, bei dem allen Schülern einer Klasse die gleichen Inhalte zur gleichen Zeit vorgestellt werden, wird bei der FA eine innere Differenzierung angestrebt. Dadurch ändert sich die Rolle des Lehrers und des Schülers.

Lehrerrolle

Für die FA sammelt und konzipiert der Lehrer zu verschiedenen Themenbereichen Materialien, die möglichst differenziert gestaltet sein sollten, z. B. nach Inhalten, Schwierigkeitsgrad und Abstraktionsgrad sowie nach Arbeitsbereichen wie Wortschatz, Syntax, Realien usw. Diese Materialien werden den Schülern zur Auswahl und Bearbeitung angeboten. Während der Unterrichtsstunde tritt der Lehrer in den Hintergrund und nimmt fortan eine in erster Linie beobachtende, beratende und helfende Funktion wahr.

---

1 → Claussen, 13–15; → Gervé, 34–62.

Aufgabe der Schüler

Die Schüler wählen in einem vom Lehrer vorgegebenen Rahmen nach eigenen Interessen und Lernmöglichkeiten Materialien aus und setzen sich damit selbstständig auseinander. Dabei entscheiden sie selbst über Anzahl, Reihenfolge und Schwierigkeitsniveau der Aufgaben sowie über die Verwendung ihnen angebotener Hilfsmittel. Außerdem steht ihnen in der Regel die Wahl der Sozialform, wie z. B. EA, PA oder GA offen.

2. Voraussetzungen, Organisationsformen und Zeitansatz

Voraussetzungen

Wesentliche Voraussetzungen für einen erfolgreichen Einsatz der FA bestehen in hinreichender

- Teamfähigkeit und Bereitschaft der Schüler, sich gegenseitig zu respektieren und auf Regeln einzulassen,
- Bereitschaft des unterrichtenden Lehrers, Verantwortung an die Schüler abzugeben und sich mit der Rolle des Beraters zu begnügen,[2]
- Experimentierfreude und Aufgeschlossenheit der Schulleitung und des Kollegiums gegenüber Innovationen.[3]

Ist dies gegeben, so steht der FA nichts mehr im Wege.

Organisationsformen

Es gibt im Wesentlichen drei Organisationsformen der FA:[4]

- Bei der *formellen FA* ist die FA als eigenes Fach im Stundenplan ausgewiesen, die Grenzen zwischen den Fächern werden z. T. völlig aufgegeben. Dadurch sind die Schüler nicht nur in der Wahl des Materials, sondern auch in der Wahl des Faches frei und können sich die Inhalte verschiedener Fächer in vernetzter Form erschließen.
- Bei der *Fächer verbindenden FA* geben die Kollegen, die sich an einer FA beteiligen wollen, einen Teil ihrer Stunden in einen sog. FA-Pool ab, sodass in diesen abgegebenen Stunden fächerübergreifend FA stattfinden kann. Da ein inhaltlich breites Lernangebot ein unverzichtbares Wesensmerkmal der Fächer verbindenden FA ist, sollten möglichst mehr als zwei Fächer an dieser Organisationsform beteiligt werden.

---

2 Es sei darauf hingewiesen, dass außerdem günstige organisatorische Rahmenbedingungen (z. B. für die Lagerung des Materials) dem Lehrer wie den Schülern die Durchführung der FA erleichtern.

3 Diese zuletzt genannte Voraussetzung gilt nur für Fächer verbindende FA.

4 Da es den Rahmen sprengen würde, im Einzelnen auf die Vor- und Nachteile der jeweiligen Organisationsform einzugehen, sei der interessierte Leser verwiesen auf → Hofmann/Mayer/Schirok (1997), 12–13.

- Die *fachbezogene FA* erfordert einen vergleichsweise geringen organisatorischen Aufwand, da sie nur in einem Fach in einem von der Lehrkraft festgesetzten Zeitraum praktiziert wird. So kann die FA z.B. regelmäßig in einer bestimmten Stunde pro Woche stattfinden oder sich als Block über zwei bis drei Wochen erstrecken.

Zeitansatz

Je nach Bedarf und Organisationsform variiert der Zeitansatz für die FA also zwischen einer Phase innerhalb einer Unterrichtsstunde und einem Zeitraum von mehreren Wochen.[5]

3. Vorbereitungen

Bei den Vorbereitungen für die FA sind v.a. zwei Bereiche zu berücksichtigen, nämlich zum einen die Materialien, zum anderen die Lernumgebung:

Materialien

Für die Sammlung und Herstellung der Materialien empfiehlt es sich, eine angemessene Vorlaufphase einzuplanen. Denn man kann erst dann mit der FA beginnen, wenn so viel Material vorhanden ist, dass alle Schüler einer Klasse während einer FA-Phase gleichzeitig arbeiten können.
Die eigene Herstellung von FA-Materialien gestaltet sich oft zeitaufwändig und mühsam. Besser ist es, sich zunächst einen Überblick über bereits vorhandene Materialien, z.B. Lernspiele[6], zu verschaffen. Besonders geeignet für die FA im LU sind die zwei LEU-Hefte L 62 und L 64,[7] die neben fantasievollen und abwechslungsreichen Materialien viele praktische Tipps für die Herstellung eigener Materialien bieten. Durch die zahlreichen Leerschemata, die das Heft L 62 enthält, ist es relativ einfach, eigene Materialien herzustellen, die der Lehrer dem jeweiligen Lehrbuch bzw. der Lektüre anpassen kann.[8]

Lernumgebung

Die Fachliteratur stellt oft sehr hohe Anforderungen an die Lernumgebung während der FA, die im Schulalltag nur schwer zu erfüllen sind.[9] Die Schüler sollten auf jeden Fall verschiedene Sozialformen wählen können. Dies kann man durch entsprechende Anordnung der Tische relativ leicht ermöglichen.

---

5 Dem Lehrer sei empfohlen, für eine FA-Phase mindestens eine Doppelstunde vorzusehen, damit sich der organisatorische Aufwand lohnt.

6 → Göttsching/Rode; → Beer.

7 → Hofmann/Mayer/Schirok (1997); → Hofmann/Mayer/Schirok (2000).

8 Weitere Anregungen, Fundstellen und Kriterien für gutes Arbeitsmaterial → Kap. 2.3.1, S. 71–73; → Kap. 2.3.3, S. 116–117. Evtl. kann man auch die Schüler in die Konzeption der Materialien miteinbeziehen.

9 → z.B. Gervé, 111–112.

Schließlich ist es wichtig, die Materialien in großer Übersichtlichkeit und Ordnung anzubieten, um den Schülern eine klare Orientierung zu geben.[10]

4. Die Durchführung der FA

Die mehrstündige FA ist in der Regel in drei Phasen gegliedert:[11]

(1) Einführungsphase

In der Einführungsphase werden die Schüler in das Material und seine Handhabung eingeführt. Außerdem sollten Regeln für die Durchführung der FA vereinbart werden.[12]
Schließlich sei empfohlen, den Schülern angemessene Vorgaben zu machen, damit sichergestellt ist, dass alle das Pflichtpensum bewältigen und sich nicht ausschließlich ihren Lieblingsthemen zuwenden.
Die Unterrichtserfahrung lehrt, dass jeder Schüler mindestens drei verschiedene FA-Stationen abdecken und bei einzelnen zentralen Arbeitsbereichen des LU ein Mindestpensum an Aufgaben erledigen sollte.

(2) FA-Phase

In der FA-Phase ist der Lehrer lediglich Beobachter und Berater.
Im Rahmen der in der Einführungsphase verkündeten Vorgaben entscheidet jeder Schüler eigenverantwortlich, welche FA-Stationen und Themen er auswählen, aber auch welche und wie viele Materialien er jeweils bearbeiten möchte.
Die Schüler arbeiten selbstständig und halten zur eigenen Orientierung während dieser Phase in Form eines Tagebuchs fest, was sie jeweils in der Stunde gemacht und welche Ergebnisse sie erzielt haben.
Als Beispiel dient im Folgenden ein Auszug aus dem Lerntagebuch von Marian, der in jeder Stunde seine Erfahrungen, Eindrücke und neu gewonnenen Erkenntnisse notiert hat.
Vorgegeben sind jeweils die kursiv gedruckten Fragen und Stichwörter:[13]

---

10 → Hofmann/Mayer/Schirok (1997), 18.

11 Eine weiter ausdifferenzierte Gliederung schlägt Werner Mayer vor. Er unterscheidet fünf Phasen; → Mayer, 19–23.

12 Mögliche Regeln für die FA → Hofmann/Mayer/Schirok (1997), 146. Weitere Ausführungen zur Einführungsphase → Kap. 2.3.1, S. 75; → Kap. 2.3.3, S. 119.

13 In Anlehnung an: → Winter, 256–257.

Schülerbeispiel: Lerntagebuch

Stunde: 5. und 6. Stunde *Datum:* 5. April 2006

Thema/FA-Station: 1: Wortschatz: Sachfeld »Tiere« und
3: Lese- und Übersetzungstexte: Fabel 1,15

Welche Sozialform habe ich gewählt?
1: EA 3: PA (mit Felix M.)

Was habe ich gelernt?
1: Tierbezeichnungen auf Lateinisch und Deutsch, Zuordnung der Tiere nach verschiedenen Kriterien (Beute- und Raubtiere, Flug- und Landtiere usw.)
2: Übersetzung 1,15 unter Hinzuziehung einer Textbearbeitung und mit Unterstützung von Felix M.

Was möchte ich noch vertiefen/üben?
Bei den lateinischen Tierbezeichnungen muss ich mir noch mal die Genitive und Genera einprägen. Gegenseitiges Abhören mit Peter, der ähnliche Probleme hat.
Bei der Übersetzung hatte ich noch etwas Schwierigkeiten mit den satzwertigen Konstruktionen (bes. AcI). Das will ich mir nächste Stunde noch mal anschauen und mit Felix durchsprechen. Außerdem muss ich noch mal in der Grammatik nachschauen, wie die Infinitivformen gebildet werden.
Die Hyperbata habe ich nicht immer gleich erkannt. Vielleicht sollte ich die Deklinationen wiederholen? Gemeinsame HA (siehe Kommentar von Felix)

Rückmeldung von Mitschülern und/oder Lehrer:
Felix: Unsere gemeinsame Übersetzung war manchmal etwas zäh. Die Sperrungen sind noch ein echtes Problem!! Vorschlag: Wir nehmen uns zu Hause noch mal die Deklinationstabellen vor, prägen uns die Endungen ein und deklinieren danach aus der Fabel 1,15 schriftlich durch alle Kasus: dominus pauper, timidus senex, principatus commutandus.
Lehrerin: Gute Idee, Marian und Felix. Wenn ich euch nach eurer gemeinsamen Übung noch mal im Tandem abhören soll, meldet euch einfach bei mir.

Darüber hinaus nimmt der Lehrer in jede FA-Stunde einen sog. Laufzettel[14] mit, auf dem Namen und Themen der FA festgehalten sind:

14 → Rademacher/Schulze, 58.

Name/Thema	**1**	**2**	**3**	**4**	**5**
Michael	/		X		
Anja		/			X
...					

Sobald sich ein Schüler einem Themengebiet der FA zuwendet, trägt er seinen Arbeitsbeginn mit einem Schrägstrich ein (/). Wenn er fertig ist, überkreuzt er diesen mit einem zweiten Schrägstrich (X). Der Laufzettel bleibt auf dem Lehrerpult für alle zugänglich liegen und vermittelt dem Lehrer wie den Schülern einen Überblick über den jeweiligen Stand der erfüllten Aufgaben. Auf diese Weise erhält nicht nur der Lehrer Kenntnis über die Fortschritte der einzelnen Schüler. Vielmehr können auch die Schüler bei schwierigen Aufgaben durch einen Blick auf den Laufzettel in Erfahrung bringen, welche Mitschüler diese Aufgaben schon erledigt haben, sodass sie diese um Rat fragen können.[15]
Die Stellung, Erledigung und Überprüfung der HA ist in die FA-Phase integriert: Jeder Schüler ist aufgefordert, sich die HA eigenverantwortlich zu stellen und sich seine Zeit entsprechend einzuteilen.[16] Auch wenn sich Umfang und Anforderungsniveau der HA an den individuellen Lernvoraussetzungen und dem Arbeitstempo des jeweiligen Schülers orientieren, sollte gewährleistet sein, dass jeder Schüler das vom Lehrer vorgesehene Pflichtpensum absolviert.
Während der FA-Phase erhalten die Schüler die Möglichkeit zur Selbstkontrolle, z.B. über Lösungsblätter. Um einen vorzeitigen Zugriff der Schüler auf die Lösungshilfen zu verhindern, werden diese den Schülern zunächst nicht ausgehändigt, sondern verbleiben auf dem Lehrerpult. Erst nach Erledigung der jeweiligen Aufgaben wird ihnen Einblick in die Lösungshilfen gewährt.[17]
Erstreckt sich die FA über mehrere Wochen, brauchen die Schüler erfahrungsgemäß Möglichkeiten eines regelmäßigen Austausches untereinander und mit dem Lehrer. Bewährt hat sich der Stuhlkreis, zu dem sich Schüler und Lehrer am Anfang oder Ende einer FA-Stunde versammeln, um kurz über fachliche, methodische, organisatorische und/oder soziale Probleme zu sprechen.[18]

---

15 Eine andere Form des Laufzettels ist ebenfalls denkbar: Jeder Schüler bekommt einen eigenen Laufzettel und führt persönlich Buch über die von ihm erledigten Aufgaben (→ Kap. 2.3.1, S. 69–70).

16 Sollten die Schüler noch nicht darin geübt sein, ihre Hausaufgaben in Eigenregie zu erledigen, → Naumann, 197–208.

17 Weitere Möglichkeiten der Selbstkontrolle → Kap. 2.3.1, S. 73.

18 Zur Klärung von Fragen im Stuhlkreis → Kap. 2.3.1, S. 76.

(3) Abschluss- und Auswertungsphase

In der Abschluss- und Auswertungsphase tauschen sich die Schüler über ihre Ergebnisse und Erfahrungen während der FA aus und stellen fest, ob ihre Arbeit insgesamt erfolgreich war.[19]

Zu Beginn der Abschlussphase erhalten die Schüler die Möglichkeit, dem Plenum besonders interessante Ergebnisse in Form eines Kurzvortrags, eines Rollenspiels usw. (maximal 10 Min) vorzustellen oder ihre Präsentationsmappen zur Ansicht auszulegen.[20]

Anschließend findet eine Feedback-Runde statt, die z. B. folgendermaßen gestaltet werden kann: In einer kurzen Reflexionsphase notieren die Schüler ihre positiven Erfahrungen und Eindrücke auf grünen Kärtchen, ihre negativen Beobachtungen auf roten Kärtchen und Fragen und Anregungen auf gelben Kärtchen.

Um zunächst den Austausch der Schüler untereinander zu ermöglichen, bietet sich das sog. Karussellgespräch an. Dafür wird ein Innen- und ein Außenstuhlkreis gebildet, wobei die Schüler im Innen- und Außenkreis einander gegenübersitzen. Auf ein Signal des Lehrers kann das Karussellgespräch beginnen: Zunächst teilen die »Innenkreisler« den »Außenkreislern« ihre Gedanken mit. Die Gesprächspartner im Außenkreis hören aufmerksam zu, machen sich bei Bedarf Notizen und fassen anschließend die Ausführungen ihres jeweiligen Gesprächspartners in eigenen Worten zusammen. Danach erhalten die »Außenkreisler« das Wort, die »Innenkreisler« übernehmen nun die Rolle des aufmerksamen Zuhörers. Um den Austausch zwischen weiteren Schülerpaaren zu ermöglichen, werden die Schüler im Außenkreis vom Lehrer aufgefordert, im Uhrzeigersinn drei Plätze vorzurücken. Das Karussellgespräch kann nun mit dem neuen Gesprächspartner fortgesetzt werden.

Bei dem anschließenden Gespräch im Plenum übernimmt der Lehrer die Rolle des Moderators.[21]

5. Beispiel

Im Folgenden soll ein Beispiel aus der Lektürephase veranschaulichen, wie die FA in der Unterrichtspraxis durchgeführt werden kann. Da es den Rahmen sprengen würde, sämtliche Materialien vorzustellen, die den Schülern im Rahmen der FA angeboten wurden, scheint eine Beschränkung auf einige besonders interessante Materialien angemessen.

---

19 Dies erfolgt selbstverständlich zum Großteil auch schon während der FA-Phase anhand der Tagebucheinträge, des Laufzettels, der Lösungsblätter sowie durch Rücksprache mit dem Lehrer und den Mitschülern.

20 V. a. kreative Schülerergebnisse sollten dem Plenum auf jeden Fall vorgestellt oder zumindest zugänglich gemacht werden.

21 Weitere Möglichkeiten zur Gestaltung einer Abschluss- und Auswertungsphase → Kap. 2.3.1, S. 77; → Kap. 2.3.3, S. 124; → Kap. 2.3.4, S. 146–147.

Lektürephase

FA zu Phaedrus-Fabeln	
Zeitpunkt:	9. Klasse (L 2)
Einbettung:	Vorlauf: Leben und mehrere Fabeln des Phaedrus
Inhalt der FA:	Wiederholung, Vertiefung und Erweiterung des Unterrichtsthemas »Fabeln des Phaedrus«
Zeitansatz:	FA-Phase von neun Unterrichtsstunden[22]
Vorgaben:	Es müssen mindestens drei verschiedene Themenbereiche bearbeitet werden. Es müssen mindestens drei Aufgaben aus dem Themenblock 3 und je eine Aufgabe der Themenbereiche 1 und 5 bewältigt werden.

Materialien und Arbeitsaufträge zu den Themenbereichen Wortschatz, Grammatik, Lese- und Übersetzungstexte, Interpretation und Rezeption:[23]

1. Wortschatz	
Angebotenes Material	**Mögliche Arbeitsaufträge**
Arbeitsblätter mit bildlichen Darstellungen zu verschiedenen Sachfeldern, z. B. »Tiere«, »Ortsangaben«	■ Beschriftung der Bilder auf (Lateinisch und) Deutsch: Je nach Kenntnisstand kann der Schüler die Abbildung mit oder ohne die entsprechenden lateinischen Bezeichnungen wählen.[24]
Vokabelkartei speziell zu den Phaedrus-Fabeln[25]	■ Wiederholung der Vokabeln in EA oder mit Vokabelspielen in PA oder GA[26] ■ Strukturieren des Wortschatzes nach vorgegebenen oder selbst gewählten Kriterien, z. B. Bilden von Gegensatzpaaren (velle – nolle, magnus – parvus usw.), Wortfamilien usw.

22 Die folgenden Ausführungen beschränken sich auf die FA-Phase. Zur Eröffnungs- sowie Abschlussphase → S. 92–93 und 96.

23 Bei einer FA-Phase während des Lehrbuchunterrichts können weitere Themenbereiche angeboten werden, z. B. »Römische Kultur«.

24 Weitere Anregungen in: → Mißfeldt, 38–39; → Oberg (1994); → Gschwandtner u. a., 62–63.

25 Die Vokabelkartei kann man herstellen auf der Grundlage von → Gschwandtner/Riegler/Schmetterer/Schöffberger. Eine weniger zeitaufwändige Möglichkeit besteht darin, aus der Vokabelkartei Latein vom Klett-Verlag (Stuttgart u. a. 1992) Karteikarten zusammenzustellen, die bei der Phaedrus-Lektüre besonders häufig anzutreffen sind, wie z. B. »Wort, Sprache, Sprechen«, »Geben und Nehmen« usw.

26 In dem Beiheft zu der Vokabelkartei (→ Anm. 25) finden sich auf S. 5–6 Vorschläge für verschiedene Vokabelspiele.

	■ Pantomimische Darstellung vorgegebener Vokabeln (z. B. Verben wie amittere, gaudere, loqui): Die Zuschauer nennen den lateinischen Infinitiv mit der deutschen Übersetzung.
Vokabel-Memory	■ Zuordnung der entsprechenden Kartenpaare (lateinische Bezeichnung – bildliche Darstellung)
2. Grammatik	
Angebotenes Material	**Mögliche Arbeitsaufträge**
Tabellen, Schiebetafeln, Lernscheiben[27] usw.	■ Wiederholung der Deklinationen, Konjugationen, unregelmäßigen Verben usw.
Domino-Spiele, Kreuzworträtsel u. a.[28]	■ Korrektes Anlegen des jeweiligen Adjektivs, Partizips, Pronomens an das passende Substantiv sowie andere Aufgabenstellungen
3. Lese- und Übersetzungstexte	
Angebotenes Material	**Mögliche Arbeitsaufträge**
Originaltexte auf Kassette[29] oder CD	■ Aufmerksames Zuhören und Nachsprechen der Texte ■ Vorbereitung und Darbietung eines ausgewählten Textes[30]
Originaltexte als Arbeitsblatt oder im Computer[31]	■ Markieren der Hyperbata mit verschiedenen Farben ■ Übersetzen
Textbearbeitungen, d. h. Fabeltext in vereinfachter Form[32] als Vorbereitung für die Erschließung des Originaltextes	■ Übersetzen (für leistungsschwächere Schüler[33])

---

27 → Borowski; → Schmid (1999); → Schmid (2000); → Tollhof/Renner: Schiebe-Tafel 1311 für die lateinische Deklination; → Tollhof/Renner (1997); → Tollhof/Renner: Schiebe-Tafel 1310 für die lateinische Konjugation; → Tollhof/Renner: Schiebe-Tafel 1312. Unregelmäßige lateinische Verben.

28 Leerschemata und Spielefelder für Dominos, Triminos, Kreuzworträtsel usw. in Hofmann/Mayer/Schirok (1997), 153–190.

29 Von Eberhard Oberg besprochene Audio-Kassette »Phaedrus. Fabulae selectae«.

30 → Kap. 3.3.6, S. 328.

31 → Scholz, 115–116 und 124–125; → Bechthold-Hengelhaupt, 97–107.

32 Textbearbeitungen: → Oberg (1994); → Mißfeldt; → de Man/te Riele, 70–77.

33 Die Erfahrung zeigt, dass die Schüler ihre Übersetzungsfähigkeit sehr realistisch einschätzen, wenn sie das Anforderungsniveau der Aufgaben (ausschließlich Original-

4. *Interpretation*	
Angebotenes Material	**Mögliche Arbeitsaufträge**
Zweisprachige Phaedrus-Fabeln, die weder Gegenstand des vorherigen Unterrichts noch der Lese- und Übersetzungstexte waren	Verschiedene Interpretationsaufgaben, die im vorherigen Unterricht eingeübt wurden:[34] ■ Gliederung und Aufbau der Fabel ■ Antithesen ■ Wortwiederholungen bzw. Wortvariationen ■ Sachfelder ■ Stilistische Erscheinungen ■ Charakteristik der Akteure ■ Zusammenhang zwischen Form und Inhalt ■ Kritische Stellungnahme zu Pro-/Epimythion ■ Gestaltung einer Text- und/oder Bildcollage zum Fabelthema ■ Übertragung der Fabel auf eine aktuelle Situation (z. B. anhand einer schriftlichen Erlebniserzählung, einer szenischen Darstellung)[35]
5. *Rezeption*	
Angebotenes Material	**Mögliche Arbeitsaufträge**
Lateinisch-deutsche Fabel und Material aus der Rezeptionsgeschichte in Literatur, Kunst und Musik[36]	GA (Die Ergebnisse werden in der Abschlussphase → S. 96 präsentiert): ■ Kreative Präsentation des Inhalts der Fabel (z. B. Rollen-, Theater-, Hörspiel) mit Beschreibung der handelnden Personen ■ Herausarbeiten der Gemeinsamkeiten und Unterschiede zwischen der Phaedrus-Fabel und der literarischen, künstlerischen und/oder musikalischen Rezeption ■ Vorbereitung einer Gruppenpräsentation (schriftlich in Form einer Präsentationsmappe und mündlich in Form von Schülervorträgen[37])

---

text oder Originaltext mit entsprechender Hilfestellung durch die Textbearbeitung) selbst auswählen dürfen.

34 → Aufgabenblätter in: → Mißfeldt.

35 Weitere Anregungen → Kap. 2.2.1, S. 15–17.

36 Zahlreiche Materialien zur Rezeptionsgeschichte der Phaedrus-Fabeln in Literatur und/oder Kunst in: → Ausserhofer/Adami; → Eller/Zink; → Flemmig; → Dithmar. Zur Rezeptionsgeschichte in der Musik eignen sich u. a. die Vertonungen von → Jan Novák, die zum Bundeskongress des Deutschen Altphilologenverbandes im April 1996 in Jena erstaufgeführt wurden.

37 → Kap. 3.3.1, S. 323.

Exemplarisch seien zwei Fabeln sowie einige von deren Rezeptionsdokumenten genannt:

Fabel	Rezeptionsdokumente
I,5	*Rezeption in der Literatur:* ■ z.B. Martin Luther, Von dem Lewen/Rind/Zigen und Schaff; James Thurber, Der Löwe und die Füchse; Helmut Arntzen, Das stärkere Recht; Gerhard Branstner, Fabel 23; Wilfried Liebchen, Rechtsstaat *Rezeption in der Kunst:* ■ z.B. Hans Ticha, Zeichnung im Fabelbuch von G. Branstner; Gerhard Marcks, Liegender Löwe
I,11	*Rezeption in der Literatur:* ■ z.B. Cyrillus episcopus, cap. 16, De leone et asino; G. E. Lessing, Der Löwe mit dem Esel; ebd., Der Esel mit dem Löwen; Gerhard Branstner, Fabel 41 *Rezeption in der Kunst:* ■ Holzschnitte aus dem 16. Jahrhundert in der Fabelausgabe von Steinhöwel *Rezeption in der Musik:* ■ Jan Novák, Aesopia, VI Phaedri fabella cantatae binis clavibus, Asinus et leo venantes

Literatur

Ausserhofer, Maria/Adami, Martina: Velut in speculum inspicere. Der Mensch im Spiegel der Fabel, Bamberg 1997.

Bechthold-Hengelhaupt, Tilman: Alte Sprachen und neue Medien, Göttingen 2001, 97–107.

Beer, Sonja: Lumina Lernspiele 2, Lektion 6–10, Göttingen 2000.

Belde, Dieter: Möglichkeiten des Offenen Unterrichts. Grundlegende Hinweise – Beispiel aus der Praxis, Bamberg 1999, 4–21.

Borowski, Susanne: Rota. AcI. Der richtige Dreh für den AcI als Subjekt und Objekt, Berlin 2000.

Claussen, Claus (Hg.): Handbuch Freie Arbeit. Konzepte und Erfahrungen, Weinheim und Basel 1995.

de Man/te Riele, redde rationem. orationes, Stuttgart 1983.

Dithmar, Reinhard: Martin Luthers Fabeln und Sprichwörter. Mit zahlreichen Abbildungen und Holzschnitten aus der Werkstatt von Lukas Cranach, 2., korrigierte Auflage, Darmstadt 1995.

Eller, Karl Heinz/Zink, Norbert: Exemplis discimus. Phaedrus' Fabeln und Beispiele ihrer Bearbeitung durch La Fontaine, Lessing, Gleim und Schlegel, 2., überarbeitete und erweiterte Auflage, Frankfurt am Main 1990.

Flemmig, Gerd: Phädrus. Fabeln, Bamberg 1994.

Gervé, Friedrich: Freie Arbeit. Grundkurs für die Aus- und Fortbildung, Weinheim und Basel 1998.

Göttsching, Verena/Rode, Inge: Lumina Lernspiele 1, Lektion 1–5 Göttingen 1999.

Groß, Engelbert: Freies Arbeiten in weiterführenden Schulen. Hinführung – Begründung – Beispiele, Donauwörth 1992.

Gschwandtner, Helfried u. a.: Phaedrus. Fabeln, Wien 2000, 62–63

Gschwandtner, Helfried/Riegler, Gerhard/Schmetterer, Marie-Theres/Schöffberger, Martin: Latein-Wortschatz Aktiv. Phaedrus, Wien 1995.

Gschwandtner, Helfried u. a. (Hg.): Phaedrus. Fabeln, Wien 2000, 64–66.

Hecker, Ulrich: Mit Freiarbeit erfolgreich in der Sek. I, Mülheim an der Ruhr 2000.

Hofmann, Anton/Mayer, Erich/Schirok, Edith: Handreichungen für offene Unterrichtsformen in Latein, Teil 1: Freiarbeit: Einführung – Wörter – Formen, LEU (Landesinstitut für Erziehung und Unterricht Baden-Württemberg) L (Latein) 62, Stuttgart 1997 (mit Diskette im Format Winword 6.0/W95). Vertrieb: Landesinstitut für Erziehung und Unterricht Stuttgart, Wiederholdstr. 13, 70174 Stuttgart, Tel.: 07 11/18 49–5 56; Fax: 07 11/18 49–5 65.

Hofmann, Anton/Mayer, Erich/Schirok, Edith: Handreichungen für offene Unterrichtsformen in Latein, Teil 2: Freiarbeit: Syntax – Textverstehen – Textmontage – Kreatives Schreiben und Gestalten – Realien, LEU (Landesinstitut für Erziehung und Unterricht Baden-Württemberg) L (Latein) 64, Stuttgart 2000. Vertrieb: Landesinstitut für Erziehung und Unterricht Stuttgart, Wiederholdstr. 13, 70174 Stuttgart, Tel.: 07 11/18 49–5 56; Fax: 07 11/18 49–5 65.

Krieger, Claus Georg: Mut zur Freiarbeit. Praxis und Theorie des freien Arbeitens für die Sekundarstufe, 2. aktualisierte Auflage, Hohengehren 1998.

Mayer, Werner G.: Hinführung zur Praxis des Freien Arbeitens in weiterführenden Schulen: Von der Grundschule lernen. In: Groß, Engelbert (Hg.): Freies Arbeiten in weiterführenden Schulen, Donauwörth 1992, 19–23.

Mißfeldt, Wulf: Phaedrus. »Stark – schwach« Fabeln. Text- und Arbeitsheft, Stuttgart 1990.

Naumann, Kerstin: Anleitung von Eltern und Erziehern zur Hausaufgabenbetreuung, in: Lauth, Gerhard W. u. a. (Hg.): Interventionen bei Lernstörungen. Förderung, Training und Therapie in der Praxis, Göttingen u. a. 2004, 197–208.

Neeff, Barbara: Freie Arbeit im Lektüreunterricht. Eine Unterrichtseinheit zu Ovids »Metamorphosen« in Klasse 11, in: AU 1/1997, 65–76.

Pfeiffer, Michaela: Freiarbeit im Lateinunterricht, in: AU 1/1997, 47–62.

Novák, Jan: Aesopia. Sechs Fabeln des Phaedrus für Chor und zwei Klaviere, Jenaer Madrigalkreis, Weimarer Klavierduo, Dirigent: Jürgen Puschbeck, OBLG 0198 OBLIGAT Weimar.

Oberg, Eberhard: Explicata Latinitas. Phaedrus, Unterhaltung und Weisheit, 2. Auflage, Berlin 1994, 42–43.

Oberg, Eberhard: Phaedrus. Fabulae selectae (Audio-Kassette); zu beziehen über: PROVOCE, Dr. Eberhard Oberg, Alfredstr. 22, 45470 Mülheim an der Ruhr (Tel.: 02 08/ 43 22 46).

Potthoff, Willy: Grundlage und Praxis der Freiarbeit, 4. Auflage, Freiburg 1990.

Potthoff, Willy: Einführung in die Reformpädagogik, Freiburg 1992.

Potthoff, Willy: Grundlage und Praxis der Freiarbeit, 5., erweiterte Auflage, Freiburg 1995.

Rademacher, Bärbel/Schulze, Hermann: Freiarbeit in der Sekundarstufe: »... und morgen fangen wir an!«, 4. Auflage, Lichtenau 1998.

Schmid, Christoph: Rota. Abl. abs. Der richtige Dreh für den Ablativus absolutus, Berlin 2000.

Schmid, Christoph: Rota. PC. Der richtige Dreh für das Participium coniunctum, Berlin 1999.

Scholz, Ingvelde: Offene Unterrichtsformen im Lateinunterricht. Freiarbeit am Beispiel von Ovids Metamorphosen, in: Bildung ohne Verfallsdatum. Der Lektüreunterricht im Umbruch, Bamberg 2003, 109–133.

Severa, Ulrike: Schüleraktivierende Unterrichtsmethoden. Freies Arbeiten im Lateinunterricht, Bamberg 2001, 35–45.

Tollhof, Heinrich/Renner, Jürgen: Schiebe-Tafel 1311 für die lateinische Deklination, Melsungen o. J.

Tollhof, Heinrich/Renner, Jürgen: Lateinische Grammatik zum Nachschlagen und Wiederholen (Falt-Tafel), überarbeitete Neuauflage, Melsungen 1997.

Tollhof, Heinrich/Renner, Jürgen: Schiebe-Tafel 1310 für die lateinische Konjugation, Melsungen o. J.

Tollhof, Heinrich/Renner, Jürgen: Schiebe-Tafel 1312. Unregelmäßige lateinische Verben, Melsungen o. J.

Winter, Felix: Leistungsbewertung. Eine neue Lernkultur braucht einen anderen Umgang mit den Schülerleistungen, Baltmannsweiler 2004.

2.3.3 Wochenplan

Ein Wochenplan ist ein Organisations- und Zeitrahmen für selbstständiges Arbeiten der Schüler. Er enthält Aufgaben zu einem bestimmten Thema des Lehrplans, die in der Regel innerhalb einer Woche erledigt werden müssen.

1. Definition und Begründung von Wochenplanarbeit
2. Einsatzmöglichkeiten von Wochenplänen im LU
   - Wochenpläne in der Lehrbuch- und in der Lektürephase
   - Stoffumfang eines Wochenplans, Bearbeitungszeit und HA
3. Die Konzeption eines Wochenplans
   - Pflicht-, Wahlpflicht- und Zusatzaufgaben (jeweils anhand eines Beispiels zu Plin. epist. 10,33)
   - Materialbeschaffung, Formulierung der Arbeitsaufträge
   - Lösungsheft zur Selbstkontrolle, Handapparat
   - Wochenplan am PC
4. Die Durchführung eines Wochenplans
   (1) Einführungsphase: Regeln, Material für die Schüler
   (2) Arbeitsphase
   - Wahl der Sozialform
   - Kontrolle (quantitativ und qualitativ)
   - Lehrerrolle
   (3) Nachbereitung und Evaluation
5. Anhang
   - Beispiel für einen Wochenplan am PC zu Felix, Lektion 19
   - AB zur Aufgabe P1 des Wochenplans zu Plin. epist. 10,33
   - AB zur Aufgabe Z1 des Wochenplans zu Plin. epist. 10,33

1. Definition und Begründung von Wochenplanarbeit

Definition

Die Wochenplanarbeit ist eine Form selbstständigen Arbeitens, in der die Schüler ein Paket von Pflichtaufgaben, Wahlpflichtaufgaben und Zusatzaufgaben zu einem Thema in einem genau festgelegten Zeitrahmen bearbeiten. Ist diese Form von Unterricht in der Grundschule[1]

---

1 »Erfunden« wurde die Wochenplanarbeit von dem französischen Dorfschullehrer und Reformpädagogen Célestin Freinet. Aufgrund einer Kriegsverletzung musste er seinen Unterrichtsstil ändern und suchte nach Möglichkeiten, sich selbst zu entlasten und den Schülern mehr Möglichkeiten zur Eigenständigkeit zu geben. Ähnlich wie Maria Montessori entwickelte er sein Konzept einer »Pädagogik vom Kinde« aus, die davon ausgeht, dass Schüler auf natürliche Weise forschen, entdecken und dadurch lernen wollen. Der Lehrer ist nicht der Instrukteur, sondern er ermöglicht es, eigene Erfahrungen zu machen. Aus der Beobachtung der Kinder entstand Freinets Konzept des »Plan de travail«, ein zweistufiger Wochenplan. Am Ende jeder Woche tagt der Klassenrat, der aufgrund der Ergebnisse der Vorwoche unter Einbeziehung

schon seit langem etabliert, so setzt sie sich für die Sekundarstufe erst ganz allmählich durch. Gerade Schüler der Sekundarstufe II sollten jedoch eigentlich schon am Ziel der Wochenplanarbeit angekommen sein, nämlich ihre Arbeit selbstständig planen, durchführen und reflektieren.[2] Der Wochenplan ist also ein notwendiger Schritt[3] auf dem Weg zu didaktisch-methodischen Großprojekten wie »SelGO«.[4]

Begründung

Der Hauptvorzug der Wochenplanarbeit ist aus Lehrersicht die erhöhte Motivation und Leistungsbereitschaft der Schüler. Diese resultiert z. T. aus dem Eindruck der Schüler, dass sie Lernprozesse in gewissem Rahmen selbst gestalten können. Auch Wettbewerbsgedanken innerhalb einer Klasse steigern die Motivation. Man beobachtet häufig, dass Schüler nicht nur die Pflicht- und Wahlpflichtaufgaben bearbeiten, sondern sogar sämtliche Zusatzaufgaben. Dies setzt natürlich voraus, dass für die Wochenplanarbeit ansprechende und interessante Aufgaben ausgewählt werden.

Ein weiterer, sehr wichtiger Vorzug gegenüber dem Frontalunterricht liegt darin, dass alle Schüler zur Mitarbeit aufgefordert und verpflichtet sind. Da sie keinen Leistungsdruck und keine direkte Kritik befürchten müssen, kommt diese Form der Arbeit auch sonst eher zurückhaltenden Schülern entgegen.

Die wichtigsten Argumente für die Wochenplanarbeit seien hier noch einmal zusammengestellt:

- Hohe Schülermotivation
- Förderung der Selbstständigkeit:
  - Schrittweise Hinführung an eigenständiges Arbeiten und Lernen

---

des Curriculums neue Aufgaben für die folgende Woche entwickelt. Aus dem Protokoll dieser Klassenratssitzung erstellt sich jeder Schüler zu Beginn der Arbeitswoche seinen individuellen Wochenplan, ggf. in Absprache mit dem Lehrer. Nach schriftlicher Fixierung ist dieser Plan für jeden Schüler Pflicht. Ein ähnliches Konzept entwickelte auch Helen Parkhurst, eine amerikanische Landschullehrerin (→ Kap. 2.3.1, S. 63–64).

2 In zahlreichen Examensarbeiten wurde nachgewiesen, dass diese Arbeitsform auch und gerade für die Sek. II geeignet ist. Die NRW-Richtlinien von 1999 sehen einen eigenen Lernbereich »Fachspezifische Methoden selbstständigen Arbeitens« vor, in dem der Wochenplan seinen Platz haben dürfte.

3 Denn: »... ist zu bedenken, dass übermäßige Engführung eines Frontalunterrichts den sachbezogenen Handlungsspielraum der Schülerinnen und Schüler ebenso einengt, wie völlig offener Unterricht mit einer Fiktion vom ›autonomen Lernen‹ überfordert.« (S. XVIII RL NRW S II, 1999).

4 SelGO (Selber Lernen Gymnasiale Oberstufe) ist, als Nachfolger der Modelle abitur-online bzw. SelMa (Selber Lernen Mathematik), ein Modellversuch im Land NRW, bei dem Schüler unter Moderation des Lehrers selbstständig Unterrichtsinhalte am PC erarbeiten (Informationen unter: www.learn-line.nrw.de).

  - Arbeiten im eigenen Arbeitstempo, selbstständige Arbeitseinteilung
  - Selbstständige Methodenwahl
  - Freie Wahl von Sozialformen
  - Förderung der Kreativität
- Möglichkeiten individuellen Lernens:
  - Differenzierung nach Leistungsfähigkeit und Interessen
  - Berücksichtigung verschiedener Lerntypen
- Veränderte Schülerrolle:
  - Mitgestaltung von Unterricht
  - Verpflichtung aller Schüler zur Mitarbeit
  - Stärkung der Kommunikations- und Teamfähigkeit
  - Wegfall von Leistungsdruck durch Selbstkontrolle
- Veränderte Lehrerrolle:
  - Lehrer als Moderator von Lernprozessen
  - Lehrer als Berater im Lernprozess
  - Entlastung des Lehrers in der Unterrichtsstunde

Nachteil eines Wochenplans ist in den Augen von Kritikern, dass er in Wahrheit gar kein eigenständiges Arbeiten der Schüler ermögliche, denn die Auswahl der Aufgaben und Festlegung des Pflichtpensums erfolge nach wie vor durch den Lehrer. Nur in Teilbereichen lasse er Wahlmöglichkeiten zu. Tatsächlich stellt die Wochenplanarbeit eine (notwendige) Interimslösung zwischen Anleitung und Selbstständigkeit dar.
Ein weiterer Einwand gegen Wochenplanarbeit könnte der Arbeitsaufwand für den Lehrer in der Vorbereitung sein. Die Erstellung von Wochenplänen kann zwar viel mehr Arbeit machen als »normale« Unterrichtsvorbereitung, sie muss es aber nicht, wenn man auf vorhandenes Material zurückgreift. Ein Beispiel für einen solchen »mühelosen« Plan, der fast ausschließlich aus Lehrbuchmaterial besteht, zeigt dies:

Beispiel für einen Wochenplan »Easy«

Wochenplan Latein
Felix, Lektion 7

(Einführung der 1. und 2.
Pers. Sg. u. Pl.)

Musterlösungen (ML) bei deiner Lateinlehrerin

Wahlpflicht (WP): 3 aus 8

		Kommentar zur Konzeption (nicht für Schüler)
P 1  **(ML)**	Bearbeite zunächst Übung a) auf S. 22. Beantworte die Frage schriftlich in deinem Heft. Wähle dir aus Text 7 L eine Passage von mindestens zehn Zeilen (aufeinander folgend) und übersetze sie.	*Texterschließung und Detailübersetzung*
P 2 **(ML)**	Sieh dir genau die Textform an und überlege, was die neuen Verbformen angeben. Schreibe sie nach der Übersetzung des Textes heraus. Trage sie dann in unsere Tabelle für die Verben *amare, habere* und *petere* ein. Markiere die neuen Endungen.	*Induktive Grammatikerarbeitung: Funktion der Formen, Systematisierung*
P 3 	Lerne die Vokabeln von Lektion 7 mit der Vokabelkartei oder mit »Memodux«. Denke daran, dir die Arbeit vernünftig einzuteilen. Wir schreiben bald einen Vokabeltest!	*Vokabeln*
WP 1 **(ML)** 	Bearbeite Übung f) auf S. 23 schriftlich. Das letzte Wort muss mit dem ersten übereinstimmen!	*Kettenübung, Formenbildung*
WP 2 **(ML)**	Übersetze den Text 7 L als Ganzes schriftlich.	*Übersetzungstraining, vertieftes Textverständnis*
WP 3 	Wähle dir zwei Partner. Lest den Text laut so vor, dass man schon beim Zuhören versteht, um was es geht. Ihr könnt den Text auch als Hörspiel auf Kassette oder CD sprechen!	*produktionsorientierte Sicherung des Textverständnisses (Sprechen, Gestaltung als Hörspiel), Einübung der Formen*
WP 4 	Wähle deine Lieblingsszene aus Text 7 L und stelle sie durch eine Zeichnung oder einen Comic dar.	*produktionsorientierte Sicherung des Textverständnisses (Zeichnung)*
WP 5 **(ML)**	Bearbeite Übung d) auf S. 23 schriftlich.	*Konjugationsübung, Formenbildung*

WP 6 **(ML)**	Übersetze die Sätze von Übung g) auf S. 23. Beim 2. und 3. Satz musst du knobeln, wenn du für den Ablativ eine gute Übersetzung suchst. Überlege dir, wie man fragen kann. Wenn du alles erledigt hast, erweitere unsere Ablativ-Windrose um eine neue Ablativfunktion! Schreibe deine Rose auf Pappe für die Klasse.	*selbstständige Erarbeitung einer neuen Funktion eines grammatikalischen Phänomens, Systematisierung, Präsentation*
WP 7  **(ML)**	Bearbeite im Arbeitsheft »Extra-Training« Übung 6) auf S. 17. Erkläre danach, was mit der Überschrift gemeint ist.	*Übersetzung, Textverständnis*
WP 8 	Informiere dich anhand der ausgelegten Sachbücher und Ausstellungskataloge über den Schmuck, den die Römer trugen. Präsentiere die Ergebnisse der Klasse. Du könntest z. B. ein Plakat mit Bildern und Informationen anfertigen, ein (bildgestütztes) Referat vorbereiten, einen Verkaufskatalog herstellen usw. Sicher hast du noch mehr tolle Ideen!	*Informationsbeschaffung, Präsentation*
Z 1 **(ML)**	Löse die Aufgabe c) auf S. 23.	*Interpretation aufgrund sprachlicher und stilistischer Beobachtungen*
Z 2 	Erstelle aus den bisher gelernten Vokabeln von L. 1–7 ein Wortfeld »Gefühle«; illustriere es mit geeigneten Graffiti. (Du kannst das Programm MindManager verwenden.)	*Wortschatzarbeit übergreifend*
Z 3 	Bearbeite im Arbeitsheft »Extra-Training« auf S. 16 Aufgabe 1. Überlege dir Regieanweisungen und spiele den Inhalt des Textes (mindestens drei Personen)!	*handlungsorientierte Umsetzung des Textes, Textverständnis, Einübung der Formen durch Anwendung*
Z 4 **(ML)**	»Latein lebt«. Im Begleitbuch auf S. 30 findest du viele Wörter, die aus dem Lateinischen stammen. Fertige eine Liste an, in der du neben das moderne Wort immer das lateinische schreibst. Was bedeuten die modernen Wörter also: z. B. »to conserve« (E) oder »Monitor« (D)?	*Wortschatzarbeit, Fortleben des Lateinischen*

2. Einsatzmöglichkeiten von Wochenplänen im LU

Wochenpläne sind grundsätzlich an fast jeder Stelle des Unterrichts einsetzbar. Der Inhalt richtet sich nach den Lernzielen der Unterrichtssequenz. Diese wiederum ergeben sich aus den jeweils gültigen Curricula. Mögliche Lernziele, die mit dem Wochenplan erreicht werden können, sind:

- Kenntnis der Funktion und der Formen(-bildung) eines grammatischen Phänomens (z. B. des Plusquamperfekts) durch Erarbeitung einer Lehrbuchlektion
- Sichere Beherrschung eines Phänomens (z. B. des aci) durch Übung
- Vertieftes Verständnis eines Textes/Textabschnitts sowohl in der Lektürephase als auch in der Lehrbuchphase

Der Wochenplan kann immer dann eingesetzt werden, wenn ein Lernpensum oder Textabschnitt von den Schülern intensiver als sonst behandelt werden soll. Dabei können Teilbereiche eines Themas bearbeitet werden, für die man sich im »normalen« Unterricht gewöhnlich keine Zeit nimmt.
Der Wochenplan sollte dabei keine »Randerscheinung« für Stunden vor den Ferien sein, sondern in das Schuljahr integriert werden; bei Bedarf kann man dann auch den geplanten Zeitrahmen ausdehnen.
Grundsätzlich können Wochenpläne nicht nur auf ein Fach bezogen, sondern auch Fächer verbindend[5] in zwei separaten Unterrichtsfächern eingesetzt werden. Dies erleichtert die Auswahl von Aufgaben und lässt ein größeres Variationsspektrum zu. So könnte man Latein mit Geschichte kombinieren.[6] Bei der weiteren Darstellung beschränke ich mich jedoch auf Wochenpläne im Fach Latein,[7] in denen allerdings auch fachübergreifende Aufgabenstellungen aufgegriffen werden.
Insgesamt sollte die Wochenplanarbeit, wie jede andere Methode auch, nicht überstrapaziert werden, sondern ein Element der Unterrichtsgestaltung neben vielen anderen sein.[8]
Wochenpläne können sowohl in der Lehrbuch- als auch in der Lektürephase eingesetzt werden.

Wochenpläne in der Lehrbuchphase

In der Lehrbuchphase kann entweder eine Lektion neu erarbeitet oder ein bekanntes sprachliches Phänomen geübt werden.

---

5 Zu den Begriffen »Fächer verbindend« und »fachübergreifend« → Kap. 2.4.1, S. 165, oder die → RL NRW S II von 1999, 52.

6 Allerdings passen leider oft die Curricula der benachbarten Fächer nicht zeitgleich zusammen.

7 Nähere Ausführungen zu Wochenplänen in nur einem Fach bei → Vaupel, 126–127.

8 → Meyer, 10: »Mischwald ist besser als Monokultur«.

Neuerarbeitung einer Lektion

Die Lehrbuchlektion, die in einem Wochenplan neu erarbeitet wird, sollte so beschaffen sein, dass das in ihr eingeführte grammatische Phänomen von allen Schülern selbstständig verstanden werden kann. Es ist nicht Sinn von Wochenplänen, dass ihr Inhalt in den nachfolgenden Unterrichtsstunden nachgearbeitet werden muss oder dass Schüler allzu häufig die Hilfe des Lehrers in Anspruch nehmen.
Es kommen z. B. infrage:

- Rein formale Phänomene, die sich aus bekannten Schemata ergeben:
  - Eine neue Deklination (e-, u-, i-, wenn das Prinzip der Deklinationen bekannt ist)
  - Ein- und dreiendige Adjektive (nach Besprechung der zweiendigen)
  - Demonstrativpronomina (nachdem eines exemplarisch besprochen wurde).
- Auch leichtere syntaktisch-formale Phänomene bieten sich an:
  - Die Adverbien und ihre Bildung
  - Das Plusquamperfekt (nach Imperfekt und Perfekt)
  - Ergänzungen zu syntaktischen Strukturen wie aci (z. B. Verwendung der Pronomina oder Zeitverhältnisse)
  - Ablativus absolutus in nominaler Wendung als Ausdehnung des Abl. abs. mit Part.
  - Konjunktivfunktionen (nach Erarbeitung der Grundfunktion als Modus der Nichtwirklichkeit)
- Leistungsstärkeren Lerngruppen kann man auch die Neuerarbeitung leichterer syntaktischer Phänomene zutrauen:
  - Funktion und Form eines Kasus (z. B. Dativ; dieser wird meist als letzter Kasus eingeführt; bis dahin haben Schüler gewöhnlich die Struktur der lateinischen Sprache durchschaut)
  - Funktion und Form des Passivs
  - Funktion und Form des Konjunktivs (z. B. bei Ersteinführung als Irrealis)
  - Funktion und Form des Gerundiums (bekannt aus dem Englischen).

Sicherung und Übung sprachlicher Phänomene

Je nach Leistungsfähigkeit kann die selbstständige Erarbeitung komplexerer Phänomene (z.B des Participium coniunctum) eine Überforderung der Schüler darstellen. In solchen Fällen kann die Wochenplanarbeit auch in Kombination mit dem herkömmlichen Unterricht eingesetzt werden. Dafür gibt es folgende Möglichkeiten:

- Der Einführungstext oder ein anderer für die Einführung des neuen Phänomens geeigneter Text einer Lektion (z. B. auch ein Übungstext) wird in herkömmlicher Weise behandelt, das weitere Material dann zu einem Wochenplan zusammengestellt.

- Viele Lehrbücher bieten zur Übung und Wiederholung sog. Plateaulektionen an, in denen kein neuer Stoff eingeführt, sondern lediglich bekannter geübt wird; diese Lektionen kann man relativ leicht zu Wochenplänen umgestalten. Um genügend Auswahlmöglichkeit zu schaffen, müssen evtl. noch Arbeitsblätter mit weiteren Aufgaben ergänzt werden.
- Besonders reizvoll ist es, Wochenpläne anhand der individuellen Bedürfnisse der Schüler zusammenzustellen und auf Wünsche von Schülern einzugehen. Ein Wochenplan kann z.B. kurz nach einer KA eingesetzt werden, wenn gehäuft Schwierigkeiten aufgetaucht sind, die gezielt angegangen werden sollen.
- Umgekehrt kann der Plan auch zur Vorbereitung einer Prüfung dienen; dann kann der Lehrer bestimmte Probleme antizipieren.

Wochenpläne in der Lektürephase

Auch in der Lektürephase bieten sich Wochenpläne an. Sie schaffen nicht nur Abwechslung im Unterrichtsablauf, sondern trainieren Schüler im eigenständigen Arbeiten, was nicht nur im Hinblick auf KA und Klausuren nützlich ist. Durch ein Arrangement aus Text, Zusatztexten, Interpretationsaufgaben, Aufgaben zur Informationsbeschaffung und Präsentationsaufträgen bereiten Wochenpläne Formen selbstständiger Textbearbeitung vor, indem die einzelnen Schritte der Arbeit am und mit dem Text und der Ergebnispräsentation vorgegeben werden. Wenn die Schüler das vom Lehrer erstellte Arrangement nach Abschluss der Arbeit zusätzlich analysieren,[9] ist ein methodischer Transfer für spätere sorgfältige Textarbeit möglich.

Besonders eignen sich für Wochenpläne in der Lektürephase kurze, in sich geschlossene Texte wie Fabeln, Gedichte und Epigramme, zumal diese Textsorten zu kreativer Schreibtätigkeit auffordern, was den Motivationsgehalt erhöhen kann. Auch kurze, in sich geschlossene Passagen aus einer Ganzschrift bieten sich an, z.B. einzelne Kapitel, die unter einer bestimmten Fragestellung gelesen werden. Die Texte werden während der Wochenplanarbeit besonders intensiv behandelt, da die einzelnen Aufgaben verschiedene Aspekte beleuchten, z.B. Textverständnis, Übersetzung, Textpragmatik, sprachliche Gestaltung,[10] und sprachliche Phänomene gezielt wiederholen.[11]

---

9 Gemeint ist hier nicht die Reflexion der eigenen Arbeit, sondern die Analyse der Aufgabentypen; nach der ursprünglichen Idee sollen sich die Schüler ja den Wochenplan selbst erstellen (→ S. 103–104, Fußnote 1).

10 Z.B. Tempuswahl, Modusgebrauch, Verwendung von Partizipialkonstruktionen, Stilmittel usw.

11 Gut geeignet für die Wochenplanarbeit sind z.B. die Textausgaben aus den Reihen

Stoffumfang eines Wochenplans

Das Thema der UE, die die Schüler erarbeiten sollen, muss auf ein realistisches Arbeitspensum eingegrenzt werden, das ungefähr dem entspricht, das auch im herkömmlichen Unterricht in einer Woche bearbeitet werden könnte. Der Wochenplan setzt sich aus den Bereichen Pflichtaufgaben, Wahlpflichtaufgaben und Zusatzaufgaben zusammen. Dabei darf das Pflichtprogramm nur einen Bruchteil[12] der Gesamtzeit beanspruchen, damit die Schüler genügend Zeit haben, auch von den Wahlpflicht- und Zusatzangeboten etwas zu bearbeiten. Die Aufgaben sollten die verschiedenen Lernbereiche abdecken, also Textarbeit, Spracharbeit und altertumskundliche Arbeit; je nach Gewichtung innerhalb der Unterrichtsreihe werden sie dem Pflicht-, Wahlpflicht- und Zusatzbereich zugeordnet.

Bearbeitungszeit und HA

Anders als in der Grundschule beschränkt sich in der Sekundarstufe die Arbeit am Wochenplan in der Regel auf die Fachstunden. Meistens sieht die Stundentafel nur drei oder vier Wochenstunden Latein vor. Man kann sich auf diesen geringen Zeitrahmen beschränken oder die eigentliche Woche um ein bis zwei Stunden überschreiten.[13] Hinzu kommt die Zeit für die eingeplanten HA, je nach Lage der Unterrichtsstunden im Stundenplan. Weitere HA werden in dieser Zeit nicht gegeben. Der Lehrer muss die HA in den Wochenplan integrieren, bevor die Schüler mit der Arbeit beginnen. So wird z. B. meistens das Lernen von Vokabeln eine Pflichtaufgabe sein.

3. Die Konzeption eines Wochenplans

Die Auswahl des Materials erfolgt aufgrund der Lernziele der Unterrichtssequenz. Dabei stellt man in der Planung zunächst eine größtmögliche Sammlung von geeignetem Material zusammen. Anschließend erfolgt die Einteilung in Pflicht-, Wahlpflicht- und Zusatzaufgaben.

Steuerung der Bearbeitungsreihenfolge?

Ein Hauptproblem beim Zusammenstellen von Wochenplänen besteht darin, dass sachlogische Zwänge manchmal eine bestimmte Reihenfolge bei der Bearbeitung der Aufgaben erfordern. So kann »Pflichtaufga-

---

clara, *Transfer* und *Transit*. Die darin enthaltenen Materialien sind schon fast »gebrauchsfertig« und müssen nur noch hier und da ergänzt werden.

12 Für das Pflichtpensum sollte etwa ein Drittel bis zur Hälfte der Bearbeitungszeit veranschlagt werden.

13 In der »reinen« Form werden Wochenpläne vom Klassenrat, der jeweils am Anfang und Ende einer Woche tagt (→ S. 103–104, Fußnote 1), konzipiert. Dies setzt jedoch einen Lerner voraus, der diese Arbeitsform gewohnt ist. Noch muss man davon ausgehen, dass Wochenpläne im Wesentlichen vom Lehrer, ggf. unter Einbeziehung der Schüler, hergestellt werden.

be« mitunter bedeuten, dass diese Aufgabe als erste bearbeitet werden muss, da z. B. das grammatische Phänomen hier transportiert wird.
Will man die Schüler dennoch nicht auf eine bestimmte Bearbeitungsreihenfolge festlegen, muss man in Kauf nehmen, dass sie z. B. zuerst die Übungen bearbeiten, ohne das grammatische Phänomen aus dem Text erarbeitet zu haben. Sie lesen es dann in der Regel einfach in der Begleitgrammatik nach. Auch wenn man eigentlich induktive Grammatikeinführung favorisiert, kann man dieses Vorgehen mit Rücksicht auf das »eigenständige« Arbeiten billigen.
Dagegen muss in der Lektürephase eine Bearbeitungsreihenfolge meist streng eingehalten werden, weil erst der erschlossene Text die Lösung mancher Interpretationsaufgaben ermöglicht. Um dem Schüler die Arbeit zu erleichtern, sollte man auf dem AB Hinweise zur Reihenfolge der Aufgaben geben (z. B.: »Am sinnvollsten nach P3 zu bearbeiten«).
Wichtig ist, dass die Schüler sich, bevor sie mit der Wochenplanarbeit beginnen, einen Überblick über den gesamten Plan verschaffen, um die Aufgaben miteinander vernetzen zu können. Denn die Beschäftigung mit einer Zusatzaufgabe kann auch hilfreich sein für die Übersetzung des Textes, sodass sie ggf. sogar vorher in Angriff genommen wird.

Aufgabentypen

Die Aufgabentypen sollten im Wesentlichen den aus dem Unterricht bekannten entsprechen und erst nach und nach behutsam durch andere Formen ergänzt werden. Im Zweifelsfall verwende man die Aufgaben aus dem Lehrbuch und dem dazugehörigen Übungsheft. Ändert man sämtliche Arbeitsbedingungen für die Schüler gleichzeitig, kann es schnell zu einer Überforderung kommen.

Pflichtaufgaben

Die Kategorisierung als Pflichtaufgabe (**P**) richtet sich einerseits nach den Lernzielen, andererseits nach der veranschlagten Bearbeitungszeit. Die Pflichtaufgaben sollen nur das Minimalziel der Unterrichtssequenz absichern und daher nicht zu umfangreich sein. Folgende Elemente können immer Pflichtaufgaben sein, wenn man nicht eine rein altertumskundliche Unterrichtsreihe[14] plant:

- Erschließung und/oder Übersetzung des Text(abschnitt)s
- Interpretation des Text(abschnitt)s (besonders in einer Lektüreeinheit)
- Erarbeitung und Sicherung eines grammatischen Phänomens (besonders in der Lehrbuchphase)
- Erarbeitung/Wiederholung von Wortschatz

---

14 Dieser Fall wird im Weiteren außer Betracht gelassen, da er eher dem Geschichtsunterricht zuzuweisen ist.

Der Schwierigkeitsgrad der Pflichtaufgaben sollte so bemessen sein, dass alle Schüler sie ohne größere Hilfestellungen erledigen können. Differenzierungsmöglichkeiten bieten dann die Wahlpflicht- und Zusatzaufgaben.

Beispiel für Pflichtaufgaben »Plinius«

Wochenplan Plinius (epist. 10,33)	
In den Jahren 111–113 n. Chr. übernahm Plinius die Statthalterschaft in der Provinz Bithynien in Kleinasien (heute Türkei). Da er vorher im Auftrag der Kaiser Nerva und Trajan Leiter der »praefectura aerarii Saturni« (Staatsbank) gewesen war, bestand seine Hauptaufgabe nun darin, die Finanzen der heruntergewirtschafteten Provinz zu sanieren. Nach nicht einmal der Hälfte seiner Amtszeit starb er dort im Jahre 113 im Alter von 51 Jahren. Während seiner Amtszeit verfasste er den auf S. 3 abgedruckten Brief.	
P 1:[15]  **(ML)**	Wie Sie sehen, ist hier leider ein kleines Malheur passiert. Die Sätze des Textes sind ein wenig durcheinander geraten. Sicher gelingt es Ihnen, sie mithilfe Ihrer Kenntnisse über den Aufbau von Texten wieder in die richtige Reihenfolge zu bringen! Verschiedene Schülergruppen haben das Puzzle schon gelöst. Ein Satz blieb meistens übrig. Falls es Ihnen auch so geht, notieren Sie den Satz und überlegen Sie, warum er Ihnen Schwierigkeiten bereitet. Sie können Ihre Überlegungen vielleicht bei der Interpretation verwenden. Satz: ____________________ Beim Durchlesen der Vokabeln und des Textes wird das Thema des Briefs sofort deutlich. Notieren Sie hier noch einmal die Ausdrücke, die zu dem entscheidenden Wortfeld gehören. ____________________ Formulieren Sie eine Überschrift für den Text. ____________________
P 2:  **(ML)**	Übersetzen Sie den Text. (Bedenken Sie: Sie bekommen die Lösung ohnehin und können Ihre eigene Übersetzung korrigieren. Es lohnt sich also nicht, sie irgendwo abzuschreiben. In der Klausur müssen Sie auch allein übersetzen!)
P 3:  **(ML)**	Kaiser Trajan hat Plinius natürlich auch geantwortet. Versetzen Sie sich in die Rolle Trajans und verfassen Sie einen möglichen Antwortbrief! (auf Deutsch – wenn Sie wollen, auch auf Latein!) (Hinweis: Diese Aufgabe kann auch gegen Ende der Wochenplanarbeit bearbeitet werden!)

15 Das zur Aufgabe gehörende AB befindet sich im → Anhang zu diesem Kapitel, S. 128–129.

Wahlpflicht-aufgaben

Für Wahlpflichtaufgaben (**WP**) bietet sich alles an, was der Vertiefung der Pflichtaufgaben dient:

- Erschließung und Übersetzung einer weiteren Textstelle
- Weitere Aufgaben zur Sicherung des Textverständnisses (insbesondere kreative, produktionsorientierte Aufgaben[16])
- Zusatztexte (weiterführend, ergänzend, übend)
- Aufgaben und Übungen zur Festigung von Wortschatz, Grammatik,[17] Sprache und Stil
- Textbezogene Grammatikwiederholung, insbesondere in der Lektürephase
- Altertumskundliche Aufgaben
- Methodische Aufgaben (Reflexion von angewandten Methoden, Aufgaben zur Informationsbeschaffung und zur Interpretation)

Schon im Bereich der Wahlpflichtaufgaben sollte man darauf achten, die Methoden zu variieren und möglichst unterschiedliche Lerntypen anzusprechen: Sowohl Schüler, die lieber analytisch arbeiten, als auch solche, die gern kreativ sind, sollten ein Angebot finden, ebenso der eher auditive oder der visuelle Lerntyp.[18] Auf diese Weise wird die Lernbereitschaft gesteigert und gleichzeitig die methodische Kompetenz der Schüler erweitert.
Um die Selbstständigkeit der Schüler zu fördern, sollte ein Teil der Aufgaben nicht allzu eng gefasst sein. Es können z.B. Aufgaben zur Informationsbeschaffung (Bibliotheken, Internet) geboten werden. Auch im Bereich der Interpretation und der Präsentation von Ergebnissen kann der Lehrer verschiedene handlungsorientierte Möglichkeiten vorschlagen. Was die Präsentation betrifft, wäre es jedoch wünschenswert, dass Schüler in einer fortgeschrittenen Phase selbst geeignete Formen der Darstellung finden. Dadurch bieten sich Chancen für ihre Kreativität; es gibt sicher Schüler, die aufgrund ihrer Erfahrungen mit Fernsehen und Computer imstande sind, neue Präsentationsformen zu entwickeln, z.B. durch das Nachbilden von Fernsehsendungen, die eher von jüngeren Zuschauern gesehen werden.
Besteht die Befürchtung, dass Schüler bereits im Bereich der Wahlpflichtaufgaben zu stark ihren Vorlieben[19] nachgehen, kann man beim

---

16 → Kap. 2.2.1, S. 15–17.

17 Jeweils auch unter Einbeziehung weiterer Fremdsprachen, z.B. Englisch, Französisch, Spanisch, Italienisch. Anregungen hierzu: → Fink/Maier); → AU 1/2002; → AU 4/2005.

18 Zu Möglichkeiten der Differenzierung → Kap. 2.3.1, S. 67–68.

19 Es wurde beobachtet, dass Schüler mit Vorliebe nur die altertumskundlichen Aufgaben bearbeiten. Dabei kommt der sprachliche Aspekt bei der Wochenplanarbeit manchmal zu kurz.

Arrangieren der Aufgaben darauf achten, dass sie durch die Anzahl der Aufgaben gezwungen werden, eine Mindestvariation zu bearbeiten. Von sechs angebotenen Aufgaben könnten z. B. zwei altertumskundlich sein, eine Aufgabe könnte eine Übersetzungsaufgabe sein, eine weitere eine vertiefende Textarbeit, die beiden übrigen könnten vertiefende sprachliche (textbezogene oder textunabhängige) Übungen sein. Müssen die Schüler dann drei Aufgaben auswählen, kann eine angemessene Variation erreicht werden.

Beispiel für Wahlpflichtaufgaben »Plinius«

WP 1: 	Legen Sie ein Mindmap (evtl. mit dem Programm MindManager) zu den Wortfeldern des Textes an und ergänzen Sie es um weitere passende Vokabeln. Lernen Sie die Vokabeln.
WP 2: **(ML)**	Sie haben beim Zuordnen einen Satz nicht richtig unterbringen können (siehe P 1) oder Sie haben an einer Stelle des Textes inhaltliche Verständnisschwierigkeiten. Notieren Sie Ihre Fragen oder Probleme und überlegen Sie, was der Autor hier meinen könnte. Formulieren Sie Ihre Lösungsmöglichkeiten schriftlich.
WP 3: **(ML)**	Beschreiben Sie die sprachliche Gestaltung des Satzes: »est autem ...«. Welche Aussage wird vom Autor durch die Satzstruktur besonders hervorgehoben? Interpretieren Sie!
WP 4: 	Erläutern Sie, was Plinius mit »inertia hominum« meint. Fertigen Sie eine bildnerische Darstellung der beschriebenen Szenerie an (Zeichnung, Bild) oder suchen Sie in der Tagespresse nach einem aktuellen Beispiel. Präsentieren Sie Ihre Lösung den anderen Kursteilnehmern (nach Ende der Wochenplanarbeit).
WP 5:	(nur sinnvoll nach P3 zu bearbeiten) Im Lösungsteil finden Sie den echten Antwortbrief von Trajan. Vergleichen Sie ihn mit Ihrem Brief und versuchen Sie, die Entscheidung Trajans zu begründen. Ziehen Sie ggf. die Lösung der Aufgabenteile WP6 und Z2, Z3 hinzu.
WP 6:  **(ML)**	Mit Vereinen hatten die Römer mitunter Schwierigkeiten. Mithilfe eines Fachlexikons, z. B. »Der Kleine Pauly« (z. B. Stichwort »Vereinswesen«) oder »Alltag im Alten Rom – Das Landleben« (Stichwort »Verein«) können Sie sich über *collegia* oder Vereine informieren. Welcher »Verein« machte den Römern besondere Schwierigkeiten? In Deutschland wurde im Jahr 2001 das Religionsprivileg für Vereine abgeschafft (suchen Sie dazu Informationen im Internet). Wo sehen Sie Parallelen, wo Unterschiede zu römischen Gegebenheiten? Präsentieren Sie Ihre Ergebnisse in geeigneter Form den anderen Kursteilnehmern (nach Ende der Wochenplanarbeit).

Zusatzaufgaben

Zusatzaufgaben (**Z**) vertiefen die Lerninhalte weiter. Besonders hier eignen sich kreative und handlungsorientierte Aufgaben. Auch weiter gehende Aufgaben zur Informationsbeschaffung oder zur Gestaltung von Präsentationen sind denkbar. Möglich ist auch, dass die Schüler hier selbst Übungsaufgaben für die Mitschüler, z.B. ein Rätsel oder ein Quiz, erstellen.

Beispiel für Zusatzaufgaben »Plinius«

Z 1:[20]	Bearbeiten Sie die Aufgaben zur Wiederholung der Grammatik.
Z 2: 	Schon unter Kaiser Augustus wurden gegen Ereignisse, die denen im Text ähnlich waren, Maßnahmen ergriffen. Informieren Sie sich mithilfe von Sachbüchern. Erstellen Sie eine geeignete Präsentation für die anderen Kursteilnehmer (Plakat, PowerPoint-Präsentation, Referat).
Z 3: (ML)	Informieren Sie sich über die geografische Lage von Nicomedia und über die rechtliche Stellung der Römer in dieser Stadt. Stellen Sie Ihre Ergebnisse im Kurs vor. (Hinweis: Suchen Sie im Lexikon unter dem Stichwort » Bithynia« oder »Provincia«.)
Z 4: 	(nur sinnvoll nach WP 5 zu bearbeiten) Rollenspiel (zwei Spieler): Sie sind ein engagierter Bürger der Stadt Nicomedia und daher mit der Antwort des Kaisers nicht zufrieden. Sie reisen nach Rom, um den Kaiser doch noch zu bewegen, sich mehr für die Belange der Einwohner einzusetzen. Spielen Sie das Rollenspiel dem Kurs in der Präsentationsstunde vor.
Z 5: (ML)	Wie wirkt Plinius, den Sie schon aus anderen Briefen kennen, hier auf Sie? Schreiben Sie aus dem Text Informationen heraus, durch die der Autor sich selbst charakterisieren möchte und durch die er sich indirekt charakterisiert: Von Plinius gewünschter Eindruck | Indirekte Charakterisierung (Z.) | (Z.) Vergleichen Sie mit Ihren Ergebnissen aus den bisher gelesenen Briefen.

Materialbeschaffung

Die Zusammenstellung des geeigneten Materials dürfte für viele Lehrer sehr aufwändig wirken, da sie davon ausgehen, das komplette Arbeitsmaterial selbst erstellen zu müssen. Man kann dies sicher tun, es ist aber ebenso möglich, wie im Wochenplan »Easy« (→ S. 105–107) auf Vorhandenes zurückzugreifen.

---

20 Das zur Aufgabe gehörende AB befindet sich im → Anhang zu diesem Kapitel, S. 129–130.

Mögliche Quellen für Arbeitsmaterial sind:

- Das eingeführte Lehrbuch mit Texten und Übungen
- Das Arbeitsheft zum Lehrbuch
- Weiteres Ergänzungsmaterial der Verlage
- Kompatible Lehrbücher, die leicht adaptiert werden können (manchmal müssen nur Vokabeln angegeben werden)
- Kompatible Arbeitshefte anderer Lehrbücher
- Lernspiele[21]
- Rätsel, die mit dem Computer[22] erstellt werden
- Übungs- und Informationsmaterial aus dem Internet[23]
- Lektüreausgaben der Verlage
- Ein Handapparat, der den Schülern zur Verfügung gestellt wird

Formulierung der Arbeitsaufträge

Besondere Sorgfalt sollte man auf die Formulierung der Arbeitsaufträge verwenden. Sie sollten konkrete Arbeitsanweisungen enthalten. Also beispielsweise nicht: »Lies den Text sorgfältig durch und achte dabei besonders auf die Konjunktivformen«, sondern: »Lies den Text sorgfältig durch. Leg in deinem Heft eine Tabelle mit drei Spalten für die drei dir bis jetzt bekannten Konjunktive an. Trag sämtliche Konjunktive des Textes in die Tabelle ein.« Die Aufgaben müssen außerdem so gestellt sein, dass in keiner Aufgabenstellung eine Antwort auf eine andere Aufgabe enthalten ist. Es empfiehlt sich, die Arbeitsaufträge von einem kritischen Kollegen gegenlesen zu lassen, bevor man sie den Schülern vorlegt. Eherne Regel: Was ein Kollege nicht auf Anhieb versteht, ist untauglich für Schüler und muss überarbeitet werden!

Lösungsheft zur Selbstkontrolle

Damit sich die Schüler während der Arbeit am Wochenplan selbst kontrollieren können, muss man ein Lösungsheft herstellen, das Musterlösungen (ML) beinhaltet. Dies ist aufwändig; es gibt aber zahlreiche Möglichkeiten, sich die Arbeit zu erleichtern:

- Viele Lehrerhandbücher bieten umfangreiche Lösungen.
- Zu den Übungsheften gibt es Lösungsbeilagen.
- Übungen am Computer[24] sind oft selbstkorrigierend, erfordern deshalb keine Musterlösungen.

---

21 Z. B. Memory-Spiele, Domino-Spiele, Kartenspiele, Bandolinos (Lernspiele für Vor- und Grundschüler aus dem Buchhandel, Anleitungen zum Erstellen → Intel) usw.; → Kap. 3.4.7, S. 338.

22 Z. B. mit *Hot Potatoes* (Download: http://www.hotpotatoes.de), *Puzzlemaker*, *ZARB*.

23 → Kap. 3.4.5, S. 336.

24 Z. B. die Wortschatzprogramme zu den Lehrbüchern, mit *Hot Potatoes* hergestellte Rätsel.

Handapparat

Neben dem Lösungsheft sollte man für die Schüler weiteres Material bereitstellen. Für diesen »Handapparat« (ggf. zusätzlich zum Lehrbuch und zur Schulbuchgrammatik) bieten sich je nach Jahrgangsstufe folgende Materialien an:

- Wörterbücher
- Systemgrammatik
- Ein Lexikon (evtl. digital)
- Der Kleine Pauly
- Alltag im Alten Rom[25]
- Sachbücher für Jugendliche, lehrbuchgleitend oder lehrbuchunabhängig
- Sachinformationen aus anderen Schulbüchern
- Atlas, Kartenmaterial
- Jugendromane, Romane für Erwachsene

Wünschenswert bei der Wochenplanarbeit ist außerdem:

- Zugang zur Schülerbibliothek
- Computer mit Internet-Zugang

Wochenplan am PC

Für viele Schüler ist es besonders motivierend, wenn sie ihren Wochenplan ausschließlich oder teilweise am PC erledigen können. Dazu überträgt der Lehrer das gesamte Arbeitsmaterial (Texte, Aufgaben und evtl. Zusatzmaterial) auf den PC. Voraussetzung ist, dass jedem Schüler (oder je zwei Schülern gemeinsam) ein Computerarbeitsplatz zur Verfügung steht. Auch Schüler der Jahrgangsstufe 6 sind durchaus in der Lage, die Arbeiten am Computer auszuführen, wenn entsprechende Techniken der Textverarbeitung wie Kopieren, Ausschneiden, Verschieben und Markieren vorher geübt wurden. Außerdem sollten die Schüler wissen, wie man Dateien und Ordner verwaltet, elektronische Lexika benutzt und Informationen aus dem Internet holt. Ein Beispiel für einen solchen Wochenplan befindet sich im Anhang S. 125–128.

4. Die Durchführung eines Wochenplans

Voraussetzung für das Gelingen von Wochenplanarbeit ist, dass Schüler es gewohnt sind, im Unterricht eigenständig zu arbeiten. Sollten die Schüler nur Frontalunterricht kennen, dürfte es schwierig sein, eine rezeptive, konsumorientierte Haltung aufzubrechen. Dann muss man in einem abgestuften Verfahren zunächst im herkömmlichen Unterricht offenere Aufgabenstellungen und Phasen mit PA oder GA einbauen

---

25 → Weeber (1995); → Weeber (2002).

und auch für die HA z. B. Rechercheaufträge geben, um eigenständiges Arbeiten vorzubereiten.

Drei Phasen

Die Durchführung eines Wochenplans läuft in drei Phasen ab:
(1) Einführungsphase
(2) Arbeitsphase
(3) Nachbereitung und Evaluation

(1) Einführungsphase

Auch wenn einige Schüler in der Grundschule schon mit Wochenplänen gearbeitet haben, ist eine für alle verbindliche Einführungseinheit wichtig. In einer solchen Einführungsstunde erklärt der Lehrer das Prinzip des Wochenplans.[26] Außerdem werden für alle verbindliche Regeln erarbeitet oder festgelegt.

Regeln

Diese Regeln können von Anfang an mit den Schülern ausgehandelt werden. Unkomplizierter erscheint jedoch ein eher pragmatisches Verfahren: Der Lehrer gibt einige Grundregeln vor; diese können nach und nach ausgetauscht oder gestrichen werden. So hat man auch hier zunächst eine mit Lehrervorgaben verbundene Autonomie der Schüler, später erfolgt eine schrittweise Loslösung von diesen Vorgaben.
Die Regeln werden auf dem Deckblatt der Wochenplanaufgaben schriftlich festgehalten.

Beispiel für ein Deckblatt mit Regeln

Die Arbeit mit einem Wochenplan

1. Die Reihenfolge, in der du die Aufgaben bearbeitest, ist freigestellt.
2. Die Pflichtaufgaben musst du erledigen, von den Wahlpflichtaufgaben musst du die angegebene Anzahl bearbeiten, die Zusatzaufgaben machst du, wenn du willst.
3. Du kannst die Aufgaben allein (E), mit einem Partner (P) oder in einer Dreiergruppe (D) bearbeiten. Du solltest auf jeden Fall einige Aufgaben ganz allein machen. Bei den Arbeiten, die du nicht allein erledigen möchtest, trage auf dem Kontrollbogen in die obere Zeile das geplante Datum ein, darunter deine Partner. Du musst dich also zuerst mit anderen besprechen.
4. Erledige eine Arbeit immer zu Ende. Wenn du fertig bist, trage auf dem Kontrollbogen das Datum ein und korrigiere dich selbst anhand der Musterlösungen (ML).
5. Wenn du Rat oder Hilfe benötigst, rufe nicht in die Klasse, sondern gehe zur Lehrerin nach vorn. Überlege vorher, ob du nicht doch auch ohne Hilfe zurechtkommst.

26 Die Erklärung erfolgt am besten anhand eines konkreten Wochenplans.

6. Du kannst in die beiden letzten Spalten des Kontrollbogens eigene Kommentare eintragen, z. B.: »Die Übung war zu schwer, langweilig« oder »Klasse, nur zwei kleine Fehler«, »Habe alles ganz ohne Hilfe geschafft« oder was dir sonst noch wichtig ist. Toll ist es, wenn du dir selbst aus deinen Ergebnissen neue Aufgaben stellst, z. B.: »Ich sollte mal wieder Vokabeln 17 wiederholen« oder »Ich mache daraus jetzt ein Rätsel für die anderen«. Diese Vorhaben trägst du bitte auch in die entsprechende Spalte ein.

Viel Erfolg bei deiner Arbeit!

Material für die Schüler

In der Einführungseinheit wird jedem Schüler folgendes Material ausgehändigt:

- Deckblatt mit den Regeln; S. 119–120
- Arbeitsplan, auf dem alle Aufgaben ausformuliert sind (→ die abgedruckten Beispiele des Wochenplans »Plinius« für Pflichtaufgaben, S. 113, Wahlpflichtaufgaben, S. 115 und Zusatzaufgaben, S. 116)
- Alles weitere Arbeitsmaterial, z. B. Texte oder Zusatzaufgaben (Dieses Material muss in solchen Stückzahlen kopiert werden, dass jeder Schüler sich alle Aufgaben ansehen kann, bevor er sich für einzelne Aufgaben entscheidet.)
- Kontrollbogen, auf dem der Schüler über seine Arbeit Buch führt; → S. 122

Lösungsordner und Handapparat (→ S. 117–118) werden an einem zentralen Ort aufbewahrt.

(2) Arbeitsphase
Wahl der Sozialform

In der Arbeitsphase bearbeiten die Schüler selbstständig die Aufgaben des Wochenplans. Dabei entscheiden sie, in welcher Sozialform sie ihre Arbeiten erledigen. Die meisten Schüler erkennen schnell, dass die Arbeit zu zweit leichter von der Hand geht, als wenn man allein arbeitet, und entscheiden sich deshalb für PA.[27] Daneben sollten aber auch größere Einheiten gebildet werden, um komplexere Kommunikationsstrukturen zu fördern. Der Lehrer entscheidet vorab, welche Gruppengröße in seiner Lerngruppe akzeptabel funktioniert, und fixiert schriftlich auf dem Deckblatt, wie groß die Gruppen sein dürfen.[28] Dem Schüler muss aber klar sein, dass die KA/Klausur in EA angefertigt wird. Er sollte daher dazu angehalten werden, unbedingt ein bis zwei

27 → Kap. 3.2.3, S. 319.

28 Eine Gruppe von bis zu vier Schülern ist noch »funktionsfähig«; in sehr kleinen Lerngruppen bleibt es bei Zweier- oder Dreiergruppen.

Aufgaben in EA zu erledigen, um sich angemessen auf Leistungsüberprüfungen vorzubereiten. Wenn man beobachtet, dass sich bei der Bearbeitung von Wochenplänen immer wieder dieselben Strukturen herausbilden, dass also »Cliquen« oder typische Gruppenkonstellationen entstehen[29] oder dass sich Einzelkämpfer herauskristallisieren, sollte man bei zukünftigen Wochenplänen gegensteuern, da solche Strukturen dem Ziel der Kommunikationsfähigkeit[30] (auch mit »ungeliebten« Partnern) entgegenlaufen. Dies kann über das Einführungsgespräch, die Angaben zur Sozialform auf den Kontrollbogen oder die Regeln für den jeweiligen Wochenplan geschehen.

Kontrolle (quantitativ): Kontrollbogen

Auch bei der Wochenplanarbeit ist ein gewisses Maß an Kontrolle notwendig. Diese Kontrolle soll dem Schüler helfen, seine Arbeitsprozesse zu planen und zu strukturieren. Dies heißt auf keinen Fall, dass der Lehrer mit dem Rotstift herumgeht und Schülerlösungen zensiert.
Kontrolle bedeutet in der Wochenplanarbeit Hilfe zur Selbsthilfe, d. h., der Lehrer gibt dem Schüler Planungshilfen, z. B. in Form des Kontrollbogens, den der Schüler je nach Arbeitsfortschritt ausfüllt.
Auf dem Kontrollbogen wird z. B. eingetragen:
Vor Beginn der Arbeit:

- Geplante Termine
- Termine für Aufgaben, die der Schüler sich als HA stellt
- Gewählte Sozialformen.

Während der Arbeit:

- Erledigte Arbeiten
- Vermerke über Selbstkontrolle
- Ggf. weitere Lernhinweise und Vorhaben des Schülers

Die Kontrollbogen werden ausschließlich vom Schüler geführt. Als Überleitung zu einer noch stärker selbstgesteuerten Arbeit, vielleicht als Vorbereitung eines Lerntagebuchs[31] oder von Portfolio-Arbeit,[32] kann der Schüler auf dem Kontrollbogen auch Selbstbeobachtungen notieren. In einer solchen Rubrik oder auch einem eigens geführten

---

29 Z. B. ein »Platzhirsch«, der Rest schreibt nur die Ergebnisse mit

30 Gute Möglichkeiten für Gruppenbildung → Weidner, 117–125; → Brüning/Saum, 119–131.

31 In ein Lerntagebuch kann z. B. Folgendes notiert werden: eigene Ziele, Beschreibung und Dokumentation des Vorgehens, Aha-Erlebnisse, benutzte Hilfsmittel, Schwierigkeiten und Behinderungen des Arbeitsprozesses, Schilderung innerer Zustände (Freude, Frustration), offene Fragen, Unerledigtes, die nächsten Schritte, Vorhaben, Planungen und Selbstverpflichtungen.

32 In der Portfolio-Arbeit stellt der Schüler eigenständig Mappen mit Arbeitsergebnissen zusammen.

»Tagebuch« trägt er neben Lernhinweisen oder Vorhaben zusätzlich ein, welche Gefühle er bei seiner Arbeit hatte.
Die Kontrollbogen dienen also der Orientierung des Schülers, helfen ihm bei der Planung und informieren immer wieder über den Stand der Arbeit. Der Lehrer kann sich den fertig ausgefüllten Bogen zeigen lassen, um sich zu vergewissern, dass das Pflichtpensum[33] erledigt wurde. Die Verantwortung für die geleistete oder nicht geleistete Arbeit trägt im Idealfall der Schüler selbst.

Beispiel für einen Kontrollbogen »Plinius« (Ausschnitt)

Kontrollbogen zum Wochenplan »Plinius«

Bearbeitungszeit: ____________

Präsentation: ____________

Die **Reihenfolge**, in der du die Aufgaben bearbeitest, ist freigestellt.
Die Pflichtaufgaben musst du komplett erledigen, von den Wahlpflichtaufgaben musst du drei auswählen, die Zusatzaufgaben machst du, wenn du willst.
Alle weiteren Regeln findest du auf dem Merkblatt »Die Arbeit mit einem Wochenplan«[34]

Bedenke zusätzlich bei der Planung, dass du die **Klassenarbeit** allein schreiben musst. Du solltest daher auch Einzelarbeit einplanen!
Wenn du eine Arbeit erledigt hast, **korrigiere** ggf. anhand der Musterlösungen (ML) und trage danach das Datum ein (SK?: An welchem Tag hast du die Selbstkontrolle erledigt?).

	Termin	Mit wem?	fertig? SK?	Bemerkung	Vorhaben
P 1 ML 					
P 2 ML Übers.					

33 → Radewaldt (1997), 20, regt an, den Wochenplanordner der Schüler nach jeder Stunde oder am Ende der Wochenplanarbeit durchzusehen und zu kontrollieren. Damit ist vermutlich in erster Linie quantitative Kontrolle und Verständniskontrolle gemeint. Eine Leistungsbewertung während der selbstständigen Arbeit ist für den Arbeitsprozess eher hinderlich. Sinnvoller ist eine Lernzielkontrolle nach Abschluss der Arbeit.

34 → S. 119–120.

Kontrolle (qualitativ)

Fehlende Ergebniskontrolle durch den Lehrer heißt nicht, dass auf die Richtigkeit der Ergebnisse kein Wert gelegt wird. Die Schüler sollen sich selbst mit den Produkten ihrer Arbeit auseinander setzen. Das geschieht in der Regel durch Selbstkontrolle. Der Lehrer kann darauf bestehen, dass die Schüler ihre eigenen Lösungen angefertigt haben, bevor er die Musterlösungen herausgibt. Mehr an Kontrolle sollte aber nicht erfolgen.
Um zu überprüfen, ob die Schüler die Lernziele der Wochenplanarbeit erreicht haben, dienen zunächst herkömmliche Formen der Leistungsbewertung, wie Tests und KA, die aber nicht im direkten Umfeld der Wochenplanarbeit anstehen sollten. Ratsam ist, zusätzlich zu der ohnehin einzuplanenden Präsentationsstunde (→ S. 124) noch eine »Schaltstunde« für die Nachbereitung der Wochenplanarbeit einzuschieben, in der ggf. offene Fragen geklärt werden. Im Sinne der Chancengleichheit sollte man so sicherstellen, dass alle Schüler in etwa dieselben Mindestvoraussetzungen für die Leistungsüberprüfung mitbringen.
Möglichkeiten der Kontrolle sind also:

- Selbstkontrolle während der Wochenplanarbeit
- Präsentationsstunde zum Vorstellen von Arbeitsergebnissen
- Schaltstunde zum Klären offener Fragen nach der Wochenplanarbeit
- Tests, KA oder Klausuren nach der Wochenplanarbeit.

Prämiensystem

Viele Schüler fordern für zusätzliche Arbeiten (Bearbeitung von mehr Wahlpflichtaufgaben als gefordert, Bearbeitung von Zusatzaufgaben) Belohnungen ein, z.B. um ihre »Note für sonstige Mitarbeit« zu verbessern. Man kann sich, was allerdings in der Schule lange verpönt war, ein Bonussystem überlegen. So könnte man Aufgaben in Schwierigkeitskategorien einteilen, z.B. in Ein- bis Drei-Sterne-Aufgaben, oder bei Übererfüllung des Plans entsprechende Bonuspunkte (Stempel, Sternchen, Fleißkärtchen) vergeben, sofern Schüler ihre Kontrollbogen und ggf. die erledigten Arbeiten dem Lehrer freiwillig vorlegen. Bei einer entsprechenden Anzahl von Bonuspunkten erhalten sie eine »Prämie«.[35]

Lehrerrolle

Der Lehrer ist bei der Wochenplanarbeit in erster Linie Beobachter, Analysierender, Materialbeschaffer und Lernberater. Seine Hauptaufgabe besteht darin, im Vorfeld der Wochenplanarbeit für die Schüler geeignetes Material zu sichten, auszuwählen und bereitzustellen. Das bedeutet konkret, Arbeitspläne, Arbeitsblätter und Kontrollbogen zu erstellen und zu kopieren und einen Handapparat zusammenzustellen.

---

35 Dies kann eine besonders gute Zensur für die Mitarbeit sein oder auch etwas Gegenständliches, das einen Bezug zum LU hat.

Der Lehrer kann während der Durchführung des Wochenplans im Klassenraum herumgehen, um zu zeigen, dass er als Berater präsent ist, um Fortschritte in Arbeitsprozessen dezent zu beobachten oder um bei Disziplinproblemen einzuschreiten.
Rat und Hilfe gibt er nur an seinem Arbeitsplatz, wenn Schüler deswegen zu ihm kommen. Der Lehrer sollte auch das Material zur Selbstkontrolle verwalten, um die Wahrscheinlichkeit zu erhöhen, dass Schüler es erst nach tatsächlich erledigter Arbeit anfordern.
Ein Vorteil dieser veränderten Rolle liegt auf der Hand: Während der Unterrichtsstunden hat der Lehrer viel Zeit, individuelle Lernprozesse zu beobachten, und kann so einzelne Schüler zielgerichteter und differenzierter unterstützen als im herkömmlichen Unterricht. Er steht außerdem als Gesprächspartner für Schüler zur Verfügung, sodass Gespräche stattfinden können, für die sonst selten Zeit ist.

(3) Nachbereitung und Evaluation

Nach Abschluss der individuellen Arbeit am Wochenplan sollte auf jeden Fall eine Unterrichtsstunde für die Präsentation der Ergebnisse, die nicht durch Selbstkontrolle überprüft wurden, zur Verfügung stehen. Hier können Schüler z. B. ihre Plakate vorstellen, Referate vortragen oder Rollenspiele aufführen, die sie in der Woche erarbeitet haben. Der Lehrer sollte kurz vor Abschluss der Wochenplanarbeit den Zeitbedarf abfragen, um den Ablauf der Präsentationsstunde zu organisieren.
Ein weiteres wichtiges Element der Wochenplanarbeit ist eine kurze Evaluation, damit der folgende Unterricht sinnvoll geplant werden kann, aber auch, um in weiteren Wochenplänen noch stärker auf die Bedürfnisse der Schüler[36] eingehen zu können. Hierzu geben die Schüler formlos eine kurze Notiz ab oder füllen einen Fragebogen aus.

36 Nach der ursprünglichen Idee geht die Wochenplanarbeit sogar so weit, dass die Schüler die Arbeit für die kommende Woche selbst planen und sich ihre Wochenpläne selbst erstellen (→ S. 103–104, Fußnote 1).

5. Anhang

Beispiel: Wochenplan zu Felix, Lektion 19

Das Material wird den Schülern als Word-Dateien am PC zur Verfügung gestellt.

Jahrgangsstufe 8, Wochenplan zu Felix, Lektion 19, am PC

P 1 Texterarbeitung

Du bist Senator Lucius Titulus. In einer Senatssitzung im Jahre 59 n.Chr. wird ein schwerer Vorfall verhandelt. Du weißt, dass du am Ende der Verhandlung zu einem gerechten Urteil kommen musst. Ein Augenzeuge wird aufgerufen und berichtet:

»Olim multi homines ex oppidis vicinis ad ludos Pompeianos venerunt, in quibus etiam coloni e municipio Nuceria erant. Ii, qui in amphitheatro sunt, magnum spectaculum exspectant. Dum gladiatores pugnare parant, nonnulli Pompeiani, quos Nucerinos deridere iuvat, probra in Nucerinos canunt. Unus ex iis ea probra Pompeianorum non tolerat. Dum is vir Pompeianos verbis violat, alii e Nucerinis eum clamore adiuvant, alii suos placare temptant. Sed mox pulvini per arenam volant, denique spectatores saxa mittunt. Nonnulli etiam arma secum habent et adversarios necant. Pompeianos vicisse scio; nam eorum multitudo magna erat. Denique et Pompeiani et Nucerini mortuos suos flebant. Nucerini truncos suos Romam portaverunt.«	is, ea, id: er, sie, es; dieser, diese, dieses spectaculum: de-ridere, derideo, derisi: iuvat, iuvit: probrum: canere, cano, cecini = cantare alius ... alius: der eine .... der andere suus, a, um: sein, ihr temptare: angreifen, versuchen mox: bald volare: fliegen spectator, oris m. (von: spectare; E: spectator): saxum: Stein mittere, mitto, misi (eigentlich: schicken): arma, orum n. Pl.: Waffen adversarius: Gegner multitudo, inis f. (von: multi): flere, fleo, flevi: beweinen

P 1 Du (in deiner Rolle als Senator) machst dir während des Vortrags Notizen zu den unten angegeben Fragen. Technisch verfährst du dabei wie folgt:

Du markierst die Textestellen, die auf die Fragen Antwort geben, zunächst farbig oder unterlegst sie farbig. Füge dann mit »Kopieren + Einfügen« **lateinische Textbelege**, die auf die Fragen antworten, direkt hinter die Fragen ein. Nach Erledigung kannst du die Farbe jeweils wieder entfernen, sonst erkennst du bald nicht mehr viel. (Zur Erinnerung: Du kannst das Fenster teilen, dann siehst du Fragen und Text gleichzeitig auf dem Bildschirm. Du kannst den Text auch verkleinern. Weitere Anleitungen findest du auf dem separaten Anleitungsbogen zu »Word«.)

Zu jeder Frage gibst du dann eine kurze Erläuterung oder Paraphrase auf Deutsch.

Fragen:

1. Lies den Text zunächst mehrmals gründlich durch. Leite die nicht angegebenen Vokabeln aus bekannten Vokabeln oder Lehnwörtern her oder schlage sie im Begleitbuch nach. Ergänze die Bedeutung in der rechten Spalte.
2. Markiere zunächst farbig die Stellen, an denen der Augenzeuge von sich selbst spricht.
3. Um was für einen Vorfall geht es? Markiere alle Ausdrücke, die zu dem entsprechenden Wortfeld gehören, farbig (und füge die Ausdrücke hier ein):
4. Wo ereignete sich der Vorfall?
5. Wer war daran beteiligt?
6. Schildere den Ablauf der Geschehnisse (deutsche Zusammenfassung).
7. Gab es »Gewinner« und »Verlierer«?
8. Fälle ein gerechtes Urteil.
9. Stelle den Text nach dem **Einrückverfahren** dar: Verwende zunächst für jeden Teilsatz eine neue Zeile. Prüfe, wie der Satz gegliedert ist. Hauptsätze beginnen immer ganz links, Nebensätze 1. Ordnung werden mit der Tabulatortaste um eine Einheit nach rechts, Nebensätze 2. Ordnung um zwei Einheiten nach rechts eingerückt usw. Hebe das Subjekt durch Kursivierung und das Prädikat durch Fettsatz hervor.

P 2 Übersetze den Text.

P 3 Lerne die Vokabeln von Lektion 19 auf herkömmliche Weise oder mithilfe von »Memodux«.

WP 1

1. Kopiere den Text ohne Markierungen und Einrückungen noch einmal hierher. Du hast sicher schon bemerkt, dass er etliche Formen von *is, ea, id* enthält. Markiere sie im Text durch Fettsatz.

2.

ii ex iis eam is vir earum eum id spectaculum eorum

eos sine ea puella cum eo homine eius spectaculi

Du siehst die Formen von *is, ea, id*, die im Text vorkommen, hier noch einmal. Dazwischen haben sich noch einige andere eingeschmuggelt, die du leicht identifizieren kannst, wenn du überlegst, welche Deklination überwiegt. Ordne die Formen mithilfe von Drag + Drop oder Kopieren + Einfügen in die Tabelle ein. (Wenn du das Fenster teilst, kannst du dir den Text noch einmal daneben stellen.)

3. Vervollständige das Schema.

	maskulin	feminin	neutrum
Nom. Sg.			
Gen. Sg.			
Dat. Sg.	xxxxxxxxxxxxxxxxxxxxx	xxxxxxxxxxxxxxxxxxxxx	xxxxxxxxxxxxxxxxxxxxxx
Akk. Sg.			
Abl. Sg.			
Nom. Pl.			
Gen. Pl.			
Dat. Pl.	xxxxxxxxxxxxxxxxxxxxx	xxxxxxxxxxxxxxxxxxxxx	xxxxxxxxxxxxxxxxxxxxxx
Akk. Pl.			
Abl. Pl.			

WP 2 Im Lückentext, den du im Ordner »Anlage Felix 19« findest, fehlen Formen von *is, ea, id*. Füge sie ein.

Lückentext (erstellt mit Hotpotatoes)

»Wo ist die Reisegruppe?«
Lückentext

Marcus, qui ruinas spectat, nunc quaerit: »Ubi est Felix, ubi sunt amici?«   non iam invenit. Puer miser ad palaestram properat et a viro, quem hic videt, auxilium petit.   vir miseriam   cognoscit et   adiuvare cupit.   per vias ducit. Marcus   auxilio gaudet. Interea etiam amici Marcum quaerunt, quia   desiderant. Mox Marcus   reperit: ecce, hic est Felix, hic sunt amici. Amici virum, qui comitem adiuvit, laudant. Tum vir bonus non modo Marcum, sed etiam amicos ducere cupit. Iterum atque iterum scientiam   monstrat. Felix et amici scientiam   laudant.

WP 3 Löse das Kreuzworträtsel zu Lektion 18–19, das du im Ordner »Anlage Felix 19« findest.

WP 4 Übe die Vokabeln der Lektion 19 mit »Memodux«.

WP 5 Da der Senat bei seiner Urteilsfindung sehr sorgfältig ist, zieht er noch zwei Sachverständige hinzu. Versetze dich in die Rolle eines Sachverständigen und informiere dich zunächst

WP 5.1 über die baulichen Gegebenheiten und die Ausstattung des Amphitheaters.

WP 5.2 , inwieweit die Spiele selbst zur »Aufheizung« der Stimmung beitragen.

Verwende dabei die vorhandenen Sachbücher und ein elektronisches Lexikon, z. B. »Encarta«.
Überlege dir eine geeignete Form der Darstellung vor dem Senat (du kannst z. B. ein Plakat gestalten oder einen Vortrag halten, bei dem du auch Bilder zeigst). Du kannst auch weitere »Experten« zu deiner Unterstützung hinzuziehen.
Lade aus dem Internet (z. B. unter www.lateinforum.de) ein Bild von einem Amphitheater oder einem Gladiator.

Z 1 Wegen immer wieder auftretender Ausschreitungen soll das Amphitheater geschlossen werden. Es bilden sich zwei Parteien: Die einen befürworten die Schließung, die anderen sind strikt dagegen. Suche dir mindestens zwei Partner, sammelt Argumente für und gegen die Schließung. Führt vor der Klasse eine Podiumsdiskussion (ein Moderator, zwei Kontrahenten) durch.

Z 2 Wähle einen Satz (oder auch zwei) aus dem Text aus und fertige dazu eine Zeichnung an. Beschrifte die Zeichnung möglichst detailliert mit lateinischen Zitaten aus dem Text.

AB zur Aufgabe P 1 des Wochenplans »Plinius«

Aufgabe P 1 des Wochenplans »Plinius«

Hinweis für Kollegen: Bitte die Seite kopieren und auseinander schneiden! Achten Sie darauf, dass die Linien komplett entfernt werden.

C. Plinius Traiano Imperatori

Cum diversam partem provinciae circumirem, Nicomediae vastissimum incendium multas privatorum domos et duo publica opera, quamquam via interiacente, Gerusian et Iseon absumpsit.

diversus, a, um: abgelegen; **circum-ire:** bereisen, besichtigen; **Nicomedia:** *Name einer Stadt*; **Gerusia:** *Versammlungsraum der Geronten (der Ältesten) in griechischen Städten*; **Iseon:** *Isistempel*; **inter-iacere:** dazwischenliegen; **absumere:** zerstören

---

Est autem latius sparsum, primum violentia venti deinde inertia hominum, quos satis constat otiosos et immobiles tanti mali spectatores perstitisse.

spargere: ausbreiten; **inertia:** Untätigkeit, Trägheit; **otiosus,** a, um: untätig; **quos constat:** s. *Aufgabe Z 1*; **per-stare:** fest stehen, stehen bleiben

---

Et alioqui nullus usquam in publico sipo, nulla hama, nullum denique instrumentum ad incendia compescenda.

sipo, onis m.: Feuerspritze; hama: Löscheimer

Et haec quidem, ut iam praecepi, parabuntur.

praecipere: befehlen, verordnen

Tu, domine, dispice, an instituendum putes collegium fabrorum dumtaxat hominum CL.

dispicere: erwägen, überlegen, prüfen; **faber:** Handwerker; **dumtaxat:** höchstens; **instituere:** einrichten

---

Ego attendam, ne quis nisi faber recipiatur neve iure concesso in aliud utantur; nec erit difficile custodire tam paucos.

attendere, attendo, attendi, attentum: Acht geben, beachten; **ius,** iuris n.: Recht, Befugnis; **concedere:** zugestehen; **uti,** utor, usus sum (Deponens, mit Abl.): (etwas) gebrauchen, verwenden

---

Vale!

Arbeitsblatt zur Aufgabe Z 1 des Wochenplans »Plinius«

Aufgabe Z 1 des Wochenplans »Plinius«

1. »in publico sipo«: Sind alle Formen Ablative?
2. »quamquam via interiacente« enthält eine beliebte Satzkonstruktion. Sie heißt: ________________
   Welches Wort ist hier – nach dem, was Sie im Unterricht als klassisches Latein gelernt haben – eigentlich überflüssig? ____________
3. Weitere Formen zur Auffrischung: Geben Sie jeweils den Namen der Konstruktion und eine Übersetzung an:
   instituendum: ________________
   ad incendia compescenda: ________________

4. quos satis constat otiosos et immobiles tanti mali spectatores perstitisse.

   Unterstreichen Sie das Prädikat des Satzes. Welche Konstruktion hängt davon ab? ________________

   Markieren Sie die einzelnen Bestandteile der Satzkonstruktion wie im Unterricht vereinbart. Wer ist mit »quos« gemeint?

   ____

   Suchen Sie einen guten Anschluss an den Hauptsatz.

   ____

5. Informieren Sie sich über die Verwendung des Konjunktivs im Nebensatz mithilfe der Grammatik. Um welche Art von Nebensatz handelt es sich jeweils? Bestimmen Sie jeweils das Zeitverhältnis (ZV) zum Hauptsatz.

   a) Cum diversam partem ... circumirem, incendium multas domos absumpsit.
   Art des NS: ________________
   ZV: ________________

   b) Dispice, an instituendum putes collegium fabrorum.
   Art des NS: ________________
   ZV: ________________

   c) Ego attendam, ne quis nisi faber recipiatur.
   Art des NS: ________________
   ZV: ________________

Literatur

Bönsch, Manfred: Wochenplanarbeit – eine Form des offenen Unterrichts, in: Die Deutsche Schule 1990/3, 358–367.

Brüning, Ludger/Saum, Tobias: Erfolgreich unterrichten durch kooperatives Lernen, Essen 2006.

Fink, Gerhard/Maier, Friedrich (Hg.): Cursus Continuus, Ausgabe A, Bamberg 1995.

Intel, Lehren für die Zukunft, Dillingen 2000.

Meyer, Hilbert: Was ist guter Unterricht? Berlin 2004.

Pfeiffer, Michaela: Bibliographie zu Wochenplan und Freiarbeit, in: AU 1/1997, 92 ff.

Radewaldt, Fred: Schüler arbeiten auch ohne mich, in: Jürgens, Eiko: Von der Praxis lernen – für die Praxis lernen, Hohengehren 2000.

Radewaldt, Fred: Wochenplanarbeit, in: AU 1/1997, 17 ff.

Vaupel, Dieter: Das Wochenplanbuch für die Sekundarstufe, Weinheim, Basel 1995.

Weeber, Karl-Wilhelm: Alltag im Alten Rom, Düsseldorf 1995.

Weeber, Karl-Wilhelm: Alltag im Alten Rom – Das Landleben, Düsseldorf 2002.

Weidner, Margit: Kooperatives Lernen im Unterricht, Seelze-Velber 2003.

AU 1/2002: Englisch und Latein

AU 4/2005: Latein & Romanische Sprachen

2.3.4 Gruppenpuzzle[1]

Ein Gruppenpuzzle gibt die Abfolge der Sozialformen vor, in denen sich eine Lerngruppe selbstständig anhand vorbereiteter Materialien ein Thema erschließt: In EA und »Expertengruppen« erarbeiten die Schüler unterschiedliche Teilaspekte des Themas. In anschließenden »Unterrichtsgruppen« geben die jeweiligen Experten ihr Wissen an andere weiter.

1. Definition, Ziele und Beobachtungen
2. Einbettung in den LU
   - Lehrbuchphase
   - Lektürephase
   - Zeitansatz
3. Voraussetzungen
4. Die Konzeption eines Gruppenpuzzles
   - Themenwahl
   - Arbeitsmaterialien
   - Zeitlicher und organisatorischer Rahmen
   - Ergebnissicherung und Lernerfolgskontrollen
5. Die Durchführung eines Gruppenpuzzles
   (1) Einführung in der Klasse
   (2) Aneignungsphase in EA
   (3) Expertenrunde in »Expertengruppen«
   (4) Unterrichtsrunde in »Unterrichtsgruppen«
   (5) Evaluation der Methode
6. Beispiele
   - Gruppenpuzzle zur Grammatikarbeit in der Lehrbuchphase: »Semantische und syntaktische Funktionen des Ablativs«
   - Gruppenpuzzle zur sprachlichen Erarbeitung kürzerer Texte in der Lektürephase: »Catull im Widerstreit zwischen Vernunft und Gefühlen«
   - Gruppenpuzzle zur rezeptionsgeschichtlichen Bearbeitung eines Textes in der Lektürephase: »Der Mensch als Gemeinschaftswesen«

1. Definition, Ziele und Beobachtungen

Definition

In einem Gruppenpuzzle eignen sich Schüler selbstständig anhand vom Lehrer entsprechend aufbereiteter Arbeitsmaterialien Teilaspekte eines Lehrplan-Themas an und vertiefen ihre Erkenntnisse in sog. »Expertengruppen«, um im Anschluss in »Unterrichtsgruppen« als »Ex-

1 Zuweilen findet sich in der Fachliteratur auch der Begriff »Gruppenmixverfahren«.

perten« der jeweiligen Teilaspekte die neuen Erkenntnisse ihren Mitschülern zu vermitteln. Nach Abschluss der Unterrichtsrunde haben alle Schüler den gleichen Kenntnisstand. U. U. folgt noch eine Frage- bzw. Vertiefungsrunde oder eine Überprüfung. Das Gruppenpuzzle endet in jedem Fall mit einer Evaluation.[2]

Ziele

Ein Gruppenpuzzle ist eine Kombination von EA, GA und Klassenunterricht, wobei der Schwerpunkt auf dem selbstständigen Lernen in Verantwortung für sich und v. a. für die Mitschüler liegt. Jedem Mitglied der Klassen- bzw. Kursgemeinschaft, dem Leistungsstarken wie dem Schwächeren, kommt eine wichtige Rolle für den Erfolg des Unterrichts zu. Die Schüler werden daher im Puzzle-Unterricht in sozialkommunikativer, methodischer wie fachlicher Hinsicht in besonderem Maße gefordert und gefördert.

Beobachtungen

Häufig beobachtet man in Lerngruppen, in denen Gruppenpuzzle durchgeführt werden, im Vergleich mit anderen, eher traditionellen Unterrichtsverfahren ein größeres Selbstvertrauen der Lernenden, eine geringere Aggressionsbereitschaft innerhalb der Lerngruppe, eine höhere Wertschätzung der Schüler untereinander, insbesondere den schwächeren Gruppenmitgliedern gegenüber, und einen nahezu gleichen Lernerfolg aller Schüler hinsichtlich fachlicher Ziele.[3]

2. Einbettung in den LU

Ein Gruppenpuzzle kann in allen Klassenstufen in der Regel zur Erarbeitung eines neuen Themengebietes eingesetzt werden. Es wird entweder in eine übergeordnete Unterrichtsreihe eingebettet (→ Beispiele 2 und 3, S. 158 bzw. 161) oder als eigenständige UE gestartet (→ Beispiel 1, S. 147).

Lehrbuchphase

In einem Gruppenpuzzle in der Lehrbuchphase kann man z. B. Folgendes erledigen:

- Eng abgegrenzte, aber facettenreiche Grammatikthemen erarbeiten bzw. vertiefend zusammenfassen, z. B.:

---

2 Hinsichtlich der Begriffe wie z. B. »Expertengruppe« und »Unterrichtsgruppe« wie auch der Grundstruktur eines Gruppenpuzzles folge ich Angela Frey-Eiling sowie Karl Frey, die diese Methode wissenschaftlich an der Eidgenössischen Technischen Hochschule Zürich begleitet haben; → ehemals http://www.educeth.ch/didaktik/puzzle/autoren.htm bzw. http://www.educeth.ch/didaktik/puzzle/docs/puzzle.pdf; jetzt in Kurzform http://www.educeth.ch/lehrpersonen/unterrichtsmethoden/puzzle (Stand: 1. 9. 2006) (mit einem weiterführenden Literaturhinweis).

3 → Bloom; → Brophy; → Lazarowitz (1991); → Frey-Eiling/Frey.

- Semantische und syntaktische Funktionen eines Kasus (→ Beispiel 1, S. 147–158)
- Verba anomala (z. B. velle, nolle, malle; ire; ferre; fieri)
- Besonderheiten bei der Deklination einiger Substantive wie der Anomala[4] und Defectiva[5]
- Konjunktiv im Hauptsatz

■ Mehrere in einem inhaltlichen oder grammatikalischen Zusammenhang stehende Lektionstexte aufbereiten, z. B.:
- *Lumina*, L. 39: »Deutschland im 15. Jahrhundert« oder L. 40: »Latein in heutiger Zeit«
- *Cursus Continuus*, L. 41, 42 und 44: »Paulus, Petrus und Konstantin«
- *Felix*, L. 68 und 69: »Verwendung lateinischer Kasus«

■ Verschiedene, auf den LU abgestimmte Lerntechniken[6] zur Aneignung von Vokabeln, Stammformen, Realien usw. vermitteln, z. B.:
- Vokabelkärtchen
- Lernkästen
- Computer
- Hörkassetten/CDs
- Lernstraßen

■ Verschiedene, im Unterricht immanent angewandte Satz- bzw. Texterschließungsmethoden bewusst machen[7]

Lektürephase

In einem Gruppenpuzzle in der Lektürephase kann man z. B. Folgendes erledigen:

■ Verschiedene (kürzere) Textpassagen bzw. Gedichte zu gleichen oder auch verschiedenen Themen sprachlich erarbeiten und/oder interpretieren, z. B.:
- Catull, *carmina* (→ Beispiel 2, S. 158–161)
- Martial, ausgewählte Epigramme

■ Eine längere Textpassage arbeitsteilig bearbeiten, z. B.:
- Sall. Cat. 51 f.: Reden Caesars und Catos
- Sen. epist. 7: Sklavenproblematik

■ Verschiedene Teile eines umfangreichen Werkes arbeitsteilig zweisprachig erarbeiten, z. B.
- Verg. Aen. Buch 3[8]
- Ovid, ausgewählte *Metamorphosen*

---

4 Unregelmäßig deklinierte Substantive.

5 Substantive, bei denen einer oder mehrere Kasus fehlen.

6 Fächer übergreifende Hinweise und Tipps geben: → Endres, v. a. 48–53; → Paradies/Linser.

7 → Glücklich, 57–83; → Meincke, 69–84; → AU 3/2003.

8 Denkbar wäre hier auch die Behandlung eines anderen Buches oder auch mehrerer Bücher.

- Die Rezeptionsgeschichte eines lateinischen Textes untersuchen, z.B.: Seneca epist. 95,51–53: »Der Mensch als Gemeinschaftswesen« (→ Beispiel 3, S. 161–163)

Darüber hinaus ist es möglich, Klassen- oder Kursfahrten[9] bzw. Museumsbesuche[10] mittels eines Gruppenpuzzles vorzubereiten. Hierzu werden verschiedene Aspekte der Exkursion arbeitsteilig anhand vom Lehrer vorbereiteter Arbeitsmaterialien erarbeitet und vorgestellt.

Zeitansatz

In der Regel dauert ein Gruppenpuzzle drei bis fünf Stunden, manchmal auch länger. Der Zeitansatz ist hierbei abhängig von

- der Komplexität des Themas,
- dem Umfang dessen, was im Gruppenpuzzle erarbeitet werden soll,
- der Klassenstufe,
- den Vorerfahrungen der Schüler mit eigenverantwortlichen Unterrichtsverfahren, insbesondere einem Gruppenpuzzle.

3. Voraussetzungen

Entscheidend für das Gelingen eines Gruppenpuzzles ist neben der Wahl eines geeigneten Themas durch den Lehrer Folgendes:

- Verbindliche Absprachen bzgl. der organisatorischen Rahmenbedingungen (Ablauf, Zeitansätze, Termine, ...)
- Klarheit hinsichtlich der Ziele, die mit dem Gruppenpuzzle verfolgt werden
- Bereitstellung von Arbeitsmaterialien, die dem Alter der Lerngruppe und der angestrebten selbstständigen Aneignung des Lernstoffs in besonderem Maße Rechnung tragen (→ S. 137–138)
- Kenntnis grundlegender Regeln zur Aufbereitung und Vermittlung eines Lernstoffs[11]
- Verbindliche Absprache bzgl. der Art/des Umfangs einer Überprüfung und einer eventuellen Benotung
- Im Falle einer Benotung die Klarheit über deren Art und Umfang (→ S. 140)

Darüber hinaus sollte man bei den Schülern ein Bewusstsein dafür schaffen, dass jeder einzelne Schüler Verantwortung für sich und seine

---

9 → Kap. 2.5.2, S. 268–293.

10 → Kap. 2.5.1, S. 240–267.

11 Solche »Regeln« können im Vorfeld eines Gruppenpuzzles erarbeitet und eingeübt werden, indem z. B. im Rahmen des »normalen« Unterrichts immer wieder einzelne Schüler/-gruppen dazu aufgefordert werden, sich (einfache) Lerngegenstände anzueignen und ihren Mitschülern zu vermitteln (»Lernen durch Lehren«).

Mitschüler trägt und damit maßgeblich seinen eigenen (Lern-)Erfolg, aber auch den seiner Mitschüler mitbestimmt. Denn eignet sich ein Schüler den Lernstoff nicht oder mangelhaft an bzw. vermittelt/präsentiert er diesen lücken- oder fehlerhaft, so schadet er nicht nur sich selbst, sondern auch seinen Mitschülern. Da der Lehrer in der Regel nach der Unterrichtsrunde nicht nachbessert oder den Wissensstoff noch einmal vermittelt, bleibt das Wissen lückenhaft.
Erfahrungen mit der Großmethode Gruppenpuzzle an sich, der Arbeit in Gruppen (→ Kap. 3.2.4, S. 320) oder selbstständigem Arbeiten in anderen methodischen Großformen wie LZ-Arbeit (→ Kap. 2.3.1, S. 63–89) oder projektorientierter GA (→ Kap. 2.4.2, S. 197–206) sind von Vorteil, aber nicht Voraussetzung. Vielmehr können die genannten methodischen und sozialen Aspekte neben den fachlichen Anliegen, die sich aus dem Thema ergeben, auch selbst Ziele eines Gruppenpuzzles sein. Die Einführung in das Gruppenpuzzle, die Aufbereitung der Arbeitsblätter, die organisatorischen Hinweise, Hilfestellungen usw. sind auf die Vorerfahrungen der Schüler abzustimmen.

4. Die Konzeption eines Gruppenpuzzles

Fünf Phasen

Ein Gruppenpuzzle besteht in der Regel aus fünf Phasen:

(1) Einführung in der Klasse
(2) Aneignungsphase in EA
(3) Expertenrunde in »Expertengruppen«
(4) Unterrichtsrunde in »Unterrichtsgruppen«
(5) Evaluation der Methode (evtl. mit einer Überprüfung)

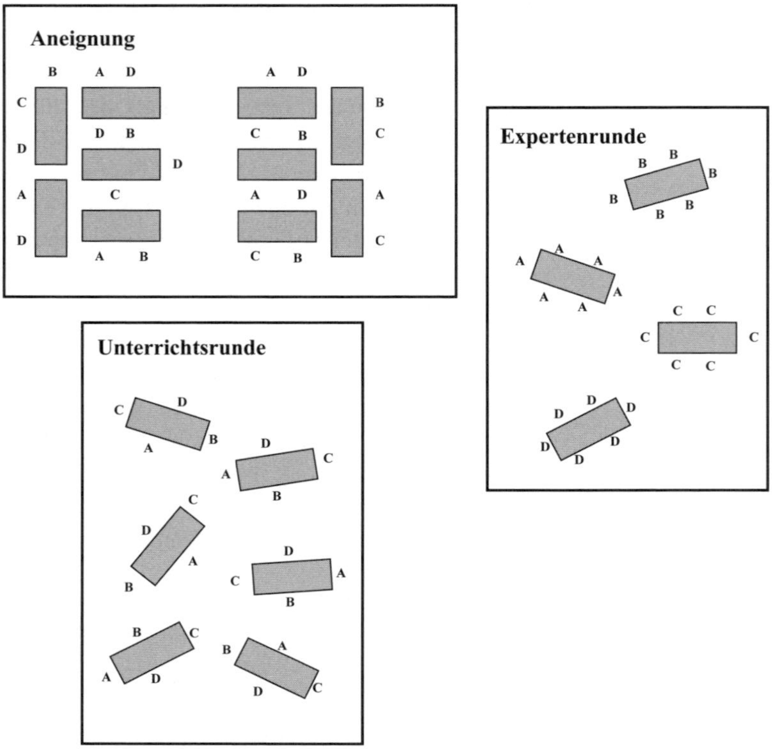

Grafische Veranschaulichung der Phasen 2 (Aneignungsphase), 3 (Expertenrunde) und 4 (Unterrichtsrunde): 24 Schüler bearbeiten hier vier Teilthemen (A, B, C, D)

Im Vorfeld eines Gruppenpuzzles

- wählt der Lehrer ein geeignetes, in der Regel lehrplangebundenes Thema aus, gliedert den Stoff in (z. B. vier oder fünf) Teilgebiete auf und legt die Größe der Expertengruppen fest, die sich aus dem Quotient »Gesamtzahl der Schüler durch Anzahl der Teilgebiete« ergibt;[12]

---

12 Beispiele:
(a) Bei einer Klassen-/Kursstärke von 20 Schülern und vier Teilthemen beschäftigen sich fünf Schüler mit dem jeweils gleichen Teilthema. Hieraus ergeben sich dann später fünf Unterrichtsgruppen mit jeweils vier Schülern. In jeder Unterrichtsgruppe sitzt für jedes Teilthema genau ein Experte.
(b) Sollte der Quotient »Gesamtzahl der Schüler/Anzahl der Teilthemen« keine ganze Zahl sein, ergeben sich unterschiedlich große »Expertengruppen«. Beispiel: 25 Schüler, vier Teilthemen. Je sechs Schüler bearbeiten z. B. Teilthema A, B, C, sieben Schüler bearbeiten Teilthema D. In den späteren sechs Unterrichtsgruppen mit jeweils vier Schülern (da vier Teilthemen) sitzt dann für jedes Teilthema jeweils ein Experte, ein Experte des Teilthemas D »bleibt übrig«. Dieser ordnet sich einer der Unterrichtsgruppen zu (d. h., es gibt dort zwei Experten für das Teilthema D). Der

- formuliert für jedes Teilgebiet präzise Lernziele;
- entwirft (v.a. bei Grammatikthemen) eine Übersicht, was die Schüler anhand der Arbeitsmaterialien lernen werden;[13]
- stellt Arbeitsmaterialien, Medien usw., anhand derer die Schüler sich den Lernstoff aneignen sollen, für jedes Teilgebiet bereit;[14]
- fertigt Material zur Selbstüberprüfung an;
- plant die zeitlichen und organisatorischen Rahmenbedingungen;
- bereitet u.U. eine Ergebnissicherung vor (→ advance organizer, S. 139);
- entscheidet über Art und Umfang der Lernerfolgskontrollen.

Themenwahl

Für ein Gruppenpuzzle sind nur Themen geeignet, die sich gut in verschiedene, voneinander unabhängige Teilthemen aufgliedern und bearbeiten lassen (→ Beispiele S. 132–134). Für Schüler, die im selbstständigen Arbeiten ungeübt sind, sollte der Schwierigkeitsgrad bzw. die Komplexität des Stoffes nicht zu hoch sein. Aufeinander aufbauende Themen sind für ein Gruppenpuzzle gänzlich ungeeignet.

Arbeitsmaterialien

Für jedes Teilthema erstellt oder wählt der Lehrer Arbeitsmaterialien aus (z.B. Arbeitsblätter, Modelle, Grammatiken, Computerprogramme, ...), anhand derer sich die Schüler in der Aneignungsphase (→ S. 143) ihren Lernstoff individuell erarbeiten und so zu »Experten« für ihre Teilthemen werden. Die Materialien müssen eigenständiges Lernen ermöglichen, ohne dabei die Schüler zu überfordern oder sie in einer Art »programmierten Unterrichts« zu eng zu führen. Sie sollten daher wie in der LZ-Arbeit (→ Kap. 2.3.1, S. 67–68) möglichst reformpädagogischen Ansprüchen genügen, d.h.

- mehrere Lernwege (evtl. unterschiedlichen Schwierigkeitsgrades) anbieten, auf denen die Schüler zum Ziel gelangen können;
- verschiedene Eingangskanäle ansprechen;
- Selbstüberprüfung ermöglichen;

»überzählige« Experte kann bei Krankheit eines anderen Experten zum Teilthema D für diesen einspringen.

13 Die Lernziele und die Übersicht werden den Schülern in der Regel zur Orientierung an die Hand gegeben.

14 ACHTUNG:
- Werden diese Medien auch später in der Unterrichtsrunde (→ S. 145) von den Experten (z.B. zur Demonstration) benutzt, so sollte die Zahl, in der das jeweilige Medium zur Verfügung steht, der Anzahl der Experten entsprechen. Ansonsten muss (wenn es überhaupt möglich ist) die Arbeit der Unterrichtsgruppen zeitlich aufeinander abgestimmt werden (erhöhter Organisationsaufwand!).
- Werden die Medien, Arbeitsmaterialien usw. im Rahmen der Unterrichtsrunde zur Vermittlung des Stoffes sogar von jedem einzelnen Mitglied der Unterrichtsgruppe benötigt, sollten sie in Kurs-/Klassenstärke zur Verfügung stehen.

- evtl. vertiefende Übungen (unterschiedlichen Schwierigkeitsgrades) anbieten;
- bei der Erarbeitung von Texten verschiedene Hilfestellungen geben, die individuell von den Schülern in Anspruch genommen werden können.[15]

In jedem Fall sollten die Arbeitsmaterialien in Sprache, äußerer Erscheinung und Umfang auf die Altersstufe und die Vorkenntnisse im eigenverantwortlichen Lernen abgestimmt sein. Symbole zur Visualisierung immer wiederkehrender Arbeitsaufträge sowie die Gleichfarbigkeit möglichst aller Materialien eines Teilthemas tragen hierbei zur Klarheit bei (Kriterien für gutes Arbeitsmaterial, Visualisierung von Arbeitsaufträgen, Selbstkontrolle → Kap. 2.3.1, S. 71–73).

Weitere Aufgaben/ Materialien

Da die Schüler einer Lerngruppe häufig unterschiedliche Vorkenntnisse haben und sich in Leistungsfähigkeit und Arbeitstempo unterscheiden, sollten unbedingt neben den Arbeitsmaterialien, die für die Aneignung des verbindlichen Lernstoffs konzipiert sind,

- weitere, vertiefende, fakultative Aufgaben und ergänzende Materialien zum Thema des Gruppenpuzzles (mit Lösungen),[16]
- Hilfsmittel, wie Wörterbücher, Systemgrammatiken, Übersetzungshilfen, Literaturgeschichten, weiterführende Sekundärliteratur o.Ä.,
- evtl. vom Gruppenpuzzle unabhängige Angebote, wie »Lesebücher«[17] oder auch kurze lateinische Texte zur Übersetzung[18]

bereitgestellt werden. So werden Leerlauf und Unruhe vermieden und eine individuelle Förderung z. B. besonders begabter Schüler ist möglich.

Zeitlicher und organisatorischer Rahmen

Bei der Planung des zeitlichen und organisatorischen Rahmens für das gesamte Gruppenpuzzle ist Folgendes zu bedenken: Der Beginn bzw. das Ende der verschiedenen Phasen eines Gruppenpuzzles muss nicht unbedingt mit dem Beginn bzw. Ende der Unterrichtsstunden zusammenfallen. Vielmehr kann eine neue Phase des Gruppenpuzzles (z. B. die Expertenrunde) auch zu einem bestimmten Zeitpunkt mitten in der Unterrichtsstunde gestartet werden (→ Beispiel 1, Zeitlicher Ablauf, S. 148). Der Zeitplan ist für alle verbindlich, kann aber den Erforder-

---

15 Denkbar sind hier z. B. verschiedene Ordner mit Vokabelhilfen, Hinweisen/Erklärungen zur Syntax o.Ä. oder auch Hypertexte, wie sie von der Fachschaft des Rudolf-Diesel-Gymnasium Augsburg erstellt wurden (z. B.: → Gaßner/Kosak/Krauß [2001]; → Gaßner/Kosak/Krauß [2004]).

16 Die hier gewonnenen Erkenntnisse können in der Unterrichtsrunde von den jeweiligen Experten eingeflochten werden; das ist aber nicht zwingend.

17 Z. B. → Schwab/Blunck; → Fink; → Hofmann.

18 Z. B. aus: → Waiblinger.

nissen angepasst werden (z. B. wenn sich der Lehrer bzgl. des Arbeitsaufwandes verschätzt hat).

Ergebnissicherung

Für die Sicherung der Ergebnisse, die in der Unterrichtsphase erarbeitet werden, kann man verschiedene Möglichkeiten einplanen:

- Die Schüler halten die Ergebnisse nach der Unterrichtsrunde zu Hause schriftlich fest, indem sie z. B. die Übersetzungen aller erarbeiteten Texte aufschreiben (→ Beispiel 2, Catull, S. 158–161).
- Die Experten notieren in der Vorbereitung der Unterrichtsrunde ihre Ergebnisse auf einer Folie. Am Ende des Gruppenpuzzles werden alle Folien für alle kopiert (→ Beispiel 3, Seneca, S. 161–163).
- Der Lehrer konzipiert im Vorfeld des Gruppenpuzzles einen sog. advance organizer mit geeigneten Arbeitsaufträgen, der den Expertengruppen dazu dient, die wichtigsten Informationen/Ergebnisse zusammenzufassen. Indem die Schüler im Rahmen der Unterrichtsphase z. B. nach und nach eine Tabelle ausfüllen, entsteht ein Gesamtüberblick über den Lerngegenstand[19] (→ Beispiel 1, Ablativ, S. 147–158).

Beispiel eines advance organizer

Grp.	Haupt-funktion	Neben-funktion	Frage	Semant. Funktion	Syntakt. Funktion	Präposition
A	Punctualis					
B	Separativus					
C	Instrumen-talis I					
D	Instrumen-talis II					

Lernerfolgskontrollen

Zur Überprüfung der fachlichen Ziele plant der Lehrer in der Regel eine Lernerfolgskontrolle am Ende des Puzzles ein. Diese kann folgendermaßen durchgeführt werden:

19 → Maier, 78–79; → Wirth, 39–40.

- Eingebettet in das weitere Unterrichtsgeschehen, indem z. B. die im Gruppenpuzzle erarbeiteten Ergebnisse angewendet oder diskutiert werden müssen (→ Beispiele 1 und 2, S. 147–161)
- Im Rahmen eines Tests oder einer Klassenarbeit
- Schriftlich oder mündlich
- Stichprobenhaft oder die ganze Lerngruppe umfassend

Oft können auch Arbeitsergebnisse, wie z. B. Folien, Übersetzungen/Interpretationen oder ausgefüllte advance organizers, als Erfolgskontrolle geplant werden und damit auch später als Grundlagen für die Evaluation des Gruppenpuzzles dienen (→ Phase 5, S. 146–147).
Die Ankündigung einer Lernerfolgskontrolle soll jedem Schüler noch einmal bewusst machen, welche Verantwortung er für seinen eigenen, aber auch für den Lernerfolg seiner Mitschüler trägt.

Benotung der »Lernerfolgskontrolle«

Ob die Lernerfolgskontrolle benotet wird, gilt es im Vorfeld eines Gruppenpuzzles zu bedenken. Einerseits erhält das Tun der Schüler eine noch größere Verbindlichkeit, wenn am Ende eine Überprüfung (mit Note) steht. Andererseits können dadurch Ängste und ein überaus großer Druck erzeugt werden, der nicht selten mit sozialen Verwerfungen innerhalb der Lerngruppe einhergeht. In diesem Fall wird das mit dieser Methode angestrebte Ziel, die sozialen Kompetenzen zu fördern, gefährdet.

Benotung der »Unterrichtsbeiträge«

Auch ist bereits im Vorfeld eines Gruppenpuzzles zu klären, ob über die angesprochene Lernerfolgskontrolle hinaus weitere Überprüfungen durchgeführt und Noten gefunden werden. Denkbar wäre z. B. eine Benotung der »Unterrichtsbeiträge« einzelner Experten im Rahmen der Unterrichtsphase auf freiwilliger Basis. Hierzu entwirft der Lehrer einen Plan, wann er wessen Unterrichtsbeitrag beiwohnt, findet sich entsprechend in den Unterrichtsgruppen ein und benotet die Leistung der einzelnen Schüler nach zuvor festgelegten Kriterien (z. B. Inhalt, fachliche Korrektheit, Fachsprache, Klarheit der Gliederung, Angemessenheit des zeitlichen Umfangs, adäquate Medienauswahl, ...). Selbstverständlich können aus organisatorischen Gründen nicht alle »Unterrichtsbeiträge« benotet werden.

Transparenz

In jedem Fall ist bei der Benotung für eine größtmögliche Transparenz Sorge zu tragen. Bereits in der Einführungsphase zu Beginn der Gruppenpuzzle-Arbeit müssen darüber genaue Vereinbarungen mit den Schülern getroffen werden.

5. Die Durchführung eines Gruppenpuzzles

(1) Einführung in der Klasse

Zu Beginn eines Gruppenpuzzles führt der Lehrer die Schüler ausführlich in das Thema des Gruppenpuzzles (z. B. »Syntaktische und semantische Funktionen des Ablativs«) samt der Teilgebiete, die zu bearbeiten sind (z. B. »Punctualis/Separativus/Instrumentalis«), ein. Hierbei erläutert er

- die Inhalte und Ziele des Gruppenpuzzles;
- den zeitlichen[20] und organisatorischen Rahmen (z. B. Größe der Experten- bzw. Unterrichtsgruppen);
- die Medien (z. B. Computerprogramme, Modelle), die im Rahmen des Gruppenpuzzles zu nutzen sind;
- die möglichen bzw. vorgesehenen Lernerfolgskontrollen (Selbstüberprüfungen, Tests, Klassenarbeit, ...);
- u. U. Art und Umfang einer Benotung.

Beim ersten Mal

Bei Schülern, die zum ersten Mal in dieser methodischen Großform arbeiten, muss der Lehrer darüber hinaus

- die Großmethode Gruppenpuzzle an sich vorstellen (Ziele, verschiedene Phasen, Visualisierungssymbole ...);
- die gegenüber dem »normalen« Unterricht veränderten Schüler- und Lehrerrollen erläutern;
- auf die Bedeutung der Selbstüberprüfungen und auf die Verantwortung jedes Einzelnen für den Erfolg aller hinweisen.

Klare Struktur, Visualisierung

Da die Schüler in der Einführungsphase eines jeden Gruppenpuzzles sehr viele Informationen, die wesentlich für das Gelingen sind, in kurzer Zeit aufnehmen müssen, ist die Einführung stets klar zu strukturieren und der Sicherung der vermittelten Informationen große Bedeutung beizumessen. Möglichst alle Bemerkungen sollten visualisiert werden (z. B. durch Plakate oder TB, verschiedenfarbige Kärtchen für verschiedene Teilgebiete, Symbole für immer wiederkehrende Arbeitsaufträge). Besonders wichtige Informationen bzgl. Aufbau, Zielen und Arbeitsweisen sollten während des gesamten Gruppenpuzzles z. B. auf Stellwänden, Korkwänden oder Merkblättern den Schülern vor Augen sein.

20 → Beispiele S. 147–163.

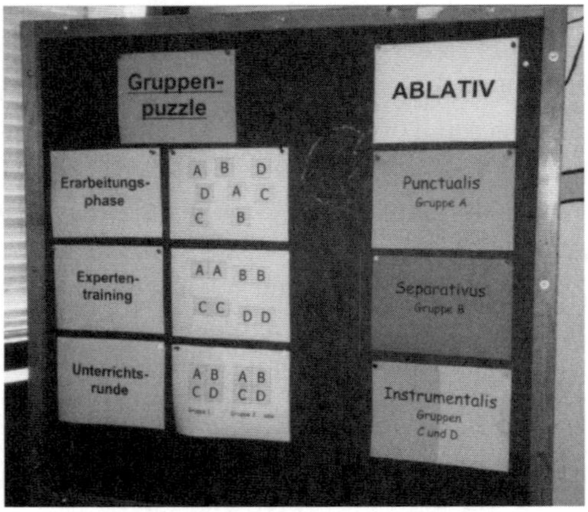

Visualisierung der Struktur eines Gruppenpuzzles auf einer Stellwand[21]

Zuordnung der Schüler zu Teilthemen

Sind die inhaltlichen und zeitlichen Vorgaben erläutert, alle Fragen der Schüler zu Aufbau, Inhalt, Medien, Lernerfolgskontrollen und zeitlichem Rahmen geklärt, werden die einzelnen Schüler bestimmten Teilthemen zugeordnet. Alle Schüler, die sich mit dem gleichen Teilthema (z.B. Punctualis) beschäftigen, bilden später die sog. Expertengruppe zu diesem Teilthema (→ S. 143–145). Hierzu informiert der Lehrer zunächst über die Gruppengrößen.[22] Ob sich die Schüler selbst nach Interesse, sozialen Aspekten oder anderen Gesichtspunkten einem Teilthema zuordnen oder ob der Lehrer diese Einteilung vornimmt, ist von Thema, Lerngruppe und den Vorerfahrungen abhängig.[23] Für den Erfolg ist es in jedem Falle förderlich, wenn in jeder Expertengruppe gute und sehr gute, aber auch schwächere Schüler vertreten sind. Auf diese Weise wird verhindert, dass zwischen den einzelnen Expertengruppen zu große Leistungsunterschiede entstehen, ein Teilthema u.U. mangelhaft behandelt wird oder aufgrund zu großer Unterschiede hinsichtlich des Arbeitstempos zeitliche Probleme entstehen.

(2) Aneignungsphase in EA

Sind die Schüler den einzelnen Teilthemen zugeordnet, eignet sich jeder Schüler in EA (→ Kap. 3.2.2, S. 318) anhand der Arbeitsmateria-

---

21 → Ohsiek, S. 30.

22 Zur Berechnung der Gruppengrößen → S. 136, Anm. 12.

23 Man kann die Teilthemen, Expertengruppen und Unterrichtsgruppen auch durch Losverfahren festlegen. Dazu fertigt der Lehrer entsprechend der Anzahl der Schüler verschiedenfarbige Loskärtchen an, auf denen Buchstaben notiert sind. Die Buchstaben stehen für das Teilthema/die Expertengruppe, die Farbe gibt die Zuordnung zur späteren Unterrichtsgruppe an. Beispiel für 12 Schüler, 4 Themen/Expertengruppen (A, B, C, D), 3 Unterrichtsgruppen (weiß, hellgrau, dunkelgrau):

A	A	A	B	B	B	C	C	C	D	D	D

lien, die vom Lehrer bereitgestellt wurden, den Stoff des Teilthemas an, für das er in der späteren Unterrichtsrunde (→ S. 145–146) Experte sein wird. Der Inhalt und die Methode, wie der Stoff erarbeitet werden soll, sind hierbei vorgegeben. Es besteht lediglich – sofern die Arbeitsmaterialien entsprechend gestaltet sind – die Möglichkeit, dass der Schüler einen Lernweg auswählt, der z. B. auf seinen Lerntypus zugeschnitten und ihm daher besonders sympathisch ist.[24]
Bei Schülern, die noch wenig oder keine Erfahrung mit eigenverantwortlichem Lernen haben, kann der Lehrer Tipps zur Bearbeitung des Selbststudienmaterials geben und u. U. sogar einen Vorschlag machen, welcher der angebotenen Lernwege bzw. welche Aufgaben für den einzelnen Schüler am geeignetsten scheinen. Prinzipiell sollte sich der Lehrer in dieser Phase des Gruppenpuzzles jedoch möglichst weit zurückziehen und die Schüler alleine arbeiten lassen.

Selbstüberprüfung

Am Ende der Aneignungsphase, die je nach Umfang und Schwierigkeitsgrad des Stoffes in der Regel zwischen 20 min und zwei Unterrichtsstunden dauert, prüfen die Schüler in einem kleinen Test, ob sie ihr Teilthema verstanden haben. Offene Fragen sollen zu Beginn der Expertenrunde (→ s. u.) diskutiert und geklärt werden.

Unterschiedliche Leistungsstärke und Arbeitstempo

In der Aneignungsphase kommen auch die Zusatzaufgaben bzw. -materialien (→ S. 138) zum Einsatz, die über den Lernstoff, der für alle verpflichtend ist, hinausgehen. Schüler, die sich ihr Teilthema bereits mit Erfolg angeeignet haben, können so sinnvoll beschäftigt werden. Ob die Ergebnisse zu einem späteren Zeitpunkt in das Unterrichtsgeschehen z. B. im Rahmen der Unterrichtsrunde miteinbezogen werden, hängt von Thema und Art der Zusatzaufgaben ab.

(3) Expertenrunde in »Expertengruppen«

Während in der Aneignungsphase fachliche bzw. fachmethodische Ziele im Vordergrund stehen, werden in der sich nun anschließenden Expertenrunde v. a. sozial-kommunikative Ziele verfolgt.

Klärung offener Fragen

In einem ersten Schritt klären die Experten in ihrer Gruppe Fragen, die in der Aneignungsphase offen geblieben sind, und versuchen noch bestehende Verständnisprobleme (z. B. hinsichtlich der Übersetzung) zu beheben.
Der Lehrer sollte sich hierbei möglichst zurückhalten und die Schüler allein arbeiten lassen. Selbstverständlich kann sich eine Gruppe bei un-

24 Hierin unterscheidet sich ein Gruppenpuzzle wesentlich vom Projektunterricht, bei dem die Schüler *selbst* entscheiden über Leitfragen, zu behandelnde Inhalte, Vorgehensweise in den Gruppen und mögliche Arbeitsmaterialien; → Kap. 2.4.1, S. 165–196.

überwindbaren Problemen an den Lehrer wenden und um Hilfe bitten. Dies sollte jedoch die Ausnahme bleiben. In der Regel dauert dieser erste Teil der Expertenrunde 10–20 min. Abschließend können Arbeitsergebnisse (z. B. Übersetzungen) evtl. vom Lehrer korrigiert werden, um Fehler, die trotz der Kontrolle durch die Schüler selbst noch verblieben sind, vor der Präsentation zu eliminieren.

Sozial-kommunikative Ziele

Da die Schüler in der sich anschließenden Unterrichtsrunde wieder allein »ihren« Stoff den Mitschülern, die sich mit anderen Teilthemen beschäftigt haben, weitergeben, müssen alle offenen Fragen und Verständnisprobleme eines jeden Gruppenmitglieds gelöst werden. Hierzu ist es unabdingbar, dass die Schüler einander zuhören, das eigene Problem artikulieren bzw. das eines anderen zu verstehen versuchen, Alternativen und Lösungsmöglichkeiten gegeneinander abwägen und sich gegenseitig helfen. Hier sind evtl. bestehende Ressentiments der Schüler untereinander zu überwinden. Darüber hinaus wird die Fähigkeit, fachliche Zusammenhänge zu erklären und sich in der Fachsprache zu üben, verbessert.

Vorbereiten der Unterrichtsrunde

Sind alle Fragen geklärt, bereiten die Schüler die Unterrichtsrunde vor. In der Regel überlegen sie zunächst in ihrer Expertengruppe gemeinsam, in seltenen Fällen auch jeder für sich, wie sie den Stoff, den sie sich selbst erarbeitet und in der Expertengruppe diskutiert haben, ihren Mitschülern vermitteln können. Dabei planen sie

- den Aufbau des »Unterrichts«;
- die Aktionsform (z. B. Vortrag des Experten oder »Lehrgespräch«);
- die Medien (z. B. Modelle, Folie, AB);[25]
- die Sicherung der Ergebnisse;[26]
- u. U. eine kleine Lernkontrolle für die anderen.

Die endgültige Ausarbeitung der Materialien und die Feinplanung seines »Unterrichts« leistet dann jeder Experte für sich. Dieser Teil der Vorbereitung kann auch in häuslicher Arbeit erledigt werden.
V. a. bei ungeübten Schülern empfiehlt es sich, jeder Expertengruppe, u. U. sogar jedem Schüler, einen Leitfaden für die Planung des »Unterrichts« an die Hand zu geben. Grundsätzlich hält sich jedoch auch in dieser Phase der Lehrer im Hintergrund.
Die Zeit, die für die Expertenrunde zur Verfügung steht (in der Regel zwischen einer halben und zwei Unterrichtsstunden), entnehmen die Schüler dem Zeitplan, der im Rahmen der Einführung des Gruppen-

---

25 Bzgl. der Verfügbarkeit einzelner Medien → S. 137, Anm. 14.

26 Mögliche Vorgaben seitens des Lehrers bzgl. einer Ergebnissicherung sind hierbei zu berücksichtigen; → S. 139.

puzzles vorgegeben wurde. Ist ein Experte mit der Vorbereitung seines Unterrichts frühzeitig fertig, kann er – wie schon in der Aneignungsphase – auf die zusätzlichen Materialien zurückgreifen und die Zeit nutzen, bis die Unterrichtsrunden gestartet werden.

(4) Unterrichtsrunde in »Unterrichtsgruppen«

Zur Vermittlung des Stoffs werden nun neue Gruppen gebildet. In jeder dieser »Unterrichtsgruppen« sitzt in der Regel ein Experte pro Teilthema.[27]

Wissensvermittlung

Die Mitglieder jeder Unterrichtsgruppe sprechen sich zu Beginn kurz über die Reihenfolge der einzelnen »Unterrichtsbeiträge« ab. Anschließend unterrichtet jeder Schüler jeweils die anderen über sein Teilthema, indem er z. B.

- den Grammatikstoff, den er sich zuvor angeeignet und in der Expertenrunde vertieft hat, vermittelt;
- seine Übersetzung vorträgt oder eine Übersetzung mit seinen Mitschülern erarbeitet;
- Exkursionsplanungen präsentiert usw.

Im Anschluss an jeden »Unterrichtsbeitrag« können die Mitschüler Fragen stellen oder über die präsentierten Thesen/Planungen diskutieren. Sind besondere Maßnahmen zur Ergebnissicherung (z. B. sukzessives Ausfüllen einer Übersichtstabelle, → »advance organizer« S. 139) vorgesehen, sollten diese spätestens an dieser Stelle erledigt werden.
Nach und nach werden auf diese Weise in jeder Unterrichtsgruppe alle Teilgebiete behandelt, d. h. die einzelnen »Wissens-/Erkenntnisteile« werden wieder zu einem Ganzen zusammengesetzt – eben wie bei einem Puzzle.

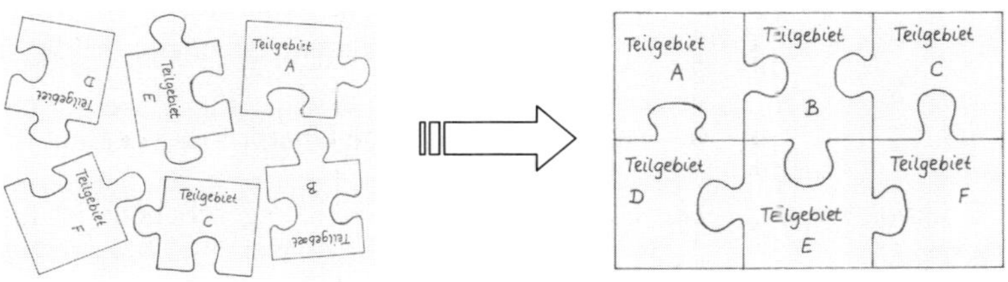

Die Unterrichtsrunde dauert in der Regel genauso lang wie die Expertenrunde.

---

27 Zur Berechnung der Anzahl der Unterrichtsgruppen und zu »überzähligen Experten« → S. 136–137, Anm. 12. Zu verschiedenen Verfahren zur Gruppenbildung → S. 142.

Lehrerrolle

Der Lehrer hat in dieser Phase des Gruppenpuzzles darauf zu achten, dass

- die Unterrichtsgruppen korrekt gebildet werden;
- evtl. fehlende Experten durch einen »überzähligen« Experten ersetzt werden;
- evtl. die Reihenfolge der »Unterrichtsbeiträge« in einer Unterrichtsgruppe geändert wird;
- die Lautstärke der einzelnen Präsentationen die anderen Unterrichtsgruppen nicht stört;
- die organisatorischen Rahmenbedingungen eingehalten werden.

Darüber hinaus steht es dem Lehrer selbstverständlich frei, sich im Wechsel zu der einen oder anderen Unterrichtsgruppe hinzuzugesellen (insbesondere wenn er die Unterrichtsbeiträge einzelner Schüler benoten will; → S. 140). Doch auch hier sollte er sich ausschließlich auf die Rolle des Zuhörers beschränken.

Frage- bzw. Vertiefungsrunde

Nach der Unterrichtsrunde kann in Ausnahmefällen eine Frage- bzw. Vertiefungsrunde im Klassengespräch eingefügt werden. Hier können offen gebliebene Fragen geklärt, Verständnisprobleme behoben und so eventuelle »Ungerechtigkeiten«, die wegen eines schlecht vorbereiteten Experten entstanden sein könnten, ausgeglichen werden. Nachteil einer solchen Runde im Klassenverband ist, dass sich nicht wenige Schüler auf diese verlassen und sich entsprechend wenig im eigentlichen Gruppenpuzzle einbringen. Die sozial-kommunikativen Ziele der Methode werden dann nicht erreicht.
Eine Vertiefungsrunde sollte nur dann durchgeführt werden,

- wenn mehrere Experten z. B. wegen Erkrankung ausgefallen sind und nicht durch Umorganisationen ersetzt werden konnten;
- wenn ein Thema eine zusammenfassende Betrachtung oder eine Diskussion im Klassenunterricht notwendig macht (→ Beispiel 3, S. 161–163);
- wenn eine schriftliche Überprüfung geplant ist.

(5) Evaluation der Methode

Die Evaluation des Unterrichtsgeschehens ist fester Bestandteil eines jeden Gruppenpuzzles. Eine Rückmeldung ist für Lehrer wie Schüler gleichermaßen wichtig, da

- die vom Lehrer im Vorfeld konzipierten Materialien entscheidend für den Lernerfolg der Schüler sind;
- die Schüler während eines Gruppenpuzzles ausschließlich allein oder in Gruppen arbeiten und so selbst die Verantwortung für Erfolg und Misserfolg tragen, während sich die Rolle des Lehrers auf die des Organisators bzw. stillen Beobachters beschränkt;

- die Organisationsstruktur und der Ablauf eines Gruppenpuzzles recht komplex sind;
- die Anforderungen in methodischer und sozial-kommunikativer Hinsicht bei dieser Unterrichtsmethode hoch sind.

Bei der Evaluation sind der Lernerfolg, die zur Verfügung gestellten Arbeitsmaterialien und der zeitlich-organisatorische Rahmen zu hinterfragen, aufgetretene Schwierigkeiten zu thematisieren und die Gründe für Über- oder Unterforderung einzelner Schüler zu eruieren. Neben dem Erreichen der angestrebten fachlichen Ziele sind also auch die sozial-kommunikativen und die methodischen Aspekte einer kritischen Prüfung zu unterziehen.
Grundlage der Evaluation sind stets die zu Beginn der Evaluationsphase durchgeführte Lernerfolgskontrolle (v.a. zur Evaluierung der fachlichen Ziele)[28] und Beobachtungen des Lehrers. Darüber hinaus können z.B. (anonymisierte) schriftliche und/oder mündliche Statements oder Fragebögen (v.a. zur Evaluierung der sozial-kommunikativen und methodischen Aspekte und des Zeitansatzes; → Beispiel S. 157) Aufschluss über den Erfolg des Gruppenpuzzles geben.

6. Beispiele

Im Folgenden werden einige Beispiele vorgestellt. Die Angaben zur Dauer der Gruppenpuzzles sind lediglich Anhaltspunkte; die benötigte Zeit richtet sich immer nach der jeweiligen Unterrichtssituation, der Lerngruppe und deren Vorerfahrungen.

Beispiel 1: Lehrbuchphase

Gruppenpuzzle zur Grammatikarbeit

Thema:	Semantische und syntaktische Funktionen des Ablativs[29]
Textgrundlage:	vom Lehrer verfasste Texte
Einbettung:	Vorlauf: Semantische und syntaktische Funktionen des Akkusativs, erarbeitet anhand des Textes »Bühne frei« aus dem Lehrbuch *Felix. Das Lateinbuch. Ausgabe A*, L. 68
Zeitpunkt:	Klasse 8 (viertes Lernjahr)
Zeitansatz:	7 Unterrichtsstunden

28 Zu möglichen Formen einer Lernerfolgskontrolle → S. 139–140.

29 Das Gruppenpuzzle wurde von → Christoph Ohsiek im Rahmen einer pädagogischen Hausarbeit entwickelt, durchgeführt und evaluiert. Die Beschreibung des Gruppenpuzzles basiert auf einer Zusammenfassung der Hausarbeit, die Herr Ohsiek dankenswerterweise dem Verfasser dieses Kapitels zur Verfügung gestellt hat. Auch die abgedruckten Materialien zu diesem Gruppenpuzzle basieren auf dieser Hausarbeitsreihe.

Organisation: Expertengruppen und ihre Teilthemen:
Expertengruppe A:
Punctualis (mit den Ablativi loci und temporis)
Expertengruppe B:
Separativus (mit den Ablativi separativus, originis und comparationis)
Expertengruppe C:
Instrumentalis I (mit den Ablativi instrumentalis und mensurae)
Expertengruppe D:
Instrumentalis II (mit den Ablativi sociativus, modi und qualitatis)

Zeitlicher Ablauf

1. Unterrichtsstunde:	■ Einführung in die methodische Großform allgemein und in das konkrete Gruppenpuzzle ■ Zuordnen der Schüler zu den Expertenthemen
2. Unterrichtsstunde:	Aneignungsphase (EA) (integrierte HA: Vertiefung und Vorbereitung der Expertenrunde)
3. Unterrichtsstunde:	Expertenrunde (GA): ■ Gegenseitige Hilfe/Klärung von Problemen, Vorbereitung der Unterrichtsrunde ■ (Integrierte HA: individuelle Vorbereitung der Unterrichtsrunde einschließlich Anfertigung möglicher »Unterrichtsmaterialien«)
4. Unterrichtsstunde:	Unterrichtsrunde (GA) mit Ergebnissicherung: ■ Experten unterrichten ihre Mitschüler, klären Probleme und Fragen, fassen den Lernstoff zusammen ■ Vervollständigung der tabellarischen Übersicht zu den semantischen und syntaktischen Funktionen des Ablativs
5. Unterrichtsstunde:	Vertiefungs- und Fragerunde (UG, z. T. EA/PA): ■ Einüben, Wiederholen, Lernen ■ Klärung offener Fragen und Probleme
6. Unterrichtsstunde:	
7. Unterrichtsstunde:	■ Schriftliche Überprüfung über die Inhalte der beiden letzten Stunden ■ Evaluation der Methode: Beobachtungen des Lehrers, Fragebogen, Gespräch mit der Klasse

Material und Arbeitsaufträge für die Einführung

Bunte Plakate zur Visualisierung der Struktur des Gruppenpuzzles; → Foto S. 142.

Material und Arbeitsaufträge für Aneignungsphase und Expertenrunde

Arbeitsblätter (Erklärungen, Beispiele, Übungen und Lösungen) zu der jeweiligen Funktion des Ablativs, hier als Beispiel die Arbeitsblätter der Expertengruppe B: Separativus.

Gruppe B: Separativus

Arbeitsblatt 1

Eine der drei Grundfunktionen des Ablativs ist der Separativus. Im Folgenden lernst du ihn und zwei seiner Nebenfunktionen kennen und erarbeitest dir, wie man ihn erkennt und übersetzt.

Arbeitsauftrag 1

Satz 1: Felix e templo venit. – Felix kommt aus dem Tempel.

1. Unterstreiche im lateinischen Satz den Ablativ.
2. Unterstreiche im deutschen Satz die Übersetzung des Ablativs.
3. Was gibt der Ablativ hier an?
4. Wie kann man danach fragen?

Vergleiche nun deine Antworten mit denen auf Lösungsblatt 1.

Arbeitsauftrag 2

Satz 2: Felix Roma venit. – Felix kommt aus Rom.

1. Unterstreiche im lateinischen Satz den Ablativ.
2. Unterstreiche im deutschen Satz die Übersetzung des Ablativs.
3. Was gibt der Ablativ hier an?
4. Wie kann man danach fragen?
5. Worin besteht der Unterschied zu Satz 1?

Vergleiche nun deine Antworten mit denen auf Lösungsblatt 1.

Gruppe B: Separativus

Arbeitsblatt 2

Jetzt hast du bereits die Hauptfunktion des Separativus, die Angabe des Herkommens/der Trennung kennen gelernt (Frage: Woher?). Solche Funktionen nennt man »semantische Funktionen« (Semantik: Bedeutung). Der Name des Ablativs ist abgeleitet von dem lateinischen Wort *separare:* »trennen«.
Meist steht er mit einer Präposition *(a/ab, e/ex, de)*. Bei Namen von Städten und kleinen Inseln steht keine Präposition: *Carthagine, Delphis.*
Im Folgenden lernst du zwei Nebenfunktionen des Separativus kennen.

Arbeitsauftrag 3

Satz 3: Caesar nobili genere natus est. – Caesar stammt aus vornehmer Familie.

1. Unterstreiche im lateinischen Satz den Ablativ.
2. Unterstreiche im deutschen Satz die Übersetzung des Ablativs.
3. Was gibt der Ablativ hier an?
4. Wie kann man danach fragen?

Vergleiche nun deine Antworten mit denen auf Lösungsblatt 1.

Arbeitsauftrag 4

Satz 4: Augustus clarior est Nerone. – Augustus ist berühmter als Nero.

1. Unterstreiche im lateinischen Satz den Ablativ.
2. Unterstreiche im deutschen Satz die Übersetzung des Ablativs.
3. Was gibt der Ablativ hier an?

Vergleiche nun deine Antworten mit denen auf Lösungsblatt 1.

Gruppe B: Separativus

Arbeitsblatt 3

Du hast nun zwei Nebenfunktionen des Separativus kennen gelernt.

Zu Satz 3

Die semantische Funktion dieses Ablativs ist die Angabe der Abstammung/familiären Herkunft (Frage: Woher?). Daher nennt man ihn Ablativus originis (*origo:* Herkunft, Abstammung). Auch er kann die Präpositionen *a/ab, e/ex, de* bei sich haben.

Zu Satz 4

Die semantische Funktion dieses Ablativs besteht darin, in einem Vergleich mit Komparativ die Person oder Sache auszudrücken, mit der jemand oder etwas verglichen wird (hier wird Augustus mit Nero verglichen). Man nennt ihn deshalb Ablativus comparationis (*comparare:* vergleichen).
Er steht immer ohne Präposition.

Gruppe B: Separativus

Arbeitsblatt 4

Bisher war nur von semantischen Funktionen die Rede. Was aber ist die syntaktische Funktion des Ablativs (= Funktion des Ablativs im Satz), speziell die des Separativus? Einfacher gefragt: Welches Satzglied ist der Separativus?
Antwort: Der Separativus hat die syntaktische Funktion einer adverbialen Bestimmung.

Arbeitsauftrag 5

Bearbeite die Sätze folgendermaßen:

a) Unterstreiche jeweils den Ablativ. – b) Übersetze den Satz. – c) Was gibt der Ablativ an? – d) Benenne ihn nach seiner semantischen Funktion mit dem Fachausdruck. – e) Bestimme seine syntaktische Funktion.

1. Consul cives ab hostibus patriae servavit.
2. Cicero clarior est Lactantio.
3. Graeci Troia profecti sunt.
4. Sextus omni pecunia privatus est.
5. Cicero cives a magno periculo defendit.
6. Marcus humili loco natus est.
7. Legiones diu domo aberant.
8. Nihil est bello civili[1] miserius.
9. Helvetii[2] e patria profugerunt[3].
10. Claudia mihi carior est vita mea.

[1] **bellum civile:** Bürgerkrieg
[2] **Helvetii:** die Helvetier (Gallierstamm aus dem Gebiet der heutigen Schweiz)
[3] **profugere, -fugio, -fugi:** fliehen

Vergleiche nun deine Antworten mit denen auf Lösungsblatt 2.

Gruppe B: Separativus
Lösungsblatt 1

Satz 1

1. Felix e templo venit.
2. Felix kommt aus dem Tempel.
3. Der Ablativ gibt an, woher Felix kommt.
4. Woher kommt Felix? (Aus dem Tempel.)

Satz 2

1. Felix Roma venit.
2. Felix kommt von/aus Rom.
3. Der Ablativ gibt die Stadt an, von/aus der Felix kommt.
4. Woher kommt Felix? (Von/aus Rom.)
5. Vor dem Ablativ in Satz 1 steht im Lateinischen eine Präposition, vor diesem Ablativ nicht.

Satz 3

1. Caesar nobili genere natus est.
2. Caesar stammt aus vornehmer Familie.
3. Der Ablativ gibt die Abstammung/familiäre Herkunft an.
4. Woher stammt Caesar? (Aus vornehmer Familie.)

Satz 4

1. Augustus clarior est Nerone.
2. Augustus ist berühmter als Nero.
3. Der Ablativ gibt die Person an, mit der Augustus verglichen wird. Er steht hier anstelle von *quam Nero*.

Gruppe B: Separativus
Lösungsblatt 2

1. a) Consul cives ab hostibus patriae servavit. – b) Der Konsul bewahrte die Bürger vor den Feinden des Vaterlandes. – c) Trennung – d) Abl. separativus – e) adv. Bestimmung

2. a) Cicero clarior est Lactantio. – b) Cicero ist bekannter als Laktanz. – c) Person, mit der eine andere verglichen wird – d) Abl. comparationis – e) adv. Bestimmung

3. a) Graeci Troia profecti sunt. – b) Die Griechen sind von Troja aufgebrochen. – c) Trennung – d) Abl. separativus – e) adv. Bestimmung

4. a) Sextus omni pecunia privatus est. – b) Sextus ist all seines Geldes beraubt worden. – c) Trennung – d) Abl. separativus – e) adv. Bestimmung

5. a) Cicero cives a magno periculo defendit. – b) Cicero verteidigte die Bürger vor einer großen Gefahr. – c) Trennung – d) Abl. separativus – e) adv. Bestimmung

6. a) Marcus humili loco natus est. – b) Marcus stammt (von Eltern) aus niederem Stand (eigentlich: ist von »niederem Stand« geboren worden). – c) Herkunft/familiäre Abstammung – d) Abl. originis – e) adv. Bestimmung

7. a) Legiones diu domo aberant. – b) Die Legionen waren lange von zu Hause weg. – c) Trennung – d) Abl. separativus – e) adv. Bestimmung

8. a) Nihil est bello civili miserius. – b) Nichts ist elender/unseliger als der Bürgerkrieg. – c) etwas, mit dem verglichen wird – d) Abl. comparationis – e) adv. Bestimmung

9. a) Helvetii e patria profugerunt. – b) Die Helvetier flohen aus ihrer Heimat. – c) Trennung – d) Abl. separativus – e) adv. Bestimmung

10. a) Claudia mihi carior est vita. – b) Claudia ist mir lieber/teurer als mein Leben. – c) etwas, mit dem verglichen wird – d) Abl. comparationis – e) adv. Bestimmung

Material und Arbeitsaufträge für Unterrichtsrunde und Ergebnissicherung

Tabellarische Übersicht zu den semantischen und syntaktischen Funktionen des Ablativs → advance organizer, S. 139.

Musterlösung des advance organizer						
Grp.	Hauptfunktion	Nebenfunktion	Frage	Semant. Funktion	Syntakt. Funktion	mögliche Präposition
A	Punctualis	Abl. loci	Wo?	Ortsangabe	Adv. Bestimmung oder Prädikatsnomen	*in* (u. a.)
		Abl. temporis	Wann?	Angabe des Zeitpunktes	Adv. Bestimmung	–
B	Separativus	Abl. separativus	Woher?	Angabe der Herkunft bzw. Trennung	Adv. Bestimmung	*a/ab, e/ex, de*
		Abl. originis	Woher?	Abstammung, familiäre Herkunft	Adv. Bestimmung	*a/ab, e/ex, de*
		Abl. comparationis	–	Vergleich	Adv. Bestimmung	–
C	Instrumentalis I	Abl. instrumentalis	Womit?	Angabe des Mittels/Werkzeugs	Adv. Bestimmung, Objekt im Ablativ (bei *uti, frui, fungi, potiri*)	–
		Abl. mensurae	Um wie viel?	Angabe des Maßes	Adv. Bestimmung	–
D	Instrumentalis II	Abl. sociativus	Mit wem?/ Womit?/Wie?	Angabe des Begleiters oder begleitender Umstände	Adv. Bestimmung	(meist) *cum*
		Abl. qualitatis	Von welcher Eigenschaft?	Angabe der Eigenschaft/ Beschaffenheit	Attribut oder Prädikatsnomen	–

Material und Arbeitsaufträge für Vertiefungs- und Fragerunde

Übungsblatt zu den semantischen und syntaktischen Funktionen des lateinischen Ablativs

a) Unterstreiche jeweils den Ablativ/die Ablative.
b) Übersetze den Satz.
c) Was gibt der Ablativ an?
e) Benenne ihn nach seiner semantischen Funktion mit dem Fachausdruck.
f) Bestimme seine syntaktische Funktion.

1. Basilica in urbe sita est.
2. Nihil est hieme miserius.
3. Georgius civitatem a periculo servavit.
4. Dracone nulla bestia periculosior erat.
5. Georgius regem magno gaudio affecit.
6. Georgius magna laude dignus erat.
7. Multo pulchrior est Iulia.
8. Caesar tota urbe potitus est.
9. Marcus Aurelius iure imperator factus est.
10. Temporibus antiquis multa de draconibus narrabantur.
11. Servus cum domino venit.
12. Felix humili loco natus est.
13. Iulia maxima auctoritate est.
14. Marcus cum amico abiit.

Material und Arbeitsaufträge für schriftliche Überprüfung und Evaluation

- Test: Zur Überprüfung der inhaltlich-fachlichen Kenntnisse kann z.B. eine schriftliche Überprüfung der HA angesetzt werden. Sie besteht aus vier Fragen, die sich möglichst in gleichen Anteilen auf die Themen der vier Bearbeitungsgruppen A-D beziehen. Die Bearbeitungszeit beträgt 15 min.

I.
1. Unterstreiche jeweils den Ablativ.
2. Übersetze den Satz.
3. Benenne den Ablativ nach seiner semantischen Funktion mit dem Fachausdruck.
4. Bestimme seine syntaktische Funktion.

a) Felix divitior est Marco.
b) Paulo post Georgius draconem occidit.
c) Pompeius pecunia potitus est.

II. Wann steht der Ablativus loci ohne Präposition?

III. a) Cicero vir magno ingenio est. – b) Cicero magno ingenio est.
1. Benenne den Ablativ *magno ingenio* nach seiner semantischen Funktion mit dem Fachausdruck.

2. Welche syntaktische Funktion des Ablativs liegt in Satz a, welche in Satz b vor?

IV. Nenne zwei Unter- oder Nebenfunktionen des Ablativus instrumentalis.

■ Fragebogen

Fragebogen zum Gruppenpuzzle

1. Zu den Arbeitsblättern: Konntest du alles verstehen?
   [ ] ja [ ] nein
   Wenn nein: Wo lagen deiner Meinung nach die Probleme?
2. Hast du das Gefühl, dich nun mit den Ablativfunktionen auszukennen?
   [ ] ja, auf jeden Fall [ ] ja, relativ gut [ ] eher weniger
   Warum?
3. Wie bist du mit der vorgegebenen Zeitplanung zurechtgekommen?
   [ ] gut [ ] einigermaßen [ ] nicht so gut
   Begründe deine Antwort.
4. Hast du dich wohl gefühlt bei der Arbeit in den einzelnen Gruppen?
   [ ] ja [ ] nein
   Begründe deine Antwort.
5. Vergleiche mit dem »normalen« LU.
   Hast du
   [ ] eher mehr [ ] gleich viel [ ] eher weniger
   gelernt?
   Wie konzentriert/angestrengt musstest du arbeiten?
   [ ] eher mehr [ ] gleich viel [ ] eher weniger
   als im »normalen« LU.
   Wo siehst du hierfür die Gründe?
6. Was hat dir besonders gut/gar nicht gefallen?
7. Würdest du gerne noch einmal in einer solchen Unterrichtsform lernen?
   [ ] ja [ ] nein
   Begründe deine Antwort.
8. Anregungen, Bemerkungen, Vorschläge:

Lernkontrollen

- Ausgefüllte advance organizers
- Unterrichtsgespräch in Frage- und Vertiefungsrunde

Beispiel 2: Lektürephase

Gruppenpuzzle zur sprachlichen Erarbeitung kürzerer Texte

Thema:	Catull im Widerstreit zwischen Vernunft und Gefühlen
Textgrundlage:	Catull. c. 8, 72, 75, 85
Einbettung:	Teil einer Unterrichtsreihe zu Catulls carmina mit dem Schwerpunkt »Lesbia-Gedichte«. Vorlauf: Catull. c. 1, 5, 7, 2, 3, 51, 83, 92. Nach dem Gruppenpuzzle werden die sprachlich erarbeiteten und übersetzten Gedichte zusammenfassend unter der Überschrift »Desinas ineptire – Catull im Widerstreit zwischen Vernunft und Gefühlen« in einem Rundgespräch (→ Kap. 3.3.4, S. 326) inhaltlich ausgewertet und interpretiert.
Zeitpunkt:	z. B. Klassenstufe 11
Zeitansatz:	Arbeit im Gruppenpuzzle: 4 Stunden; Inhaltliche Auswertung und Interpretation: 1 Stunde
Organisation:	Expertengruppen und ihre Teilthemen: Bei kleineren Lerngruppen (bis 14 Schüler): Expertengruppe A: Catull. c. 72 Expertengruppe B: Catull. c. 75 und 85 Expertengruppe C: Catull. c. 8 (z. T. zweisprachig) Bei größeren Lerngruppen (ab 15 Schüler): Expertengruppe A: Catull. c. 72 Expertengruppe B: Catull. c. 75 und 85 Expertengruppe C: Catull. c. 8,1–8 Expertengruppe D: Catull. c. 8,9–13 Expertengruppe E: Catull. c. 8,14–19

Zeitlicher Ablauf

1. Unterrichtsstunde:	■ Einführung in das Gruppenpuzzle ■ Zuordnen der Schüler zu den Expertenthemen
	Aneignungsphase (EA): ■ Übersetzung des Gedicht(abschnitt)s ■ (Integrierte HA: Übersetzung fertigstellen)
2. Unterrichtsstunde:	Expertenrunde (GA): ■ Korrektur der Übersetzungen (gegenseitig und durch den Lehrer) ■ Vorbereitung der Unterrichtsrunde ■ (Integrierte HA: individuelle Vorbereitung auf die Unterrichtsrunde)
3. Unterrichtsstunde:	
	Unterrichtsrunde (GA) (Integrierte HA: schriftliche Übersetzung der erarbeiteten Gedichte)
4. Unterrichtsstunde:	
5. Unterrichtsstunde:	Inhaltliche Auswertung und Interpretation der Gedichte (UG)
Am Ende der gesamten Unterrichtseinheit:	U. a. Evaluation der Methode Gruppenpuzzle

Material und Arbeitsaufträge für die Einführung

- AB »Gruppenpuzzle zu Catull. c. 8, 72, 75 und 85« o.Ä.
- Evtl.: Loskärtchen zum Auslosen der Gruppen; → S. 142, Anm. 23.

Gruppenpuzzle zu Catull, c. 8, 72, 75 und 85

Das Prinzip »Gruppenpuzzle«:

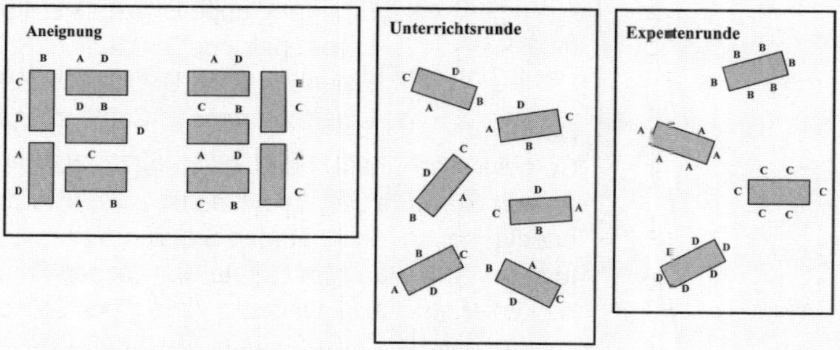

Grafische Veranschaulichung der Phasen 2 (Aneignungsphase), 3 (Expertenrunde) und 4 (Unterrichtsrunde): 24 Schüler bearbeiten hier vier Teilthemen (A, B, C, D).

Thema: »Desinas ineptire – Catull im Widerstreit zwischen Vernunft und Gefühlen«

A: carmen 72
B: carmen 75 und 85

C: carmen 8,1–8
D: carmen 8,9–13
E: carmen 8,14–19

Gruppengrößen: Jeweils 6 Schüler bearbeiten ein Gedicht/einen Gedichtabschnitt

Ablauf:
Freitag, 13.5.05: Aneignungsphase (EA):
Übersetzen Sie das Catull-Gedicht, für das Sie Experte sein werden. Falls Sie carmen 8 bearbeiten, beachten Sie bitte, dass für einen Teil des Gedichtes eine Übersetzung vorgegeben ist/dass nur ein Teil des Gedichtes von Ihnen zu übersetzen ist. Sie müssen nach dieser Phase in der Lage sein, jeden Satz vom Wortschatz und von der Grammatik her zu erklären.
HA: Schriftliche Übersetzung Ihres Gedichtes; sprachliche Kommentare/offene Fragen zu den schwierigen Stellen notieren!

Montag, 16.5. und Dienstag, 17.5. (erste Hälfte der Stunde):
Expertenrunde (alle Experten eines Gedichtes/Gedichtabschnitts bilden eine Gruppe):
Gegenseitige Korrektur der Übersetzungen; Verfassen einer gemeinsamen Übersetzung, die dem Lehrer zur Korrektur vorgelegt wird.
Vorbereitung der Unterrichtsrunde: Überlegen Sie sich, wie Sie Ihr Gedicht mit den Mitschülern erarbeiten wollen (in welchen Schritten, mit welchem Material, mit welchen Hilfen ...?).
HA: Individuelle Vorbereitung auf die Unterrichtsrunde einschließlich der Anfertigung möglicher »Unterrichtsmaterialien«.

Dienstag, 17.5. (zweite Hälfte der Stunde) und Mittwoch, 18.5.:
Unterrichtsrunde (Gruppen mit je einem Experten pro Gedicht):
Erarbeiten Sie mit Ihren Mitschülern die Gedichte in der Reihenfolge A, B, C, D, E.
HA: Schriftliche Übersetzung der erarbeiteten Gedichte (jeder!).

Donnerstag, 19.5.:
Gemeinsame inhaltliche Auswertung der gelesenen Gedichte.
Sollten Sie frühzeitig Ihre Arbeitsaufträge in den jeweiligen Phasen erledigt haben, beschäftigen Sie sich bitte mit den zusätzlich ausgelegten Materialien zum Thema. Ggf. lassen Sie Ihre daraus gewonnenen Erkenntnisse im weiteren Verlauf des Gruppenpuzzles einfließen.

Material und Arbeitsaufträge für Aneignungsphase und Expertenrunde (zusätzlich zum AB):

- Lateinischer Text des zu erarbeitenden Gedichtes mit Übersetzungshilfen (z. B. aus der verwendeten Textausgabe)
- Weitere Materialien: Sachbücher (z.B. Weeber [1993]; Weeber [2000]; Weeber [1997]); Liebesgedichte antiker und moderner Autoren (z.B. Ovid, Johann Wolfgang v. Goethe, Bertolt Brecht, ...); Literaturgeschichte; Grammatiken; Wörterbücher

Material und Arbeitsaufträge für die Unterrichtsrunde

Lateinische Texte aller erarbeiteten Gedichte und von den Schülern angefertigtes Unterrichtsmaterial.[30]

Lernkontrollen

- Besprechung der Übersetzungen mit dem Lehrer während der Expertenrunde
- Abschließende inhaltliche Auswertung und Interpretation im Rundgespräch
- Evtl. Überprüfung der Arbeitsergebnisse im Rahmen einer Kursarbeit

Beispiel 3: Lektürephase

Gruppenpuzzle zur rezeptionsgeschichtlichen Bearbeitung eines Textes

Thema: Der Mensch als »Gemeinschaftswesen«[31]
Basistext: Sen. epist. 95,51–53[32]
Zusatztexte[33]:
1) Aristot. pol. 1,1252 b-1253 a
2) Cic. rep. 1,2,39
3) Cic. leg. 1,42
4) Aug. civ. 19,24,1
5) Hugo Grotius, de iure belli ac pacis 1,1,14
6) Thomas Hobbes, Leviathan, c. 13/14
7) John Locke, Two Treatises of Civil Government II
8) Immanuel Kant, Metaphysik der Sitten, c. 62
9) Immanuel Kant, Kritik der praktischen Vernunft, A 54
10) Karl Marx, Ökonomisch-philosophische Manuskripte
11) Grundgesetz der Bundesrepublik Deutschland, Art. 1

Einbettung: Im Rahmen der Bearbeitung von Sen. epist. 95,47–59, die ihrerseits Teil einer Unterrichtsreihe zu Senecas *epistulae morales* ist. Der Basistext Sen. epist. 95,51–53 ist sprachlich und inhaltlich erarbeitet und ausgewertet. Nach dem Gruppenpuzzle und der sich anschließenden Diskussion wird die Lektüre des Briefes 95 fortgesetzt.

---

30 Z. B. Text nach der Einrückmethode aufgeschrieben, grafische Darstellung schwieriger Konstruktionen, Liste mit unbekannten Vokabeln, ...

31 Die Textzusammenstellung und die Verwendung als Gruppenpuzzle stammen von Edith Schirok, Freiburg.

32 In lateinischer Sprache.

33 Die Texte 2–4 werden in lateinischer Sprache (oder zweisprachig), die restlichen Texte in deutscher Sprache vorgelegt. Selbstverständlich kann an einem altsprachlichen Gymnasium der Aristoteles-Text auch zweisprachig behandelt werden.

Zeitpunkt:	Klassenstufe 13
Zeitansatz:	Arbeit im Gruppenpuzzle: 3 Unterrichtsstunden; Vergleich, Diskussion: 1 Unterrichtsstunde
Organisation:	Expertengruppen und ihre Teilthemen: Expertengruppe A: Zusatztext 1 Expertengruppe B: Zusatztexte 2, 3, 4 Expertengruppe C: Zusatztexte 5, 6 Expertengruppe D: Zusatztexte 7, 8, 9 Expertengruppe E: Zusatztexte 10, 11

Zeitlicher Ablauf

1. Unterrichtsstunde:	■ Einführung in das Gruppenpuzzle ■ Zuordnen der Schüler zu den Expertenthemen
	Aneignungsphase (EA) (Integrierte HA: Informationen über den Autor des jeweiligen Textes einholen)
2. Unterrichtsstunde:	Expertenrunde (GA): ■ Austausch, Korrektur und Ergänzung der Arbeitsergebnisse
3. Unterrichtsstunde:	■ Vorbereitung der Unterrichtsrunde
	Unterrichtsrunde (GA) mit Ergebnissicherung
4. Unterrichtsstunde:	■ Vergleich und Diskussion ■ Evaluation

Material und Arbeitsaufträge für die Einführung

Leitfrage für das gesamte Gruppenpuzzle und den anschließenden Vergleich der Texte: »Welche Aussagen der älteren Philosophen (Zusatztexte 1–3) finden sich im Senecatext epist. 95,51–53 wieder bzw. welche Inhalte des Senecatextes werden in den Texten aus späterer Zeit (Zusatztexte 4–11) wieder aufgenommen?«

Material und Arbeitsaufträge für die Aneignungsphase

- Leitfrage für die Bearbeitung der Zusatztexte: »Welche Thesen zum Thema ›Der Mensch als Gemeinschaftswesen‹ werden in dem von Ihnen bearbeiteten Text aufgestellt?«
- HA: »Informieren Sie sich über den Autor Ihres Textes.«
- Weitere Aufgaben/Materialien: Übersetzung von Sen. epist. 97,54 ff. oder Bearbeitung weiterer Zweittexte (z. B. des Liedtextes *Mensch* von Herbert Grönemeyer)

Material und Arbeitsaufträge für die Expertenrunde

Arbeitsaufträge zur Vorbereitung der Unterrichtsrunde:

»1. Informieren Sie Ihre Mitschüler über den Inhalt des Textes, der von Ihnen bearbeitet wurde.

2. Informieren Sie Ihre Mitschüler über den Autor des Textes/der Texte.
3. Notieren Sie die Kernaussagen des Textes auf einer Folie.«

Material und Arbeitsaufträge für die Unterrichtsrunde

Die in der Expertenrunde beschrifteten Folien

Material als Ergebnissicherung

Kopie der Folien mit den gesammelten Arbeitsergebnissen

Lernkontrollen

- Folien der einzelnen Expertengruppen
- Diskussion im Anschluss an das Gruppenpuzzle
- (Angekündigte) schriftliche Überprüfung über den Inhalt der letzten beiden Stunden oder Überprüfung im Rahmen einer Kursarbeit

Literatur

Aronson, Elliot et al.: The jigsaw classroom, Beverly Hills 1978.

Aronson, Elliot: Förderung von Schulleistung, Selbstwert und prosozialem Verhalten: Die Jigsaw-Methode, in: Huber, Günter/Rotering-Steinberg Sigrid/Wahl, Diethelm (Hg.): Kooperatives Lernen, Weinheim 1986, 48–59.

Ausubel, David Paul/Novak, Joseph D./Hanesian, Helen: Psychologie des Unterrichts. Band 1. Aus dem Amerikanischen übertragen von Walther Vontin. 3. Auflage, Weinheim/Basel 1985.

Bloom, Benjamin S.: Human characteristics and school learning, New York 1976.

Brophy Jere E./Good Thomas L./Ulich, Dieter (Hg.): Lehrer-Schüler-Interaktion, München 1984.

Endres, Wolfgang: 111 starke Lerntipps, Weinheim/Basel 2004, v. a. 48–53.

Fink, Gerhard: Who's who in der antiken Mythologie, 3. Auflage, München 2002.

Frey-Eiling Angela/Frey, Karl: Gruppenpuzzle. Ehemals: http://www.educeth.ch/didaktik/puzzle/autoren.htm bzw. http://www.educeth.ch/didaktik/puzzle/docs/puzzle.pdf, jetzt in Kurzform http://www.educeth.ch/lehrpersonen/unterrichtsmethoden/puzzle (Stand: 1. 9. 2006).

Gaßner, Jakob/Kosak, Peter/Krauß, Peter: Puellae Ovidianae (CD-ROM), Augsburg 2004.

Gaßner, Jakob/Kosak, Peter/Krauß, Peter: ROM CD ROM, Martial führt durch sein Rom, Projekt der Fachschaft Latein des Rudolf-Diesel-Gymnasiums Augsburg, Augsburg 2001 *(Beide CDs von Gaßner/Kosak/Krauß können direkt über das Rudolf-Diesel-Gymnasium, Peterhofstr. 9, 86163 Augsburg bezogen werden.)*

Glücklich, Hans-Joachim: Lateinunterricht. Didaktik und Methodik, 3. Auflage, Göttingen 1996, 57–83.

Hofmann, Judith Mathes: Gaius Nobelmann und Gaius Jedermann. Leben und Alltag im alten Rom, 2. Auflage, Weinheim/Basel 1990.

Lazarowitz, Rahel et al.: The effects of modified jigsaw on achievement, classroom social climate and self-esteem in high school science classes, in: Slavin Roberta et al. (Eds.): Learning to cooperate, cooperating to learn, New York 1985, 231–253.

Lazarowitz, Rahel: Learning biology cooperatively, in: Cooperative learning. 11 (1991) No. 3, April, 19–21.

Lundgren, Ulf P.: Frame Factors and the Teaching Process. A Contribution to Curriculum Theory and Theory on Teaching, Stockholm 1972.

Maier, Friedrich: Lateinunterricht zwischen Tradition und Fortschritt. Band 1: Zur Theorie und Praxis des lateinischen Sprachunterrichts, 4. Auflage, Bamberg 1994, 78 ff.

Mattes, Wolfgang: Methoden für den Unterricht. 75 kompakte Übersichten für Lehrende und Lernende, Paderborn 2003, 37.

Meincke, Werner: Handreichungen zur Satz- und Texterschließung im Lateinunterricht, in: AU 4/1993, 69–84.

Ohsiek, Christoph: Erprobung der methodischen Großform »Gruppenpuzzle« am Beispiel der syntaktischen und semantischen Funktionen des lateinischen Ablativs in einer 8. Klasse des Altsprachlichen Gymnasiums. Pädagogische Hausarbeit im Fach Latein, Kaiserslautern 2003.

Paradies, Liane/Linser, Hans J.: Üben, Wiederholen, Festigen. Praxishandbuch für die Sekundarstufe I und II, Berlin 2003.

Schwab, Gustav/Blunck, Hans Friedrich: Die schönsten Sagen des klassischen Altertums, Bayreuth 2001.

Waiblinger, Franz-Peter: Prima lectio. Erste lateinische Lesestücke, München 1992.

Webb, Noreen M.: Student interaction and learning in small groups: a research summary, in: Slavin Roberta et al. (Eds.): Learning to cooperate, cooperating to learn, New York 1985, 147–172.

Weeber, Karl-Wilhelm: Alltag im Alten Rom. Das Landleben, München/Zürich 2000.

Weeber, Karl-Wilhelm: Alltag im Alten Rom. Das Leben in der Stadt. 7. Auflage München/Zürich 1993.

Weeber, Karl-Wilhelm: Flirten wie die alten Römer, München/Zürich 1997.

Wirth, Theo: advance organizer und Puzzlearbeit – Methodische Varianten für den Grammatikunterricht, in: Heilmann, Willibald/Nickel, Rainer u. a. (Hg.): Der Altsprachliche Unterricht Latein/Griechisch. Anregungen zum Sprachunterricht. AU 2/2001, Velber 2001, 36–43.

AU 3/2003: Übersetzen.

Ausführungen zur methodischen Großform Gruppenpuzzle finden sich auch unter:

http://www.swisseduc.ch/

2.4 Projektartige Unterrichtsformen

2.4.1 Projektunterricht und seine Abstufungen

Projektunterricht ist eine methodische Großform, bei der ein bestimmtes Thema in weitgehender Eigenregie von den Schülern erarbeitet und am Schluss anhand eines selbst erstellten Produktes präsentiert wird.

1. Einführung in die methodische Großform »Projektunterricht«
   - Definition
   - Zeitpunkt, Einbettung in den Unterricht und Zeitansatz
   - Voraussetzungen
2. Ablauf eines Projektes in vier Phasen
   (1) Vorlauf: Festlegen des Projektthemas
   (2) Planung: Erstellen von Arbeitsplänen
   (3) Durchführung: Arbeit in Kleingruppen und Präsentation(en) im Plenum
   (4) Auswertung/Reflexion von Inhalt und Organisationsform des Projekts; Benotung
3. Projektunterricht im Schulalltag
   - Projekt**orientierter** Unterricht als Abstufung des »reinen« Projektunterrichts
   - Innovative Organisationsmodelle für den Projektunterricht
4. Beispiele
   - Fächer verbindendes Projekt in der 12. Jahrgangsstufe: »Die Welt der Atome«
   - Fächer verbindendes Projekt in der 11. Jahrgangsstufe: »Weltbilder, Sterne und ihre Mythen«
   - Fachübergreifendes Projekt in der 9. Jahrgangsstufe: *Vulgata*

1. Einführung in die methodische Großform »Projektunterricht«

Definition

Projektunterricht ist eine (besondere) Unterrichtsform, in der über einen bestimmten Zeitraum hinweg meist mehrere Fächer unter einem von Schülern und Lehrern gemeinsam formulierten (Projekt-)Thema zu einer Einheit verschmelzen[1]. Die Beteiligten entwickeln hierzu eine oder mehrere Leitfragen, die im Verlauf der UE beantwortet werden sollen. Sie erstellen eines oder auch mehrerer Arbeitspläne (→ Beispie-

---

1 Häufig treten daher auch die Begriffe Fächer verbindend oder fachübergreifend zur Beschreibung der Unterrichtsform solcher Unterrichtsreihen hinzu
→ Zur Differenzierung dieser Begriffe den Lehrplan Latein Rheinland-Pfalz. Grund- und Leistungsfach, Jahrgangsstufen 11 bis 13 der gymnasialen Oberstufe (Mainzer Studienstufe), Mainz 1998, 53.

le S. 169–170 und 172), beschäftigen sich arbeitsteilig mit der Lösung und vermitteln ihre Ergebnisse den Mitschülern. Die Einzelergebnisse werden meist in einem gemeinsamen Produkt zusammengefasst und in der Regel zum Abschluss des Projektes einer größeren Öffentlichkeit präsentiert. Während des gesamten Projektes werden Arbeitspläne und Ziele ständig überprüft, den Bedürfnissen angepasst und nach Abschluss des Projektunterrichts zusammen mit den Projektergebnissen evaluiert.

Zeitpunkt und Einbettung in den Unterricht

Ein Projekt kann in jeder Klassenstufe als selbstständige Einheit, aber auch als Teil einer übergreifenden Unterrichtsreihe gestartet werden. So ist das S. 184–189 vorgestellte Projekt »Welt der Atome« zwar als selbstständige Einheit geplant und auch realisiert worden, es könnte aber auch Teil einer umfassenderen Lukrez-Lektüre sein. Auch ist z. B. ein Projekt »Römisches Kochen« als Ergänzung zur Lektüre von Petrons *Cena Trimalchionis* denkbar, sicherlich aber auch Gewinn bringend im Rahmen einer Projektwoche als selbstständiges Thema zu behandeln. Ob nun eine Projektphase

- am Anfang bzw. Ende eines Schul(halb)jahres,
- im Rahmen von zentral vorgegebenen Projektwochen,
- individuell auf eine Lerngruppe abgestimmt

initiiert wird, hängt ab von

- dem Projektthema,
- den Vorerfahrungen der Beteiligten,
- dem »Projektklima« der Schule, ob also Projektarbeit fest etabliert ist oder eher die Ausnahme bildet,
- von den Vorlieben der beteiligten Lehrer und Schüler,
- aber auch vom Unterrichtsgeschehen selbst (→ S. 168 »Bezug zu den Interessen der Beteiligten«).

Zeitansatz

Zeitlich variieren Projekte von wenigen Stunden (→ Projekt *Vulgata*, S. 193–194) bis hin zu mehreren Wochen (→ Projekt »Die Welt der Atome«, S. 184–189). Das Alter der Schüler, v. a. das zu behandelnde Thema und die äußeren Rahmenbedingungen (z. B. Länge einer Projektwoche, Projekttage, Möglichkeiten eines Blockunterrichts [→ S. 181–182]) bestimmen hierbei meist den zeitlichen Umfang.

Voraussetzungen

In jedem Fall sollten im Vorfeld eines Projekts in kleineren, projektorientierten Unterrichtsphasen (→ S. 179–181) intensiv eingeübt sein:

- Selbstständiges Arbeiten alleine wie in Gruppen (→ Kap. 3.2, S. 318–320), insbesondere im Umgang mit Texten bzw. Sekundärliteratur oder bei der Planung der Arbeit und der anschließenden Realisierung

- Handlungs- und produktionsorientierter Literaturunterricht (→ Kap. 2.2.1, S. 14–31)
- Beschaffung von Informationen in Bibliotheken und Internet (→ Kap. 3.4.5, S. 336)
- Aufbereiten und Präsentation von Arbeitsergebnissen (→ Kap. 3.3.1, S. 323)
- Kommunikationstechniken wie E-Mail, individuell eingerichtete Chatrooms, Gesprächsführung und Diskussionskultur

Ohne diese Vorkenntnisse bzw. Kompetenzen kann Projektarbeit schwer gelingen und stellt nur selten für die Beteiligten einen Gewinn dar. Es bedarf daher über einen längeren Zeitraum hinweg eines intensiven Trainings der genannten Fertigkeiten und Kompetenzen, ehe ein Projekt in der Form, wie sie die Definition (reinen) Projektunterrichts S. 165 beschreibt, gestartet werden sollte. Eine Möglichkeit zum Aufbau der notwendigen Kompetenzen ist, wie bereits erwähnt, der projekt*orientierte* Unterricht (→ S. 179).

2. Ablauf eines Projektes in vier Phasen

Jedes Projekt durchläuft vier Phasen:

Vier Phasen

(1) Vorlauf: Festlegen des Projektthemas
(2) Planung: Erstellen von Arbeitsplänen
(3) Durchführung: Arbeit in Kleingruppen und Präsentation(en) im Plenum
(4) Auswertung/Reflexion von Inhalt und Organisationsform des Projekts; Benotung

(1) Vorlauf: Festlegen des Projektthemas

Mehrere Tage, u. U. sogar Wochen, vor dem Start des eigentlichen Projektunterrichts[2]

- einigen sich Schüler zunächst auf ein Projektthema (z. B. »Die Welt der Atome«);
- entwickeln sog. Leitfragen, die das ganze Projekt begleiten (z. B. »Was verbirgt sich hinter dem Begriff ›Atome‹ (Definitionen)?«, »Wie sehen Atome aus?«, »Welche Eigenschaften haben Atome?«);
- formulieren bzw. benennen erste Inhalte und Ziele (z. B. »Lukrez, *De rerum natura*«, »Die griechischen Atomisten« bzw. »Erkenntnisse moderner Atomphysik«).

---

2 Der Lehrer hat so auch Zeit, sich selbst auf das Projekt einzustellen, organisatorische Aspekte zu klären, evtl. Impulse auszuarbeiten. Zur Lehrerrolle → S. 171.

Bezug zu Lehrplan und Interessen der Beteiligten

Orientierungspunkte sind hierbei

- die Lehrpläne;
- soweit möglich gesellschaftliche Probleme und Fragestellungen;
- v. a. aber die Fragen und Interessen der Beteiligten.

Der zuletzt genannte Punkt ist oft für die Motivation der Schüler, engagiert am Projekt mitzuarbeiten, und damit für den Erfolg des Projektes von wesentlicher Bedeutung. Schüler sollten daher stets im Vorfeld eines Projektes bei der Themenfindung einschließlich der Formulierung eigener Projekt-/Leitfragen und der Erarbeitung bzw. Benennung möglicher Ziele in hohem Maße miteinbezogen werden. Im Idealfall ergeben sich unmittelbar aus dem »normalen« Unterricht heraus Projektideen (zuweilen auch bereits mögliche Leitfragen), die dann in Projektarbeitsphasen realisiert werden.

Interdisziplinarität

Darüber hinaus stellt sich durch dieses offene, an den Interessen der Beteiligten orientierte Herangehen im Vorfeld eines Projektes auch die grundsätzlich anzustrebende Interdiszplinarität eines Projektes organisch ein. Denn die gemeinsame Formulierung und Bearbeitung der Leitfrage(n) sowie das Benennen möglicher Inhalte und Ziele, die im Verlauf des Projektes erreicht werden sollen, macht das Miteinbeziehen anderer Fächer (z. B. Geschichte, Religion, Kunst, Deutsch, Griechisch, Englisch, Französisch, aber auch Biologie oder Physik) aus der Sache heraus notwendig und für die Schüler unmittelbar nachvollziehbar. Dies ist für die Motivation, den Fortgang und Erfolg des Projektes von großer Bedeutung. Zugleich verhindern insbesondere die Leitfragen, dass trotz eines gemeinsamen Projektthemas die beteiligten Fächer kontraproduktiv lose und ohne Bezug nebeneinander stehen. Die Bearbeitung der Leitfragen führt zusammen mit der Produktorientierung, die im Rahmen der Projektarbeit stets anzustreben ist (→ S. 175), wie ein »roter Faden« durch das gesamte Projekt und lässt die beteiligten Fächer zu einer Einheit verschmelzen. Selbstverständlich kann oder muss in bestimmten Phasen des Projektes das eine oder andere Fach jeweils eine Leitfunktion einnehmen (→ Übersichtsplan: Projekt »Die Welt der Atome«, S. 184–185).

(2) Planung: Erstellen von Arbeitsplänen

Ausgehend von diesen Leitfragen planen die Schüler zu Beginn des eigentlichen Projektunterrichts ihre Arbeit in weitgehender Eigenverantwortung. Hierzu

- planen sie selbstständig die Großschritte;
- erstellen ein (grobes) Zeitraster;
- formulieren Arbeitsaufträge und bündeln diese thematisch bzw. ordnen sie den Leitfragen zu;

- stellen erste Überlegungen an, welche Informationen und Arbeitsmittel, die zur Lösung des Problems notwendig sind, beschafft werden müssen;
- benennen erste Ideen für das bzw. die zu herzustellenden Produkte sowie für die Präsentation innerhalb der Lerngruppe, u. U. auch vor einer größeren Öffentlichkeit (wie z. B. der Schulgemeinschaft);[3]
- bestimmen die Zahl der Arbeitsgruppen entsprechend den Arbeitsaufträgen, die im Rahmen des Projektes bearbeitet werden sollen;
- ordnen sich selbst den Kleingruppen nach Interesse und Neigung zu;
- fixieren ihre Überlegungen in einem Arbeitsplan für die gesamte Lerngruppe, aus dem hervorgeht, wer was wann wo macht und wie die Arbeit/die Arbeitsergebnisse überprüft werden können.

Arbeitsplan zur Organisation des Gesamtprojektes »Die Welt der Atome«:

Planung des Projektverlaufs[4]

Wann?	**Was?**	**Wer?**	**Wo?**	**Kontrolle?**
04.01.–05.01.	Annäherung an das Thema	Alle Schülerinnen (Plenum-/EA)	Kursraum	Planungsübersicht für das Projekt
06.01.–21.01.	Lukrez, *De rerum natura* ■ Definition, Namen, Aussehen ■ Fundamentalsätze ■ Atomeigenschaften	 ■ Alex, Klaudia, Heike, Beate, Tina ■ Sandra, Nicole, Schakeela ■ Annette, Jenny, Diana, Juliane	Kursraum zu Hause	Präsentation für jeweils andere Gruppen (Übersetzungen, Modelle?!)
22.01.	Präsentationen			

3 Hierzu ist meist eine erneute Planungsphase einschließlich der Erstellung eines (zweiten) Arbeitsplans für die Präsentation (→ Beispiel S. 186–188) notwendig.

4 Der dargestellte, endgültige Arbeitsplan ist von den Schülern mehrmals überarbeitet, insbesondere den äußeren Rahmenbedingungen immer wieder angepasst worden.

Wann?	**Was?**	**Wer?**	**Wo?**	**Kontrolle?**
	Moderne Atomphysik und Lukrez	Alle Schülerinnen ohne »Griechen«		
26.01. nachmittags	1. Teil: ■ Aussehen	■ Alex, Klaudia, Beate, Diana, Heike	Physik-Fachraum	Präsentation mit Handouts für jeweils andere Gruppen
	■ Eigenschaften	■ Nicole, Annette, Jenny, Juliane, Sandra		
	Präsentation	alle Schülerinnen des Kurses	Physik-Fachraum	
02.02. nachmittags	2. Teil: ■ Anwendungen	■ Annette, Jenny	Physik-Fachraum	Präsentation mit Handouts für jeweils andere Gruppen
	■ Grenze des Atoms	■ Juliane		
	■ Zusammensetzung	■ Nicole, Sandra		
	■ Existenz	■ Beate, Diana, Heike		
	■ Ursprung	■ Alex, Klaudia		
08.02. 5. Stunde	Präsentation	alle Schülerinnen des Kurses	Kursraum	
26.01. nachmittags und 02.02. nachmittags	Griechische Atomisten und Lukrez	Schakeela, Tina	Oberstufenbibliothek	Präsentation mit Handouts für Physik-Gruppen
10.02.	Präsentation	alle Schülerinnen des Kurses	Kursraum	
12.02. (1. und 2. Stunde)	Ethische Aspekte Vorbereitung der »öffentlichen« Präsentation[5]	alle Schülerinnen	Kursraum	Ausstellung im Schulhaus

(Projektbeschreibung S. 184–189)

5 Der Entschluss, die Arbeitsergebnisse des Projektes der Schulgemeinschaft zu prä-

Lehrerrolle

Die Rolle des Lehrers beschränkt sich hier wie auch in der Vorlauf- und der sich anschließenden Durchführungsphase in der Hauptsache darauf,

- die verschiedenen Beiträge (z. B. bei der Themenfindung und dem Erarbeiten der Leitfragen) mittels geeigneter Moderationsmethoden zu sammeln, zu bündeln und zu strukturieren;
- sofern notwendig Diskussionen im Klassen-/Kursverband zu moderieren;
- auf die Erstellung (und Einhaltung) der Arbeitspläne zu achten;
- bei projektunerfahrenen Lerngruppen zumindest bei der Erstellung des Gesamtarbeitsplans unterstützend einzugreifen;
- die äußeren Rahmenbedingungen abzuklären bzw. abzustimmen;
- auf schulinterne, v. a. auf rechtliche Bestimmungen zu achten;
- als Ansprechpartner für Eltern, Schulleitung und am Projekt beteiligte Außenstehende zu fungieren.

Vorgaben

Selbstverständlich steht es dem Lehrer trotz der anzustrebenden Selbstorganisation bzw. Selbstständigkeit der Schüler frei, organisatorische Vorgaben zu machen (z. B. das Erstellen und Kopieren aller Arbeitspläne für ihn und die jeweils beteiligten Schüler anzuordnen) oder einen zeitlichen Rahmen (z. B. im Falle einer schulweiten Projektwoche) vorzugeben. Darüber hinaus kann bzw. muss er – allerdings auf das Notwendigste beschränkte – Impulse oder Hilfestellungen in bestimmten Phasen des Projektes geben. Denn oft kann nur so einer zu großen zeitlichen Ausdehnung des Projektes entgegengewirkt oder ein von Schülern nur schwer oder gar nicht zu erarbeitendes, aber für den Erfolg des Projektes wichtiges Hintergund- oder Überblickswissen gegeben werden. Im Falle des Projektes »Die Welt der Atome« sind dies z. B. die beiden Impulse »Zusammenfassung der beiden ersten Bücher ›Lukrez, De rerum natura‹« und »Geschichte der Atomphysik« (→ S. 185–186), die den Schülern von den betreuenden Lehrern in Kopie an die Hand gegeben werden.

Arbeit in Gruppen

Sind der Gesamtarbeitsplan erstellt, die organisatorischen, rechtlichen und evtl. inhaltlichen Vorgaben/Hilfen des Lehrers gegeben, konstituieren sich schließlich auf der Basis der bisherigen Planung die Kleingruppen.
Die Schüler differenzieren den Gruppenarbeitsauftrag weiter, ordnen einzelnen Schülern Arbeitsaufträge zu und stellen erste Überlegungen

---

sentieren, reifte im Verlauf des Projektes. Erste diesbezügliche Ideen wurden notiert (z. B. »Füße«, die zur Ausstellung führten, Werbeplakate mit provokativen Zitaten wie z. B. »Das Leere existiert«, verschiedene »Hinweise zur Ausstellung« im ganzen Schulhaus). Schließlich wurde eine weitere Planungsphase beschlossen (→ Arbeitsplan zur externen Präsentation, S. 186–188).

zu möglichen Präsentationen der Arbeitsergebnisse sowohl vor der Kleingruppe als auch vor der gesamten Lerngruppe an. Hierzu erstellen die Schüler für ihre Kleingruppe jeweils einen weiteren Arbeitsplan, der wie der Arbeitsplan für das Gesamtprojekt Aufschluss über zeitliche, personelle und räumliche Vereinbarungen gibt. Solche »kleinen« Planungsphasen können sich bei großen Projekten durchaus mehrfach wiederholen. Hierbei können selbstverständlich auch die Gruppenzusammensetzungen und Inhalte, die bearbeitet werden sollen, variieren.

Arbeitsplan zur Organisation einer arbeitsteiligen GA (»Die Welt der Atome«):

Gruppe »Definition/Namen/Aussehen der Atome«				
Wann?	**Was?**	**Wer?**	**Wo?**	**Kontrolle?**
06.01.–13.01.	Teambesprechung Arbeitsaufteilung: ■ Gestalt, Vielfalt, Aussehen der Atome ■ Definition, Name, Ursprung der Atome	Tina, Heike, Beate, Klaudia, Alex Tina, Heike, Beate Klaudia, Alex	Kursraum Kursraum und zu Hause Kursraum und zu Hause	Arbeitsplan für die Gruppe Unterlagen zu den jeweiligen Stunden mitbringen
13.01.	■ Vergleich und gegenseitige Präsentationen innerhalb der Arbeitsgruppen ■ Präsentation für die jeweils andere Arbeitsgruppe	Schülerinnen der einzelnen Arbeitsgruppen Gesamte Gruppe (Tina, Heike, Beate, Klaudia, Alex)	Kursraum	Vergleich und Zusammentragen des Erarbeiteten; Handouts
15.01. und 19.01.	Vorbereitung der Präsentation im Kurs	Gesamte Gruppe	Kursraum und zu Hause	Modelle, Plakat, Handouts
22.01.	Präsentation im Kurs	Gesamte Gruppe	Kursraum und zu Hause	Modelle, Plakat, Handouts

(3) Durchführung: Arbeit in Kleingruppen und Präsentation(en) im Plenum

Die Durchführungsphase selbst ist geprägt von einem Wechsel zwischen Arbeiten im Plenum und in den Kleingruppen. Erarbeitungs-, Präsentations- und evtl. weitere Planungsphasen (→ S. 172) wechseln sich ab.

Bearbeitung der Arbeitsaufträge

Zunächst beschaffen sich die Schüler die Arbeitsmittel und Informationen, die zur Bewältigung der durch die Arbeitspläne zugeteilten Arbeitsaufträge notwendig sind, und bearbeiten diese innerhalb ihrer jeweiligen Kleingruppe selbstständig in EA, PA oder GA. Der Lernweg ist hierbei wie bereits bei den vorangegangenen Projektphasen weitgehend selbst zu finden und damit von den Schülern frei wählbar. Die Informationsbeschaffung wie auch die Arbeit in den Kleingruppen kann je nach Notwendigkeit an verschiedenen Orten im Schulhaus, aber auch außerhalb der Schule[6] stattfinden.

Vorgehensweise der Schüler in den einzelnen Arbeitsgruppen (Projekt »Die Welt der Atome«)

1. Auswahl von Textestellen aus Lukrez, De rerum natura, Buch 1 und 2, die zur Bewältigung der in den Arbeitsplänen festgelegten Arbeitsaufträge hilfreich sind[7]
   Hilfsmittel:

---

6 Bei der Arbeit außerhalb der Schule müssen rechtliche Bestimmungen (z. B. Notwendigkeit einer Einverständniserklärung der Erziehungsberechtigten) beachtet werden.

7 Folgende Textstellen sind für die einzelnen Arbeitsgruppen denkbar (sie sollten aber von den Schülern selbst gefunden werden; es widerspricht der Grundidee von Projektarbeit, wenn der Lehrer den Schülern bereits Textstellen vorgibt):
Arbeitsgruppe »Definition, Namen, Aussehen«:
1,54–61; 2,333–341; 422–568 (»Atome«) und 1,384–390; 418–429; 483–484 (»Körper/Ding«)
Arbeitsgruppe »Fundamentalsätze«:
1,149–214 (»Nichts entsteht aus Nichts.«); 215–264 (»Nichts zerfällt in Nichts.«); 329–369 (»Das Leere existiert.«)
Arbeitsgruppe »Atomeigenschaften«:
1,265–270 (»Unsichtbarkeit«)
1,485–486; 540–550 (»Unvergänglichkeit«)
1,528–539 (»Festigkeit der Atome«)
1,675–689; 992–997 (»Bewegung der Atome«, »Feurigkeit«)
2,80–166 (»Bewegung und Ursprung der Atome«, »Gewicht«, »Konsistenz«)
2,284–311 (»Gewicht«, »Bewegung«, »Beständigkeit«)
2,652–654; 660–678; 679–699 (verschiedene Atomeigenschaften)
2,730–738; 757–797 (»Farblosigkeit«)
2,842–870; 910–943 (verschiedene Atomeigenschaften)
2,991–1022 (»Himmlischer Ursprung«)
Arbeitsgruppe »Moderne Atomphysik«:
Neben den o. g. Lukrez-Stellen
2,581–588; 700–724; 991–1022; 1048–1066 (»Körper/Ding«)

- Zweisprachige Textausgabe
- Vom Lehrer ausgegebene Zusammenfassung der beiden ersten Bücher Lukrez
- Bereits vorhandene Arbeitsergebnisse aus früheren Projektteilen (→ Übersichtsplan des Projektes, S. 184–185)

2. Inhaltliche Auswertung der ausgewählten Textestellen
3. Auswahl von Kernstellen, die später den Mitschülern in Übersetzung präsentiert werden sollen[8]
4. Übersetzung dieser Kernstellen
5. Vorbereitung und Durchführung der Präsentation der Arbeitsergebnisse anhand selbst konzipierter bzw. selbst hergestellter Produkte[9] und Handouts mit Übersetzungen und Interpretationsergebnissen

Arbeitsteiliges Arbeiten

Trotz dieses arbeitsteiligen Arbeitens, das neben der Selbstständigkeit und Selbstorganisation ein konstitutives Element des Projektunterrichts ist, sind die einzelnen Schüler, aber auch die einzelnen Arbeitsgruppen durch

- das Projektthema (hier z. B. »Die Welt der Atome«),
- die Leitfragen (z. B. »Welche Eigenschaften haben Atome?« bzw. »Wie sehen Atome aus?«),
- die gemeinsamen Projektziele,
- das angestrebte Gesamtprodukt (z. B. Ausstellung, Theateraufführung, Projektzeitung),
- den Projekt-Arbeitsplan,
- die Kommunikation zwischen den Kleingruppen,
- die gemeinsamen Plenumsphasen, in denen über den Stand der Arbeit oder neu aufgetretene Probleme/Fragen berichtet wird,

eng miteinander verbunden. Obwohl sich jede Gruppe, jeder Schüler mit einem anderen Teilaspekt, einem anderen Teilproblem beschäftigt, arbeiten dennoch alle an einem gemeinsamen Thema, auf ein oder auch mehrere gemeinsame Ziele hin.

Informationsphasen

Als sehr nützlich erweisen sich hierbei regelmäßige, im Plenum durchgeführte Informationsphasen, z. B. zu Beginn eines Projekttages

---

Arbeitsgruppe »Griechische Atomisten«:
1,635–704 (Heraklit); 716–829 (Empedokles); 830–920 (Anaxagoras) und 1,705–714 (Widerlegung anderer Entstehungstheorien).

8 Z. B. 1,149–150; 215–216; 329–330 (»Fundamentalsätze«); 1,268–270; 540–550; 992–997 und 2,737–738; 842–846; 910–911 (»Eigenschaften«); 2,444–463 (»Aussehen«); 1,54–61; 483–486; 992–997 und 2,581–588 (»Lukrez und die moderne Atomphysik«).

9 In der Gruppe »Aussehen der Atome« z. B. Modelle, in der Gruppe »Eigenschaften« z. B. verschiedene »Versuche« (Mischen von Farben, Bauen mit Legosteinen).

oder einer Projektstunde, in denen über den Stand der Arbeit (z. B. in den einzelnen Kleingruppen) oder evtl. aufgetretene Probleme gesprochen wird. Leicht können hier auch notwendige Absprachen zwischen den Gruppen getroffen werden. Zugleich besteht die Möglichkeit, in solchen Phasen die Arbeitspläne immer wieder zu überprüfen, bei Bedarf zu ergänzen oder abzuändern. Sollten größere Probleme auftreten oder während der Arbeit weitere Abstimmungen zwischen den Kleingruppen notwendig sein, kann man selbstverständlich solche Klassengespräche zu jedem Zeitpunkt zusätzlich einschieben. Neben den Arbeitsplänen können von den einzelnen Schülern oder auch von einer Gruppe geführte Projekttagebücher sehr hilfreich sein, da sie die Schüler dazu anhalten, sich Probleme bewusst zu machen und diese präzise zu formulieren, ehe sie im Plenum verbalisiert und diskutiert werden.

Präsentationen

Die Arbeitsergebnisse jedes Einzelnen werden zunächst in der Kleingruppe anhand geeigneter Medien, z. B. anhand von Folien, Bildern, Modellen, Präsentationsprogrammen oder auch anhand von selbst hergestellten Produkten (z. B. Atommodelle nach Lukrez, selbst zubereitete Speisen, Rollenspiele) präsentiert. Die Kleingruppen wiederum präsentieren im Plenum den restlichen Mitschülern die zusammengefassten Gruppenarbeitsergebnisse. Wie in einem Puzzle ergibt sich aus vielen kleinen Einzelergebnissen schließlich das Gesamtergebnis des Projektes. Dieses Gesamtergebnis kann einer größeren Öffentlichkeit vorgestellt werden, indem z. B. eine Ausstellung der hergestellten Produkte, eine Bildergalerie (evtl. begleitet von einer Projektmappe oder -zeitung), eine Theateraufführung o. Ä. organisiert wird.

Handlungsorientierung

Folge dieses »Präsentationszwangs« und der damit einhergehenden Produktorientierung ist eine starke Handlungsorientierung und das Einbeziehen vieler Sinne bei der Lösung der Projektfragen, da die Schüler Produkte selbst erstellen und häufig etwas sehen, hören oder auch (er)fühlen.

Verantwortung

Wichtig in der Durchführungsphase eines Projektes ist es, dass jeder einzelne Schüler sich seiner Verantwortung für den Erfolg oder Misserfolg des Projektes bewusst ist. Fehlt ein Teilchen im Puzzle, so ergibt sich kein Gesamtbild. Fehlen die Ergebnisse einer Gruppe oder auch nur eines Schülers oder sind diese mangelhaft, trägt das Gesamtergebnis einen nicht unwesentlichen Schaden davon. Das Einhalten der Arbeitspläne, die gewissenhafte Bearbeitung der Arbeitsaufträge, eine ansprechende Präsentation der Arbeitsergebnisse wie auch die Arbeit an dem gemeinsamen Produkt sind daher unabdingbar; dies sind Forderungen, die jeder Schüler an sich selbst und die die Gesamtgruppe (und u. U. der Lehrer) an jeden einzelnen Schüler stellen muss. Auch hier kann das bereits erwähnte Projekttagebuch wertvolle Dienste für den einzelnen Schüler, die Kleingruppen und die gesamte Lerngruppe leisten, indem z. B. bei größeren Projekten individuelle Tagespläne aufgestellt werden und deren Einhaltung am Ende des Tages überprüft wird. Auch können die Schüler darin ihre Befindlichkeiten zum Ausdruck bringen, um sie später ggf. in Diskussionen einzubringen.

Sozialkommunikative Kompetenz

Die Erweiterung sozial-kommunikativer Kompetenzen ist somit ein weiteres wesentliches Merkmal und Ziel des Projektunterrichts. Die Fähigkeit bzw. deren Verbesserung,

- Verantwortung für das eigene Tun wie für die ganze Gruppe zu übernehmen,
- sich mit anderen angemessen auszutauschen,
- sich mit anderen auf ein gemeinsames Ziel zu einigen und zu kooperieren,
- Probleme zu artikulieren und möglichst einvernehmlich zu lösen,
- evtl. Kompromisse einzugehen, um das gemeinsame Ziel zu erreichen,
- Kritik zu äußern und anzunehmen,
- Vereinbarungen einzuhalten,
- Techniken zu erlernen bzw. einzuüben, um die Arbeitsergebnisse Gewinn bringend zu präsentieren,
- die eigene Leistung wie auch die anderer kritisch zu hinterfragen und zu beurteilen,

sind neben den fachlichen Zielen wesentliche Lernziele, die mit Projektunterricht verfolgt werden.

(4) Auswertung/ Reflexion

In der letzten Phase eines Projektes wird die jeweils gewählte Organisationsform (→ S. 181–183), die Planung und der Verlauf des Projektes reflektiert – auch wenn es in einer abgestuften Form durchgeführt wurde (→ Stichpunkt »Projektorientierter Unterricht«, S. 179). Die Projektergebnisse werden ausgewertet.
Hierbei sollten neben den fachlichen und organisatorischen auch die methodisch-strategischen, die sozial-kommunikativen und die affektiven Aspekte des Projektes Berücksichtigung finden.
Bei der Auswertung bringen sich alle am Projekt Beteiligten, Schüler wie Lehrer, gleichermaßen ein. Insbesondere sollte den Schülern Gelegenheit gegeben werden, ihre eigene Arbeit bzgl.

- der Planung,
- der einzelnen Arbeitsergebnisse,

- der Produkte,
- der Präsentationen,
- der erfüllten bzw. nicht erfüllten Erwartungen,
- des Lernerfolgs,
- der Aufwand-Nutzen-Relation,
- der Kooperation in den Kleingruppen, zwischen den Kleingruppen und zwischen der gesamten Lerngruppe und den Kleingruppen,
- des Arbeitsklimas

zu beurteilen. Dazu bietet sich die Bearbeitung eines (anonym ausgefüllten) Fragebogens an (→ Beispiel S. 188–189).
Die inhaltlich-fachlichen Aspekte können darüber hinaus anhand einer Klassen- oder Kursarbeit oder eines Tests überprüft und bewertet werden.[10]
Ein Gedankenaustausch, an dem nach Möglichkeit alle Beteiligten teilnehmen, sollte die Reflexionphase und damit auch das Projekt abschließen. Grundlage eines solchen Gesprächs können sein:

- Die Ergebnisse des Fragebogens
- Die Beobachtungen der beteiligten Lehrer
- Bemerkungen und Reaktionen Außenstehender (z. B. der Besucher einer Ausstellung oder einer Theateraufführung)
- Schriftlich im Vorfeld des Gesprächs formulierte und spontan im Klassengespräch geäußerte Schüler-Statements
- Ergebnisse einer Klassen-/Kursarbeit oder eines Tests

Sowohl Schwachstellen und Defizite, an denen weitergearbeitet werden muss, als auch positive Aspekte und Erfolge können durch eine solche Evaluierungsphase allen Beteiligten bewusst gemacht werden. Entsprechende Beobachtungen und Ergebnisse können dann in späteren Projekten oder auch im Rahmen anderer offener Unterrichtsformen, wie LZ-Arbeit (→ Kap. 2.3.1, S. 63–89) oder Handlungs- und produktionsorientierter Literaturunterricht (→ Kap. 2.2.1, S. 14–31), wieder aufgegriffen und weiterentwickelt werden.

Benotung

Projektarbeit zu benoten ist – vielleicht mit Ausnahme der fachlich-inhaltlichen Ziele – eine schwierige Aufgabe, da viele Prozesse und Leistungen »von außen« nur schwer zu bewerten und Produkte häufig in Teamwork entstanden sind. Dennoch wird eine Benotung oft von den Schülern gewünscht, das Arbeiten soll sich ja lohnen. Auch die Lehrer möchten bei Projekten, die sich über einen langen Zeitraum erstrecken, eine solch lange Unterrichtsphase nur ungern notenlos vorübergehen lassen. Eine Benotung ist jedoch keineswegs zwingend.

---

10 Bzgl. der Benotungsproblematik → s. u. sowie → S. 179.

Vereinbarungen über Beurteilung

Entscheidet sich der Lehrer oder noch besser die Lerngruppe zusammen mit dem Lehrer für eine Bewertung der Ergebnisse der Projektarbeit oder sogar der Arbeit der einzelnen Schüler in den Gruppen (durch die Schüler selbst?), sollten unbedingt *vor* Beginn der Arbeit Vereinbarungen über Art und Umfang der Beurteilung getroffen werden.

Transparenz bei der Bewertung

Bei der Bewertung sind eine äußerst behutsame Vorgehensweise und absolute Transparenz notwendig. Man sollte außerdem darauf achten, dass nicht die Motivation und Gruppendynamik, die einer Projektphase entspringen, durch eine zu große Konzentration auf Noten zunichte gemacht werden. Auch die Bereitschaft, sich auf neue Dinge einzulassen – z. B. ein Präsentationsprogramm zu erproben oder einen Comic zu gestalten o. Ä. –, darf auf keinen Fall durch Notendruck gehemmt werden.

Grundlagen für die Benotung

Als Grundlage für die Benotung können die Arbeitsergebnisse (z. B. angefertigte Übersetzungen, Handouts, ...), die Präsentationen der gesamten Gruppe, aber auch die Einzelleistungen, z. B. im Rahmen der Präsentation, dienen. Folgende Aspekte können dabei eine Rolle spielen:

1. Übersetzung
   - Richtigkeit
   - Vollständigkeit
   - Abzug bei Übernahme einzelner oder ganzer Abschnitte aus einer Übersetzung
2. Handout
   - Fachliche Richtigkeit
   - Vollständigkeit
   - Inhalt
   - Gliederung/Folgerichtigkeit
   - Formales (Rechtschreibung/Zeichensetzung/Lesbarkeit/Darstellung)
3. Produkt
   - Fachliche Richtigkeit bzw. Angemessenheit
   - Originalität
4. Präsentation
   - Fachliche Richtigkeit
   - Vollständigkeit
   - Inhalt/Auswahl des Vorgestellten
   - Aufbau/Folgerichtigkeit
   - Verständlichkeit/Klarheit/Art der Darstellung/Medieneinsatz
   - Fachgespräch im Rahmen der Diskussionsrunde
5. Arbeit in den Gruppen
   - Einsatzbereitschaft der einzelnen Gruppenmitglieder
   - Zuverlässigkeit der einzelnen Gruppenmitglieder
   - Qualität der Beiträge der einzelnen Gruppenmitglieder
   - Teamfähigkeit der einzelnen Gruppenmitglieder

Klassen-/Kursarbeit/Test/...

Soll eine Überprüfung, eine Klassen-/Kursarbeit oder ein Test über die Arbeitsergebnisse geschrieben werden, müssen vor der Projektarbeit Art und Umfang der Überprüfung geklärt werden. In diesem Falle sollte jede Arbeitsgruppe verpflichtet werden, ihre Ergebnisse in Handouts zusammenzufassen und für alle Mitschüler zu kopieren. Unbedingt ist darauf zu achten, dass nicht einzelne Schülergruppen Vorteile bzw. Nachteile haben, weil ein bestimmtes Teilthema des Projekts den Schwerpunkt der Überprüfung bildet. Vielmehr müssen die Gruppenthemen gleiches Gewicht in der Überprüfung haben. Sind mehrere Lehrer an einem Fächer verbindenden Projekt beteiligt, bietet es sich an, dass jeder die sein Fach betreffenden Aufgaben in Absprache mit seinen Kollegen gestaltet, korrigiert und bewertet.

3. Projektunterricht im Schulalltag

Schwierigkeiten mit dem »reinen« Projektunterricht

Oft haben die Schüler (zuweilen aber auch die Lehrer) eine zu geringe Methodenkompetenz und/oder zu wenig Projekterfahrung, sodass die Voraussetzungen, die für das Gelingen »reinen« Projektunterrichts unabdingbar sind, nicht erfüllt sind. Die angestrebten Lernziele können dann kaum erreicht werden. Zusätzlich bereiten die individuellen Stundenpläne der Schüler (v. a. in der Sekundarstufe II) und – falls mehrere Lehrer am Projekt beteiligt sind – auch die der Lehrer sowie räumliche und zeitliche Zwänge (z. B. Belegung verschiedener Fachräume, 45-min-Rhythmus) bei der Realisierung von Projektunterricht große Probleme. Ein »reiner« Projektunterricht ist aus solchen Gründen im Schulalltag nur selten zu realisieren. Methodische Defizite müssen zuerst behutsam ab- und entsprechende Kompetenzen aufgebaut werden. Man muss immer wieder der jeweiligen Situation angepasste innovative Organisationsmodelle finden, ehe ein Projekt in der bis hierher beschriebenen Form gestartet werden kann.

Projektorientierter Unterricht als Abstufung des »reinen« Projektunterrichts

Zum Aufbau methodischer Kompetenzen, insbesondere um erste Projekterfahrung zu sammeln, sind Abstriche am Ideal des Projektunterrichts notwendig. Ein eher projekt*orientierter* Unterricht, wie ihn die Tabelle in zwei Abstufungen beschreibt,[11] sollte daher zunächst angestrebt werden, um schließlich immer mehr Aspekte des »reinen« Projektunterrichts zu realisieren. Es ist also durchaus denkbar, in vielen Fällen sogar sinnvoll, einige Aspekte eher projektorientiert, andere hingegen in der eher strengen Ausprägung zu bearbeiten.

---

11 → Münzinger, 5.

	Projektunterricht	**Projektorientierter Unterricht**		**Kein Projektunterricht**
Aspekte		**1. Abstufung**	**2. Abstufung**	
Thema/Inhalt	Schüler bestimmen das Thema und die Inhalte.	Schüler und Lehrer legen gemeinsam nach Lehrplan das Thema fest.	Schüler wählen aus vom Lehrer vorgegebenen Themen aus.	Lehrer legt das Thema alleine fest.
Materialien	Schüler beschaffen sich Materialien.	Schüler und Lehrer beschaffen zusammen Material.	Schüler wählen aus vorgegebenen Materialien aus.	Material liegt aufbereitet vollständig vor.
Arbeitsziele	Schüler formulieren Problem(e) und Ziele selbstständig.	Schüler und Lehrer legen gemeinsam Ziele fest.	Schüler wählen aus vorgegebenen Zielen einen Lernzielkatalog aus.	Ziele werden vom Lehrer festgesetzt.
Methoden	Freie Lernwegwahl durch Schüler. Arbeit auch außerhalb der Schule.	Auswahl aus angebotenen Lernwegen.	Lernwegempfehlung	Lehrer schreibt Lernweg vor.
Lerngruppe	Freie Gruppenwahl nach Interesse und Neigung/heterogen.	Gruppen homogen gebildet.	Lehrer nimmt Einfluss auf Gruppenbildung.	Keine GA.
Fächer	Mehrere Fächer verbindend,[12] mehrere Lehrer.	Ein Fach ist Pilotfach, ein oder zwei Fächer treten hinzu (fachübergreifend)[12]	Ein Fach und Ausblicke (facherweiternd).	eng fachspezifisch; nur ein Lehrer.

12 → Anm. 1, S. 165.

	Projektunterricht	Projektorientierter Unterricht		Kein Projektunterricht
Aspekte		**1. Abstufung**	**2. Abstufung**	
Beurteilung der Arbeit	Kritik an Projektplanung und -verlauf durch die Schüler selbst.	Schüler und Lehrer kritisieren gemeinsam.	Bewertung durch Lehrer wird diskutiert.	Bewertung durch den Lehrer ohne Aussprache.
»Produkt«	Produktidee durch Schüler; im Voraus geplant.	Produktidee wird von Schülern und Lehrern gemeinsam entwickelt oder Planung erst während der Arbeit durch die Schüler.	Produktidee wird von Lehrer vorgegeben; Lehrer berät bei der Realisierung.	kein Produkt.
Schülerrolle	selbstbestimmt, selbstständig/aktiv planend und durchführend.	mitbestimmend, teilweise selbstständig/aktiv arbeitend.	mitbestimmend, auswählend, aktive und passive Arbeitsphasen.	passiv, Vorgaben/Anweisungen ausführend.
Lehrerrolle	integrativ; fast ganz zurücktretend; beratend auf Wunsch; koordinierend je nach Bedarf; jedoch Aufsicht.	zurückhaltend, koordinierend, gibt Vorschläge und Hinweise.	stark strukturierend, verbindliche Empfehlungen.	stark steuernd in allen Bereichen.

Innovative Organisationsmodelle für den Projektunterricht

Neben diesen eher methodischen, u.U. auch inhaltlichen Aspekten sind der jeweiligen Situation immer wieder angepasste innovative Organsiationsmodelle zu suchen, um den zeitlichen und räumlichen Schwierigkeiten, die einem Projektunterricht entgegenstehen, zu begegnen. Diese sind insbesondere dann notwendig, wenn Projektunterricht nicht ausschließlich auf Projektwochen, wie sie an vielen Schulen am Ende des Schuljahres stattfinden, beschränkt bleiben soll.
Im Folgenden werden exemplarisch vier Modelle vorgestellt, die sich alle im Schulalltag bewährt haben. Dennoch stoßen auch diese Modelle an ihre Grenzen. Insbesondere können nicht alle organisatorischen

Probleme im Vorfeld eines Projektes ausgeräumt werden. Vielmehr bedarf es trotz der beschriebenen Umorganisation der Rahmenbedingungen einer großen Flexibilität aller an der Schule Beteiligten. Schüler wie Lehrer müssen sich bewusst sein, dass Änderungen bzgl. Organisation und Ablauf des Schulalltags (wie z.B. die Aufhebung des 45-min-Rhythmus, das Arbeiten der einzelnen Gruppen an verschiedenen auch außerschulischen Lernorten oder die fehlende Ausdifferenzierung nach Fächern) häufig mit einem erhöhten zeitlichen Aufwand gegenüber dem »normalen« Schulalltag verbunden sind.

Blockunterricht

Bei Projekten, an denen nur eine oder zwei Lerngruppen (v.a. aus der Sekundarstufe II) beteiligt sind und die sich – wie im Falle des Projektes »Die Welt der Atome« (→ S. 184–189) – direkt aus dem Unterricht heraus ergeben, hat sich sog. Blockunterricht bewährt. In Absprache mit der Schulleitung treffen sich Schüler und Lehrer an einem freien Nachmittag zum Projektunterricht, um außerhalb des 45-min-Rhythmus längere Arbeitsphasen zu schaffen oder um die Anwesenheit eines Außenstehenden (oder u.U. auch bestimmter Lehrer) zu gewährleisten. Für Schüler und Lehrer entfallen entsprechend der Länge des Blockunterrichts die vom Stundenplan für die Woche, in der er stattfindet, vorgesehenen Stunden. Blockunterricht kann je nach Bedarf zu jedem Zeitpunkt und mehrmals während eines Projektes durchgeführt werden.

Stundenblöcke

Eine weitere Möglichkeit, mit wenig zeitlichem und organisatorischem Aufwand Projektunterricht für eine Lerngruppe (v.a. in der Orientierungs- und Sekundarstufe I) zu ermöglichen, besteht darin, im Rahmen des Stundenplans Stundenblöcke für die Dauer des Projektes zu bilden. Hierzu stellen alle am Projekt beteiligten Fächer jeweils ihre Stunden zur Verfügung, in denen dann Projektunterricht stattfindet. Bedingung, dass dieses Modell funktioniert, ist eine ausreichend große Zahl von Fächern, damit genügend Stunden zur Verfügung stehen und überhaupt Blöcke gebildet werden können. Dieses Modell eignet sich wie das des »Blockunterrichts« besonders für Projekte, die sich aus dem Unterricht heraus entwickeln und/oder außerhalb vorgegebener Projektphasen stattfinden sollen. Da der »normale« Stundenplan jeder Projektstunde automatisch einen Lehrer zuweist, ist zugleich ohne zeitlichen Mehraufwand die durchgängige Anwesenheit zumindest eines Lehrers gewährleistet, was gerade in unteren Klassenstufen wünschenswert ist.
Bei beiden Blockmodellen geht die Initiative, ein Projekt durchzuführen, von den Schülern einer oder zweier Lerngruppen und/oder deren Lehrer(n) aus. Zeitliche und räumliche Organisation übernehmen ausschließlich die am Projekt beteiligten Schüler und Lehrer in Absprache mit der Schulleitung.

Projektunterrichtswochen und -tage

Häufig wird von der Schul- oder Stufenleitung für bestimmte Jahrgangsstufen, einzelne Klassen, selten für die gesamte Schulgemeinschaft unabhängig von den üblichen Projektwochen ein bestimmter Zeitraum bereitgestellt, in dem die Schüler an Projekten arbeiten. Diese sind in der Regel Lehrplan-, zuweilen auch an ein Oberthema gebundene, Fächer verbindende Unterrichtsprojekte, die die Schüler in ihrem Klassen-/Kursverband (→ Projekt *Vulgata*, S. 193–194) oder auch klassen-/kursübergreifend (→ Projekt »Weltbilder, Sterne und ihre Mythen«, S. 190–193) bearbeiten. Hier hat sich das Modell der sog. Projektunterrichtswoche oder das einzelner Projektunterrichtstage bewährt. Bei beiden Modellen entfällt für alle beteiligten Klassen/Kurse in diesem Zeitraum der Unterricht nach Stundenplan. Stattdessen arbeiten die Schüler in Projektgruppen. Schüler und Lehrer einigen sich im Vorfeld einer Projektunterrichtswoche/eines Projektunterrichtstages mit Blick auf den Lehrplan und eigene Interessen sowie unter Berücksichtigung eines vorgegebenen Oberthemas (z. B. *Bibel*) auf bestimmte Projektthemen (→ Vorlaufphase, S. 167) und wählen sich bei klassen-/kursübergreifenden Projekten ihren Neigungen und Kompetenzen entsprechend in ein Projekt ein.[13] Lehrer, die zwar in einer beteiligten Klasse(-nstufe) unterrichten, aber nicht in ein Projekt involviert sind, vertreten für die Zeit des Projektunterrichts ihre Kollegen, die in einem Projekt mitarbeiten, in deren im Stundenplan ausgewiesenen Unterricht. Auf diese Weise ist auch in Klassen/Kursen, die nicht an der Projektunterrichtswoche/am Projektunterrichtstag beteiligt sind, Unterricht möglich. Sie können in dieser Zeit z. B. vorbereitete Arbeitsblätter, einen umfangreicheren Arbeitsauftrag oder einen LZ (→ Kap. 2.3.1, S. 63–89) bearbeiten. In jedem Fall ist eine Aufsicht gewährleistet.

4. Beispiele

Im Folgenden werden beispielhaft drei Projekte[14] skizziert, die sich bzg. der Organisationsform, der zeitlichen Ausdehnung und v. a. des Realsierungsgrades des S. 165–166 beschriebenen »reinen« Projektunterrichts unterscheiden. Dem Ideal des Projektunterrichts kommt Beispiel 1 am nächsten.

Beispiel 1: Fächer verbindendes Projekt in der 12. Jahrgangsstufe: »Die Welt der Atome«

---

13 Die Begriffe ProjektUNTERRICHTswoche und ProjektUNTERRICHTstag sollen verdeutlichen, dass es eine größere Lehrplan- und/oder Themengebundenheit gibt, als dies bei Projektwochen, wie sie üblicherweise an vielen Schulen am Ende eines Schuljahres durchgeführt werden, die Regel ist.

14 → außerdem Kap. 2.5.1, S. 260–267, Beispiel 3.

Beispiel 2: Fächer verbindendes Projekt in der 11. Jahrgangsstufe: »Weltbilder, Sterne und ihre Mythen«

Beispiel 3: Fachübergreifendes Projekt in der 9. Jahrgangsstufe: *Vulgata*

Beispiel 1: Fächer verbindendes Projekt in der 12. Jahrgangsstufe

Projektthema:	»Die Welt der Atome«
Beteiligte Fächer:	Latein, Physik, Griechisch, (Bildende Kunst)
Beteiligter Kurs:	Leistungskurs Latein der Jahrgangsstufe 12 am St. Franziskus-Gymnasium Kaiserslautern[15]
Beteiligte Lehrer:	Lateinlehrer (Gesamtleitung des Projektes; Schwerpunkte Latein/Griechisch) Physiklehrerin (Schwerpunkt Physik) Griechischlehrer (Bereitstellung griechischer Texte und Beratung)
Organisationsform:	Unterricht nach Stundenplan, Blockunterricht (→ S. 182)
Textgrundlage:	Lucr. rer. nat. I und II (→ Angabe der behandelten Textstellen S. 173–174, Anm. 7 und 8)

Projektbeschreibung

Projektverlauf

2 Unterrichtsstunden:[16]	Phase 1: Vorlauf Projektwahl und Leitfragen
2 Unterrichtsstunden	Phase 2 a: Planung (1): ■ Annäherung an das Thema und Planung des Gesamtprojektes (→ Beispiel eines Arbeitsplans zur Organisation des Gesamtprojekts, S. 169–170) ■ Planung des Projektabschnitts 1 »Lukrez, De rerum natura«
1 Unterrichtsstunde	Einwahl in Arbeitsgruppen und Planung der Arbeit in den Arbeitsgruppen (→ Beispiel eines Arbeitsplans zur Organisation einer arbeitsteiligen GA, S. 172)
11 Unterrichtsstunden	Phase 3 a: Durchführung (1): Projektabschnitt 1 »Lukrez, *De rerum natura*«
1 Unterrichtsstunde	Phase 2 b: Planung (2) Projektabschnitt 2: »Moderne Atomphysik« »Die griechischen Atomisten«

15 Sechs der zwölf Schülerinnen hatten das Fach Physik nicht in der Oberstufe belegt, zwei im Grundfach und vier im Leistungsfach.

16 Diese Vorlaufphase findet drei Wochen vor Beginn der Planungsphase statt.

8 Unterrichtsstunden	Phase 3 b: Durchführung (2) Projektabschnitt 2: »Moderne Atomphysik und Lukrez« »Die griechischen Atomisten und Lukrez« Phase 4: Auswertung/Reflexion:
1 Unterrichtsstunde:	■ Fragebogen (→ Beispiel S. 188–190)
3 Unterrichtsstunden:	■ Kursarbeit
1 Unterrichtsstunde:	■ Abschließendes Evaluationsgespräch
4 Unterrichtsstunden[17]:	Vorbereitung der Präsentation im Schulhaus (→ Beispiel eines Arbeitsplans zur Organisation einer externen Präsentation, S. 186–188)

Bemerkungen

- Die Vorlaufphase, die Planungsphasen, die Durchführungsphase 3a, die Präsentation der Arbeitsergebnisse der Gruppe »Griechische Atomisten«, die Kursarbeit und das Evaluationsgespräch finden in den regulären Lateinstunden statt, die Durchführungsphase 3b in zweimaligem Blockunterricht zu je vier Unterrichtsstunden.
- Physiklehrerin und Lateinlehrer sind gemeinsam bei der Gesamtplanung des Projekts (Planungsphase 2a) sowie bei den Präsentationen der einzelnen Gruppenarbeitsergebnisse innerhalb des Kurses (in den Phasen 3a und b) anwesend. Ansonsten nimmt je nach Schwerpunkt der Projektphase entweder die Physiklehrerin oder der Lateinlehrer allein am Unterricht teil.[18]
- Die Kursarbeit wird gemeinsam konzipiert und benotet, jedoch je nach Schwerpunkt getrennt korrigiert.
- Sämtliche Planungsschritte und Entscheidungen (z. B. Setzung der inhaltlichen Schwerpunkte, Gruppenbildung, Verteilung der Gruppenarbeitsaufträge, Produkte, Präsentationsphasen, Ergebnissicherung, Ausstellung im Schulhaus ...) führen die Schülerinnen selbstständig durch.

Impulse/Hilfen/ Vorgaben durch den Lehrer

Vor Beginn der Planungsphase 2a:

Alle Schülerinnen schaffen sich die zweisprachige Reclam-Ausgabe »Lukrez, *De rerum natura*. Welt aus Atomen« (→ »Literatur«) an.
Zu Beginn der Planungsphase 2a:
Der Lehrer fasst die Ergebnisse der Vorlaufphase (Projektthema, Leitfragen) auf einem Plakat zusammen, so dass es in der Annäherungsphase u. U. ergänzt werden kann.

---

17 Die Präsentation der Projektergebnisse im Schulhaus wird in Blockunterricht zusätzlich zum regulären LU vorbereitet und realisiert.

18 Die Physiklehrerin »opfert« hierzu Freistunden und/oder lässt andere Kurse/Klassen an vorbereiteten Arbeitsblättern arbeiten. Ein Teil der Präsentation findet zusammen mit dem Physikleistungskurs, den die beteiligte Physiklehrerin führt, statt.

Vor der Planungsphase des 1. Projektabschnitts »Lukrez, De rerum natura« gibt der Lateinlehrer den Schülerinnen eine abschnittsweise Zusammenfassung des Inhaltes von Lukrez, De rerum natura, Buch 1 und 2 als Kopie.
Zu Beginn der Planungsphase 2b:
Die Physiklehrerin gibt den Schülern einen Überblick über die Geschichte der Atomphysik an die Hand und stellt einen Handapparat mit verschiedenen grundlegenden Werken zur modernen Atomphysik bereit.
Dieser Handapparat wird durch zweisprachige Reclam-Textausgaben der griechischen Atomisten ergänzt.

Beispiel eines Arbeitsplans zur Organisation einer externen Präsentation

Externe Präsentation					
Thema	**Aspekte**	**Produkte**	**Ort**	**Ausführende**	**Benötigte Materialien**
Griechische Atomisten	Überblick über die einzelnen Lehren	»Säulenhalle«, Versuche, Plakate, Bilder	Eingangshalle	Schakeela, Tina	Säulen aus Theaterfundus, 2 Tische, Bettlaken
Lukrez, *De rerum natura*	Fundamentalsätze	Banner (mit lateinischen Zitaten)	Eingangshalle	Sandra, Nicole	Befestigungsmaterialien
	Eigenschaften	Plakate (mit lateinischen Zitaten)	Eingangshalle	Jenny, Juliane, Diana	2 Stellwände, 2 Tische
	Aussehen	Modelle, Plakate (mit lateinischen Zitaten)	Eingangshalle	Klaudia, Beate, Alexandra, Tina	2 Stellwände

Thema	Aspekte	Produkte	Ort	Ausführende	Benötigte Materialien
Moderne Atomphysik	Atommodelle	Modell zur Quantenphysik	Vorraum vor Physik-Fachsälen im 2. OG	Jenny, Sandra	1 Tisch
		Modelle aus der Chemie		Schakeela, Juliane, Annette	2 Tische
		Plakate			2 Stellwände
	»Urknall«	Plakat	Vorraum vor Physik-Fachsälen im 2. OG	Alexandra, Klaudia	1 Stellwand
	Nutzen und Gefahren/ Vor- und Nachteile	Interkommunikatives Plakat	Vorraum vor Physik-Fachsälen im 2. OG	Klaudia, Alexandra	1 Stellwand
		Bilder		Nicole, Sandra, Schakeela	1 Stellwand
Verbindung der Ausstellungsbereiche	Zeitleiste (Geschichte der Atomphysik)	Rotes Band und beschriftetes Endlospapier	Treppenhaus	Juliane, Sandra, Annette	Rotes Gymnastikband; Endlospapier, Befestigungsmaterialien
	»Füße«	ausgeschnittene und auf den Boden/auf die Stufen aufgeklebte Füße	Treppenhaus	Tina, Beate, Diana	Folien, Tesa-Film, Papier (Din A4), Scheren
Hinweise auf Ausstellung	»Fragen«/ »Thesen«, die auf die Thematik und die Ausstellung neugierig machen	Kopien mit entsprechenden Fragen/Thesen	ganzes Schulhaus	Nicole, Tina, Jenny, Schakeela	Vorlagen für Kopien, Tesa-Film

Thema	Aspekte	Produkte	Ort	Ausführende	Benötigte Materialien
	Durchsage		ganzes Schulhaus/ Pforte	Alexandra, Klaudia	Text
Anmerkungen:	▪ Frö/Hü reservieren entsprechende Zahl an Stellwänden und Tischen und bitten die Hausmeister, diese an die entsprechenden Orte zu bringen. ▪ Die übrigen Materialien besorgen die Schülerinnen selbst.				

Fragebogen

Fragebogen zum Projekt »Die Welt der Atome«:

Zeitansatz: 1 Stunde
Zeitpunkt: Am Ende des Projekts
Anmerkungen: a) Fragen 1 bis 12 sind vom Lateinlehrer, Frage 13 von der Physiklehrerin konzipiert.
b) Die Auswertung ergab ein durchweg positives, z.T. sogar sehr positives Bild.

Meine Meinung zum Projekt »Die Welt der Atome«

1. Wurden die Erwartungen, die Sie an das Projekt gestellt haben, erfüllt?
2. Scheint Ihnen der Versuch, mehrere Fächer (Latein, Griechisch bzw. Philosophie, Physik) im Rahmen eines solchen Projektes miteinander zu verbinden, sinnvoll?
3. Lohnt sich Ihrer Meinung nach der Aufwand (zwei Lehrer, Projektnachmittage, Präsentationsfolien ...)?
   ☐ ja ☐ nein
   Warum?
4. Fünf Wochen an diesem Projekt zu arbeiten waren
   ☐ okay ☐ zu viel ☐ eher zu wenig
   Warum?
5. Wie empfanden Sie die Unterrichtsatmosphäre während der Arbeit am Projekt?
6. Die Arbeit in der Gruppe hat
   ☐ sehr gut ☐ gut ☐ mittelmäßig ☐ eher nicht ☐ überhaupt nicht
   geklappt. Warum?
7. Die Präsentationen waren

☐ verständlich ☐ unverständlich
☐ informativ ☐ langweilig
Die Anzahl der Präsentationen waren
☐ zu zahlreich ☐ zu wenig ☐ in Ordnung

8. Haben Sie das Gefühl,
☐ mehr ☐ weniger ☐ genauso viel
zu lernen wie im »normalen« Unterricht? Warum?

9. Haben Sie das Gefühl,
☐ mehr ☐ weniger ☐ genauso viel
gefordert zu sein wie im »normalen« Unterricht? Warum?

10. Haben Sie das Gefühl, mit der eigenverantwortlichen Planung der gesamten Unterrichtsreihe überfordert gewesen zu sein?
☐ ja ☐ z. T. ☐ nein
Warum?

11. Würden Sie gern zu einem späteren Zeitpunkt noch einmal an einem solchen Projekt mitarbeiten? Warum (nicht)?

12. Weitere Anregungen, Kritikpunkte, Verbesserungsvorschläge:

Frage 13 bezieht sich ausschließlich auf den »physikalischen Teil« des Projektes.

13. a) Ich habe Physik
☐ noch ☐ nicht mehr
belegt.

b) War der »physikalische Teil« eine sinnvolle Weiterführung des »lateinischen Teils«?
☐ ja ☐ nein
Warum?

c) Wurden die Sie interessierenden Fragen/Themen hinreichend beantwortet/erläutert?
☐ ja ☐ nein
Wenn nein, welche Fragen/Themen blieben offen?

d) Geben Sie mit wenigen Worten an, welche (neuen) Erkenntnisse Sie im »physikalischen Teil« gewonnen haben.

e) Wie schwer fiel Ihnen die Erarbeitung der physikalischen Inhalte?
☐ leicht ☐ mittel ☐ schwer ☐ zu schwer
Warum?

f) Was hat Ihnen besonders gut gefallen?

g) Wo gab es Probleme?

Vielen Dank für Ihre Mitarbeit!!!

Beispiel 2: Fächer verbindendes Projekt in der 11. Jahrgangsstufe

Projektthema:	»Weltbilder, Sterne und ihre Mythen«
Beteiligte Fächer:	Physik, Mathematik, Latein
Beteiligte Kurse:	Schülerinnen der Jahrgangsstufe 11 des St. Franziskus-Gymnasiums Kaiserslautern
Beteiligte Lehrer:	vier Lehrer, die Mathematik, Physik, Informatik sowie Latein in der Jahrgangsstufe 11 unterrichten
Organisationsform:	Projektunterrichtswoche (→ S. 183)
Textgrundlage der Mythengruppe:	■ Lateinische Texte: Ov. met. 1,113–124 (Saturnus, Iuppiter); 4, 171–189 (Venus und Mars); Hyg. fab. 130 (Icarius und Erigone) ■ Deutschsprachige Texte (u.a. aus Gustav Schwaab: Die schönsten Sagen des klassischen Alterums)

Projekt-beschreibung

Projektverlauf

4 Wochen vor der Projektunterrichtswoche

Phase 1: Vorlauf

Alle Schülerinnen der Jahrgangsstufe 11 wählen sich in eines von sechs Projekten, die von Kollegen der Jahrgangsstufe 11 angeboten werden, ein.

2 Wochen vor der Projektunterrichtswoche

Die Schülerinnen, die sich für das Projekt »Weltbilder, Sterne und ihre Mythen« entschieden haben, notieren auf DIN-A6-Zettel inhaltliche Wünsche und Fragen, die während des von ihnen ausgewählten Projektes behandelt werden sollen. Die Äußerungen werden geclustert. Es entsteht eine Ideenlandschaft, die die Schwerpunkte

- Mythen,
- Orientierung am Himmel,
- Astrologie,
- Sternentwicklung,
- Sternbetrachtung

ausweist und Grundlage für die Bildung verschiedener Arbeitsgruppen ist. Die beiden Themen »Sternentwickung« und »Sternbetrachtung« werden in einer Arbeitsgruppe zusammengefasst. Die anderen Themen werden in jeweils einer Arbeitsgruppe bearbeitet. Jeder Gruppe wird ein Lehrer als Projektbegleiter zugeordnet. Erste Planungen für eine Exkursion werden von den beteiligten Lehrern in Zusammenarbeit mit Schülerinnen, die sich im Vorfeld zur Mitarbeit bereit erklärt haben, angestellt.

Projektunterrichtswoche (→ S. 183) mit 3 Unterrichtstagen à 6 Unterrichtsstunden und einer Nacht

Phase 2: Planung

2 Unterrichtsstunden
Arbeit im Plenum:
- Einwahl der am Projekt beteiligten Schülerinnen in eine der vier Gruppen
- Grobplanung des Projektablaufs

2 Unterrichtsstunden
Arbeit in Gruppen:
- Kurzes Planungsgespräch in den Gruppen
- Recherchen in der Schulbibliothek und im Internet
- Abstimmungsgespräche der einzelnen Gruppen untereinander (z. B. zu welchen Sternbildern Mythen gesucht werden und umgekehrt)
- Erste Materialbeschaffung (In der Mythengruppe z. B. Textausgaben, mythologische Lexika, Sekundärliteratur, Wörterbücher usw.)
- Planung der GA

1 Unterrichtsstunde
Arbeit im Plenum:
- Berichte über Planung, v. a. über Inhalte, die in den Gruppen bearbeitet werden sollen
- Vorschläge zur Präsentation der Gruppenarbeitsergebnisse im Rahmen der Exkursion (z. B. dass zu zuvor am Himmel betrachteten Sternbildern Mythen vorgetragen werden)
- Organisatorische Absprachen

1 Unterrichtsstunde
Arbeit in Gruppen:
- Überarbeitung der Arbeitspläne
- In der Mythengruppe werden oben stehende lateinische Texte und weitere (deutsche) Texte von den Schüler/innen ausgewählt.

Phase 3: Durchführung

4 Unterrichtsstunden
Arbeit in Gruppen:
- Umsetzung der Planungen
- In der Mythengruppe bearbeiten die Schülerinnen, die Lateinkenntnisse besitzen, oben genannte Textpassagen, indem sie diese übersetzen, lesen üben, inhaltlich auswerten und die mythologischen Hintergründe klären. Die anderen Schülerinnen befassen sich mit deutschsprachigen Sachtexten und Erzählungen (z. B. zur Entstehung der Milchstraße) oder unterstützen die Lateinschülerinnen, indem sie mythologische Hintergründe klären, Informationen einholen usw.

2 Unterrichtsstunden

Arbeit im Plenum:

- Austausch über den Stand der Arbeit und Abstimmung der Arbeit zwischen den Gruppen
- Erstellen eines Arbeitsplans für die Exkursion, in deren Verlauf die Gruppenarbeitsergebnisse präsentiert werden sollen

5 Unterrichtsstunden

Arbeit in Gruppen:

- Weitere Arbeit am Gruppenthema
- Interne Präsentation der Arbeitsergebnisse innerhalb der Gruppen (in der Lateingruppe: Lesevorträge, Übersetzungen, mythologische Aspekte)
- Vorbereitung der Präsentation im Rahmen der Exkursion

1 Unterrichtsstunde

Arbeit im Plenum:

- Abschließende Planung der Exkursion und Abstimmung der Präsentationen (Reihenfolge usw.)

Später Nachmittag des 3. Tages bis zum Mittag des 4. Tages der Projektunterrichtswoche: Exkursion mit Präsentationen

- Ablauf:
  - Aufbau der Zelte
  - Grillen
  - Vorbereiten der Präsentationen (z. B. Aufbau eines Teleskops)
  - Präsentation der Arbeitsergebnisse

ca. 3 Stunden:

- Präsentationen:
  - Nach Einbruch der Dunkelheit präsentieren nacheinander die vier Gruppen ihre Arbeitsergebnisse auf einer Anhöhe außerhalb einer Ortsschaft in freier Natur.
  - Die Schülerinnen betrachten dabei Planeten (z. B. Venus, Jupiter mit seinen Monden), Sterne (z. B. Polarstern) und Sternbilder (z. B. Schwan, großer und kleiner Bär), erzählen dazugehörige Mythen, tragen entsprechende Hygin-Texte in lateinischer Sprache samt deutscher Übersetzung vor, orientieren sich mit Sternkarten am nächtlichen Himmel, vermitteln astronomische Daten, nennen Theorien für die Entstehung des Universums und das Leben eines Sternes und stellen schließlich Bezüge zur Astrologie her.
  - Ergebnissicherung: Handouts (z. B. mit den lateinischen Texten samt Übersetzungen, Informationen zu mythologischen Zusammenhängen, kopierte Sternkarten usw.)

Phase 4: Auswertung/Reflexion:

Grundlagen sind spontane Bemerkungen im Plenum vor der Rückfahrt und schriftliche Statements nach der Rückkehr in der Schule.

1 Woche nach der Exkursion

Nachtreffen zur Auswertung der Stellungnahmen und als Abschluss des Projekts

Beispiel 3: Projekt in der 9. Jahrgangsstufe

Projektthema:	*Vulgata*
Beteiligte Fächer:	Latein, Religion
Beteiligte Klasse:	Klasse 9 des St. Franziskus-Gymnasiums Kaiserslautern mit Latein als 2. Fremdsprache
Beteiligte Lehrer:	Der Lateinlehrer der Klasse
Organisationsform:	Projektunterrichtstag (→ S. 183)
Textgrundlage:	■ Das Kainsmal (Gen 4,2 b-16) ■ David und Batseba (2 Sam 11,2–5.14–17.26–27; 12,1–4) ■ Das Salomonische Urteil (1 Kön 3,5.9–12.16–28) ■ Der barmherzige Samariter (Lk 10,25–37) ■ Lazarus (Lk 16,19–31) ■ Der verlorene Sohn (Lk 15,11–32)

Projektbeschreibung

Ziele des Projektes:

- Einbeziehung des Fachs Latein in einen Bibelprojekttag der Schule
- Vermittlung von Kenntnissen über die Geschichte und Bedeutung der lateinischen Bibelübersetzung
- Vertiefte Beschäftigung mit zentralen Bibelstellen
- Ausloten der sprachlichen Fähigkeiten im Hinblick auf die bald einsetzende Erstlektüre
- Motivation für den Lektüreunterricht durch den Kontrast zur bisherigen Lehrbucharbeit

Projektverlauf

Phase 1: Vorlauf

Im Vorfeld des Projektunterrichtstages

Auswahl der Textpassagen durch den Lateinlehrer

Zu Beginn des vierstündigen Projektunterrichtstages

Bereitstellung der Arbeitsmaterialien mit Arbeitsaufträgen durch den Lateinlehrer; keine Vorlaufphase mit den Schülerinnen

Projektunterrichtstag mit 4 Zeitstunden

Phase 2: Planung

30 min

Arbeit im Plenum:

- Vorstellen der Texte, der Ziele und der Organisation des Projektunterrichtstags durch den Lehrer
- Jede Schülerin wählt von den angebotenen Texten einen aus, den sie im Rahmen des Projektunterrichtstags bearbeiten möchte, und bildet mit anderen Schülerinnen mit der gleichen Textwahl eine Arbeitsgruppe.

Phase 3: Durchführung

2½ Stunden

Arbeit in Gruppen:

- Übersetzung und Interpretation des gewählten Textes anhand von Leitfragen
- Korrektur der Übersetzung durch den Lehrer
- Vorbereitung einer Präsentation für die Schülerinnen der anderen Gruppen

1 Stunde

Arbeit im Plenum:

- Lehrervortrag zur Geschichte der *Vulgata*
- Gemeinsame Lektüre einer Papsturkunde von 1979 zur Neuedition der Vulgata (auf Deutsch)
- Präsentation der Gruppenarbeitsergebnisse (Teil 1)

Phase 4: Weitere Präsentationen und Auswertung im Rahmen des normalen LU[19]

3 Unterrichtsstunden

- Präsentation der Gruppenarbeitsergebnisse (Teil 2)
- Klassengespräch zu Verlauf, Inhalten und Ergebnissen des Projekts

Externe Präsentation:

Die Projektergebnisse werden zusammen mit einer kurzen Beschreibung zu Organisation und Projektverlauf im Rahmen einer Schulschrift veröffentlicht. Verantwortlich hierfür zeichnet der Fachlehrer.

Literatur

Bastian, Johannes/Gudjons, Herbert (Hg.): Das Projektbuch I. Theorie, Praxisbeispiele, Erfahrungen, Hamburg 1986.

Bastian, Johannes/Gudjons, Herbert (Hg.): Das Projektbuch II. Über die Projektwoche hinaus. Projektlernen im Fachunterricht, 2. Auflage, Hamburg 1993.

---

19 Diese Zweiteilung der Präsentationen musste wegen einer kurzfristigen Verkürzung des Projektunterrichtstags von fünf Zeitstunden auf vier Zeitstunden vorgenommen werden. Ursprünglich sollten alle Präsentationen im Rahmen des Projektunterrichtstags durchgeführt werden.

Bastian, Johannes/Gudjons, Herbert: Das Projekt: Projektunterricht, in: Pädagogik 7–8, 1993, 73 ff.

Bastian, Johannes: Freie Arbeit und Projektunterricht, in: Pädagogik 10/1993, 6 ff.

Bundesarbeitsgemeinschaft der jungen Philologen im Deutschen Philologenverband: Methodentrainung für die Schule von morgen. Kreativität und Wissen, Mainz 1999.

Dewey, John/Kilpatrick, William Heard: Der Projektplan – Grundlegung und Praxis. Herausgegeben von Peter Petersen, Weimar 1935, 85–101.

Flitzner, Andreas: Serie »praktisches Lernen«, in: Pädagogik 49/1988, Hefte 9–12.

Freitag, Christiane: Altsprachlicher Unterricht und Moderne Kunst. Lektüreprojekte, Bamberg 1994.

Frey, Karl: Die Projektmethode, Weinheim/Basel 1983.

Gudjons, Herbert: Projektunterricht begründen. Sozialisationstheoretische und lernpsychologische Argumente. Spaß in der Schule: Gut, aber nicht ausreichend, in: Bastian, Jua/Gudjons, Herbert (Hg.): Das Projektbuch II. Über die Projektwoche hinaus. Projektlernen im Fachunterricht, 2. Auflage, Hamburg 1993.

Gudjons, Herbert: Verbinden – Koordinieren – Übergreifen: Qualifizierter Fachunterricht oder fachübergreifendes Dilettieren? Serie Fachübergeifender Unterricht in der Sekundarstufe, Pädagogik 9/1997, 45–75.

Hellmuth, Doris: Lateinunterricht am Computer und einige praktische Anregungen, in: Forum Classicum 1/1999, 16–19 *(mit Hinweisen/Tipps zum Erstellen eines eigenen Buches).*

Lobe, Michael: Martial im Barock (I) – Ein fächerübergreifendes Modell zur Parallellektüre von Epigrammen Martials und Johann Grobs, in: Die Alten Sprachen im Unterricht (Mitteilungsblatt der Landesverbände Bayern und Thüringen im Deutschen Altphilologenverband), Heft 2/2000, 6–16.

Lobe, Michael: Martial im Barock (II) – Ein fächerübergreifendes Modell zur Parallellektüre von Epigrammen Martials und Andreas Gryphius', in: Die Alten Sprachen im Unterricht (Mitteilungsblatt der Landesverbände Bayern und Thüringen im Deutschen Altphilologenverband), Heft 3/2000, 10–18.

Lohe, Peter/Maier, Friedrich (Hg.): Latein 2000. Existenzprobleme und Schlüsselqualifikationen. Analysen, Konzepte und Projekte des Deutschen Altphilologenverbandes, Bamberg 1996, 17–96 *(mit Anregungen zu verschiedenen umfassenden Unterrichtsprojekten).*

Lukrez, *De rerum natura.* Welt aus Atomen. Lateinisch/Deutsch. Übersetzt und mit einem Nachwort herausgegeben von Karl Büchner. Reclam-Verlag, Stuttgart 1986.

Maier, Friedrich u. a.: Latein auf neuen Wegen. Alternative Formen des Unterrichts. Impulse aus den Arbeitskreisen des Bundeskongresses des Deutschen Altphilologenverbandes 1998 in Heidelberg, Bamberg 1999.

Maier, Friedrich: Europa – Ikarus – Orpheus. Abendländische Symbolfiguren in Ovids Metamorphosen. Fächerverbindende Projekte. (Reihe »Antike und Gegenwart«), Bamberg 1998.

Maier, Friedrich: Grundtexte Europas. Epochale Ereignisse und Existenzprobleme der Menschheit. Projekte zum fächerübergreifenden Unterricht (Reihe »Antike und Gegenwart«), Bamberg 1995. *(Hierzu gibt es auch einen Lehrerkommentar.)*

Meyer, Meinert A./Rampillon, Ute/Otto, Gunter/Terhart, Ewald (Hg.): Lernmethoden – Lehrmethoden. Wege zur Selbstständigkeit, Seelze/Velber 1997.

Münzinger, Wolfgang (Hg.): Chemie in Projekten. Frankfurt/Main 1984.

Onnen, Erik: Phaedrus, Fabulae Aesopiae. Literatur, Geschichte, Politik – Eine Unterrichtsreihe für den Lateinunterricht (Klasse 10), in: Werner, Bernd u. a.: Fächerverbindende Unterrichtsreihen. Interdisziplinärer Unterricht für die Schule von morgen. Herausgegeben von der Bundesarbeitsgemeinschaft der jungen Philologen im Deutschen Philologenverband, Düsseldorf 2002.

Pädagogisches Zentrum des Landes Rheinland-Pfalz (Hg.): Mit Freuden lernen (Bd. 2: Projektorientiertes Lernen), Bad Kreuznach 1992.

Schardt, Friedel: Training Methoden. Meinungen äußern, Ergebnisse präsentieren, Freising 2002.

Scheller, Ingo: Erfahrungsbezogener Unterricht. Praxis, Planung, Theorie, 2. Auflage, Frankfurt/Main 1987.

Schmidt-Berger, Ute: Mit dem fliegenden Klassenzimmer in die Römerzeit. Eine fächerverbindende Sequenz für den Anfangsunterricht in Latein, in: AU 1/2002.

Wolters, Annett: Projekt- und Fachübergreifender Unterricht, in: Bovet, Gislinde/Huwendiek, Volker (Hg.): Leitfaden Schulpraxis. Pädagogik und Psychologie für den Lehrberuf, Berlin 1994, 157–196.

AU 3+4/1994: Handlungsorientierter Unterricht.

AU 1/1998: Projektunterricht.

AU 6/1999: Produktionsorientierte Unterrichtsphasen *(mit vielen Anregungen und Unterrichtsbeispielen für Projekt-/projektorientierten Unterricht und weiterführenden Literaturhinweisen).*

Übersichtsseiten[20]

http://www.kirke.hu-berlin.de

http://lateinforum.de

http://www.perseus.tufts.edu/

http://www.forum-latinum.de *(beliebte Schülerseite)*

Linklisten

http://www.gottwein.de

http://www.hengelhaupt.de/latein/latlink.htm

Lateinische Texte im Internet

www.thelatinlibrary.com

20 Zum Einsatz des Computers im LU → Kap. 3.4.5, S. 336.

2.4.2 Projektorientierte Gruppenarbeit[1]

Projektorientierte GA ist eine Ausprägung des Projektunterrichts, die stärker durch den Lehrer vorstrukturiert ist: Themen/Texte und Aufgabenstellungen werden den Kleingruppen durch einen »Leitfaden« vorgegeben und innerhalb des regulären LUs selbstständig bearbeitet.

1. Einführung in die »projektorientierte GA«
   - Definition
   - Zeitpunkt und Einbettung in Lehrbuchphase, Übergangslektüre[2] und Lektürephase
   - Zeitansatz und notwendige Vorkenntnisse
2. Ablauf einer projektorientierten GA in vier Phasen
   (1) Einführung und Vorstellen des »Leitfadens«
   (2) Bearbeitung der Arbeitsaufträge in Gruppen
   (3) Präsentation der Gruppenarbeitsergebnisse
   (4) Rückschau und Bewertung der »projektorientierten GA«
3. Schülerrolle, Rolle und Vorgaben des Lehrers, Benotung
4. Beispiele
   - Projektorientierte GA in der Lehrbuchphase: »Deutschland im 15. Jahrhundert« (*Lumina*, L. 39)
   - Projektorientierte GA während der Übergangslektüre: »Phaedrus: stark – schwach«
   - Projektorientierte GA in der Lektürephase: »Zeit- und Gesellschaftskritik in Senecas *Epistulae morales*«

1. Einführung in die »projektorientierte GA«

Definition

In Gruppen bearbeiten Schüler über mehrere Stunden hinweg im Rahmen ihres LU meist arbeitsteilig bestimmte Aspekte bzw. Bereiche eines übergeordneten Themas, das sich im Rahmen einer UE unmittelbar aus dem Unterricht ergibt. Sie wählen sich hierbei nach persönlichem Interesse in eine Gruppe ein, entwickeln zur Bewältigung der Aufgabe selbstständig einen Arbeitsplan (→ Beispiele Kap. 2.4.1, S. 169–170, 172, 186–188) und präsentieren ihre Arbeitsergebnisse/die Produkte ihrer Arbeit den Mitschülern. Der Lehrer gibt den Schülern hierzu einen »Leitfaden« an die Hand, der Altersstufe und Erfahrung der Schüler mit dieser Unterrichtsform berücksichtigt; er informiert über As-

---

1 Zum Begriff »projektorientiert« → Kap. 2.4.1, S. 179; → auch S. 202. Zum Begriff »Gruppenarbeit« → Kap. 3.2.4, S. 320.

2 Hier und im Folgenden wird mit Übergangslektüre die erste originalsprachliche Lektüre im Anschluss an den Lehrbuchunterricht bezeichnet. In der Literatur finden sich als äquivalente Begriffe auch Erst- und Anfangslektüre.

pekte, die bearbeitet werden sollen, bietet Hilfestellungen, steckt den zeitlichen Rahmen ab und enthält weitere Vorgaben. Beispiele für Leitfäden → S. 203, 204 und 206.

Abgrenzung

Eine projektorientierte GA ist also in einem weitaus höheren Maß vom Lehrer vorstrukturiert und inhaltlich gebunden als der »reine« Projektunterricht (→ Kap. 2.4.1, S. 165–166). Gemeinsam ist beiden methodischen Großformen jedoch die Handlungsorientierung, häufig die Interdisziplinarität und v. a. die Produktorientierung, weil die Schüler ihre Arbeitsergebnisse nicht nur in einem Handout/Aufsatz zusammenfassen und vortragen, sondern auch anhand eines Produktes/mehrerer Produkte (z. B. Collage, Bildergeschichte, Plastik, Modell, Standbilder, PowerPoint-Präsentation, Versuche, ...) vorstellen.[3]

Textbezug

Im Mittelpunkt der Arbeit stehen stets lateinische Texte, die übersetzt, interpretiert, bewertet und – soweit möglich – in einen aktuellen Zusammenhang gestellt werden. Zuweilen kann auch eine grammatikalische Analyse des Textes Bestandteil der Aufgabe sein.

Zeitpunkt und Einbettung

Eine projektorientierte GA ist in der Regel ab dem dritten Lernjahr in allen Klassenstufen möglich. Sollte das eingeführte Lehrbuch in einem früheren Lernstadium geeignete Texte (mit recht einfachen Grammatikthemen) bieten, kann in Ausnahmefällen auch bereits im ersten und zweiten Lernjahr diese methodische Großform Anwendung finden.[4]
In jedem Fall ist eine projektorientierte GA eingebettet in eine übergeordnete UE und findet im Rahmen der im Stundenplan ausgewiesenen Lateinstunden statt.

Lehrbuchphase

Während der Lehrbucharbeit kann man in einer projektorientierten GA anhand eines geeigneten längeren oder mehrerer kurzer Texte ein überschaubares und einfaches grammatikalisches Thema zusammenfassend bearbeiten lassen (z. B. semantische und syntaktische Funktionen verschiedener Kasus). Die Schüler erarbeiten arbeitsteilig in Gruppen anhand des Textes/der Texte die einzelnen Aspekte des grammatikali-

---

3 Hierin unterscheidet sich die projektorientierte GA auch wesentlich von der Aktionsform »Referat« (→ Kap. 3.3.1, S. 323).
Über die Anforderungen und das Wesen des handlungs- und produktionsorientierten Literaturunterrichts (→ Kap. 2.2.1, S. 14–31) geht die projektorientierte GA insofern hinaus, als auch Übersetzung und Interpretation des Textes im Rahmen der GA geschehen und die Schüler eine größere Freiheit bzgl. des angestrebten Produktes haben. Die projektorientierte GA weist also komplexere Strukturen auf und erfordert einen größeren Planungsaufwand und mehr Selbstständigkeit von den Schülern.

4 Ausschließlich Grammatikthemen ohne Textbezug bearbeiten zu lassen, sollte man aus fachdidaktischen wie -methodischen Gründen vermeiden.

schen Themas, entwickeln ggf. zusätzliche Übungen und lassen diese im Rahmen der Präsentation von den Mitschülern bearbeiten. Eine inhaltliche Auswertung des Textes kann die Ausführungen abrunden. Nach allen Präsentationen ist das grammatikalische Thema vollständig behandelt. Statt eines grammatikalischen kann auch ein inhaltlicher Schwerpunkt für die projektorientierte GA gesetzt werden. Welcher Schwerpunkt auch gewählt wird, das Tun sollte sich nicht in einer »einfachen« GA erschöpfen, sondern die Produktorientiertheit sollte durch entsprechende Vorgaben sichergestellt sein. Der Zeitpunkt, zu dem solche projektorientierten GA in einen Lehrgang eingeflochten werden, ist abhängig vom Lehrbuch, vom Thema und von den Zielen, die mit der GA verfolgt werden (→ Beispiel 1, S. 202–203).

Übergangslektüre

Im Zuge einer Übergangslektüre können die Schüler, nachdem sie im vorangehenden Unterricht die einzelnen Aspekte des Interpretierens kennen gelernt haben, mit einer projektorientierten GA behutsam zu einer ersten selbstständigen Gesamtinterpretation eines lateinischen Textes herangeführt werden (→ Beispiel 2, S. 204).

Lektürephase

Im Rahmen des Lektüreunterrichts hat es sich als vorteilhaft erwiesen, die projektorientierte GA erst zum Abschluss einer Unterrichtsreihe zu initiieren, da es sich positiv auf die Arbeitsergebnisse auswirkt, wenn die Schüler hinreichend mit dem Autor vertraut und in die Thematik des behandelten Werks eingeführt sind. So besteht auch die Möglichkeit, mehrere Aspekte, die sich im Verlauf der Reihe ergeben haben, arbeitsteilig zu bearbeiten (→ Beispiel 3, S. 205–206).

Zeitansatz

Der Umfang einer projektorientierten GA variiert von zwei Stunden bis hin zu mehreren Wochen und ist abhängig von verschiedenen Faktoren wie z. B.

- der Thematik;
- der Länge und dem Schwierigkeitsgrad der Texte, die bearbeitet werden sollen;
- der Klassenstufe (Faustregel: je niedriger, desto kürzer!);
- den methodischen Vorkenntnissen.

Die zeitlichen Vorgaben[5] sollten dabei so bemessen sein, dass die Schüler nicht die gesamte Arbeit in der Schule leisten können. Die Gruppen verteilen hierzu geeignete Arbeitsaufträge untereinander zur häuslichen Bearbeitung. Die Ergebnisse sind dann innerhalb der Gruppe zu präsentieren und zu diskutieren. Schließlich muss sich die

5 Weitere Vorgaben → S. 201.

Gruppe auf ein gemeinsames Ergebnis einigen, das im Plenum präsentiert wird.

Vorkenntnisse

Erfolg oder Misserfolg einer projektorientierten GA hängen maßgeblich von folgenden Faktoren ab:

- Planung durch den Lehrer, Formulierung der Arbeitsziele und der Arbeitsanweisungen im Leitfaden
- Vorkenntnisse der Schüler hinsichtlich einer selbst gesteuerten Arbeit in Gruppen (→ Kap. 3.2.4, S. 320)
- Kenntnisse geeigneter Präsentationstechniken, die die Schüler (und natürlich auch der Lehrer) mitbringen

Die beiden zuletzt genannten Punkte können neben den inhaltlichen und grammatikalischen Anliegen durchaus selbst Ziele einer projektorientierten GA sein; dann nimmt man nach jeder Präsentation mit den Schülern ausführlich die angewandten Arbeitsmethoden und die Präsentation selbst kritisch unter die Lupe und zeigt ggf. Verbesserungsmöglichkeiten auf. Grundlegende Techniken und Regeln einer effektiven GA sollten jedoch auch in diesem Fall unbedingt im Vorfeld geklärt sein.

2. Ablauf einer projektorientierten GA in vier Phasen

Die Durchführung einer projektorientierten GA gliedert sich in vier Phasen:

Vier Phasen

(1) (Einführung in die Unterrichtsform »projektorientierte GA« und) Vorstellen des Leitfadens durch den Lehrer
(2) Bearbeitung der Arbeitsaufträge durch die Schüler in Gruppen
(3) Präsentation der Gruppenarbeitsergebnisse in der Klasse/im Kurs mit einem unmittelbar sich anschließenden Austausch über Stärken und Schwächen der jeweiligen Präsentation[6]
(4) Rückschau und Bewertung der Aufgabenstellungen, des Arbeitens in den Gruppen, der Arbeitsergebnisse und der Präsentationen, z. B. mittels eines Fragebogens und/oder Gedankenaustausches, (anonym verfasster) Stellungnahmen usw.

Der Austausch unmittelbar nach den einzelnen Präsentationen wie auch die abschließende umfassende Evaluationsphase 4 sind für wei-

6 Auf diese Weise können u. U. Hinweise auf Präsentationsfehler/-defizite bereits für die nachfolgenden Präsentationen nutzbar gemacht und die Qualität nicht unwesentlich gesteigert werden.

tere projektorientierte GA oder einen »reinen« Projektunterricht (→ Kap. 2.4.1, S. 165–196) zu einem späteren Zeitpunkt von großer Wichtigkeit; denn dadurch können im Hinblick auf weitere Unterrichtsprojekte (auch in anderen Fächern) Defizite bei Planung und Durchführung der projektorientierten GA, aber auch fehlende Vorkenntnisse der Schüler aufgezeigt und Mängel behoben werden. Besonderes Augenmerk ist auf die Präsentation der Übersetzung zu legen. Grundsätzlich sollte diese so angelegt sein, dass die Mitschüler den Übersetzungsvorgang nachvollziehen können, z. B. mittels grafischer Analysen auf Folien mit bunten Folienstiften oder durch entsprechenden Einsatz des Präsentationsprogramms PowerPoint

3. Schülerrolle, Rolle und Vorgaben des Lehrers, Benotung

Schülerrolle

Die Schüler arbeiten wie im »reinen« Projektunterricht weitgehend selbstständig und selbstorganisiert. Unter Berücksichtigung der Vorgaben des Lehrers planen sie folgende Arbeitsprozesse eigenständig und führen sie durch:

- Organisation der Arbeit in der Gruppe
- Zeitmanagement
- Beschaffung der notwendigen Arbeitsmittel und Informationen zur Bewältigung der Gruppenaufgabe
- Bearbeitung der Gruppenarbeitsaufgabe(n)
- Präsentation

Oft hilft hierbei auch die Erstellung eines Arbeitsplans (→ Kap. 2.4.1, S. 172). Die Schüler sind also für ihr eigenes Tun, das Arbeitsergebnis und somit für ihren Erfolg selbst verantwortlich.

Vorgaben

Um die Arbeit der Schüler im notwendigen Maß zu lenken, aber auch verbindlich zu machen, gibt der Lehrer im Vorfeld einer projektorientierten GA genaue Vorgaben zu Folgendem:

- Inhalte (z. B. Texte/Textestellen, die bearbeitet werden sollen. Wichtig: Umfang und Schwierigkeitsgrad sollten ungefähr einheitlich sein)
- Präsentationselemente (z. B. Produkte, die hergestellt werden sollen)
- Ergebnissicherung (z. B. Zusammenfassungen der Arbeitsergebnisse, die kopiert werden sollen)
- Gruppengrößen (in der Regel 3–4 Schüler)
- Organisation (z. B. zeitlicher Rahmen, Abfolge der Präsentationen, Beteiligung aller Gruppenmitglieder an der Präsentation usw.)

Lehrerrolle

Der Lehrer ist somit im Vorfeld, in der Einführungs- und in den Evaluierungsphasen gefordert und trägt an diesen Stellen zum Erfolg der GA bei. Er sollte sich aber in der eigentlichen Arbeitsphase weitgehend zurückziehen. Die Lehrerrolle beschränkt sich jetzt darauf,

- (im Notfall) Hilfestellungen (z. B. zu grammatikalischen Problemen) oder Hinweise (z. B. auf weiterführende Literatur) zu geben;
- Übersetzungen und Handouts zu korrigieren;
- organisatorische Probleme zu lösen, mit denen die Schüler überfordert wären.

Erst bei der Präsentation der Ergebnisse in Phase 3, also nach der eigentlichen GA, greift der Lehrer wieder mehr in das Unterrichtsgeschehen ein: Er hilft, die äußeren Rahmenbedingungen für die Präsentationen herzustellen; er moderiert ggf. die Diskussionen über die Arbeitsergebnisse und Präsentationen; er gibt Tipps und macht Verbesserungsvorschläge.
Insgesamt ist der Lehrer im Rahmen einer projektorientierten GA präsenter als im »reinen« Projektunterricht. Er macht deutlich mehr verbindliche Vorgaben und leistet mehr Hilfestellungen. Bei einer projektorientierten GA sind nur selten weitere Lehrer beteiligt. Dennoch ergibt sich meist eine Öffnung hin zu anderen Fächern, sodass auch hier – allerdings in einer weitaus schwächeren Form als beim »reinen« Projektunterricht – eine gewisse Verschmelzung der Fächer gegeben ist.

Benotung

Eine Benotung ist wie in allen projektartigen Unterrichtsformen auch im Falle der projektorientierten GA möglich, aber nicht unbedingt erforderlich. Wie in Kap. 2.4.1, S. 177–179 ausgeführt, sind bei einer Benotung eine sehr behutsame Vorgehensweise und absolute Transparenz notwendig, da viele Prozesse und Leistungen nur schwer »von außen« zu bewerten sind. Insbesondere sollte man darauf achten, dass durch eine Bewertung die Motivation und Gruppendynamik, die einer projektorientierten GA entspringen, nicht zunichte gemacht werden.

4. Beispiele

Im Folgenden werden drei repräsentative Beispiele für Konzeption, Einbettung und Durchführung einer projektorientierten GA vorgestellt.

Beispiel 1: Projektorientierte GA in der Lehrbuchphase

Thema:	»Deutschland im 15. Jahrhundert« (*Lumina*, L. 39)
Lerngruppe:	3. Lernjahr
Zeitpunkt:	Ende des Lehrgangs/Lehrbuchunterrichts
Umfang:	6 Unterrichtsstunden (einschließlich der Präsentationen)

Gruppenthemen:	1. De amplitudine et facie Germaniae novae Text: *Lumina*, L. 39, Text 1 Gruppenmitglieder: 2. De Germaniae potentia Text: *Lumina*, L. 39, Text 2 Gruppenmitglieder: 3. De moribus atque doctrina Text: *Lumina*, L. 39, Text 3 Gruppenmitglieder:

Leitfaden: Projektorientierte GA: »Deutschland im 15. Jahrhundert«

Projektorientierte GA: »Deutschland im 15. Jahrhundert«
(Lumina, L. 39)

1. Übersetzung des Textes
2. Inhaltliche Auswertung des Textes:
   a) Bearbeite die zu deinem Text gehörenden Aufgaben im Buch S. 269f.
   b) Kläre den historischen, gesellschaftlichen und geografischen Hintergrund, die Eigennamen und die angesprochenen Realien.
3. Zur Grammatik: Notiere alle im Text vorkommenden Indefinitpronomina auf der ausgelegten Folie.[7]
4. Anfertigung einer Karte/Collage/von Zeichnungen ..., die die Gruppenarbeitsergebnisse widerspiegelt/widerspiegeln
5. Vorbereitung einer ca. 20-minütigen Präsentation der Ergebnisse der GA:
   a) Aufbau/Gliederung der Präsentation
   b) Verteilen der Aufgaben im Rahmen der Präsentation auf einzelne Gruppenmitglieder (Grundsatz: Jedes Gruppenmitglied präsentiert!)
   c) Anfertigen eines Handouts mit den wichtigsten Ergebnissen, auf jeden Fall mit der gesamten, korrigierten Übersetzung sowie der Angabe der herangezogenen Literatur und der verwendeten Internetadressen

Termine:

	Daten
Ausgabe der Themen:	
Abgabe der Übersetzungen (spätestens):	
Rückgabe der korrigierten Übersetzungen:	
Abgabe der Karte/Collage/der Zeichnungen ... und der Handouts einschließlich der überarbeiteten Übersetzungen (spätestens):	
Präsentationen (ab):	

7 Diese Folie muss im Vorfeld vom Lehrer konzipiert und den Schülern zur Verfügung gestellt werden.

Beispiel 2: Projektorientierte GA während der Übergangslektüre

Thema:	»Phaedrus: stark – schwach«
Lerngruppe:	Klassenstufe 8 (L 1) Klassenstufe 10 (L 2) Klassenstufe 11 (L 3)
Zeitpunkt:	Abschluss einer Unterrichtsreihe »Phaedrus, *fabulae*«
Umfang:	10 Unterrichtsstunden (einschließlich der Präsentationen)
Gruppenthemen:	1. Vacca et capella, ovis et leo Text: fab. I,5 Gruppenmitglieder: 2. Vulpes et hircus Text: fab. IV,9 Gruppenmitglieder: 3. Asinus ad senem pastorem Text: fab. I,15 Gruppenmitglieder: 4. Cervus ad fontem Text: fab. I,12 Gruppenmitglieder:

Leitfaden: Projektorientierte GA: »Phaedrus: stark – schwach«

Projektorientierte GA: »Phaedrus: stark – schwach«

1. Übersetzung der gesamten Fabel
2. Vollständige Interpretation des Textes: Überschrift, Einleitung, Gliederung, Hauptteil, Wertung, Bezüge zur menschlichen Gesellschaft
3. Anfertigung einer Zeichnung/Collage/eines Videos, die/das die Ergebnisse der GA widerspiegelt
4. Vorbereitung einer ca. 30-minütigen Präsentation der Ergebnisse der GA:
   a) Aufbau/Gliederung der Präsentation
   b) Verteilen der Aufgaben im Rahmen der Präsentation auf einzelne Gruppenmitglieder (Grundsatz: Jedes Gruppenmitglied präsentiert!)
   c) Anfertigen eines Handouts mit den wichtigsten Ergebnissen, auf jeden Fall mit der gesamten, korrigierten Übersetzung sowie der Angabe der herangezogenen Literatur und der verwendeten Internetadressen

Termine:

	Daten
Ausgabe der Themen:	
Abgabe der Übersetzungen (spätestens):	
Rückgabe der korrigierten Übersetzungen:	
Abgabe der Zeichnung/Collage/des Videos und des Handouts einschließlich der überarbeiteten Übersetzungen (spätestens):	
Präsentationen (ab):	

Beispiel 3: Projektorientierte GA in der Lektürephase

Thema:	»Zeit- und Gesellschaftskritik in Senecas *Epistulae morales*«
Lerngruppe:	Grund- bzw. Leistungskurs 13
Zeitpunkt:	Abschluss einer Unterrichtsreihe »Seneca, *Epistulae morales*«
Umfang:	12 Unterrichtsstunden (einschließlich der Präsentationen)
Gruppenthemen:	1. Reichtum, Habsucht, Verschwendung (I) Text: 16,7–9 und 41,7 Gruppenmitglieder: 2. Reichtum, Habsucht, Verschwendung (II) Text: 89,20–21 Gruppenmitglieder: 3. Grausamkeit der Zirkusspiele Text: 7,3–6 Gruppenmitglieder: 4. Verhalten der Masse und deren Auswirkungen Text: 7,1 und 7,10–12 Gruppenmitglieder: 5. Behandlung von Sklaven Text: 47,1–4; 47,5–12 in deutscher Übersetzung; 47,13 Gruppenmitglieder:

Leitfaden: Projektorientierte GA: »Zeit- und Gesellschaftskritik in Senecas Epistulae morales«

Projektorientierte GA: »Zeit- und Gesellschaftskritik in Senecas Epistulae morales«

1. Übersetzung des lateinischen Textes
2. Analyse des Textes: Überschrift, Gliederung, Argumentationsgang/Thesen/ Begründungen, stilistische Ausgestaltung, Wertung, aktuelle Bezüge
3. Klärung des historischen und gesellschaftlichen Hintergrunds/des archäologischen Befunds/der Realien
4. Anfertigung einer Zeichnung/Collage/..., die die Ergebnisse der GA widerspiegelt
5. Vorbereitung einer ca. 30–45-minütigen Präsentation der Ergebnisse der GA:
   a) Aufbau/Gliederung der Präsentation
   b) Wahl der Medien
   c) Verteilen der Aufgaben im Rahmen der Präsentation auf einzelne Gruppenmitglieder (Grundsatz: Jedes Gruppenmitglied präsentiert!)
   d) Anfertigen eines Handouts mit den wichtigsten Ergebnissen, auf jeden Fall mit der gesamten, korrigierten Übersetzung sowie der Angabe der herangezogenen Literatur und der verwendeten Internetadressen
   e) Ggf. Auswahl einiger Kernstellen des Textes, die im Rahmen der Präsentation in die Gesamtstelle eingeordnet, analysiert, vorübersetzt und näher vorgestellt werden

(Besonderes Augenmerk ist auf die Nachvollziehbarkeit der Ergebnisse, insbesondere der Übersetzung, zu legen. Einfaches Vorlesen der Übersetzung genügt z. B. nicht!)

Termine:

	Daten
Ausgabe der Themen:	
Abgabe der Übersetzungen (spätestens):	
Rückgabe der korrigierten Übersetzungen:	
Abgabe der Zeichnung/Collage ... und des Handouts einschließlich der überarbeiteten Übersetzungen (spätestens):	
Präsentationen (ab):	

Literatur

→ Literatur zu Kap. 2.4.1, S. 194–196.

2.4.3 Vorhaben

Bei einem »Vorhaben« stellen sich einzelne Schüler(gruppen) unabhängig vom laufenden Unterricht selbst Themen (meist aus dem Bereich der Realienkunde), die sie in Eigenregie bearbeiten und später ihren Mitschülern präsentieren wollen.

1. Definition und Ziele eines »Vorhabens«
2. Charakteristika
   - Weitgehende Freiheit der Schüler
   - Vorgabe der Erstellung eines Produktes
   - Kein unbedingter Unterrichts- oder Textbezug
3. Zeitpunkt, Zeitansatz und notwendige Vorkenntnisse
4. Vier Phasen bei einem »Vorhaben«
   (1) Vorlauf (im Unterricht): Festlegen von Thema und Präsentationstermin
   (2) Planung außerhalb des Unterrichts
   (3) Durchführung (einzelne Schülergruppen außerhalb des Unterrichts)
   (4) Präsentation und Reflexion (im Unterricht bzw. mit der ganzen Klasse)
5. Liste mit Themen und Produktanregungen
6. Beispiel eines Plans zur Präsentation mehrerer Vorhaben in einer 9. Klasse

1. Definition und Ziele eines »Vorhabens«

Definition

Von ihrem persönlichen Interesse geleitet, unabgängig vom gerade behandelten Unterrichtsstoff bzw. der Lektüre überlegen sich einzelne Schüler einer Lernguppe ein Thema, das sie allein, mit einem Partner oder auch in Kleingruppen (i.d.R. nicht mehr als fünf Schüler) über einen längeren Zeitraum außerhalb des Unterrichts bearbeiten wollen. Dies geschieht auf eigene Initiative oder auf Aufforderung des Lehrers. In Absprache mit dem Lehrer formulieren die am Vorhaben beteiligten Schüler das Thema und machen möglichst genaue Angaben, wie die Arbeitsergebnisse anhand eines Produktes oder im Rahmen einer Exkursion, in oder außerhalb des regulären Unterrichts den Mitschülern präsentiert werden sollen (→ mögliche Themen und verschiedene Präsentationsmöglichkeiten, S. 214–215). Der Termin der Präsentation wird verbindlich festgelegt. Die Arbeit am Thema selbst sowie die Präsentation der Arbeitsergebnisse planen und führen die am Vorhaben beteiligten Schüler selbstständig, weitgehend ohne Hilfen des Lehrers durch.[1]

---

1 Bzgl. der Abgrenzung gegenüber einem reinem Projektunterricht und einer projektorientierten Gruppenarbeit → die Fußnoten S. 208 und 209.

Ziele

Ziel dieser methodischen Großform ist neben dem Erwerb von Fachwissen insbesondere die Schulung sog. Schlüsselqualifikationen, wie z.B. Kommunikationsfähigkeit, Präsentationstechniken oder auch der Umgang mit Medien. Darüber hinaus soll die Fähigkeit der Schüler verbessert werden, das eigene Lernen zielorientiert und eigenverantwortlich zu planen und aufgrund dieser Planungen eine Arbeit Gewinn bringend für alle Beteiligten auszuführen.

2. Charakteristika

Weitgehende Freiheit der Schüler

Die methodische Großform »Vorhaben« lässt den Schülern große Freiheiten hinsichtlich

- des Lerngegenstandes,
- des Lernweges,
- des Lernortes,
- des Arbeitstempos,
- der Sozialform,
- des Produktes, anhand dessen die Arbeitsergebnisse präsentiert werden.

Vorgabe der Erstellung eines Produktes

Ein oder mehrere Produkte zu erstellen ist bei der methodischen Großform »Vorhaben« Pflicht. Die Ausarbeitung eines einfachen Thesenblatts genügt nicht. Dieses kann höchstens zur Ergebnissicherung die Fakten zusammenfassen und zu einer eventuellen Benotung (→ S. 213) herangezogen werden, dient aber keinesfalls als Grundlage einer Präsentation, wie z.B. bei einem Referat oder einem reinen Schülervortrag (→ Kap. 3.3.1, S. 323). Das Verfassen eines Thesenblatts/Handouts kann natürlich neben der Vorgabe, ein Produkt zu erstellen, vom Lehrer vorgeschrieben werden.

Funktion des Produktes

Anhand des im Verlauf des Vorhabens entstehenden Produkts müssen die Schüler später ihren Mitschülern möglichst alle Arbeitsergebnisse präsentieren. So könnte z.B. der Aufbau eines römischen oder griechischen Tempels ausschließlich anhand eines selbst angefertigten Tempelmodells erläutert, die Thematik »Sklaverei« im Rahmen eines Rollenspiels (→ Kap. 3.3.5, S. 327) aufgezeigt oder die Anlage eines römischen Landgutes direkt vor Ort an einer Ausgrabungsstätte unter Führung der Schüler erfahrbar gemacht werden (hier wäre also die Exkursion bzw. die Führung das »Produkt«). Bei der Auswahl des Produktes wie bei der Themenwahl (s.u.) sind der Kreativität der Schüler keine Grenzen gesetzt.[2]

---

2 Diese verpflichtend vorgegebene Produktorientierung prägt in einem noch größeren Maße die Arbeit im Rahmen eines Vorhabens, als dies beim »reinen« Projektunter-

Interdisziplinarität und Handlungsorientierung

Aus diesen Vorgaben ergibt sich – wie bei allen projektartigen Unterrichtsformen – zwangsläufig eine Öffnung zu anderen Fächern und ein handlungsorientiertes Herangehen an die jeweilige Thematik. Denn oft müssen Informationen, Methoden oder Techniken anderer Fächer, wie z. B. Geschichte, Archäologie, Deutsch und v. a. Bildende Kunst, zur Bewältigung der (selbst gestellten) Aufgaben herangezogen und die Arbeitsergebnisse »produktfähig« gemacht werden.

Kein unbedingter Unterrichts- oder Textbezug

Ein direkter Bezug zum Unterricht, zur gerade gelesenen Lektüre oder zum Lektionstext ist nicht unbedingt notwendig. Die Schüler entscheiden nur nach eigenem Interesse, wählen z. B. ein Thema, »das sie schon immer einmal interessiert hat«. Insbesondere können in einem Vorhaben Wünsche und Ideen von Schülern aufgegriffen werden, auf die im regulären Unterricht nur sehr schwer, vielleicht sogar gar nicht eingegangen werden kann. U.U. kann sich ein Vorhaben völlig losgelöst vom Unterrichtsgeschehen ganz auf realienkundliche Inhalte beschränken, ohne dass ein oder mehrere lateinische Texte die Grundlage bilden müssen.[3]

3. Zeitpunkt, Zeitansatz und notwendige Vorkenntnisse

Zeitpunkt

Grundsätzlich ist die Durchführung eines Vorhabens in allen Klassenstufen sowohl in der Lehrbuch- als auch in der Lektürephase möglich. Die Themen sind, weil sie ausschließlich aus dem Interesse und den Vorschlägen der Schüler erwachsen, von deren Alter abhängig. So werden in unteren Klassen oft Themen wie »Kinderspiele im alten Rom« oder »Tempelbau« gewählt. Häufig sind auch mythologische Gestalten wie z. B. Herkules oder Odysseus Gegenstand eines Vorhabens. In höheren Klassenstufen begegnen eher Themen wie »Frisuren im alten Rom«, »Römische Musik« oder »Die römische Familie«. Manche Themen sind in allen Klassenstufen beliebt, wie z. B. »Römisches Essen«, »Sklaverei«, »Gladiatorenspiele« oder »Römisches Theater«. Es zeigen sich jedoch Unterschiede in der inhaltlichen

---

richt (→ Kap. 2.4.1, S. 165–196) oder z. B. bei einer projektorientierten Gruppenarbeit (→ Kap. 2.4.2, S. 197–206) der Fall ist, und grenzt eine Präsentation im Rahmen eines Vorhabens deutlich gegenüber der Aktionsform »Referat« (→ Kap. 3.3.1, S. 323) ab.

3 Auch hierin unterscheidet sich die methodische Großform »Vorhaben« grundsätzlich von der des »reinen Projektunterrichts« und von der der »projektorientierten GA«. Zum einen erwachsen dort die Themen häufig unmittelbar aus dem Unterrichtsgeschehen (→ Kap. 2.4.1, S. 168) oder sind sogar eingebettet in eine übergeordnete Unterrichtsreihe (→ Kap. 2.4.2, S. 198); zum anderen stehen bei diesen beiden methodischen Großformen stets lateinische Texte im Mittelpunkt oder werden zumindest in die Arbeit miteinbezogen.

Schwerpunktsetzung. Während in unteren Klassen z. B. »Sklaverei« oder auch »Gladiatorenkämpfe« recht naiv behandelt werden (auch meist ohne direkten Bezug zu einem lateinischen Text), bearbeiten Oberstufenschüler neben den »Fakten« auch die damit verbundenen ethischen Probleme, beziehen häufig lateinische Texte (z. B. Sen. epist. 7,3–6 oder 47,1–13 oder Plin. epist. 9,6) mit ein und stellen Bezüge zu Phänomenen der heutigen Gesellschaft her.

Zeitansatz

Den Zeitbedarf bestimmen

- Themenwahl;
- inhaltliche Schwerpunkte im Rahmen des gewählten Themas;
- Wahl des Produktes, anhand dessen die Arbeitsergebnisse den Mitschülern präsentiert werden;
- Komplexität des Themas (beim Thema »Kochen« wird man schneller zum Ergebnis kommen als beim Thema »Römische Musik«);
- das Alter der Schüler.

Da in der Regel die Arbeit an einem Vorhaben, abgesehen von der Themenfestsetzung,[4] der Präsentation und Bewertung der Arbeitsergebnisse, ausschließlich außerhalb des »normalen« Unterrichtsgeschehens, also zusätzlich zu den Unterrichtsstunden, die im Stundenplan ausgewiesen sind, zu Hause, im Werkraum der Schule oder auch nach Schulschluss im Klassenraum zu leisten ist, sind Zeiträume von zwei bis drei Monaten, in denen an einem Thema gearbeitet wird, nicht selten. Ein verbindlicher Präsentationstermin ist jedoch spätestens nach Abschluss der Vorlaufphase (→ S. 211–212) von Schülern und Lehrer gemeinsam festzulegen.
Für die Themenformulierung und die zeitlichen Absprachen zu Beginn eines Vorhabens (→ »Vorlaufphase«, S. 211–212) sind etwa 10–15 min anzusetzen. Für die Präsentation der Arbeitsergebnisse, die meist 15–30 min dauert, und für die sich anschließende Aussprache über Inhalte und Art der Präsentation ist in der Regel insgesamt eine Unterrichtsstunde einzuplanen. Für eine Exkursion oder für einen römischen Koch- oder Spielenachmittag muss selbstverständlich mehr Zeit angesetzt werden. Hier sind detaillierte Absprachen im Vorfeld der Präsentation nötig.

Vorkenntnisse

Besondere fachliche Voraussetzungen müssen nicht gegeben sein, weil sich ein Vorhaben nicht unbedingt auf den Unterricht oder einen Text beziehen muss. Die Schüler sollten jedoch Vorerfahrungen haben mit

---

4 Diese kann in Ausnahmefällen auch außerhalb des Unterrichts erfolgen.

- selbstständigem Arbeiten, z. B. mit der Planung des eigenen Tuns, deren Realisierung oder der Erstellung eines Arbeitsplans (→ »Planung«, S. 212);
- den Arbeitstechniken in PA (→ Kap. 3.2.3, S. 319) bzw. GA (→ Kap. 3.2.4, S. 320), sofern sie nicht in EA an ihrem Thema arbeiten;
- Internet- und Bibliotheksrecherchen;
- verschiedenen Präsentationstechniken.

4. Vier Phasen bei einem »Vorhaben«

Jedes Vorhaben durchläuft, ähnlich wie der reine Projektunterricht (→ Kap. 2.4.1, S. 167), vier Phasen:

Vier Phasen

(1) Vorlauf (im Unterricht): Festlegen von Thema und Präsentationstermin
(2) Planung (außerhalb des Unterrichts)
(3) Durchführung (einzelne Schülergruppen außerhalb des Unterrichts)
(4) Präsentation und Reflexion (im Unterricht bzw. mit der ganzen Klasse)

(1) Vorlauf

In der ersten Phase eines Vorhabens machen ein oder mehrere Schüler Folgendes:

Sie schlagen dem Lehrer ein Thema ihrer Wahl vor.
- Sie skizzieren inhaltliche Schwerpunkte.
- Sie machen erste Angaben über die Art des Produktes, anhand dessen sie ihre Arbeitsergebnisse präsentieren wollen.
- Sie stecken einen zeitlichen Rahmen ab.

Selbstverständlich können in dieser ersten Phase weitere Schüler, die ursprünglich nicht am vorgestellten Vorhaben beteiligt waren, Ideen beisteuern und sich – sofern die Gruppe mit Blick auf Thema und Produkt noch nicht zu groß ist – in das Vorhaben einwählen. Hierbei ist jedoch darauf zu achten, dass eine hinreichende Kommunikation innerhalb der am Vorhaben beteiligten Schüler möglich ist und keine zu großen organisatorischen Probleme (z. B. bei der Terminierung der Arbeitssitzungen) entstehen. Mehr als fünf Schüler sollten in der Regel nicht an einem Vorhaben-Thema arbeiten.
Die Vorlaufphase endet damit, dass die Schüler unter Berücksichtigung der geplanten Aktivitäten und ihrer eigenen Arbeitsbelastung in Absprache mit dem Lehrer das Thema und den Präsentationstermin verbindlich festlegen.
Sollten mehrere Vorhaben auf einmal vorgeschlagen werden oder sind z. B. aufgrund einer Vorgabe durch den Lehrer, dass jeder Schüler im Laufe eines Schuljahres an einem Vorhaben teilnehmen muss, mehrere

verschiedene Vorhaben geplant, bietet es sich aus zeitökonomischen Gründen an, die Vorlaufphasen in einer eigens dafür bestimmten Unterrichtsstunde zusammenzufassen. Auf diese Weise können die verschiedenen Präsentationen auf einen längeren Zeitraum im Schuljahr verteilt werden. Dies verhindert eine »Präsentationsmüdigkeit« sowie eine zu massive Beeinträchtigung des normalen Unterrichtsgeschehens. Ein Beispiel eines Präsentationsplans findet sich S. 216.

Grundlegende Einführung

Hat eine Lerngruppe noch keine oder nur sehr wenig Erfahrung mit der methodischen Großform Vorhaben, geht der soeben beschriebenen Vorlaufphase eine Einführungsphase voraus. In einem ggf. mediengestützten Lehrervortrag wird die Methode vorgestellt. Neben einigen Themen- und Produktbeispielen werden die Ziele, Chancen, Freiheiten, aber auch die verbindlichen Vorgaben genannt. Insbesondere sollte der Lehrer die mannigfaltigen Möglichkeiten, die ein Vorhaben bietet, hervorheben und es deutlich von einem Referat (→ Kap. 3.3.1, S. 323) abgrenzen. Eine solche Einführungsphase kann mit dem Auftrag an die Schüler enden, sich über mögliche Vorhaben-Themen Gedanken zu machen und Vorschläge einzubringen.

(2) Planung

In Phase 2 werden außerhalb des normalen Unterrichtsgeschehens die in der Vorlaufphase skizzierten Überlegungen und Entscheidungen von den am Vorhaben beteiligten Schülern in Eigenverantwortung aufgegriffen und weitergeführt. Insbesondere werden das oder die Produkte näher bestimmt.
Die Schüler planen selbstständig ihre Arbeitsschritte, erstellen ein Zeitraster und formulieren Arbeitsaufträge, zunächst zur Erarbeitung der Sachinformationen (z. B. zur Sklaverei in der Antike), später zur Fertigung des Produkts und zur Präsentation. Diese Arbeitsaufträge werden auf alle am Vorhaben beteiligten Schüler aufgeteilt. Daneben stellen die Schüler Überlegungen an, welche Hilfen, Materialien usw. benötigt werden. Dies alles fixieren sie in der Regel in einem Arbeitsplan (Beispiele → S. 169–170, 172, 186–188),[5] den alle Beteiligten und der Lehrer erhalten. Selbstverständlich müssen die Planungen und der dazugehörige Arbeitsplan im Laufe der Durchführungsphase weiterentwickelt, überprüft und u. U. abgeändert werden.

(3) Durchführung

In der dritten Phase eines Vorhabens setzen die beteiligten Schüler – ebenfalls außerhalb des Unterrichtsgeschehens – die zuvor angestellten Planungen um. Sie führen selbstständig Recherchen durch, beschaffen

5 Das Entwerfen eines Arbeitsplans kann auch vom Lehrer verbindlich vorgegeben werden, vor allem wenn die Schüler bereits Vorerfahrung mit Arbeitsplänen haben.

sich Informationen und Material und präsentieren sich zunächst gegenseitig ihre Erkenntnisse. Schließlich fertigen sie ihr Produkt/ihre Produkte an und planen die Präsentation für ihre Mitschüler. Hierzu ist evtl. eine weitere, kurze Planungsphase mit einem zweiten Arbeitsplan einzuschieben.
Der Lehrer erkundigt sich in unregelmäßigen Abständen während der Planungs- und Durchführungsphase über den Stand der Arbeit (s. u., »Lehrerrolle«).

(4) Präsentation und Reflexion/ Benotung

In der Lateinstunde, die in der Vorlaufphase für die Präsentation vereinbart wurde, werden die Arbeitsergebnisse anhand des/der Produkte der gesamten Lerngruppe vorgestellt; im Anschluss daran werden zusammen mit dem Lehrer fachliche Aspekte, Produkt(e) und Präsentation diskutiert und bewertet. Defizite und Vorzüge sollten hierbei allen Beteiligten bewusst werden und in spätere Arbeiten einfließen. Ob eine Benotung stattfindet, ist den Beteiligten überlassen (zu Evaluierung und Benotung → Kap. 2.4.1, S. 177–178).

Schülerrolle

Die Schüler führen ihre Arbeit in allen Phasen eines Vorhabens selbstständig durch. Sie sind also für Erfolg oder Misserfolg des Vorhabens selbst verantwortlich.

Lehrerrolle

Bei sehr jungen Schülern kann es angeraten sein, dass der Lehrer bei der Themenwahl, der Materialbeschaffung oder der Planung/Organisation der Präsentation (leichte) Hilfestellungen leistet und u. U. behutsam auf das Tun der Schüler Einfluss nimmt, um eine Überforderung und ein Scheitern zu vermeiden. Auch das Aufstellen eines Arbeitsplans sollte in unteren Jahrgangsstufen vom Lehrer begleitet werden. Weil nicht alle Schüler einer Klasse/eines Kurses an einem einzigen Vorhaben-Thema arbeiten und nicht alle Vorhaben in einer Klasse gleichzeitig laufen, sind für diese unterstützenden Maßnahmen zusätzliche Treffen außerhalb des Unterrichts zu vereinbaren.
In höheren Klassenstufen beschränkt sich die Rolle des Lehrers in der Regel darauf,

- evtl. in die Großmethode Vorhaben, insbesondere deren Ziele, Chancen und Besonderheiten einzuführen;
- in jedem Falle auf die Vorgaben (Produktpflicht, Präsentation der Arbeitsergebnisse anhand des Produktes, u. U. Anfertigung eines Arbeitsplans oder eines Thesenblatts/Handouts) hinzuweisen und so die Großmethode Vorhaben von einem normalen »Referat« abzugrenzen;
- Themenvorstellungen der Schüler zu moderieren und schließlich ein Thema als verbindlich zu erklären;

- die Präsentationsfolge in Absprache mit den Schülern zu koordinieren, falls mehrere Vorhaben gestartet werden;
- auf die Einhaltung der mit den Schülern gemeinsam festgesetzten Präsentationstermine zu achten;
- auf Anfrage der Schüler Literatur- und Internethinweise zu geben, wenn die Schüler mit der Recherche überfordert sind;
- die Schüler bei organisatorischen Problemen zu unterstützen (z. B. Reservierung eines OHP, des Computerraumes, eines Beamers, ...);
- ggf. zur Lösung von Konflikten zwischen den Schülern beizutragen;[6]
- auf rechtliche Aspekte zu achten (z. B. Aufsicht, Genehmigung einer Exkursion im Vorfeld);
- ggf. die Evaluation der Arbeitsergebnisse und der Präsentationen zu moderieren.

5. Liste mit Themen und Produktanregungen

Diese Themen- und Produktliste soll lediglich die Vielfalt der Möglichkeiten für Vorhaben zum Fach Latein aufzeigen. Sie ist nicht als Katalog gedacht, aus dem die Schüler ein Thema bzw. ein Produkt auswählen.[7]

Thema	Mögliche Produkte
Die römische Familie	Videofilm; CD-ROM; Rollenspiel
Frisuren im alten Rom	Nach antikem Vorbild angefertigte Frisuren (an Perücken oder eigenen Haaren)
Schmuck im alten Rom	CD-ROM; Kollektion von selbst gebasteltem Schmuck
Römisches Essen	Kochbuch mit Rezepten nach Apicius; Kochnachmittag mit Verkostung
Kinderspiele im alten Rom	Nachbau verschiedener Spiele; Spielstunde/ -nachmittag

6 Z. B. wenn ein Schüler die ihm übertragenen Aufgaben nicht erfüllt und so seiner Arbeitsgruppe nachhaltig schadet.

7 Da die Schüler in Eigenverantwortung ihr Produkt herstellen, ist es nicht notwendig, dass der Lehrer z. B. selbst ein Video schneiden, eine CD-ROM herstellen oder eine Radiosendung produzieren kann oder Präsentationsprogramme (z. B. *PowerPoint*, *Publisher*) perfekt beherrscht. Im Übrigen stehen in den Medienzentren vieler Städte kompetente Ansprechpartner zur Verfügung, die bei technischen Problemen gern weiterhelfen oder technische Ausstattung wie Schnittplätze, Kameras etc. zur Verfügung stellen.

Thema	**Mögliche Produkte**
Sklaverei	Rollenspiel; Streitgespräch; Dialog auf einem Sklavenmarkt; Interview mit Seneca[8]; Zeitung/ Broschüre
Römischer Straßenbau	Modell; Rollenspiel; Exkursion
Tempelbau	Modell; CD-ROM; Exkursion
Theaterbau/-wesen	Modell[9]; CD-ROM; Exkursion; Theateraufführung mit erklärenden Kommentaren
Amphitheater in Deutschland/Frankreich	CD-ROM; Exkursion (z. B. nach Trier); selbst angefertigte Landkarte
Wie wohnten die alten Römer?	Modell; CD-ROM; Exkursion (z. B. zu einer Ausgrabungsstätte); Dialog (z. B. eines Architekten mit einem Bauherrn)
Götter	Wandzeitung; CD-ROM; PowerPoint-Animation
Gladiatorenkämpfe oder Wagenrennen	Berichterstattung (Radio/Zeitung); Modelle verschiedener Kampfgeräte (wie z. B. Dreizack, Netz, Schwert ...); Streitgespräch zwischen Schülern oder zwischen einem Befürworter und einem Kritiker (→ Plinius, Seneca[10])
Ostia/Forum Romanum	PowerPoint-Animation z. B. mit Bildern der Sehenswürdigkeiten; Lageplan, auf den mit vorher hergestellten Modellen die einzelnen Sehenswürdigkeiten vorgestellt werden; virtueller Gang durch Ostia/über das Forum Romanum (z. B. durch einen entsprechend aufbereiteten Textvortrag, der die Schüler auf das Forum oder nach Ostia »versetzt/ entführt«
Die Römer in der Pfalz/im Rheinland/in ...	Große Karte, auf der römische Zeugnisse eingezeichnet sind; Exkursion; CD-ROM
Der römische Soldat	Museumsbesuch; selbst angefertigte Rüstung; CD-ROM
Der Limes	Modell der Befestigungsanlagen; Exkursion (z. B. zur Saalburg); selbst angefertigte Karte

8 Ausgangspunkt und Grundlage solcher fiktiven Gespräche/Diskussionen können Senecatexte (z. B. Sen. epist. 47,1–13) sein.

9 In Bastel- und Spielzeugläden gibt es Bastelmaterialien (z. B. »Steine«), die das Herstellen solcher Modelle erheblich erleichtern.

10 Ausgangspunkt und Grundlage solcher fiktiver Gespräche/Diskussionen können Seneca- bzw. Pliniustexte (z. B. Sen. epist. 7,3–6 oder Plin. epist. 9,6) sein.

6. Beispiel eines Plans zur Präsentation mehrerer Vorhaben in einer 9. Klasse

Dieser Plan wurde zur Präsentation mehrerer Vorhaben in einer 9. Klasse mit L 2 erstellt.

Thema	Gruppenmitglieder	Präsentationstermin
Theaterbau	3 Schülerinnen	11.11.2005
Römische Kochkunst	4 Schülerinnen	10.2.2006
Gladiatorenkämpfe	5 Schülerinnen	17.3.2006
Römische Musik	1 Schülerin	8.5.2006
Die Welt der Götter	2 Schülerinnen	6.6.2006

Literatur

Bemerkung: Es sollte kein Handapparat o.Ä., der aus den angeführten Büchern und Internetseiten besteht, bereitgestellt werden. Die Schüler sollen sich nach Möglichkeit selbstständig Informationen beschaffen. Die nachstehenden Literaturhinweise sollen lediglich Hilfen für den Lehrer bei möglichen Anfragen der Schüler sein.

Bechthold-Hengelhaupt, Tilman: Alte Sprachen und neue Medien, Göttingen 2001.
Gertsmann, Dieter: Bibliographie Lateinunterricht, Band 2: Stichwörter, Hannover 1998.
Krefeld, Heinrich (Hg.): Res Romanae. Begleitbuch für die lateinische Lektüre. Neue Ausgabe, Berlin 1997.
Maier, Friedrich (Hg.): Clavis Didactica Latina. Bibliographie für den LU. Erarbeitet von Müller, Andreas und Schauer, Markus, Bamberg 1994.
Martin, Jochen (Hg.): Das Alte Rom. Geschichte und Kultur des Imperium Romanum, München 1994.
Radewaldt, Fred: Computerprogramme für Latein. Möglichkeiten und Grenzen ihres Einsatzes, in: AU 4+5/1998, 77–123.
Weeber, Karl-Wilhelm: Alltag im Alten Rom. Ein Lexikon, 3. Auflage, Düsseldorf/Zürich 1997.
Weeber, Karl-Wilhelm: Alltag im Alten Rom: Das Landleben. Ein Lexikon. Düsseldorf/Zürich 2000.
Weeber, Karl-Wilhelm: Panem et circenses. Massenunterhaltung als Politik im antiken Rom, Mainz 2001.

AU 3+4/2002: Neue Medien

Übersichtsseiten und Linklisten → Kap. 2.4.1, S. 196
Lateinische Texte im Internet: www.thelatinlibrary.com
Bildersammlungen:
http://www.vroma.org/images/image_search.html
http://www.u. v. m.edu/~classics/ambrose/clas42_slides.html (»Fotosammlung zu Ovids Metamorphosen«)
http://www.ku-eichstaett.de/SLF/Klassphil/grau/eichst.htm (»Fotosammlung zu Ovids Metamorphosen«)

Archäologie:
http://www.archaeologie-online.de/
http://www.viamus.de

Mythologie:
http://www.pyrrhon.de/greek/index.htm
http://www.pantheon.org/mythica/

2.4.4 Projektorientiertes Übersetzungstraining

Eine Lerngruppe trifft sich innerhalb des regulären LU oder außerhalb der Schule zum Lesen lateinischer Texte: Indem bereits erarbeitete Texte noch einmal zügig im Zusammenhang übersetzt werden, entsteht das Erlebnis echter Lektüre.

1. Definition und Ziele des projektorientierten Übersetzungstrainings
2. Grundsätzliche Überlegungen zu Sprache, Übersetzungsproblematik und Übersetzungsmethoden
3. Das Konzept des projektorientierten Übersetzungstrainings
   - Trainingsprogramm
   - Projektorientierung
   - Zeitpunkt und Organisationsformen
4. Die Durchführung des projektorientierten Übersetzungstrainings
   (1) Vorlauf und Planung: Organisation, inhaltliche Planung und Vorbereitung des Textmaterials
   (2) Durchführung: Rahmenbedingungen und Trainingsmethode
   (3) Auswertung/Reflexion
5. Schüler- und Lehrerrolle
6. Vorteile und mögliche Schwierigkeiten des projektorientierten Übersetzungstrainings
7. Beispiele
   - Lehrbuchphase: Projektorientiertes Übersetzungstraining zur Vorbereitung einer KA
   - Lektürephase: Mehrtägiges Übersetzungstraining »Feriae Latinae«

1. Definition und Ziele des projektorientierten Übersetzungstrainings

Definition

Das projektorientierte Übersetzungstraining[1] hat zum Ziel, auf der Basis einer bereits erarbeiteten Übersetzung das Übersetzen weiter zu trainieren und die daraus folgende Spracherfahrung für die zukünftige Lektüre zu nutzen. Übersetzung wird nicht mehr verstanden als Versuch einer Eins-zu-Eins-Übertragung, sondern als fortlaufende Lektüre, die der Lektüre in der eigenen Muttersprache ähnlich ist. Der hier vertretene Grundsatz ist nicht mehr das ciceronische »multum, non multa«, sondern eine modifizierte pragmatische Variante: »multum non nisi multa (lectione).« Dies heißt unter guten Bedingungen: »... plurima lectione, i. e. lectione perpetua.«[2]

---

1 Zu der Gesamtproblematik → AU 3/2003.

2 Nur bei → Herkendell, 9 findet man den Satz: »... dass bei aller berechtigten Forderung nach einer sachlich richtigen und sprachlich systemkonformen Übersetzungs-

Ein projektorientiertes Übersetzungstraining besteht also in der Hauptsache aus der fortlaufenden Lektüre (lectio perpetua) lateinischer Texte, die aber gelegentlich durch auflockernde Elemente zur Vertiefung des Textinhalts oder zur Übung sprachlicher Phänomene unterbrochen wird.

Ziele

Ziele der lectio perpetua sind,

- die Übersetzungsqualität zu verbessern;
- das Verständnis der lateinischen Sprache zu vertiefen;
- Latein als Sprache ins Bewusstsein zu bringen;
- die Einsicht in die Funktionsweise von Sprache allgemein (auch der Muttersprache) zu erweitern;
- Artikulationsmerkmale einzelner Autoren bewusst wahrzunehmen;
- die Lesesicherheit zu steigern und die künftige Lesegeschwindigkeit zu erhöhen;
- Eigenverantwortung und permanentes selbstständiges Arbeiten der Schüler zu fördern;
- Lust am Lesen lateinischer Lektüre zu erzeugen.

2. Grundsätzliche Überlegungen zu Sprache, Übersetzungsproblematik und Übersetzungsmethoden

Die Idee der lectio perpetua basiert auf folgenden grundsätzlichen Überlegungen:

Sprache

Das Lateinische hat es heute schwer, als Sprache wahrgenommen zu werden. Der unterrichtliche Zwang zur Kürze und die damit verbundene Forderung nach exemplarischem Lernen sind für das Verständnis einer jeden Sprache problematisch.
Wenn ein fremdsprachiger Text für den Schüler von Bedeutung werden soll, muss dieser den Text als Träger interessanten und für seine eigene Lebenswelt bedeutsamen Gedankenguts erleben. Sprache muss als Kommunikationsmittel erfahrbar werden.[3] Dies ist durch die lectio perpetua möglich.

---

leistung auch dem Studium des Spracherwerbs, dem Umfang des kulturellen Wissens und dem Grad der muttersprachlichen Kompetenz Rechnung getragen werden muss. Das gilt heute sicher noch mehr als in früheren Jahren, *als einfach schon die Menge gelesenen Textes die Schüler trainierte«* (Hervorhebung vom Verf.).

3 Eine fehlende Sprachwirklichkeit kann durch bloß nachahmende Sprachtätigkeit nicht aufgehoben werden. Lateinisches Sprechen von Floskeln im Unterricht ist sicher eine Bereicherung des unterrichtlichen Geschehens. Es ist für eine Revitalisierung von Sprache, verstanden als System komplexer und gehaltvoller Aussagen, aber nur bedingt geeignet.

Übersetzungs-problematik[4]

Übersetzung gilt als proprium des schulischen LU und ist genuiner Bestandteil seiner Legitimation.[5]

Eine gute Übersetzung muss scheinbar Widersprüchliches in sich vereinen können: Sie muss das, was sich in der Ausgangssprache in Lexik, Syntax und Semantik mitteilt, wiedergeben (sprachlich-syntaktischer Schwerpunkt). Andererseits muss sie sich der Möglichkeiten und Eigenheiten der Zielsprache bedienen, die in den genannten Bereichen ggf. anders strukturiert ist.[6] D.h., eine Übersetzung beinhaltet die genaue Erfassung des Gemeinten im Sinne einer hermeneutisch-exakten Wiedergabe des Textgedankens auf dem entsprechenden Niveau der Rezipienten- oder Zielsprache. Das scheint die eigentliche Crux zu sein: Das, was für das Verständnis eines Textes nötig wäre, lässt sich nicht umsetzen, und was sich umsetzen lässt, ist für ein wirkliches Verständnis nicht hinreichend. Deshalb findet sich folgerichtig bei vielen Schülern die Gleichsetzung: Latein = Übersetzung = mühevolle Konstruktionsarbeit.

Übersetzungs-methoden

Es gibt viele Möglichkeiten, sich lateinischen Texten zu nähern,[7] z.B. die »Wort-für-Wort-Methode«, die Konstruktionsmethode, das lineare

---

4 Übersetzung bedeutet die Übertragung einer Textpassage (Wort, Satz, Text) von einer Sprache in eine andere mit dem Anspruch, das »Gemeinte« des ursprünglichen Textes in einer anderen Sprache äquivalent oder adäquat wiederzugeben. Das Gemeinte ist der begriffliche Gehalt, die Bedeutung eines Textes.
Hier zeigt sich das Grundproblem jeder Übersetzung: Die Bedeutung ist nur aus dem komplexen Sprachverständnis eindeutig erschließbar und somit ist jede Form der Übertragung bereits eine Interpretation. Geht ein Text in seiner Aussage über triviale Grundaussagen hinaus, so benötigt man bereits eine hohe Stufe des Verstehens und entsprechend große Kenntnisse der Ausgangssprache.
Erst dieses Verstehen macht aus der lautlichen Wahrnehmung, dem gehörten oder gelesenen Gebilde, etwas, was der Erfahrung des Lesers als Wort oder Satz zugänglich ist und in seinem Lebenshorizont in der nötigen Weise aufgegriffen und dechiffriert werden kann.

5 Da die Übersetzung im Unterricht der modernen Fremdsprachen kaum noch eine Rolle spielt, ist der LU fast der einzige Ort, wo diese Kulturtechnik noch intensiv vermittelt wird.

6 Einerseits besteht eine gute Übersetzung in der korrekten Wiedergabe der gebotenen sprachlichen Strukturen und Zeichen, andererseits muss sie im Sinne eines kulturellen Transfers die Strukturen des Lesers berücksichtigen. Es besteht wenig Übereinstimmung darüber, ob Text und Übersetzungswiedergabe strengen Äquivalenzanforderungen entsprechen oder das schlichtere Postulat der »Adäquatheit« der Aussageinhalte erfüllen müssen. Gänzlich problematisch bleibt die Überlegung, ob im Sinne der Verständlichkeit auch Transpositionen (sprachstrukturelle Änderungen) oder Modulationen (Sinnverschiebungen, Perspektivwechsel) eingebaut werden dürfen. Teilweise wird sogar auf die Übersetzung verzichtet und es werden Formen inhaltlicher Wiedergabe, wie Inhaltsangabe, freie Textproduktion, Bericht usw., bevorzugt.

7 → Fuhrmann; → Glücklich (1976); → Glücklich (1987); → Hermes; → Nickel (1972); → Nickel (1985).

Dekodieren oder die Dreischritt-Methode. In der Regel werden Schüler und Lehrer je nach Textsorte und persönlicher Neigung eine Methode favorisieren oder sich einer Kombination der jeweils nützlichen Methoden bedienen. Trotzdem macht man die Erfahrung, dass auch diese methodische Vielfalt das Grundproblem von Übersetzung nicht löst.
Überzeugend wäre – unter den Gesichtspunkten »Sprache« und »Textverständnis« – ein »verstehendes Lesen« der Textvorlage. Diese Methode propagiert das Entstehen von Textverständnis mittels der schrittweise erfolgenden Verengung des Erwartungshorizontes des Hörers oder Lesers im konkreten Satzverlauf. Damit kommt diese Methode den Bedingungen des »normalen« Sinnverstehens am nächsten,[8] scheitert aber aufgrund ihres hohen Verständnisbedarfes häufig an den mangelnden sprachlichen Fähigkeiten der Schüler.
Das Konzept der lectio perpetua versucht, diesen grundsätzlichen Überlegungen Rechnung zu tragen, indem ein Text auf der Basis einer bereits erarbeiteten Übersetzung mit etwas zeitlichem Abstand zum *zweiten* Mal zügig und im Zusammenhang gelesen wird. So wird »verstehendes Lesen« und damit echte Lektüre möglich. Die Schüler erleben Latein als lebendige Sprache, die relevante Inhalte vermittelt.

3. Das Konzept des projektorientierten Übersetzungstrainings

Trainingsprogramm

Das Lesen lateinischer Texte als lectio perpetua läuft in Form eines Trainingsprogramms[9] ab, d. h., es unterliegt strengen Vorgaben bzgl.

- des Lektürepensums (d. h. der insgesamt zu lesenden Textmenge → S. 224–225);
- der Regeln zur Vorbereitung des Textmaterials (→ S. 225–227);
- der Methode bei der Durchführung der lectio perpetua (→ S. 228–232).

Projektorientierung

Eingebettet wird dieses Trainingsprogramm in den Rahmen einer »projektorientierten UE«.[10] Dieses sog. »projektorientierte Übersetzungstraining« erstreckt sich über drei Phasen und enthält verschiedene offene Elemente, die von Schülern mitbestimmt bzw. geplant werden können (→ S. 223–224):

- Auswahl des zu lesenden Autors
- Zeitpunkt, Ort und äußerer Rahmen für das Training

---

8 → Lohmann (1968).
9 Ein Training setzt sich zum Ziel, in möglichst kurzer Zeit ein möglichst umfangreiches Programm möglichst nachvollziehbar und effektiv zu bearbeiten.
10 → Kap 2.4.1, Tabelle S. 180–181.

- Grundsätzliche Entscheidung über die Teilnahme, falls das projektorientierte Übersetzungstraining außerhalb des regulären Unterrichts stattfindet

Beim Konzept des projektorientierten Übersetzungstrainings handelt es sich also streng genommen um eine Kombination zweier methodischer Großformen: Den Rahmen bildet die offene Form einer projektorientierten Unterrichtseinheit, der Kern entspricht der eher geschlossenen Form eines Trainingsprogramms.[11]

Zeitpunkt und Organisationsformen

Das Training ist sowohl in der Lehrbuch- als auch in der Lektürephase durchführbar. Es findet grundsätzlich *nach* einer UE zu einer bestimmten Lektion/Lektüre statt und dient der Wiederholung und Vertiefung. Verschiedene Organisationsformen sind möglich:

(1) Innerhalb der Schule
- In der Lehrbuchphase (1–4 Unterrichtsstunden) (→ Beispiel 1, S. 234–236)
  - Um Lektionstexte intensiv zu wiederholen (z. B. zur KA-Vorbereitung)
  - Um sich an das Lesen größerer Textquanten zu gewöhnen
  - Um grammatikalische Themen zu vertiefen
- Bei der Übergangslektüre (2–4 Unterrichtsstunden)
  - Um den »Lektüreschock« abzufedern
  - Um Eigenheiten eines Autors wahrzunehmen
- In der Lektürephase (1 Woche)
  - Um sich an die Bewältigung größerer Lektüreeinheiten zu gewöhnen
  - Um das eigentliche »Lesen« von Texten zu erleben

(2) Außerhalb der Schule (2–3 Tage im Block: »Feriae Latinae«) (→ Beispiel 2, S. 236–239)
- Um Arbeiten an einem anderen Ort und unter anderen Bedingungen (z. B. Zeit/Rhythmus) zu ermöglichen
- In Kombination mit anderen Zielsetzungen (z. B. Abiturvorbereitung)

4. Die Durchführung des projektorientierten Übersetzungstrainings

Als projektorientierte Arbeitsweise einer speziellen Art unterliegt das Übersetzungstraining nicht unbedingt der strengen Abfolge der einzel-

11 Zur Abgrenzung der Begriffe → Meyer, 143–145.

nen Projektphasen (→ Kap. 2.4.1, S. 167). So fallen die beiden ersten Phasen »Vorlauf« und »Planung« zusammen bzw. lassen sich nur bedingt trennen, da es sich nicht um ein Projekt im klassischen Sinn handelt, sondern um ein Training, das bereits Erarbeitetes aufgreift und vertieft.

Drei Phasen

Somit ergeben sich für das projektorientierte Übersetzungstraining drei Phasen:

(1) Vorlauf und Planung: Organisation, inhaltliche Planung und Vorbereitung des Textmaterials
(2) Durchführung: Rahmenbedingungen und Trainingsmethode
(3) Auswertung/Reflexion

(1) Vorlauf und Planung Organisation

Zu Beginn eines Schuljahres bzw. einer UE beschließen Schüler und Lehrer gemeinsam, zum Abschluss der Einheit ein projektorientiertes Übersetzungstraining durchzuführen. Dabei werden folgende Punkte besprochen:

- Welche Autoren/Themen werden behandelt?
- In welchem Zeitraum findet das Übersetzungstraining statt?[12]
- Welcher organisatorische Rahmen wird gewählt: z. B. eintägig, mehrtägig, in der Schule oder außerhalb der Schule?

Bei Veranstaltungen außerhalb des unterrichtlichen Rahmens, v. a. für mehrtägige Trainingsvorhaben, gilt: Freiwilligkeit ist oberstes Gebot, aber ein einmal gefasster Entschluss zur Teilnahme kann nicht mehr zurückgenommen werden und auch ein vorzeitiges Beenden ist nicht möglich.[13] Der Lehrer entscheidet, ein wie großer Prozentsatz der Schüler einer Lerngruppe teilnehmen sollte. In der Regel sollten alle Schüler einer Lerngruppe teilnehmen.[14]
Folgende Punkte müssen bei der Organisation bedacht werden:

---

12 Bei Oberstufenkursen sollte man bei der Planung die Klausurpläne berücksichtigen, da nur in einer Zeit, die möglichst frei von Klausuren ist, eine optimale Konzentration vorausgesetzt werden kann. Außerdem sollte man bei der Zeitplanung bedenken, dass alle zu lesenden Texte von den Schülern vorher präpariert werden müssen (→ »Vorbereitung des Textmaterials«, S. 225–227).

13 Im Idealfall gewährt die Schulleitung für das projektorientierte Übersetzungstraining einen oder mehrere Schultage. Dann ist es leichter, die Schüler für ein solches Unternehmen zu begeistern.

14 Die Akzeptanz eines solchen Angebotes ist erstaunlich hoch, selbst angesichts der Tatsache, dass Geld, Zeit und Mühe von den Schülern zu investieren sind. Auch der Einsatz der Eltern (Transport, Finanzierung …) ist meist beachtlich.

- Unterkunft: Die Auswahl eines geeigneten Domizils nehmen Schüler und Lehrer gemeinsam vor, die Organisation vor Ort liegt in den Händen der Schüler.[15] Zu beachten ist dabei Folgendes:
  - Wie ist die Verpflegung organisiert?
  - Welche Zimmer stehen zur Verfügung?[16]
  - Welche Abendgestaltung ist möglich? (→ Programmablauf des 2. Beispiels, S. 237–239)
  - Sind geeignete Arbeitsräume, Internetanschluss und Präsentationsmedien vorhanden?
- Organisation der An- und Abreise
- Der gemeinsame Beginn und das gemeinsame Ende des Unternehmens sind unabdingbar und für die Stimmung innerhalb der Lerngruppe wichtig. Der Lehrer sollte deshalb konsequent Disziplin und Pünktlichkeit einfordern.
- Kosten für Anfahrt, Übernachtung und Materialien müssen sorgfältig kalkuliert und mit Schülern und Eltern abgesprochen werden. Möglichkeiten der Kostenreduzierung, z. B. durch Übernachtung in einer JH der näheren Umgebung und/oder durch einen Zuschuss des Fördervereins, sollten rechtzeitig in Betracht gezogen werden.
- Für das gesamte Unternehmen muss die Genehmigung der Schulleitung eingeholt werden (Versicherungsfrage).

Inhaltliche Planung

Bei der inhaltlichen Planung eines Übersetzungstrainings werden folgende Punkte geklärt:

- Welches Textpensum bzw. welche Textestellen werden gelesen?
- Wie wird das Textmaterial für die lectio perpetua vorbereitet?
- Gegen Ende der Vorlaufphase, wenn die Schüler einen Großteil des Textpensums vorbereitet haben, kann man sich noch auflockernde Elemente zur Vertiefung des Textinhalts oder zur Übung sprachlicher Phänomene überlegen (→ Ideen S. 231).

Textpensum

Der Lehrer gibt den ungefähren Umfang der zu lesenden Texte vor und überlegt (evtl. gemeinsam mit den Schülern), welche Textpassagen im Übersetzungstraining gelesen werden. Dabei hängt das jeweils leistbare Pensum von verschiedenen Faktoren ab:

- Leistungs- und Motivationsstand der Schüler
- Zeitrahmen, der für das Übersetzungstraining festgelegt wurde
- Zeit, die zur Vorbereitung auf das Projekt zur Verfügung steht

---

15 Für den Fall, dass die Schüler noch nicht besonders geübt sind in solchen organisatorischen Tätigkeiten, empfiehlt sich ein Merkblatt mit den Einzelpunkten.

16 Die Aufteilung der Schüler auf die Zimmer sollte in jedem Fall im Vorfeld erfolgen. Das sorgt für einen ruhigen Beginn ohne Animositäten.

- »Leistungsdruck« durch mögliche Klausuren
- Stimmung innerhalb der Gruppe[17]

In der Regel wird die Gesamtheit der Texte, die zu einem Thema/einem Autor im Unterricht erarbeitet werden, nochmals als lectio perpetua gelesen.
Das Textpensum kann erweitert werden, wenn beim projektorientierten Übersetzungstraining zusätzlich Texte gelesen werden, die vorher nicht im Unterricht besprochen wurden. Dazu erhält jeder Schüler einige Wochen vor Beginn des Trainings einen unbekannten Text zur Vorbereitung (→ S. 227–228, »unbekannte Texte«).

Vorbereitung des Textmaterials

Als Grundlage für die lectio perpetua benötigt der Schüler das im Schulunterricht bearbeitete Textmaterial in geeigneter Form. Dazu wird die Textarbeit langfristig, also schon während der gesamten UE, die dem Übersetzungstraining zugrunde liegt, nach bestimmten Regeln organisiert. Diese gelten für die schulische Übersetzungspraxis wie auch für die häuslichen Vor- und Nachbereitungsphasen.[18]

Bearbeitungsregeln

Die Textbearbeitung im Vorfeld des Übersetzungstrainings erfolgt nach folgendem festen Schema:

- Unbekannte Vokabeln werden gelb[19] markiert; am Rand wird die Bedeutung notiert. Das ermöglicht den Rückgriff auf die Wortbedeutung während der gesamten Lektüre. Das Suchen der Vokabelangaben auf der Textseite unten würde zu einer aberratio oculorum und damit zu einer aberratio mentis führen – was den Ausstieg aus der flüssigen Lektüre des Textes bedeuten würde.[20] Außerdem erfolgt durch das Notieren der Bedeutungen ein langsames, aber steti-

17 Die Erfahrung zeigt, dass oft eher mehr als der ursprünglich vorgesehene Textumfang bewältigt werden kann, wenn die Gruppenzusammensetzung dies zulässt. Doch sollte trotz eines reichlichen Textquantums die Freude an der Übersetzung größer sein als die Mühe, die den Schülern abverlangt wird (zur Orientierung → »Textpensum«, 2. Beispiel, S. 237–239).

18 Wurden Texte, die im Übersetzungstraining gelesen werden sollen, während des Unterrichts noch nicht nach diesen Regeln bearbeitet (z. B. weil die entsprechende UE schon länger zurückliegt), müssen die Schüler dies selbstständig in der Vorbereitungsphase auf das Training leisten.

19 Gelbe Textmarker haben den Vorteil, dass sie besonders auffällig sind und dass sie auf einer Kopie nicht mehr sichtbar sind. Alle anderen Farben erzeugen auf einer Kopie Grautöne.

20 Besonders ablenkend ist das Einbeziehen äußerer Informationsquellen, wie z. B. Grammatik oder Lexikon. Ein zusammenhängender Lesefluss kann dabei nicht entstehen.

ges Vertrautwerden mit dem Wortschatz eines Schriftstellers und eine Vergrößerung des eigenen Wortschatzes.

- Junkturen werden rot markiert; am Rand wird – falls nötig – die Bedeutung notiert (aus mnemotechnischen Gründen und weil oft der Platz nicht reicht, empfiehlt sich eine Notiz auf einem gesonderten Blatt; → »Junkturensammlung«, S. 227). An Junkturen lassen sich besonders deutlich Sprachschöpfung und Sprachgestaltung eines Autors erkennen (Dichtersprache, Klauseln, Versschlüsse ...).

- Grammatikalische Besonderheiten dürfen auf dem oberen und unteren Blattrand vermerkt werden. Weitere Notizen sind nicht erlaubt.

Das Erlebnis, dass flüssiges Lesen Spaß macht, und die Vorgabe, die eigenen Randnotizen zum Text auf ein Minimum zu beschränken, motivieren die Schüler zum Wiederholen von Grammatik und zum Lernen von Junkturen. Lernen verliert für die Schüler so ein wenig seines Zumutungscharakters. Die Lernmethode sollte man ihnen freistellen; hilfreich ist in den unteren Klassen eine umfassende Einführung in Lerntechniken, z. B. in die Arbeit mit Karteikarten oder Zetteln.

- Stilistische Besonderheiten der Wortstellung, wie abbildende Wortstellung, Hyperbata, Enjambements usw., werden durch unterschiedliche Kennzeichnungen (z. B. Unterstreichung, Schlangenlinien) markiert. Komplizierte Texte (z. B. Dichtung) verlieren ihren Schreckenscharakter, wenn ihre artifizielle Wortstellung in toto gesehen wird. Außerdem wird das spätere Lernen von Wendungen/ Junkturen erleichtert, wenn zusammengehörige Wortgruppen oder Sinneinheiten kenntlich sind.

Regeln zur Textbearbeitung

Unbekannte Vokabeln:
- Gelbe Markierung
- Deutsche Bedeutung am Rand

Junkturen:
- Rote Markierung
- Deutsche Bedeutung am Rand oder in der Junkturensammlung

Grammatikalische Besonderheiten:
- Am oberen oder unteren Seitenrand
- Keine weiteren Notizen

Stilistische Besonderheiten:
- Hyperbata (Schlangenlinien)
- Anaphora (Unterstreichen)
- ...

Zusätzlich zu den Markierungen im Text wird eine (häusliche) schriftliche Nachübersetzung im Zusammenhang angeraten. Anfangs sollte sie, später kann sie überprüft werden. Eigenverantwortung des Schülers, selbstständige Arbeit, permanente, nicht punktuelle Aktivität sollen eingeübt werden.
Sinn der Textbearbeitung ist, dass die Schüler im Laufe der Zeit so vertraut mit einem lateinischen Autor werden, dass sie immer weniger Markierungen bzw. Randbemerkungen brauchen, um einen Text fließend zu übersetzen. Die Textbearbeitung soll sich also nach und nach selbst überflüssig machen.

Junkturensammlung[21]

Es hat sich bewährt, die Schüler in eigenen Arbeitseinheiten eine Sammlung von für das Thema oder den Autor typischen Junkturen anlegen zu lassen, die im Prüfungsfall wiederholt werden können. Die Sicherheit des Schülers beim Übersetzen und beim Nachvollziehen einer fremden Vorübersetzung steigt mit seinem Repertoire an bekannten Versatzstücken.
Zudem verlieren Konstruktionen wie Ablativus absolutus, Participium coniunctum und Gerundivkonstruktionen ihren Schreckenscharakter, wenn sie als Satz- und Sinneinheiten gespeichert werden. Floskeln sind außerdem im Sinnzusammenhang leichter zu merken.[22]

Unbekannte Texte

Sollen beim Übersetzungstraining auch unbekannte Texte gelesen werden, so bietet es sich an, diese von den Schülern in arbeitsteiliger Form[23] vorbereiten zu lassen. Auch hierbei gelten die Regeln zur Textbearbeitung, die oben aufgeführt sind. Die Schüler müssen ihren Text eigenständig und mit Blick auf die Kenntnisse ihrer Mitschüler bearbeiten und diesen ihre Arbeitsergebnisse zugänglich machen.[24] Aus diesem Verfahren ergibt sich die Möglichkeit,

- den Arbeitsaufwand für alle zu reduzieren;
- das Übersetzungsverfahren einzuüben und seine Anwendung überprüfbar zu machen;
- den Einsatz moderner Kommunikations- und Präsentationsmittel (E-Mail, Overheadfolien und -projektor usw.) zu üben.

---

21 Unter Junkturen versteht der Verf. die Zusammenfassung von Einzelwörtern zu festen Wortgruppen (z. B. »ad eam rem conficiendam«, »his rebus gestis«...).

22 Eine selbst erstellte Sammlung der Kapitelanfänge von Caesars *Bellum Gallicum* gibt den Schülern Sicherheit.

23 Jeder Schüler erhält eine Textpassage, die er nach den o.g. Regeln bearbeiten soll.

24 Wichtig ist, dass vor dem Übersetzungstraining allen Schülern alle zu lesenden lateinischen Texte vorliegen.

Außerdem kann man eine Sammlung von Vokabeln anlegen lassen. Jeder Schüler schreibt für seinen Textteil die unbekannten Vokabeln heraus; der Lehrer (oder ein Schüler) stellt diese dann zu einer Vokabelsammlung für alle zusammen.[25]
Der Schwerpunkt der vorbereitenden EA liegt in der Regel darauf, die sprachlich-stilistischen Besonderheiten des jeweiligen Schriftstellers zu erfassen und für die Mitschüler greifbar zu machen. Andere Schwerpunktsetzungen sind natürlich auch möglich.[26] Die Inhalte müssen anhand der Übersetzung einwandfrei rekonstruierbar und in das bisher bekannte Denken des Autors einbindbar sein.
Die Ergebnisse der Vorbereitung müssen dem Lehrer spätestens eine Woche vor Projektbeginn präsentiert werden; eine Benotung ist möglich und fördert das Engagement der Schüler.

(2) Durchführung: Rahmenbedingungen und Trainingsmethode

Bei der Durchführung des Übersetzungstrainings muss auf Sitzordnung und Zeitmessung geachtet werden.

Rahmenbedingungen

Sitzordnung: Die Schüler sitzen nach Möglichkeit im Kreis (an Tischen), damit sie gut miteinander kommunizieren können. Außerdem sollten die Paare bzw. Grüppchen, die normalerweise im Unterricht nebeneinander sitzen, getrennt werden; dadurch lassen sich manche Störfaktoren schon im Vorfeld beseitigen und die Arbeit wird sachbezogener und effektiver.[27] Es hat sich bewährt, die einzelnen Sitzplätze auszulosen, weil das Losverfahren von den Schülern eher akzeptiert wird als dirigistische Maßnahmen des Lehrers.
Zeiteinteilung: Die Zeit, die man auf einen bestimmten Textabschnitt verwendet, wird nach Möglichkeit nicht von außen bestimmt, sondern richtet sich danach, wie schnell man mit der Lektüre vorankommt. In der Schule ist der 45-min-Rhythmus nicht vermeidbar, bei allen anderen Organisationsformen sollte man ihn bewusst außer Kraft setzen.[28] Schüler stellen bisweilen überrascht fest, wie schnell die Zeit bei konzentrierter Arbeit vergeht; deshalb sollte man in großen Zeiteinheiten

---

25 Die Vokabelsammlung kann nach Kapiteln oder alphabetisch geordnet sein (oder beides). Der Schüler, der sich für die Aufgabe der Zusammenstellung gemeldet hat, hat hier die Möglichkeit, seine kreativen Fähigkeiten am Computer unter Beweis zu stellen. Ggf. kann der Lehrer anbieten, die Vokabelangaben vorher per E-Mail auf ihre Richtigkeit zu kontrollieren.

26 Z. B. Kommentare zu den grammatikalischen Vorlieben des Autors, zur Verwendung stilistischer Mittel usw.

27 Es ist für Schüler meist eine neue Erfahrung, dass man besonders effektiv mit Menschen zusammenarbeitet, mit denen einen sonst wenig verbindet.

28 Dies gilt besonders für die mehrtägigen Veranstaltungen.

(von etwa zwei Zeitstunden) planen und die Anzahl der Pausen überschaubar halten.[29] Indirekt verbessert sich so auch allgemein der Wille zur konzentrierten Arbeit bzw. es baut sich bei schwächeren Schülern die Angst vor größeren Textmengen ab.

Trainingsmethode

Die lectio perpetua selbst läuft nach einem bestimmten Schema ab. Selbstverständlich kann dieses Schema angesichts bestimmter Konstellationen und Voraussetzungen (Vorkenntnisse, Wissensstand …) der betroffenen Lerngruppe modifiziert werden. Wichtig indes ist, dass einmal festgelegte Arbeitsschritte befolgt und ggf. eingefordert werden.

(1) Wenn gewünscht, erklärt und erläutert der Lehrer nochmals das Ziel der lectio perpetua und das Procedere (s. u.), führt (kurz!) in den Inhalt des Textes ein und erteilt einem Schüler das Wort.

(2) Die Schüler übersetzen jetzt aus ihrer kommentierten Lektürevorlage der Reihe nach vor.
   - Das Besondere an dieser Form der Übersetzung ist, dass man nicht Satz für Satz, sondern in größeren Einheiten – abschnittsweise oder sogar seitenweise – vorgeht. Es wird sofort übersetzt; der lateinische Satz wird vorher nicht laut vorgelesen.
   - Die Übersetzung selbst muss möglichst linear dem lateinischen Text folgen, damit die Zuhörer sie gut nachvollziehen können.
   - Ein Neuansatz während der Übersetzung und ggf. Probeübersetzungen sind möglich; eigene Verbesserungen sind nicht verboten, sondern (im Sinne der Nachvollziehbarkeit des Verstehensprozesses) sogar erwünscht.
   - Ansonsten gelten die üblichen Anforderungen an einen Vortrag, v. a. deutliches Sprechen.
   - Der Vortragende endet mit seiner Übersetzung erst, wenn er nicht mehr weiter weiß oder wenn der Lehrer ihn stoppt.[30] Dann übernimmt ein anderer Schüler und übersetzt weiter.
   - Die übrigen Schüler folgen der vorgetragenen Übersetzung kritisch anhand ihres Originaltextes.

(3) Der Übersetzungsfluss sollte möglichst nicht unterbrochen werden, damit eine wirkliche lectio perpetua entsteht. Lesemenge und -geschwindigkeit erzeugen eine Dynamik, die die Schüler mitreißt und motiviert und die ihnen ein echtes Lektüreerlebnis verschafft.

---

29 → Beispiel 2, »Durchführung«, S. 237–239.

30 Dieses Vorgehen garantiert, dass niemand ausrechnen kann, wann »seine« Stelle an der Reihe ist. Der Lehrer kann eingreifen und eine Übersetzungseinheit für beendet erklären, wenn dies aus pädagogischen oder fachlichen Gründen angeraten erscheint.

Dennoch gibt es Situationen, in denen man eine kurze (!) Unterbrechung des Übersetzungsflusses in Erwägung ziehen kann:

- Zur Klärung von Verständnisfragen: Diese treten in der Regel hauptsächlich bei neuen, nur von einem Schüler bearbeiteten Textpassagen auf; alle anderen Texte einer lectio perpetua wurden ja vorher schon einmal im Unterricht besprochen. Der vortragende Schüler kann hier ggf. ein kompliziertes Satzgebilde vor seiner Übersetzung erläutern, die Kernaussage eines Abschnitts noch einmal mit eigenen Worten zusammenfassen oder ad hoc auf Fragen seiner Mitschüler eingehen. Man sollte aber solche Klärungsphasen nur zulassen, wenn sie für das Textverständnis unverzichtbar sind. Die Erörterung kleinerer Probleme sollte man zugunsten des Leseflusses auf einen späteren Zeitpunkt verschieben. Oft macht man die Erfahrung, dass sich viele Fragen durch den weiteren Verlauf der Lektüre von selbst klären.
- Zur Korrektur von Fehlern: Grundsätzlich gilt, dass bei einer lectio perpetua nicht jeder Fehler korrigiert werden muss. Man darf zugunsten des Textflusses auch einmal kleinere Fehler[31] übergehen. Falls ein Schüler an einer Stelle größere Probleme hat, kann man evtl. einen kurzen Tipp geben oder einfach das Wort an den nächsten Schüler in der Reihe weitergeben.[32] Die problematische Stelle sollte man aber notieren und später (z. B. in der Pause oder in einer der folgenden Unterrichtsstunden) besprechen.

Es lassen sich auch nonverbale Zeichen als Hinweise auf Fehler einbauen. Mitschüler können z. B. bei einem Fehler auf den Tisch klopfen oder am Ende eines Satzes die Übersetzung mit ihrem Daumen bewerten (nach oben bzw. unten – wie im Colosseum). Der übersetzende Schüler kann sich im Idealfall dann selbst noch korrigieren. Diese Fehlermeldungen binden allerdings Kräfte bei den Schülern und sollten deshalb sparsam oder nur punktuell eingesetzt werden. Auch der Lehrer kann nach einer Übersetzungseinheit ein kurzes Zeichen geben, indem er z. B. den Daumen nach oben hält. Dann ist der Übersetzer beruhigt, seine Aufgabe erfüllt zu haben, und die Mitlesenden merken, dass auch sie nicht falsch lagen.

---

31 Man kann z. B. hinnehmen, dass Passiv und Aktiv gewechselt werden, wenn der Sinn nicht entstellt wird. Ebenso darf einmal eine Zeit großzügig erfasst werden (z. B. Futur als Präsens) oder es dürfen einmal Singular und Plural durcheinander geraten.

32 Wenn dies ohne erhobenen Zeigefinger geschieht, kann die Atmosphäre weiterhin entspannt bleiben und die Übersetzung kann weitergeführt werden. Sollte sich allerdings die ganze Gruppe als nicht angemessen vorbereitet erweisen, sollte man sofort abbrechen.

Auflockernde Elemente

Zur methodischen Auflockerung können zwischen die einzelnen Übersetzungsblöcke andere Elemente eingeschoben werden, die den Inhalt oder die Sprache vertiefen. Diese Elemente sollen aber keine dominierende Stellung einnehmen. Sie dürfen den Eindruck, den der gelesene/übersetzte Text hinterlassen hat, nicht überdecken.
Der Inhalt des Gelesenen kann durch kleine – spontane oder vorher vorbereitete – Vorträge vertieft werden:[33]

(1) Ein Cicero tritt auf und verkündet mit Pathos die Kerngedanken des gerade Übersetzten in einer eigenen Formulierung.
(2) Ein »Philosoph« der heutigen Generation versucht sich an Seneca und referiert die Grundgedanken eines Briefes, kommentiert sie aber und setzt seine persönlichen Gedanken dagegen.
(3) Ein Caesar macht sich daran, seinem »Senat« seine letzten Aktionen in Gallien glaubhaft zu machen und für Unterstützung seiner künftigen Arbeit zu werben.
(4) Ein neuer »Dichter« betritt die römische Bühne und trägt mit entsprechender Verve »seine« Verse einem Auditorium vor oder begibt sich voller Hoffnung zu seiner Geliebten, um ihr seine Aufwartung zu machen.
(5) Es ist ebenso möglich, eine sprachliche Übung, beispielsweise zu Junkturen, einzuschieben. Dabei müssen die Schüler anhand bestimmter Wortkomplexe den Textzusammenhang rekonstruieren, in dem diese Junktur vorkam. Je nach Erfolg lassen sich weitere Junkturen aus dem Zusammenhang erschließen und für die Gesamtaussage fruchtbar machen. Auch als Spiel ist das sehr beliebt.[34]

(3) Auswertung/ Reflexion

Eine explizite inhaltliche Auswertung, z. B. mittels Fragebogen oder Leistungsüberprüfung, findet im projektorientierten Übersetzungstraining eher nicht statt. Die Ziele des Projekts bestehen darin, die Übersetzungsfähigkeit der Schüler zu verbessern sowie ihr Verständnis für Sprache an sich und ihre Möglichkeiten zu erweitern. Die Auswirkungen des Übersetzungstrainings lassen sich an zwei Stellen prüfen: an der Qualität der Schülerübersetzungen im laufenden Unterricht und evtl. an dem Wunsch der Schüler, ein solches projektorientiertes Übersetzungstraining noch einmal zu wiederholen.

---

33 Ob spontan oder vorbereitet, hängt von den Schülern ab. Bei manchen Gruppen ist diese Spontaneität möglich, bei anderen ist es sinnvoll, einzelne Schüler im Vorfeld zu beauftragen, sich für den Fall der Fälle etwas zu überlegen, dies aber den anderen nicht zu verraten. Dann sind die Schüler informiert und dennoch bleibt ein gewisser Überraschungseffekt.

34 Weitere Ideen für sprachliche Übungen → Beispiel 1, S. 235–236.

Das Gelingen oder Nichtgelingen des Trainings in organisatorischer Hinsicht sollte zeitnah besprochen werden, um daraus Konsequenzen für die nächste Trainingseinheit zu ziehen.

5. Schüler- und Lehrerrolle

Schülerrolle

In der ersten Phase (Vorlauf/Planung)

- entscheiden die Schüler (gemeinsam mit dem Lehrer) über Thema/Autor, Zeitpunkt und organisatorischen Rahmen des projektorientierten Übersetzungstrainings;
- übernehmen die Schüler im Falle einer außerschulischen Unternehmung Verantwortung bei der Organisation (Unterkunft, Transport, Verpflegung usw.);
- bereiten die Schüler alle zu lesenden Texte sprachlich und inhaltlich vor und kommen so zu einem Verständnis der Texte im Zusammenhang, das sie möglicherweise bisher nicht hatten.

In der zweiten Phase (Durchführung) muss jeder Schüler

- vorübersetzen;
- dem gerade übersetzenden Mitschüler aufmerksam folgen und dabei Inhalt sowie syntaktische und grammatikalische Gegebenheiten des Textes erfassen;
- ggf. den Schiedsrichter spielen (richtige/falsche Übersetzung?).

Die bisherigen Erfahrungen zeigten immer wieder, dass eine lectio perpetua ausgesprochen fordernd auf Schüler wirkt.

Lehrerrolle

In der ersten Phase (Vorlauf/Planung) besteht die Aufgabe des Lehrers v.a. darin,

- seine Schüler zur Durchführung eines projektorientierten Übersetzungstrainings zu motivieren;
- in die Regeln zur Textbearbeitung einzuführen;
- (gemeinsam mit den Schülern) das zu lesende Textpensum festzulegen.

Organisatorisch ist der Lehrer als Berater unentbehrlich, er ist in allen rechtlichen Fragen und bei allen Problemen die letzte und entscheidende Instanz. Ziel muss dennoch sein, Eigenaktivität und Verantwortungsübernahme der Schüler in dem ihnen möglichen Rahmen einzufordern.
In der zweiten Phase (Durchführung) ist die Rolle des Lehrers gekennzeichnet von Zurückhaltung. Er muss aber stets die Gesamtsituation im Blick behalten und behutsam und unaufdringlich den Verlauf des Übersetzungstrainings steuern:

- Er erteilt Schülern das Wort und beendet ggf. auch ihren Übersetzungsvortrag.
- Bei Übersetzungsfehlern hält er sich zurück, nimmt zugunsten des Textflusses kleinere Ungenauigkeiten hin und notiert grobe Verstöße, um sie zu einem späteren Zeitpunkt zu besprechen.
- Die pädagogische Hauptaufgabe des Lehrers liegt darin, das Übersetzungstempo so zu steuern, dass eine gesunde Balance zwischen Leistungsanforderung auf der einen Seite und dem Leistungsvermögen der Schüler auf der anderen Seite entsteht, damit Freude an der Lektüre entsteht und erhalten bleibt.

6. Vorteile und mögliche Schwierigkeiten des projektorientierten Übersetzungstrainings

Vorteile

Ohne die Möglichkeiten des projektorientierten Übersetzungstrainings zu überschätzen, lassen sich folgende Vorteile nennen:

- Die Schüler machen die Erfahrung, dass auch lateinische Texte »gelesen« werden können.
- Die Schüler erfahren, dass sich viele Verständnisfragen im Laufe der zusammenhängenden Lektüre von selbst klären.
- Bisweilen fallen grammatische Barrieren durch Lesen von größeren Textzusammenhängen, weil sich die grammatischen Phänomene in kurzen Zeitabständen wiederholen und dadurch eher wiedererkannt werden.
- Im Idealfall sind die Schüler im Anschluss an eine lectio perpetua leistungsstärker, motivierter und können Inhalte besser verstehen. Die Übersetzungsarbeit im späteren »normalen« Unterricht wird dadurch entlastet, das Arbeitsklima wird entspannter.

Mögliche Schwierigkeiten

Folgende Schwierigkeiten, die in der Durchführungsphase eines projektorientierten Übersetzungstrainings entstehen können, sollte man bedenken:

- Der Lehrer darf sich vom Lernfortschritt der guten Schüler, der in der Regel deutlich höher ausfällt als der der schwächeren, nicht verführen lassen, das Anforderungsprofil und die Erwartungen in unrealistische Höhen zu schrauben.
- Die Erfahrung zeigt, dass die Schüler bei dieser Unterrichtsmethode besonders stark beansprucht werden, aber auch erleben, wie befriedigend es ist, etwas Besonderes geschafft zu haben. Der Lehrer muss deshalb bei der Festlegung des Übersetzungspensums sorgfältig darauf achten, dass die Schüler Gelegenheit zu einer besonderen Leistung erhalten, sich aber nicht völlig überfordert fühlen.

- Die an Methodenvielfalt gewöhnten Schüler könnten bei der lectio perpetua schneller ermüden als im sonstigen Unterricht. Um dem vorzubeugen, sollte ihnen der Lehrer vor der Lektüre klar machen, wie abwechslungsreich und »aufregend« die Arbeit an einem Text sein kann, wenn man sich über eine größere Zeitspanne voll auf ihn einlässt.

7. Beispiele

Beispiel 1: Lehrbuchphase

Projektorientiertes Übersetzungstraining zur Vorbereitung einer KA

Klassenstufe:	7. Klasse (L 1)
Texte der lectio perpetua :	Ostia altera 2.2, caput 22–25
Grammatisches Thema:	Konjunktiv in Gliedsätzen
Zeitpunkt:	eine Woche vor der KA
Organisationsform und Zeitansatz:	innerhalb der Schule in vier Lateinstunden

Dieses Training dient der Vorbereitung einer KA, weil durch die lectio perpetua grammatische Phänomene in engem Zusammenhang mit Inhalten eingeübt werden. Durch diese Einbindung verlieren viele grammatische Themen ihren Schreckenscharakter als »trockene« Paukarbeit. Das ist insbesondere für Mittelstufenschüler wichtig und hält die Aufmerksamkeit und Leistungsbereitschaft aufrecht.

(1) Vorlauf und Planung

Organisation: Drei Wochen vor der KA wird von Lehrer und Schülern gemeinsam der Beschluss gefasst, ein projektorientiertes Übersetzungstraining durchzuführen. Der Stoff wird festgelegt.
Inhalt: Im Unterricht werden in dieser Zeit die capita 22–24 durchgenommen. Von caput 25 wird der lateinische Text im Unterricht nicht gelesen, die Grammatik (Konjunktive in Gliedsätzen) wird eingeübt und besprochen. Folgende Aufgaben haben die Schüler zur Vorbereitung des projektorientierten Übersetzungstrainings zu erledigen:

- Vorbereitung der Haupttexte der capita 22–24 (Wiederholung) nach den Regeln der Textbearbeitung für die lectio perpetua
- Vorbereitung der Haupttexte von caput 25 (neu) nach den Regeln der Textbearbeitung für die lectio perpetua
- Um den Grammatikstoff einzuüben, müssen die Schüler zehn lateinische Einzelsätze bilden, die jeweils ein Beispiel eines neuen konjunktivischen Gliedsatzes (Irrealis, Final-, Optativ-, Konsekutiv-, indirekter Frage- und Relativsatz) enthalten.

(2) Durchführung

Programm für die Unterrichtswoche vor der KA		
Zeit	**Tätigkeit**	**Pensum**
Doppelstunde	»Warmwerden« mit Arbeitsthema und -methode	Haupttexte von caput 22–24
1 Unterrichtsstunde	Vertiefende Beschäftigung mit Arbeitsthema und -methode	Haupttexte von caput 25 Evtl. noch die kleinen Übungstexte der capita 22–24
1 Unterrichtsstunde	Vertiefung und Einübung des Grammatikstoffes	Sprachliche Übungen: ■ Junkturenübung ■ Übungssätze ■ Freie Satzproduktion

Rahmenbedingungen

In der ersten Sitzung wird nach den einleitenden Worten des Lehrers über Methode und Procedere die Sitzordnung ausgelost.

Trainingsmethode

Übersetzt wird nach der im projektorientierten Übersetzungstraining üblichen Methode des Rundgesprächs.[35] Da Schüler in diesem Alter nur bedingt 45 min lang ihre Konzentration aufrechterhalten können, sind zusätzliche spielerische Elemente mit Wettbewerbscharakter vorgesehen:

- »Speed«-Übersetzung nach Zeit (der Schnellste erhält einen Titel)
- Stil-Übersetzung (der sprachlich Gewandteste erhält einen Titel)[36]
- Alternativ lässt sich der Wettbewerb zwischen Gruppen organisieren, die im Wettstreit um die schnellste und/oder beste Übersetzung liegen.

Auflockernde Elemente: Sprachliche Übungen

Ergänzend zur lectio perpetua wird in der vierten Unterrichtsstunde der Grammatikstoff geübt, der in den Texten, die in den drei vorausgegangenen Unterrichtsstunden gelesen worden sind, vorkam:

(1) Junkturenübung (10 min)
Übersetzung von Junkturen ohne Buch, nur auf akustische Wahrnehmung hin. Dabei kann auch der Zusammenhang, in dem die Junktur im Text steht, thematisiert werden.[37]

---

35 → Kap. 3.3.4, S. 326.

36 Die ganze Lerngruppe kann die Jury bilden und den Titel verleihen. Als Titel eignet sich »Rex verborum« o.Ä. Schüler sind beim Finden von Titeln sehr erfindungsreich.

37 Das eignet sich auch als Spiel: »In welchem Zusammenhang taucht diese Junktur auf?« oder »Wer sagt das zu wem?« usw.

(2) Übungssätze (30 min.)

- Die Schüler tragen ihre vorbereiteten Beispielsätze mit den Konjunktiven vor. Die Reihenfolge ist zufällig oder frei von den Schülern gewählt. Die Aufgabe für die zuhörenden Schüler besteht darin, nach Gehör zu bestimmen, ob der Satz grammatikalisch richtig oder falsch ist.[38] Hierbei wird indirekt der Erfolg der vorausgegangenen lectio perpetua getestet.
- Auf eine Übersetzung wird verzichtet; das Lernziel bei dieser Übung ist erreicht, wenn die zuhörenden Schüler die Sätze verstehen.

(3) Freie Satzproduktion

»Domino«: Wenn man zu Beginn der Stunde auf die Junkturenübung verzichtet, bleibt nach den Übungssätzen noch Zeit, eine freie deutsche Satzproduktion zu praktizieren. Diese Übung bietet sich z.B. beim Thema »irreale Satzgebilde« an. Bei dieser Trainingsmethode werden Sätze gebildet, die die Konsequenz aus einer Bedingung selbst zu einer Bedingung machen. Beispiel: »Wenn ich ins Kino gegangen wäre, hätte ich den neuen Film gesehen.« – »Wenn ich den neuen Film gesehen hätte, wäre ich erst spät nach Hause gekommen.« – »Wenn ich erst spät nach Hause gekommen wäre, ...« Wenn man dabei die Zeiten und die Aussageformen variieren lässt, werden die ungewohnten deutschen Verbformen geübt und die Schüler machen sich die komplexe Struktur von Bedingungssätzen bewusst. Dieses Spiel lässt sich dadurch beenden, dass ein Schüler den Kreis schließt, indem er wieder zur ersten Bedingung zurückkehrt.

(3) Auswertung, Reflexion

Die Auswertung dieser Trainingseinheit geschieht durch die KA, in der die Schüler unter Beweis stellen müssen, ob sie den geübten Stoff beherrschen. In der Stunde, in der die KA besprochen und zurückgegeben wird, kann auch eine Reflexion über die Trainingseinheit stattfinden.

Beispiel 2: Lektürephase

Mehrtägiges Übersetzungstraining »Feriae Latinae«

Klassenstufe: Leistungskurs Latein, 13. Jahrgangsstufe
Themen/Texte der lectio perpetua: Vergil, *Aeneis*; Seneca, *Epistulae morales* (jeweils ausgewählte Teile)[39]
Zeitpunkt und Ziel: Abiturvorbereitung
Organisationsform und Zeitansatz: 2 Tage (Wochenende) außerhalb der Schule

---

38 Deutliches Lesen des Vortragenden ist unerlässlich und wird von den Mitschülern eingefordert.

39 Angabe der Textestellen → »Durchführung«, S. 238–239.

Die »Feriae Latinae« als mehrtägige Trainingseinheit eignen sich besonders für Oberstufenkurse zur Vorbereitung aufs Abitur. Sie haben das Ziel, die Übersetzungsfähigkeit der Schüler intensiv zu trainieren, damit sie zuversichtlich in die Abiturprüfung gehen und gute Leistungen erbringen. Besonders schwächere Schüler greifen das Angebot gern auf und führen die Übersetzungstätigkeit engagiert durch. Darüber hinaus eignen sich die »Feriae Latinae« als Abrundung des Lektüreunterrichts der Oberstufe und zeigen den Schülern auf, dass sich die bisherige Mühe gelohnt hat.

(1) Vorlauf und Planung

Organisation: Folgendes wird im Vorfeld geklärt:

Unterkunft:	Jugendherberge
Verpflegung:	Vollpension
Anreise:	PKWs (der Eltern)
Kosten:	ca. 30 Euro
Arbeitsräume:	2
Medienaustattung:	Tafel, Fernsehen

Inhalt: Die Schüler erhalten ca. drei Wochen vor Beginn die Aufgabe, alle für das Übersetzungstraining vorgesehenen Texte

- zusammenzustellen;
- nach den Regeln der Textbearbeitung für die lectio perpetua aufzubereiten – falls noch nicht im laufenden Unterricht geschehen –;
- so zu wiederholen, dass sie sie mithilfe der Randbemerkungen flüssig übersetzen können.

Zur Entlastung der Schüler werden in dieser Phase die schriftlichen HA des »normalen« LU reduziert.

(2) Durchführung

Programmablauf für zwei Tage »Feriae Latinae«[40]		
Zeit	**Tätigkeit**	**Pensum**
Erster Tag:		
8.00–8.30	Anreise; Zimmer werden bezogen	

40 Das Trainingsprogramm wurde bisher mit verschiedenen Gruppen und verschiedenen Textesorten durchgeführt. Man schafft in zwei Tagen, ohne dass es zu einer merklichen Überanstrengung kommt, ca. 600–700 Verse Vergil oder 800–1000 Verse Ovid und ca. 15–18 Seiten Oxfordtext Seneca (bei Cicero sind es mehr).

Zeit	**Tätigkeit**	**Pensum**
8.30–8.45	Vorbereitung des Arbeitsraums	
8.45–10.30	1. Arbeitseinheit	Verg. Aen. 1,1–101; 1,180–300
10.30–10.45	Pause	
10.45–12.45	2. Arbeitseinheit	Verg. Aen. 2,1–56; 2,195–297; 2,567–623
12.45–13.30	Mittagessen	
13.30–14.00	Pause	
14.00–16.00	3. Arbeitseinheit	Verg. Aen. 4,90–197; 4,223–295; 4,305–396
16.00–16.15	Pause	
16.15–18.30	4. Arbeitseinheit	Verg. Aen. 4,607–662; 6,455–476; 6,703–751
18.30–19.30	Abendessen	
19.30–21.00	5. Arbeitseinheit	Deklamation; Interpretation; Darbietung
21.00–23.00	Abendgestaltung	Film, gemütlicher Tagesabschluss
Zweiter Tag:		
8.00–8.30	Frühstück	
8.30–8.45	Vorbereitung des Arbeitsraums	
8.45–10.30	6. Arbeitseinheit	Sen. epist. 1; 2; 3
10.30–10.45	Pause	
10.45–12.45	7. Arbeitseinheit	Sen. epist. 4,1–9; 5,1–6; 6,1–5
12.45–13.30	Mittagessen	
13.30–14.00	Pause	
14.00–16.00	8. Arbeitseinheit	Sen. epist. 7; 8,1–7; 10
16.00–16.30	Pause	

Zeit	Tätigkeit	Pensum
16.15–18.30	9. Arbeitseinheit	Sen. epist. 13,4–13; 16,1–6; 20,1–6
18.30–19.30	Abendessen	
19.30–20.00	Abreise	
Die 9. Einheit kann wegfallen, wenn man das Abendessen einsparen will. Der Arbeitstag ist dann um 16.00 Uhr beendet.[41]		

Literatur

Fuhrmann, Manfred: Die gute Übersetzung. Was zeichnet sie aus, und gehört sie zum Pensum des altsprachlichen Unterrichts?, in: AU 1/1992, 4–20.

Glücklich, Hans-Joachim: Lineares Dekodieren, Textlinguistik und typisch lateinische Satzelemente, in: AU 5/1976, 5–36.

Glücklich, Hans-Joachim: Satz- und Texterschließung, in: AU 1/1987, 5–36.

Herkendell, Hans Ernst: Textverständnis und Übersetzung, in: AU 3/2003, 4–13.

Hermes, Eberhard: Verstehen und Übersetzen, in: AU 2/1966, 5–14.

Lohmann, Dieter: Die Schulung des natürlichen Verstehens im Lateinunterricht, in: AU 3/1968, 5–40.

Meyer, Hilbert: UnterrichtsMethoden I: Theorieband, 6. Auflage, Frankfurt am Main 1994.

Nickel, Rainer: Übersetzen ohne Verstehen?, in: AU 2/1985, 91–92.

Nickel, Rainer: Übersetzen und Übersetzung. Ein Plädoyer für die Verwendung von Übersetzungen im altsprachlichen Literaturunterricht, in: AU 4/1972, 5–21.

AU 3/2003: Übersetzen

41 Wichtig ist, dass nicht einzelne Schüler das Training vorzeitig verlassen. Grundsätzlich gilt: Das Training ist gemeinsam begonnen worden, es wird auch gemeinsam beendet.

2.5 Außerschulische Unterrichtsformen

2.5.1 Museumsbesuche[1]

In Ergänzung zur unterrichtlichen Arbeit findet bei einem Museumsbesuch eine reale Begegnung mit antiken Objekten statt. Das Kapitel zeigt auf, welchen Wert eine solche Begegnung hat, wie sie in den Unterricht eingebunden und vor Ort gestaltet werden kann.

1. Grundlagen
   - Schule und Museum heute
   - Gründe für einen Museumsbesuch
   - Inhaltliche und organisatorische Einbindung in den Unterricht
2. Praktische Umsetzung
   (1) Vorbereitung
   - Langfristiger Vorlauf seitens des Lehrers
   - Festlegen des Themas und inhaltliche Vorbereitung
   - Organisatorische Vorbereitung
   - Auswahl der Methoden der Informationsvermittlung im Museum

   (2) Durchführung
   (3) Nachbereitung
3. Beispiele
   - »Ambulantes Museum«: Der Museumskoffer
   - »Freilichtmuseum«: Wandern am Limes
   - »Museumsprojekt«: Ein Projekt zur lateinischen *Asterix*-Lektüre im Rheinischen Landesmuseum Bonn

1. Grundlagen

Schule und Museum heute

Heute trifft man in vielen Museen auf ein reichhaltiges und abwechslungsreiches museumspädagogisches Angebot, das sich besonders gut mit Lehrplan- und Unterrichtsinhalten kombinieren lässt und das Museum zu einem ganz eigenen Lernort[2] macht. Auch weil Schulklassen einen beachtlichen Anteil der Besucherschaft stellen,[3] hat sich die Museumspädagogik von Anfang an die »Wahrnehmung der Interessen ... vor allem der Kinder und Jugendlichen«[4] angelegen sein las-

1 Frau Ingvelde Scholz sage ich Dank für wertvolle Anregungen.

2 → Nickel (2001), 206 spricht vom Lernort Museum als einem »Lernort contra Musentempel«.

3 Untersuchungen ergaben, dass zwischen 80 und 90% der Bevölkerung nicht oder nicht wieder ins Museum gehen; dabei werden Kunstmuseen von einem relativ höher gebildeten Publikum besucht, bei Regional- und Technikmuseen ist es umgekehrt (Angaben nach Dech, 25–29).

sen.[5] Dazu haben die Museen eigenständige Konzepte entwickelt, die die Eigentätigkeit der jugendlichen Museumsbesucher unter dem Motto »entdeckendes Lernen« fördern sollen. Dabei geht es v. a. darum, grundlegende Frageprozesse in Gang zu bringen.[6]

Gründe für einen Museumsbesuch

In allen Bundesländern und Klassenstufen sind Museumsbesuche inzwischen ein integraler Bestandteil der Lehrpläne. Gründe gibt es viele, fachspezifische und fachübergreifende.

Fachspezifische Gründe (Latein)

»Je geringer die Kenntnis der antiken Kultur ist, desto weniger ist der Erfolg der Autoren- und Werklektüre gewährleistet.«[7]

- Das Ensemble der Exponate in einer Ausstellung zur römischen Antike versammelt Zeitzeugen des Altertums, die in dieser Dichte weder im Unterricht noch in der Lebenswirklichkeit der Schüler vorkommen.[8]
- Durch die Begegnung mit historischen Objekten und den Informationen, die das Museum bereithält, wird eine kritische Reflexion bzw. Vertiefung des im Unterricht erarbeiteten Textverständnisses möglich.
- Das Erlebnis der Authentizität ist dabei auch an sich etwas Besonderes, da die virtuelle Medienwirklichkeit ausschließlich von der Information aus zweiter Hand lebt. »Das Museum hingegen lebt von der Konträrfaszination des Authentischen: vom historisch Fremden, das uns räumlich nah ist.«[9]
- Ausstellungsobjekte, »begreifbare« Modelle oder Originale[10] und schülerorientierte Projekte zu bestimmten Lebensbereichen der An-

---

4 Zacharias, 76. – Es gibt bereits zahlreiche Initiativen, die sich explizit der Kinder und Jugendlichen im Bereich des Museums annehmen, und sogar eigene Kindermuseen.

5 Es gab und gibt auch Gegner des erlebnispädagogisch ausgerichteten Konzepts. Sie befürchten, dass die didaktischen Absichten der Museen, die sich sehr wohl auch an schon geübten Museumsbesuchern ausrichten und dementsprechend anspruchsvoll sein können, an Niveau einbüßen, wenn die Vermittlung der Inhalte an Schüler im Zentrum steht. → Jürgensen, 104; → Korff, 23–24.

6 »Vermittlungsarbeit heißt nicht, einen Eimer füllen, sondern ein Herdfeuer entzünden« (frei nach Herodot), zit. nach → Wildberger, 4.

7 → Nickel (2001), 206.

8 Zwar versucht der LU, den Schülern die vergangene römische Kultur durch Erschließen und Interpretieren lateinischer Texte zu vermitteln. Aber nicht alle Fragen lassen sich aus dem Text heraus klären, »da sich die lateinische Literatur mit einer Reihe von Phänomenen nicht befasst hat, wie z. B. dem Alltag des dienenden und entlassenen Legionssoldaten.« → Nickel (2001), 206.

9 → Korff, 24–25.

10 → Beispiel 1, S. 252–256.

tike bilden durch ihre Anschaulichkeit ein Gegengewicht zur oft beklagten Überintellektualisierung des LU.

- Gemeinsame außerschulische Unternehmungen tragen dazu bei, in den (oft aus verschiedenen Klassen gemischten) Lateingruppen ein Zusammengehörigkeitsgefühl zu schaffen, das für das Unterrichtsklima nur förderlich sein kann.

Fachübergreifende Gründe

- Durch regelmäßige Museumsbesuche wird die Aufgeschlossenheit von Schülern gegegenüber neuen Eindrücken und anderen Wertmaßstäben gefördert. Fernziele sind eine »ästhetische Sensibilisierung«[11] und die spätere – selbstständige – Nutzung von Museen.[12]
- Die Vorbereitung und Durchführung eines Museumsbesuches gibt Gelegenheit, verschiedene Wege zu erproben, um die eigenen Kenntnisse zu erweitern: rezeptiv z. B. durch Beobachtung und Lektüre; praktisch z. B. durch Nachahmungen und Kreationen.
- Museumsbesuche bieten einen geeigneten Rahmen, mit anderen Fächern zusammenzuarbeiten (für Latein v. a. mit Griechisch, Geschichte, Religion und Bildender Kunst). Dadurch wird die Fähigkeit geschult, einen Sachverhalt aus verschiedenen Perspektiven zu sehen und Querverbindungen zwischen den einzelnen Fächern herzustellen.
- Die Begegnung mit den Exponaten erfordert das Einüben verschiedener Techniken: Abzeichnen (Fächer verbindendes Arbeiten mit Bildender Kunst), Beschreiben (Fächer verbindendes Arbeiten mit Deutsch), Recherchieren (Fächer verbindendes Arbeiten mit vielen Fächern), …

Ein Museumsbesuch erfüllt somit die traditionsreiche Forderung nach ganzheitlichem Lernen in besonderer Weise und ist für einen umfassenden LU unverzichtbar.

Einbindung in den Unterricht

Der Museumsbesuch sollte inhaltlich in den LU eingebunden sein. Dies geschieht am besten dadurch, dass durch den Unterricht selbst Fragen aufgeworfen werden, die einer vertiefenden Klärung im Museum bedürfen. Folgende unterrichtliche Themen können in der Lehrbuch- oder in der Lektürephase Anknüpfungspunkt für einen Museumsbesuch sein:

- Römisches Alltagsleben: Villa rustica, Thermen, Essen, Kleidung und Schmuck, Schule, Spiele, Geld

---

11 → Datow, 294.

12 → Otto, 11.

- Römer in Deutschland: Römer und Germanen, Limes, Kastelle, römisches Heer, Alltag eines Soldaten, Römerstädte, Reisen und Straßen, Handel und Schifffahrt
- Römische Baukunst: Aquädukte, Tempel, Grabsteine, Skulpturen, Mosaiken
- Lateinische Inschriften[13]
- Religionsgeschichte: römische Götter und ihre Attribute, mythologische Erzählungen, Christentum, Isiskult, Mithraskult

Organisatorisch kann ein Museumsbesuch

- direkt in eine Unterrichtsreihe eingebunden werden
- an einem oder mehreren Projekttagen stattfinden;
- Bestandteil einer längeren Studienfahrt[14] sein.

Die organisatorisch anspruchsvollste Einbindung eines Museumsbesuchs ist die in den normalen Unterricht. Aus naheliegenden Gründen wird man einen Museumsbesuch eher selten an den Beginn einer UE stellen, ihn vielmehr – meistens – in der Mitte platzieren (Vor- und Nachbereitung möglich) und manchmal am Ende (als motivierende Krönung).
An Projekttagen sind Vor- und Nachbereitung en bloc dabei, was die Planung sehr vereinfacht.
Auf Studienfahrten gehören Museumsbesuche fraglos dazu, wobei sie dort gerade von museumsunerfahrenen Schülern weniger intensiv erlebt werden, da die Summe der Besichtigungen die einzelnen Eindrücke verschwimmen lässt.

2. Praktische Umsetzung

(1) Vorbereitung Langfristiger Vorlauf seitens des Lehrers

Die erste Aufgabe des Lateinlehrers[15] besteht darin, langfristig die (lokale) Museumssituation zu erkunden. Dies geschieht, indem man z. B.

- Museen durch eigene Besuche oder via Internet kennen lernt;
- Kontakt mit Museumsmitarbeitern aufnimmt;
- falls vorhanden, die museumsinterne Bibliothek nutzt;[16]

---

13 Wichtige lateinische Abbreviaturen bietet in zwei klaren, tabellarischen Übersichten → Huber, 32 und 30 (zusätzlich zur Abbreviatur und ihrer Auflösung wird jeweils hingewiesen auf sich ergebende weiterführende realienkundliche und sprachliche Lerninhalte; z. B.:
COS = consul → *Aufgaben der Konsuln, Datierung nach COS statt A. U. C. [= ab urbe condita], abl. abs.*).

14 → Kap. 2.5.2, S. 268–293.

15 ... oder auch der Schüler, z. B. im Rahmen eines Leistungskurses oder eines Projekts.

16 Die museumsinterne Bibliothek steht Lehrkräften in der Regel offen.

- einen Fortbildungskurs zur Vermittlungsarbeit im Museum besucht;
- sich über Sonderprogramme (Einführungen in Sonderausstellungen, Vorträge ...) und deren Niveau informiert.

Festlegen des Themas

Dieses Grundwissen hilft, thematische Anknüpfungsmöglichkeiten an den LU aufzuspüren[17] und dementsprechend Thema und Termin für einen Museumsbesuch mit Schülern zu überlegen. Da in der Regel der Lehrer den größeren Überblick sowohl über die lokale Museumssituation als auch über die Unterrichtsthemen hat, wird der grundsätzliche Vorschlag für einen Museumsbesuch meist von ihm ausgehen. Dennoch ist es möglich, bereits bei der Festlegung eines thematischen Schwerpunkts auch die Schüler mit einzubeziehen, indem man sie z. B. selbst inhaltliche Wünsche für einen Museumsbesuch nennen oder sich über ein bestimmtes Museum vorher im Internet informieren und eine Programmauswahl treffen lässt.

Inhaltliche Vorbereitung

Sobald das Thema des Museumsbesuches feststeht, sollte es im Unterricht mit den Schülern vorbereitet werden. Um einen thematischen Fragenhorizont zu entwickeln, kann man z. B. im »brainstorming« alles vorhandene Wissen (aus dem persönlichen Wissensschatz der Schüler, aber auch aus gelesenen Lehrbuch- bzw. Lektüretexten) und alle zu dem Zeitpunkt vorhandenen Fragen an der Tafel sammeln und abschreiben lassen; bis zum Museumsbesuch kann dieses Blatt im Unterricht immer wieder um weitere Einträge ergänzt werden. Der so erarbeitete gemeinsame Wissensgrundstock bzw. Fragenhorizont eignet sich, aufgeteilt in Sachbereiche, auch dafür, »Spezialistenteams« auf bestimmte Fragen anzusetzen. Jedes Team ist dann im Museum für die Klärung möglichst vieler Fragen des entsprechenden Sachbereichs zuständig.[18]
Je nach Alter der Schüler und angestrebten Lernzielen kann man anlässlich eines Museumsbesuchs außerdem zu passenden Themen Referate[19] halten lassen. Folgende Schritte sind bei der Planung sinnvoll:

- Themenliste erstellen
- Genaue Aufgabenstellungen formulieren
- Literaturliste/Handapparat zusammenstellen
- Organisatorisches überlegen (Umfang und Art der Präsentation, vorherige Abgabe des Manuskriptes, Vortragstermin und -ort, Verfassen eines Thesenblatts ...)
- Bewertungskriterien erheben und mit den Schülern besprechen

---

17 → 242–243, »Einbindung in den Unterricht«.
18 Die Erkundungen in Gruppen können auch als »Wettkampf« gestaltet werden.
19 → Kap. 3.3.1, S. 323.

- Methodisches vermitteln (Literaturbeschaffung und -sichtung, Gliederung des Referats, Gestaltung des Vortrags)

Bei allen vorbereitenden Maßnahmen ist es wichtig, möglichst oft einen Bezug zum (laufenden) LU herzustellen, viele Schüler aktiv zu beteiligen, das Alter der Schüler und die Museumsversiertheit der Gruppe zu berücksichtigen.

Organisatorische Vorbereitung

Zur organisatorischen Vorbereitung eines Museumsbesuches → Checklisten in den Anhängen 1 und 2 nach Kap. 2.5.2, S. 294–299.

Auswahl der Methoden der Informationsvermittlung

Im Rahmen der Vorbereitung eines Museumsbesuches muss außerdem eine geeignete Methode der Informationsvermittlung im Museum ausgewählt werden. Grundsätzlich lassen sich vier Arten der Vermittlung unterscheiden:[20] die mündliche (1), schriftliche (2), erfahrungsorientierte (3) und multimediale (4).

Führungen

(1) Mündlich: Führungen
Führungen sind klassischer Bestandteil eines Museumsbesuchs. Es ist sinnvoll, vorher mit der führenden Fachkraft zu sprechen, um die Inhalte der Führung auf den Unterricht abzustimmen. Bei der Art der Führung unterscheidet man verschiedene Konzepte:

- Klassische, stark an den Exponaten ausgerichtete Führung
- Dialogisch angelegte, am Horizont des Besuchers orientierte Gespräche vor den Objekten mit verschiedenen Schwerpunkten:
  - »Exemplarische Methode« (Konzentration auf ein Exponat)
  - »Genetische Methode« (Entstehungsaspekte des Exponats)
  - »Sokratische Methode« (bewusste Provokation von Vorurteilen dem Exponat gegenüber)
  - »Entdeckende Methode« (Problemlösungen vom Besucher gefordert)[21]
- Führung im Stile des *»Münchener Konzepts«*:[22] Eine entspannte Atmosphäre regt dazu an, Assoziationen zu äußern und ungeniert Fragen zu stellen. Gang und Intensität der Führung werden von den Besuchern mitbestimmt.

---

20 In Anlehnung an → Datow, 295–296.

21 Speziell zum zentralen Aspekt der unterschiedlichen Arten des »Sehens im Museum« gibt es inzwischen zahlreiche Veröffentlichungen; eine (mehr an Museumspädagogen gerichtete, aber interessante) Übersicht über die Konzepte bietet → Dech.

22 Seit 1979 vom Museumsteam der VHS München entwickeltes und praktiziertes Konzept, das bis heute in München großen Anklang findet. Ausführliche Beschreibung bei → Dech, 37.

Vorteile von Führungen:

- Von Fachkundigen geleitet
- Leicht organisierbar (Buchung)
- Wenig eigener Vorbereitungsaufwand
- Ein Ansprechpartner für Fragen steht über längere Zeit zur Verfügung.

Nachteile von Führungen:

- Verschieden qualitätvoll
- Nicht immer auf den Unterricht abstimmbar
- Die Fülle der Informationen kann Schüler überfordern.
- Kosten

Arbeitsblätter

(2) Schriftlich: Arbeitsblätter
AB im Rahmen eines Museumsbesuches[23] dienen der Einordnung der Exponate in größere Zusammenhänge. Sie liefern theoretische Informationen sowie Such-, Beobachtungs- und Einfühlaufträge für die Arbeit im Museum, stellen Wissensfragen oder beinhalten handlungsorientierte Anweisungen. Außerdem ermöglichen sie es, bestimmte Ergebnisse zeitlich versetzt im Rahmen des Schulunterrichts wieder aufzugreifen.
AB können vorgeschaltet,[24] nachgeschaltet oder begleitend verwendet werden (in der Schule/als Führungsblätter fürs Museum[25]/als Nachbereitungsblätter/als Übungs- und KA-Texte[26]).

AB, die für die spezielle Arbeit im Museum konzipiert werden, sollten folgende Merkmale haben:
- Layout: AB müssen »den Blick vom Blatt weg auf das Original lenken, sich also weitgehend überflüssig machen«,[27] d. h. selbst wenig Text, wenig Layout aufweisen.
- Aufgabenspektrum: Oft einsetzbar sind folgende Aufgaben:[28]
  - Beschreiben eines Gegenstands oder seiner Wirkung auf den Betrachter (in Stichworten)

---

23 Mehr Einzelheiten → Visser, 15 f.; → Huber, 34–36.

24 Beispielsweise zur Vorbereitung eines eigenen Beitrags der Schüler wie Referat oder Rollenspiel (mögliche Aufgabe: Schüler erhalten Untersuchungsaufträge, die sie in der Rolle von verschiedenen Berufsklassen ausführen müssen, z. B. Bäderarchitektur: Sichtweise Patrizier versus Sklave); → Berking.

25 Ein AB »Museumsplan«, einen besonderen Wegweiser zu den betreffenden Exponaten, stellt → Huber, 36–37 vor.

26 → Huber, 35.

27 → Huber, 34.

28 → Otto, 13 begründet dieses altbewährte Aufgabenspektrum mit folgenden Stichworten: »selbsttätiger Nachvollzug, Zwang zur Reduktion, Art des subjektiven Verständnisses wird klar; Zeichnung kann mitgenommen werden in den Unterricht.«

  - Abzeichnen z. B. von Inschriften (die Übersetzung kann dann in der Schule erfolgen) oder von einem bedeutsamen Exponatdetail (das auf dem AB als Lücke in einer Zeichnung erscheint)
  - Vergleichen verschiedener antiker Exponate oder eines Exponats mit einem modernen Pendant bzgl. Größe, Erhaltungszustand, Alter, Darstellungsweise ... (in Stichworten)
  - Suchaufträge: Suchen lassen kann man einen Gegenstand (anhand einer vorgegebenen Beschreibung) oder sachliche Informationen zu einem bestimmten Gegenstand (diese Informationen sollten für Schüler verständlich sein; nach zu anspruchsvollen wissenschaftlichen Angaben suchen zu lassen ist wenig motivierend).
  - Produktionsaufgaben, z. B. Fotografieren (die Exponate selbst oder die neben einer Skulptur von Schülern nachgestellte Körperhaltung dieser Skulptur[29] zum Zwecke des Vergleichs im Unterricht) oder die Erarbeitung eines kurzen Rollenspiels[30] zu einem Exponat in Anlehnung an vorher erarbeitete Sachinformationen (z. B. »Frau Servilia bestellt ein Paar Schuhe«)
- Aufgabenstellung: Um anfängliche Erfolgserlebnisse zu garantieren, sollten die Aufgaben von leicht nach schwierig sortiert sein. Unter ihnen sollten sich auch solche befinden, in denen die Schüler zum Nachdenken angeregt werden und Raum bleibt für die Beschreibung eigener Eindrücke und Fragen.
- Sozialformen: Die Arbeitsaufträge werden, wo möglich, in PA/GA zeitversetzt erledigt, um größere Ansammlungen von Schülern vor den Exponaten zu vermeiden. So haben die Schüler die Möglichkeit, sich über die Exponate auszutauschen und ihr Wissen gegenseitig zu ergänzen. Das Element des Wettbewerbs zwischen den einzelnen Gruppen kann motivierend wirken.

Vorteile von Arbeitsblättern:

- Wiederverwertbarkeit (in der Nachbereitung,[31] für die Vorbereitung einer KA oder eines weiteren Museumsbesuchs)
- Mögliche Binnendifferenzierung
- Inhaltliche Strukturierung des Museumsbesuchs

Nachteile von Arbeitsblättern:

- Sehr aufwändig in der Herstellung, v. a. wenn der Lehrer zum Studium der Exponate vorher ins Museum gehen muss

---

29 → Biastoch, 59.

30 Wertvolle Anregungen zum Thema »Theaterspielen im Museum« gibt → Huber, 73–75.

31 Zum »Museumsbuch« → Huber, 35.

- Angemessenes Verhalten der Kleingruppen (besonders in Klassen mit Disziplinproblemen) schwieriger zu gewährleisten

Schüleraktivitäten

(3) Erfahrungsorientiert: Schüleraktivitäten
Als »erfahrungsorientiert« gelten solche Tätigkeiten, bei denen die Schüler zu einem eigenständigen, produktiven, nicht rein rezeptiven Umgang mit Exponaten oder Modellen angeregt werden. Dies geschieht z. B. durch:

- Studiensammlungen im Museum mit Objekten zum Anfassen
- Handwerkliche, spielerische oder theatralische Projekte, verschiedene andere Aktionen, die teils im Freien, teils in eigens dafür hergerichteten Aktionsräumen des Museums stattfinden[32]
- Einen vom Museum zur Verfügung gestellten Museumskoffer[33]
- Aktionen, zu deren Durchführung ein Museumspädagoge in die Schule kommt (z. B. Münzengießen, Kleidernähen, Theaterworkshop)
- Bastelmaterialien wie Mosaiken aus Pappe, mit denen sich bestimmte Vorlagen nachlegen lassen, oder Kopien von Bildern, die den Schülern zerschnitten zur Rekonstruktion vorgelegt werden
- Leicht manipulierte Kopien, z. B. von Inschriften, die die Schüler rekonstruieren oder übersetzen sollen (am Ende kann, z. B. als Chronogramm, eine besondere Zahl oder in Anlehnung ans Chronographieren ein witziger Spruch o. Ä. herauskommen[34])
- Kreative Schreibaufgaben zu Gegenständen aus dem Museum[35]

Vorteile von Schüleraktivitäten:

- Große Anschaulichkeit
- Hoher Behaltenswert durch persönliche Aneignung
- Motivation durch Abwechslung

Nachteile von Schüleraktivitäten:

- Zeit- und Organisationsaufwand
- Evtl. Kosten

---

32 Eine für alle Museumsarten (und Schulfächer) interessante Aufstellung bringt → Schmeer-Sturm, 42–45.

33 → Beispiel 1, S. 252–256; → Wildberger, 5; → Niemann, 68–70.

34 Beispiel: Folgende häufig abgekürzte Inschrift ist zu rekonstruieren. (Tipp: Die beiden Buchstaben, die immer abwechselnd fehlen, ergeben viermal die deutsche Entsprechung des englischen OK.)
_ _V_ _PT_M_ MAX_M_. *[Lösung: IOvI OptImO maxImO].*

35 → Beispiel 1, S. 254–256; weitere Ideen für kreative Aufgaben → Kap. 2.2.1, S. 15–17.

Multimediale Darbietungen

(4) Multimediale Darbietungen im Museum
In Ergänzung zu schriftlichen Informationen bei den Exponaten liefern Museen Informationen auch mittels folgender Medien:

- Audioguide
- Diashow
- Film
- Computeranimation

Vorteile multimedialer Darbietungen:

- Methodenwechsel
- Selbst bestimmbares Tempo (beim Audioguide)
- Anschaulichkeit (bei visuellen Medien)
- Gelegenheit, sich zu setzen und zu erholen
- Motivation qua Medium

Nachteile multimedialer Darbietungen:

- Bequeme Handhabung fördert Passivität.
- Keine originale, sondern eben virtuelle Begegnung
- Technische Geräte verleiten zum zweckfreien Spielen.

Virtueller Museumsbesuch

Eine neue technische Möglichkeit ist der virtuelle Museumsbesuch, der zur Vorentlastung einem realen Museumsbesuch vorangestellt werden kann. Viele Museen (mehr als die Hälfte der deutschen) geben inzwischen ausgewählte Informationen auch virtuell weiter:

- Auf ihren Homepages: Informationen zu Öffnungszeiten, aktuellen Veranstaltungen, Programmen[36]

---

36 Die Homepages der deutschsprachigen Antiken-Museen sind zusammengetragen in: AU 4+5/2001, 80–84. Empfehlungen lohnender deutscher und internationaler Internetseiten gibt → Thies, 85–87.
Aktuelle Tipps zu »Rom im Internet«:
- Roma antiqua – Häuser/Wohnungen im antiken Rom: http://www.thomas-golnik.de/orbis/realien/wohn.html
- Roma antiqua – Kapitol, Kaiserforen: http://www.capitolium.org/
- Interaktiver Rundgang durchs antike Rom: http://www.roma-antiqua.de/pages/rund/index.php
- Antike Bauwerke: http://wings.buffalo.edu/AandL/Maecenas/general_contents.html#Italy-Rome
- Geschichte des antiken Rom: http://www.lateinforum.de/altge2.htm (mit vielen Links)
- Skulptur, Architektur, Malerei: http://www.thais.it
- Vatikanische Museen: http://www.nah-und-fern.de/reisetagebuecher/italienrom/vatikanischesmuseum/index.html

- Auf CD-ROM: einzelne Objekte der Ausstellung, virtuelle Führungen zum Anschauen
- Auf CD oder Kassette: Audio-Führungen

Dabei liegt es im Interesse der Museen, den potenziellen Besuchern durch virtuelle Präsentation den tatsächlichen Besuch zwar schmackhaft zu machen, ihn aber nicht zu ersetzen. (Kleinere Museen haben übrigens oft ein facettenreicheres Online-Angebot.)

Vorteile eines virtuellen Museumsbesuches:

- Gute Quelle zur Vorbereitung eines Museumsbesuchs
- Unvorhersehbare Links können neue Aspekte bringen.
- Manche Informationen bekommt man nur auf diesem Wege.
- Buchungen online sind manchmal praktischer.

Nachteile eines virtuellen Museumsbesuches:

- Die Surfaktivitäten der Schüler sind inhaltlich schwer steuerbar.
- Der Erkenntnisgewinn ist im Verhältnis zum Zeitaufwand häufig eher gering.
- Informationen unter den Adressen zur Antike sind oft nicht auf Deutsch verfügbar.

(2) Durchführung

Zeitrahmen: Der Museumsbesuch an sich wird im Schnitt zwei bis drei Stunden beanspruchen. Dazu kommen die Hin- und Rückfahrt. Alle Vorplanungen – besonders die terminlichen – eingerechnet, kann eine Museumsunternehmung einen Vorlauf von einem halben Jahr brauchen.
Vorab in der Schule: Neben der fachlichen Vorbereitung sollte man mit der Gruppe den Ablauf im Museum durchsprechen. Bei dieser Gelegenheit kann man bereits (anhand von Kopien) den Raumplan erläutern; v.a. mit jüngeren Schülern sollte man außerdem einige Verhaltensregeln zum Aufenthalt im Museum klären.
Aufenthalt im Museum: Bevor das vorbereitete Programm startet, wird noch einmal auf die wichtigsten Zeit- und Treffpunkte hingewiesen.
Abrundung vor Ort: Zum vorläufigen Abschluss können sich nach dem Programm alle noch einmal versammeln und erste Erfahrungen, Eindrücke, Erkenntnisse, Meinungen oder Fragen austauschen. Sind in Kleingruppen verschiedene Aufgaben gelöst worden, so kann man an dieser Stelle die Schüler kurz von ihren Erfolgen berichten lassen.

(3) Nachbereitung

Mit einer Nachbereitung können verschiedene Ziele verfolgt werden:

- Austausch der (persönlichen und fachlichen) Erfahrungen: Für den Lehrer bietet sich die Gelegenheit, neben den eigenen Eindrücken und Erfahrungen die der Schüler zu sammeln, um sie bei der nächsten vergleichbaren Gelegenheit zu nutzen. Der Austausch darüber kann im Unterrichtsgespräch stattfinden oder in formalisierter Form (Feedbackbögen, Kärtchenabfrage).[37]

- Strukturierende Zusammenfassung des Fachlichen: Zuweilen ist es sinnvoll, einen Museumsbesuch fachlich nachzubereiten, z.B. durch ein nachstrukturierendes Unterrichtsgespräch, bei dem Beobachtungen und Fragen zusammengetragen werden. Ausgangspunkt für dieses Gespräch kann auch hier ein vom Lehrer oder einer Schülergruppe entworfener Fragebogen sein.

Erstellen einer Dokumentation

Weitervermittlung des Erlebnisses an andere:

Soll das Erlebte auch anderen mitgeteilt werden, die nicht dabei waren, kann man die Unternehmung (zusätzlich) in einem anderen Rahmen als dem Unterrichtsgespräch nachbereiten. Beispiele:

- Reader mit Kurzberichten und Fotos
- Bericht in der Schülerzeitung
- Ausstellung im Schulgebäude
- Präsentation am Tag der offenen Tür (Stellwand mit Bildern und Berichten)
- Gestaltung eines »römischen Abends« – z.B. im Zusammenhang mit der Latein-Werbung, an dem die Schüler ihr Kulturwissen demonstrieren (bei einem Exkursionsbericht mit Fotos im gemütlichen Rahmen können die Schüler, gekleidet in »Tuniken« und »Togen«, den Besuchern kleine römische Gerichte reichen und vielleicht sogar einen kurzen lateinischen Text darbieten)

Leistungsbeurteilung

Grundsätzlich kann jede von den Schülern erbrachte Leistung im Rahmen eines Museumsbesuches auch bewertet werden. Umfang und Kriterien der Beurteilung müssen mit den Schülern vorher besprochen worden sein.[38]

---

37 Kärtchenabfrage: Man kann z.B. Karten mit verschiedenen Fragen (eine Frage pro Karte) im Klassenzimmer auslegen. Die Schüler gehen von Karte zu Karte und schreiben ihre Meinungen unter die Frage. Oder man verteilt beliebig viele grüne und rote Karten (ohne Fragen) an die Schüler, auf denen dann positive (grün) und negative (rot) Eindrücke/Erfahrungen notiert werden.
Mögliche Fragen für Fragebogen oder Kärtchen: Welche neuen fachlichen Erkenntnisse hast du durch den Museumsbesuch gewonnen? Wie bist du mit den gestellten Arbeitsaufträgen zurechtgekommen? Empfandest du die Zeit im Museum als zu kurz/zu lang/genau richtig?

38 Ein überzeugendes Beispiel für eine die UE Museum abschließende KA beschreibt → Huber, 33. Hinweise für die Leistungsbeurteilung → Kap. 2.5.2, S. 274–275.

3. Beispiele

Beispiel 1: »Ambulantes Museum«: Der Museumskoffer

Beispiel:	Museumskoffer des Limesmuseums Aalen
Einbindung in den Unterricht:	■ Lehrbuchphase: Erarbeitung/Vertiefung realienkundlicher Sachverhalte zum Themenbereich »Römer und Germanen«[39] ■ Lektürephase: Im Rahmen der Lektüre von Caesars *Bellum Gallicum* (Thema »Militär und Lagerleben, auch in der Provinz«), Ovids *Ars amatoria* (Thema »Frauen und Schmuck«), Petrons *Gastmahl* (Thema »Essen und Trinken, Kochgeschirr«)
Zeitlicher Rahmen:	■ Im Unterricht (mit HA): ca. 6 Unterrichtsstunden ■ Im Rahmen von Projekttagen: 2–3 Tage

---

39 Exemplarische Liste der Realienthemen in den Lehrbüchern *Felix* (Ausgabe A, 3. Auflage, 1998), *Interesse* (Ausgabe A, 1. Auflage, 1998) und *Lumina* (Neudruck, 2005), die in den ersten eineinhalb Lateinjahren behandelt werden (in Klammern die Lektion):
1. *Felix*, Realienthemen bis L. 34: L. 1–9: Im alten Rom: Forum Romanum (1–2), Schmuck (3), Senat/Senator (4), Einkaufen (forum holitorium/Velabrum/forum boarium/forum piscatorium) (5), Vesta/Vestalin/Liktor (6), Subura/Mietshäuser (8), Villa urbana (9) – L. 10–14: Auf dem Land: Straßenbau (10), Speisen (nach 10), Villa rustica (11), Sklaven (12), Verarmung der Landbevölkerung (13–14) – L. 15–19: Pompeji (15–19), Amphitheater (19) – L. 20–25: Rom – Wille der Götter: religio/ Götter (20), Äneas (21–22), Rhea Silvia mit Romulus und Remus (23–24), Vertreibung des Tarquinius Superbus (25) – L. 26–30: Griechische Mythen: Apoll/Musen (26), Prometheus (27), Europa (28), Dädalus und Ikarus (29), Orpheus und Eurydike (30) – L. 31–34: Römische Kulturleistungen: Römische Baukunst (31), republikanische Verfassung (32), Zwölftafelgesetze (33), virtus (34).
2. *Interesse*, Realienthemen bis L. 20: Grundriss einer Villa rustica (1, 2), römische Reisewagen und Straßen, Tabula Peutingeriana (3, 4), Aquädukte (5), Grabmäler (6), Klientelwesen (7), Kleidung (7), Schule I (8), Götter und Mythen I (8, 9): Vesta (8B), Herkules (9A), Äskulap (9B) –, Handel und Schifffahrt (10), Götter und Mythen II: Europa (10B) –, Schule II (11), Wohnen im antiken Rom (11), Roms Frühgeschichte/Mythologie II (12-): Romulus und Remus (12A), Rhea Silvia (12B), Die Anfänge Roms (13A), Die Etrusker und Italien (13A-14A), Raub der Sabinerinnen (14B-15A), Tarpeia (16) –, Cäsar und die Gallier I (17A), Cicero (17B), Cursus honorum (17), Esskultur (17–19), Cäsar und die Gallier II (18–20), Römer in Deutschland (18), Kriegsgefangene (20A), Triumphzug (20).
3. *Lumina*, Realienthemen bis L. 20: Schule (1), Speisezettel (2), römische Namen (2), Post (3), Landwirtschaft (4), Sklaven und Freigelassene (5), Großstadt Rom (6), Sport und Spiele (7), Thermen (8), Limes (9), Gladiatorenkämpfe (10), *augurium* und Opferschau (11), Götterhimmel der Römer und Griechen (12), Troja und Homer (13), Odysseus und die Odyssee (14), Äneas und Vergil (15), Ehe und Stellung der Ehefrau (16), Ständekämpfe (17), Triumph (18), Gracchen (19), Provinzen (20).

Beschreibung eines »Museumskoffers«

»Museumskoffer«, in manchen Museen auch »Römerkoffer« genannt, gibt es im deutschsprachigen Raum inzwischen mehrere.[40] Je nach bereitstellendem Museum ist zwar ihr Inventar recht unterschiedlich, aber die Intention grundsätzlich die gleiche, nämlich »das didaktische Prinzip der Anschaulichkeit zu verwirklichen«,[41] indem man Schüler oder andere interessierte Gruppen außerhalb des Museumsgebäudes in (vorbereitenden) Kontakt bringt mit archäologischem Material aus der Römerzeit. Bewerkstelligt wird dies dadurch, dass Originale (!), Replikate, Modelle, z. T. auch Filmmaterial, wohl verwahrt in einem »Koffer«,[42] vom betreffenden Museum für eine bestimmte Zeit und gegen eine kleine Gebühr verliehen werden: ein »ambulantes Museum«[43] also.
Der Museumskoffer aus Aalen beispielsweise beinhaltete im Jahr 2005[44] 35 zum größeren Teil originale Gegenstände (Fundorte zumeist in und um das Aalener Kastellgelände) und ist in drei Lagen sortiert: Ganz oben liegen kleinere Gebrauchsgegenstände (mehrere Schmuckstücke, verschiedene Schlüssel, ein halber Spielstein, ein Nagel, eine Geschossspitze, ein Eisenmesser, eine Glocke, ein Öllämpchen, mehrere Münzen u. a.), in der Mitte Alltagsgeschirr oder Teile davon (wie der obere Teil eines Glaskruges, Sigillataschälchen, rätische Ware), die unterste Schicht umfasst größere, sperrige Gegenstände (einen Tierknochen, einen Wand-Hohlziegel, zwei Hypokaustziegel). Ein knappes Erläuterungsheftchen gibt einige Hinweise.

Vorbereitung

Vor dem Einsatz des Museumskoffers wählt der Lehrer einzelne Gegenstände aus dem Koffer aus und ordnet sie Themen zu, die im vorangegangenen Unterricht angeklungen sind, z. B. die Speerspitze dem Thema »Waffen der am Limes stationierten Soldaten«, den halben Spielstein dem Thema »Spiele«, den Armreif dem Thema »Schmuck der Frauen« usw. Außerdem sichtet er die den Schülern zur Verfügung stehende Literatur (Lehrbuch, Sachbücher) im Hinblick auf die ausgewählten Realienthemen und stellt ggf. zusätzlich einen Handapparat[45] und evtl. Zusatzmaterialien wie Bastelbögen und Rekonstruktionsmodelle bereit. Manchmal enthalten auch die Koffer selbst weiteres erläuterndes Veranschaulichungsmaterial (wie Filme, Kleidung oder Spiele).

---

40 Übersicht im → Anhang 3 nach Kap. 2.5.2, S. 301–302.

41 Ulrich Sauerborn in einem Begleitflyer zum Aalener Museumskoffer.

42 Praktischer Hinweis: Der Begriff »Koffer« ist insofern irreführend, als es sich meist um sehr schwere und nur zu zweit tragbare Metallbehältnisse von beachtlichen Ausmaßen handelt.

43 → Niemann, 68.

44 Der Koffer, der bereits seit über zehn Jahren in Umlauf ist, ist im Sommer 2004 überholt worden; an der grundsätzlichen Idee und Ausstattung hat sich aber nichts Wesentliches geändert.

45 → Literaturhinweise nach Kap. 2.5.2, S. 306–312.

Durchführung

Die UE mit dem Museumskoffer lässt sich in drei Teilen durchführen (jeweils ca. 2 Unterrichtsstunden mit HA):

(1) Theoretischer Teil: Lektüre von Sachtexten
(2) Gestalterischer Teil: kreatives Schreiben
(3) Präsentationsteil

Zu Beginn des theoretischen Teils wählen die Schüler allein, zu zweit oder in Kleingruppen jeweils einen Gegenstand und damit ein Thema aus, über das sie mehr erfahren wollen. Mithilfe der bereitgestellten Literatur und der Zusatzmaterialien sammeln sie dann zu diesem Thema möglichst viele sachliche Informationen, die sie später beim kreativen Schreiben einbringen können.
In dem sich anschließenden gestalterischen Teil sollen die Schüler ihre Gegenstände »zum Sprechen bringen«. Dadurch soll lebendig werden, wie man sich römisches Leben im Einzelnen vorzustellen hat, welche Spiele beispielsweise mit dem halben Spielstein, den der Koffer beinhaltet, gespielt wurden, oder was uns der Hypokaustziegel mit dem Fußabdruck eines Tieres zu sagen hat. Man kann z. B. folgende kreative Schreibaufgabe stellen:

Kreative Schreibaufgabe

»Denkt euch eine Situation aus, in der dieser Gegenstand zu römischer Zeit eingesetzt worden sein könnte. Diese Situation sollt ihr aufschreiben, z. B.

- als inneren Monolog des Fundstücks selbst, in dem es seine Geschichte durch die Jahrhunderte beschreibt;
- als Alltagsgeschichte aus dem römischen Leben, in der der Gegenstand eine Schlüsselrolle spielt;
- in Form eines modernen, wissenschaftlichen Interviews, in dem sich zu dem Gegenstand ein Laie und ein Fachmann äußern;
- als moderne steckbriefähnliche Fahndungsmeldung, mit der Interpol das aus dem Museum entwendete, sehr wertvolle Original sucht;
- ...

Euer kreativer Text sollte ein bis zwei computergeschriebene DIN-A4-Seiten (Schriftgröße 14 pt) umfassen.«

Die Präsentation kann entweder im Rahmen des Unterrichts oder in Form einer Ausstellung (für die Projektgruppe oder für ein größeres Publikum) erfolgen: Je nach gewählter Textesorte und Präsentationsrahmen tragen die Schüler ihre Texte in einer Lesung vor, hängen sie als Erläuterungsplakat neben dem Fundstück zur Lektüre aus oder sammeln sie in einem Reader für die Lateingruppe bzw. für andere Interessierte.

Folgende Schülerbeispiele (gekürzt) entstanden im Zusammenhang mit dem Aalener Museumskoffer:[46]

Schülerbeispiel

»Salvete! Schön, dass es noch Leute gibt, die sich für mich interessieren. Ich freue mich immer, wenn jemand etwas von mir lernen kann und ich mir noch nicht ganz überflüssig vorkommen muss. Für meinen ursprünglichen Zweck bin ich ja kaum mehr zu gebrauchen. Schließlich habe ich schon rund 1825 Jahre auf dem Buckel, und die sind eben nicht ganz spurlos an mir vorübergegangen! ... Ich erzähle euch am besten meine lange, ereignisreiche Lebensgeschichte, welche um das Jahr 180 nach Christus in Rom beginnt. Damals war ich Eigentum eines leidenschaftlichen Spielers, der jede freie Minute seines Lebens nutzte, um zu würfeln oder ein Brettspiel zu spielen, bei dem ich, jung und abenteuerlustig, wie ich war, selbstverständlich nicht fehlen durfte. Viele Jahre vergingen auf diese Weise, bis jener Abend kam, an dem sich mein Leben verändern sollte.

Mein Herr und ich waren wie so oft in die Taverne gegangen, wo wir die Stunden mit Essen, Trinken, Lachen und Spielen verbrachten. Das Glücksspiel war zwar eigentlich verboten, aber es gab trotzdem unzählige Wirtshäuser, in deren Hinterzimmern man ungestört spielen konnte. Leider war Fortuna an diesem Abend nicht auf der Seite meines Herrn, so dass dieser alles Geld verlor, das er bei sich hatte. Ein anderer Spieler, dem es ähnlich ergangen war, schlug aus Spaß vor, noch ein letztes Mal gegeneinander zu würfeln, und zwar um die Hälfte dessen, was der Gegner noch in der Tasche hatte. Mein Herr wusste natürlich genauso gut wie der andere, dass beide schon alles verloren hatten, was sie besaßen, und willigte lachend ein. Es wurde ein spannendes Spiel, schließlich aber verlor mein Herr und steckte seine Hand in das Lederbeutelchen, das er immer an seinem Gürtel trug und in dem er sein Geld aufbewahrte. Er leerte es aus, und heraus fiel – ich! Er hatte mich nämlich zuvor hineingesteckt, als er das Würfelspiel begonnen hatte und mich deshalb nicht mehr brauchte. Weil er sein Wort halten musste, brach er mich in der Mitte auseinander und gab dem Gewinner wie versprochen die Hälfte dessen, was er noch in der Tasche gehabt hatte. Daraufhin trennten sich die beiden und machten sich auf den Heimweg. Als der andere Spieler ein paar Schritte weit gegangen war, warf er seine Hälfte achtlos auf den Boden. Mein Herr machte es genauso, denn was hätte er auch mit einem halben Spielstein anfangen sollen! Dann ging er nach Hause und überließ mich meinem weiteren Schicksal ...«

Schülerbeispiel

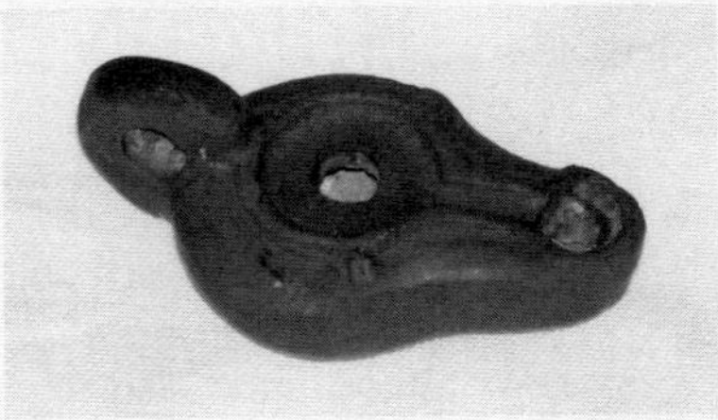

»Hallo! Ich heiße C. OPPI RES XXVIII und bin eine Öllampe. Ich habe ein Problem. Ich bin 1.713 Jahre alt und mir ist stinklangweilig! Ich fühle mich im wahrsten Sinne des Wortes, als hätte ich mich in der Zeit geirrt, denn es ist das Jahr 2004 nach Christus und ich lebe noch. Öllampen zu verwenden, das war wohl mal. ...
Gebrannt wurde ich im Jahre 291 nach Christus in Rom, heute, glaube ich, die Hauptstadt von Italien oder so ... Mein Hersteller war ein älterer Herr namens Gaius Oppius, der Hunderte meiner Geschwister an die unterschiedlichsten Römer verkaufte. Er war schon immer darauf spezialisiert, alle möglichen Gebrauchsgegenstände zu sammeln, zu reparieren, zu pflegen und schließlich zu veräußern. Unser Umsatzpotenzial hat er, glaube ich, erst mit rund 40 Jahren entdeckt und seitdem fast nur noch mit uns gehandelt. Zwar hat er uns nicht erfunden, aber er hat uns so hingekriegt, dass wir genau richtig für die Leute waren. Nach fremden Vorbildern fing er logischerweise mit dem Bau unserer großen Schwester C. OPPI RES I an und fuhr so bis zu unserem letzten Geschwisterchen, das ich nie gesehen habe, fort. Ich bin die Achtundzwanzigste, und das ›C. OPPI RES‹ in allen unseren Namen ist eigentlich eine Art Firmenstempel von Gaius Oppius. Ins Deutsche übersetzt würde das etwa ›hergestellt von Gaius Oppius‹ heißen. Wir wurden folgendermaßen gebaut: Zuerst formte der geschickte Gaius auf einer Töpferscheibe ein kleines Schälchen aus Ton. Dann modellierte er an den Rand des Schälchens eine Art Schnabel. Hinten dran fehlte dann nur noch der Henkel und zuletzt bekamen wir noch einen Deckel mit einem großen Loch und schließlich unseren Namen eingeritzt. Nachdem wir gebrannt worden waren, bekamen wir einen Docht in die Öffnung unseres Schnabels gesteckt und wurden schließlich meistens auf Verkaufstische zum Verkauf gelegt. ...«

46 Die Beispiele stammen von Tabea Brehm und Maximilian Grimm, Johannes-Kepler-Gymnasium Stuttgart.

Beispiel 2: »Freilichtmuseum«: Wandern am Limes[47]

Beispiel:	Limesabschnitt zwischen Lorch und Schwäbisch-Gmünd[48]
Einbindung in den Unterricht:	
	■ Lehrbuchphase: Lektionen oder thematische Einheiten, in denen es um das römische Germanien geht
	■ Lektürephase: Caesar, Tacitus, Nicodemus Frischlin: *Iulius Redivivus* (16. Jh.);[49] thematische Lektüren zum römischen Germanien/Militär- und Lagerleben[50]
Zeitlicher Rahmen:	■ 1 oder 2 Tage

Beschreibung des Limes als »Freilichtmuseum«

Eine gute Alternative oder Ergänzung zu einem klassischen Besuch in einem Römermuseum ist eine Wanderung auf den Spuren des Limes, dem größten »Freilichtmuseum« Deutschlands, der seit einigen Jahren verstärkt auch für den Tourismus erschlossen wird[51] und dessen obergermanisch-rätischer Teil im Jahr 2005 zum Weltkulturerbe erhoben wurde.[52]

Ein einzigartiger Punkt des Limes ist die Stelle im Rotenbachtal bei Schwäbisch-Gmünd, wo der obergermanische und der rätische Limes aufeinandertreffen. Da dieser Punkt eine Wanderetappe auf dem Weg ins Aalener Limesmuseum sein kann, bietet sich seine Besichtigung im Rahmen einer Tageswanderung an, die von Lorch (dort lag der südlichste Punkt des obergermanischen Limes, sog. »Limesknie«) nach Schwäbisch-Gmünd führt (ca. 15 km).

---

47 Grundlegende Sachinformationen zum Limes in: → Erdmann. – Diverse Vorschläge zu Studienfahrten an den Limes in: → Mommsen.

48 Zu einem neu eingerichteten Rundwanderweg an diesem Limesabschnitt gibt es inzwischen einen Prospekt, hg. v. der Gesellschaft für Vor- und Frühgeschichte in Württemberg und Hohenzollern, Berliner Str. 12, 73728 Esslingen.

49 → Hamacher.

50 → »Ecce Roma«. In dem Bändchen wird zu etwa 30 Themen des römischen Lebens das Wesentliche in leicht verständlicher (nicht immer ganz richtiger) lateinischer Sprache referiert; veranschaulicht werden die Ausführungen durch zahlreiche bunte Zeichnungen. Themen sind etwa: »De pecunia«, »De vestitu atque ornatu«, »De balneis vel thermis«, »De exercitu«, »De vecturis«.

51 Zur Forschungslage → Becker; → Thiel. – Spezielle »Limes-Radwege« sind inzwischen entlang des gesamten Limes eingerichtet: Für die Strecke von Bad Hönningen bis Miltenberg – mit einer Gesamtlänge von 589 km – → das Radtourenbuch »Deutscher Limes-Radweg 1«; von Miltenberg nach Regensburg – mit einer Gesamtlänge von 440 km – → »Deutscher Limes-Radweg 2«. – Folgende Internetseiten geben weiterführende Informationen: www.limes-in-deutschland.de; www.archaeologie-online.de; www.unesco-welterbe.de; www.unesco.org/whc.

52 → Zahlreiche Zeitungsbeiträge Mitte Juli 2005.

Vorbereitung im Unterricht

Vor der Limeswanderung sollte man in einer Unterrichtsstunde Bau, Funktionsweise und Geschichte des Limes besprechen oder in Referaten präsentieren lassen (z. B. anhand von Bastelmaterialien[53] oder mithilfe von Filmausschnitten[54]). Dabei sollte auch der Bezug zu den zuvor gelesenen Lehrbuch- bzw. Lektüretexten hergestellt werden. Folgende Leitfragen können aus dem vorhergehenden Unterricht erwachsen und den Inhalt der »Limesstunde« umreißen:

- Funktion des Limes: Was bedeutet das Wort »Limes«? Wozu diente er (nicht)? Wo verlief er? Wer wohnte diesseits, wer jenseits des Limes? Welche Beziehungen bestanden zwischen den Bewohnern beiderseits des Limes? Wie funktionierte das Limeswarnsystem?
- Bau des Limes: In welcher Zeitspanne entstand er? Wie lang war er? Woraus bestand er? Welche Veränderungen hat sein Verlauf mit der Zeit erfahren? Bis wann war er funktionstüchtig?
- Geschichte des Limes: Warum ist nur so wenig von ihm erhalten geblieben? Wo finden sich heute noch Überreste? Was symbolisierte er damals, was heute? Gab und gibt es vergleichbare Bauwerke?

Durchführung

Die Limeswanderung lässt sich als ein- oder zweitägige Unternehmung durchführen:
Eintägig: Anreise nach Lorch; Wanderung bis Schwäbisch-Gmünd (mit Pausen ca. $4\frac{1}{2}$ Stunden); Rückfahrt.
Zweitägig: 1. Tag: Anreise nach Lorch; Wanderung bis Schwäbisch-Gmünd (mit Pausen ca. $4\frac{1}{2}$ Stunden); Zugfahrt nach Aalen (ca. 30 min.); Übernachtung in der Jugendherberge (ca. 30 Gehminuten vom Bahnhof). 2. Tag: Besuch des Limesmuseums (ca. 20 Gehminuten von der Jugendherberge); Rückfahrt.

Wanderroute:

Vom Bhf Gang in die Stadt Lorch zur Besichtigung der *Mauerfundamente des südlichsten Limeskastells* am obergermanischen Limes (*»Limesknie«*); die Fundamente sind im Straßenbelag direkt an der evangelischen Stadtkirche markiert. – Zurück zum Bhf und über die Gleise den Hang hinauf Richtung ehemaliges Benediktinerkloster. [Museum im Kloster: Funde aus römischem *vicus*] – Ca. 100 m oberhalb des Klosters *rekonstruierter römischer Wachtturm (WP 12/14)* – Beginn der 15 km langen Wanderung nach Schwäbisch-Gmünd durchs Remstal: Etwa 200 m oberhalb des Wachtturms rechts nach Osten in den Wald einbiegen und dann immer dem Wanderschild mit

53 Z. B. der vierfarbige »Römische Wachtturm« als Ausschneidebogen von Klett.

54 Filmmaterial zum Thema beziehbar über den Museumsshop Aalen, → Literaturhinweise nach Kap. 2.5.2, S. 306–312.

dem typisierten Limesturm (schwarz-rot auf weißem Grund) folgen. – Hinter Kleindeinbach führt ein recht abschüssiger Weg ins Rotenbachtal, wo der *Beginn der (restaurierten) rätischen Mauer* neuerdings anhand ausführlicher Beschilderung vor Ort gut erkennbar ist. – Auf dem etwas beschwerlichen Anstieg aus dem Tal hinaus und weiter Richtung Osten kann man den Verlauf der Mauer miterleben, da ein Teil des Wanderweges auf ihr verläuft. – Kurz vor Wustenriet führt der Weg rechts in südlicher Richtung hinunter nach Schwäbisch-Gmünd.

Praktische Tipps: Um die recht lange Wanderung zu strukturieren und gleichzeitig die Gefahr, sich zu verlaufen, möglichst gering zu halten, kann man – nicht nur mit jüngeren Schülern – einen Wettkampf um Punkte durchführen, die die Schüler unterwegs erlangen, indem sie bestimmte Beobachtungs-, Such- und Denkaufgaben lösen. Beispiele:

- Die zwei Umfassungsmauern des Kastells sind im Straßenbelag nur für den, der danach sucht, auffällig markiert (Hinweisschilder erleichtern die Suche). Aufgabe: Stelle dich *außerhalb* des Kastells und zeige nach innen: 2 Punkte.
- Der rekonstruierte Wachtturm hat einen historischen Fehler. (Die Tür war nicht ebenerdig angebracht; die Antwort steht allerdings auf der Erläuterungstafel daneben.): 1 Punkt.
- Das Wanderschild ist an zwei wichtigen Kreuzungen[55] so gut versteckt, dass man sich schnell verlaufen kann. Pro Fund: 3 Punkte.
- Die Kilometerangaben auf den Wanderschildern sind entmutigend, weil unrealistisch gering. Schilder unterwegs suchen und Summe ausrechnen lassen. Wenn sie stimmt (12 km): 1 Punkt.
- Die Stelle im Rotenbachtal liegt ein wenig abseits. Fund: 1 Punkt.

Sieger ist der, der die meisten Punkte, oder jeder, der die maximale Zahl von 11 Punkten erreicht hat; will man nur einen Sieger, bekommt der die für den Sieg noch notwendige Punktzahl, der als Erster am Bhf in Schwäbisch-Gmünd anlangt und der Gruppe das Gleis nennen kann, von dem aus es weiter nach Aalen oder wieder heimwärts geht.
Dieses Limes-Punkte-Spiel lässt sich auf jede andere Route übertragen; einzige Voraussetzung dafür ist, dass der Lehrer die Strecke vorher schon einmal getestet hat und ihre Tücken kennt.

---

55 1. Wo man den Wald nach Lorch das erste Mal verlässt, muss man fast eine 180°-Kehre machen: Nicht geradeaus laufen! 2. Am Fuße des idyllischen Gärtchen- und Weidenhügels am Rande von Kleindeinbach muss man sich geradeaus halten; die an einem Drahtzaun angebrachte Limesmarkierung ist sommers von Büschen überwuchert.

Beispiel 3: »Museumsprojekt«

Beispiel:	Ein Projekt zur lateinischen *Asterix*-Lektüre im Rheinischen Landesmuseum Bonn[56]
Klasse:	8. Klasse (L 1) am Ende der Lehrbuchphase (optional: fachübergreifend mit dem Fach Geschichte)[57]
Thema:	Erstellen eines sprachlich-historischen Schülerkommentars[58] zu *Asterix apud Gothos*[59] als Doppelprojekt:[60] 1. Teil: Sprachprojekt im Unterricht, 2. Teil: Museumsprojekt
Zeitlicher Rahmen:	3–4 Wochen

Ziele

Ziel ist die Erstellung und Gestaltung eines zweiteiligen Schüler-Kommentars:[61]

1. Teil: Vokabel- und Grammatikerläuterungen zu den einzelnen Seiten (Sprachprojekt)
2. Teil: Historische und realienkundliche Erklärungen zu einzelnen *Asterix*-Szenen mit fachlichen Erläuterungen und entsprechender Illustration durch Abbildung von Originalen (Museumsprojekt)[62]

---

56 Das Beispiel stammt von Bettina Münch-Rosenthal.

57 Weiterer denkbarer Einsatzzeitpunkt: Abschluss der Lehrbuchphase in Klasse 9/10 mit L 2 (Übergangslektüre). Man sollte das Projekt jedenfalls erst am Ende der Spracherwerbsphase durchführen, da (entgegen der Erwartung vieler Schüler) eine *Asterix*-Lektüre eine gewisse Leseerfahrung und fundierte grammatische Kenntnisse voraussetzt.

58 Der vom Verlag beigefügte Kommentar beschränkt sich auf die Angabe weniger, zumeist (im klassischen Grundwortschatz) ungebräuchlicher Vokabeln (zwei Seiten für die gesamte Ausgabe!) und ist für ein Vokabeltraining bzw. eine gezielte Übersetzungsvorbereitung unbrauchbar; Erläuterungen zu schwierigen grammatischen Phänomenen und historischem Hintergrund fehlen.

59 Das Projekt ist auf alle lateinischen *Asterix*-Ausgaben übertragbar, falls die Wahl der Schüler auf einen anderen Band fällt. Bezug lateinischer *Asterix*-Ausgaben über den Buchhandel oder über Delta Verlag GmbH, Stuttgart.

60 Vorteil des Projektes ist seine flexible Einsatzmöglichkeit: Beide Teilprojekte können getrennt (in unterschiedlichen Lateinklassen, Jahrgängen und bei Lektüren) Anwendung finden. Somit ist auch die Übertragung des Museumsprojektes auf eine Caesar-Lektüre (z.B.: *De bello Gallico*, 5. Buch) möglich. Großen Anklang und Interesse (v.a. bei jüngeren Schülern) findet stets eine Museumsführung durch einen Oberstufenkurs Geschichte oder Latein (»Schüler führen Schüler«).

61 Anspruch auf Vollständigkeit und perfekte Gestaltung sollte (v.a. bei einer kleinen oder jüngeren Lerngruppe) nicht erhoben werden. Die Arbeit muss allen Beteiligten Freude bereiten! Nach Möglichkeit kann dieser Kommentar durch Wiederholung des Projektes in anderen Klassen erweitert und ergänzt werden.

62 In einem 3. Teil kann zusätzlich ein alphabetisch sortierter Grundwortschatz als Zusammenfassung der Vokabelerläuterungen zu einzelnen Seiten angefügt werden. Er kann als Lexikon bei der häuslichen Vorbereitung oder der Schullektüre Verwendung

Der Kommentar soll Folgendes leisten:

- Schulische Textarbeit und HA unterstützen
- Material zur Vorbereitung auf KA und kleinere Tests (denkbar als Vokabel-, Junkturen-[63] und Grammatiktests) bieten
- Grundwortschatz und Grammatik zum Ende der Spracherwerbsphase wiederholen und vertiefen
- Die Lehrbucharbeit der Mittelstufe abschließen (Zwischenlektüre)
- Historische Kenntnisse zur (provinzial-)römischen und keltischen Geschichte vermitteln und erweitern[64]

1. Teil: Sprachprojekt (im Unterricht) Vorbereitung

Zeitraum: ca. 1 Woche (Hausarbeit)
Einzelne Textpassagen werden an die Schüler verteilt und von diesen arbeitsteilig bearbeitet:[65]

Arbeitsaufträge zu *Asterix apud Gothos*:

(1) Schreibe alle dir unbekannten Vokabeln und grammatischen Phänomene, die dir Probleme bereitet haben, heraus; übersetze bzw. erläutere sie.[66] Trenne sie optisch in Spalten und ordne/nummeriere sie nach Seiten und Bildern (z. B. Seite zwei, vierte Zeile, drittes Bild: 2, 4, 3).
(2) Sammle Gruß- und Anredeformeln, Sprichwörter, Floskeln/Wortspiele gesondert.
(3) Stelle alle historischen Aspekte und Themen zur römischen oder keltischen Kultur zusammen. Notiere die entsprechenden Fundstellen.[67]
(4) Bearbeite alle Ergebnisse am Computer. Beachte dabei die Formatierungs- und Schriftvorgaben.[68]

---

finden (einfache Herstellung, da Computer über entsprechende Funktion automatisch sortiert!).

63 Gemeint sind damit semantische Wortverbindungen. Weitere Erläuterungen und Beispiele → Kap. 2.4.4, S. 227.

64 Vorausgesetzt, Exponate zur keltischen Kultur sind im Museum vorhanden (in Bonn: keltogermanische Objekte).

65 Der Seitenumfang richtet sich nach der Gruppengröße. Ziel ist die Bearbeitung der gesamten Ausgabe.

66 Wichtig: Nicht die Übersetzung, sondern die Analyse und Bestimmung grammatischer Erscheinungen sind gefordert (aci-, Partizipial-Konstruktionen; Satzbau-, Kasus-Funktionen; Tempusbestimmungen usw.)! Der Kommentar soll als Übersetzungshilfe dienen, nicht den Mitschülern das Übersetzen abnehmen!

67 Gute Anregungen hierzu in: → van Royen/van der Vegt; → Stoll.

68 Einheitliche Vorgaben erleichtern die spätere Zusammenfassung. Unter Voraussetzung geeigneter technischer Bedingungen: Ein ständiger Zugriff (für Schüler und Lehrer) auf die Aufzeichnungen sowie deren Änderung und Ergänzung sollten gewährleistet sein (mit Diskette arbeiten!).

Es erfolgt eine erste Korrektur durch den Lehrer. Vokabel-/Grammatikbegleitblätter werden ausgedruckt und allen Schülern ausgehändigt. Ein Schüler wird bestimmt, der für die Zusammenführung und Ordnung aller Daten zuständig ist. Er und der jeweils verantwortliche Mitschüler sorgen für die kreative Gestaltung des Kommentars, indem sie visuelle Merkhilfen einarbeiten: Szenen aus der *Asterix*-Lektüre, die entsprechende Vokabeln, Junkturen, grammatische Phänomene oder Sprichwörter enthalten, eigene Zeichnungen, Karikaturen usw. sind denkbar. Er trägt in einem zumutbaren Rahmen die Verantwortung für die Endredaktion.[69]

Durchführung

Zeitraum: ca. 2–3 Wochen (Schul-/Hausarbeit)
In dieser Phase stehen die Übersetzung, inhaltliche Besprechung und Nachbereitung der *Asterix*-Lektüre im Mittelpunkt.
Arbeitsschritte:

- Im LU übersetzen die Schüler zusammen die vorbereiteten Asterix-Partien.
- Alle Schüler bereiten die im Unterricht besprochene Übersetzung zu Hause schriftlich nach und weitere Seiten anhand der ihnen vorliegenden Vokabel-/Grammatikblätter vor.
- Während der Übersetzung und Besprechung im Unterricht notiert der für die entsprechenden Seiten verantwortliche Schüler[70] Ergänzungen und Anregungen.[71] Er arbeitet sie zu Hause in seine Kommentierung ein und arbeitet am Layout und der kreativen Gestaltung der Seiten.
- Nach einem zweiten Korrekturdurchgang durch den Lehrer gibt der für die entsprechenden Seiten verantwortliche Schüler seine gesamten Aufzeichnungen an den für die Sammlung aller Daten zuständigen Schüler weiter.
- Dieser arbeitet kontinuierlich bis zum Ende der Lektüre an der Gestaltung des Kommentars, der Sammlung bzw. Ordnung historisch

69 Genauigkeit, Zuverlässigkeit, gute Computerkenntnisse und Kreativität sollten einen Endredakteur auszeichnen. Unerlässlich ist ein gutes Zuarbeiten durch seine Mitschüler.

70 Ein Schüler ist für die Pflege und Ergänzung seiner Angaben so lange verantwortlich, bis die Übersetzung seines jeweiligen Textabschnittes beendet ist. In dieser Zeit ist er von den HA freigestellt.

71 Fragen und Ideen der Mitschüler werden v. a. für den historischen Teil weitere Anregungen liefern! Neugierde auf das Museum und seine Objekte kann schon hier geweckt werden: »War es wirklich so einfach, die Römer zu verprügeln?« – »Wie schwer ist ein römisches Kettenhemd?« – »Wie sah das Lagerleben in Kleinbonum aus?« – »Trugen die Gallier Hosen?« – »Bauten sie Häuser aus Stein oder aus Holz?« …

relevanter Themengebiete sowie der Zuordnung der jeweiligen Fundstellen.

Bewertung/ Leistungskontrolle

Die Bewertung der Schülerprodukte orientiert sich an folgenden Kriterien: Sachliche Richtigkeit, Genauigkeit, Umfang, Pünktlichkeit/Zuverlässigkeit und Kreativität (besonders beim Endredakteur!).
Möglich ist eine abschließende KA in Anlehnung an den schriftlich erarbeiteten Stoff des Kommentars: Hauptbestandteil bildet die Übersetzung einer unbekannten *Asterix*-Passage (am besten mit bekannten Vokabeln und Floskeln aus der Lektüre). Ergänzt werden kann ein zweiter Teil aus Grammatikaufgaben oder Junkturen-Übersetzungen.

2. Teil: Museumsprojekt

Die Lektüre schließt mit einem Museumsbesuch[72] im Rheinischen Landesmuseum Bonn ab. Das Museum bietet mit seiner innovativen Konzeption als Themen- und Erlebnismuseum Schülern ideale Voraussetzungen für selbstständiges Arbeiten und entdeckendes Lernen.[73]
Ziel ist die Erstellung eines historischen und realienkundlichen Kommentars zu einzelnen Szenen von *Asterix apud Gothos* mit eigenen Bildern und Texten (Zeitansatz: 1 Tag).[74]

Vorbereitung

Vor dem Museumsbesuch sind noch einige organisatorische Vorbereitungen vorzunehmen.[75]

Der Endredakteur fasst die bisher gesammelten historischen Themen zusammen und ergänzt sie um weitere spontane Vorschläge der Mitschüler.

- Die Gruppe fasst die Einzelthemen zu Großthemen zusammen und ordnet Einzelaspekte als Unterthemen zu. Mögliche Themenfelder sind:
  - Thema 1: Römisches Militärwesen (Ausrüstung, Lagerbau, Dienstgrade, Tagesablauf, Ernährung, Dienstzeit usw.)

---

72 Das Projekt kann selbstverständlich auch in anderen Museen mit Exponaten zur römischen Geschichte durchgeführt werden.

73 Das Rheinische Landesmuseum Bonn wurde Ende 2003 wiedereröffnet. Kontaktadresse: → Anhang 3 nach Kap. 2.5.2, S. 300.

74 Ein großzügiger Zeitrahmen ist wichtig. Selbstständiges Arbeiten erfordert viel Zeit; zwei bis drei Pausen sollten eingeplant werden.

75 Organisation im Vorfeld: Reservierung des Gruppenraumes im Museum (Zahl der Tische bzw. Stühle prüfen; Stromversorgung für Laptops?); Reservierung bzw. Kauf der Bahnkarten; kurzes Informationsschreiben an die Eltern mit Programm und Zeitplan; Checkliste für die Schüler: Laptops, Disketten, digitale Fotokameras, feste Schreibunterlage, Block, Stifte, lateinische *Asterix*-Ausgabe, mehrfach kopierte Listen der historischen Themen und *Asterix*-Fundstellen (Endredakteur!), Getränke und Essen, Kuchen für die Gruppe als »Zwischenmahlzeit«.

- Thema 2: Eroberungen/Römische Provinzen (Verwaltung, Wirtschaft/Handel, Straßen, kultureller Austausch, römische Städte, Caesar, gallischer Krieg, Kultur der Kelten usw.)
- Thema 3: Römische Lebenskultur (Ess-, Tisch- und Wohnsitten, Kleidung, Frisuren, Schmuck, Thermen, Sklaven, Spiele usw.)
- Thema 4: Religion (römische bzw. keltische Götterwelt und römischer bzw. keltischer Götterkult, Weihedenkmäler, Grab- und Bestattungsriten usw.)

■ Die Themenfelder werden – je nach Interesse – an kleine Arbeitsgruppen verteilt (am besten Gruppen aus maximal vier Schülern). Die Fundstellen-Übersicht aus *»Asterix«* wird allen Schülern ausgehändigt.

Plastische, lebensgroße Rekonstruktion eines römischen Legionärs (ca. 40 n. Chr.) von W. Schnaubelt & N. Kieser – Atelier WILD LIFE ART, Germany. Rheinisches Landesmuseum Bonn.

Durchführung

Vormittag:
Für die erste Orientierung und Informationssammlung im Museum erhalten die Schülergruppen folgende Arbeitsaufträge:

Orientierung und Informationssammlung im Museum

1. Phase: Erkundungsrundgang (EA/30 min.)

Orientiert euch (anfangs getrennt) im Museum und sucht Abteilungen, die geeignete Informationen und Objekte zu eurem Thema bieten. Notiert diese Orte und die entsprechenden Themen.

2. Phase: Gruppenabsprache (20 min.):

Sprecht euch bei einem zweiten, gemeinsamen Rundgang durch das Museum mit euren Gruppenpartnern bzgl. eurer Informationsquellen ab, vergleicht und ergänzt sie.

3. Phase: Informationssammlung (Partner-, GA/1–1,5 Stunden):[76]

- Nehmt eure *Asterix*-Ausgabe, das Fundstellenverzeichnis und Schreibunterlagen und (evtl.) eine Sitzgelegenheit mit.
- Nutzt alle zur Verfügung stehenden Quellen des Museums (Originalobjekte und deren Erläuterungen, Texttafeln an der Wand, Rekonstruktionen, Hörkommentare durch Audioguide, Filme, PC-Programme, Dermoplastiken, Grafiktafeln, Modelle, Inszenierungen), um Informationen zu eurem Thema einzuholen.
- Macht euch dabei Notizen (achtet auf eine Trennung und Gliederung nach Unterthemen).[77]
- Legt euer Augenmerk darauf, Szenen oder Objekte aus dem *Asterix*-Band im Museum wiederzuentdecken, und fertigt davon Zeichnungen bzw. Fotos an. Notiert euch, zu welcher Szene (Seiten- und Bildangabe) ihr was fotografiert bzw. gezeichnet habt.

Nach dieser Arbeitsphase sollte eine Mittagspause (ein- bis eineinhalbstündig) erfolgen.[78]

Nachmittag:
Zur Verarbeitung der Informationen und Bearbeitung des Kommentars dienen folgende Arbeitsanweisungen:

76 Der Lehrer steht in dieser Phase beratend in den Ausstellungsräumen zur Verfügung. In Anbetracht der Fülle verfügbarer Medien muss im Rheinischen Landesmuseum die Aufmerksamkeit der Schüler auf originale Exponate gelenkt werden. Anregungen zur näheren Betrachtung, Beschreibung und Analyse sind für Schüler ohne Seherfahrung wichtig.

77 Im Rheinischen Landesmuseum ist das Arbeiten mit dem Laptop in der Dauerausstellung möglich.

78 Die stadtnahe Lage des Museums ermöglicht es, gemeinsam auswärts essen zu gehen; bei geeigneten Räumlichkeiten kann auch selbst gekocht werden (Pizza); Restauration im Landesmuseum vorhanden; gut, aber teuer!

> Verarbeitung der Informationen und Bearbeitung des Kommentars
>
> 1. Nehmt eure Unterlagen mit in den Gruppenraum[79] und verfasst Informationstexte zu euren Themen am Laptop.[80] Gliedert dabei nach Unterthemen und gebt euren Kapiteln entsprechende Überschriften.
> 2. Gestaltet eure Seiten möglichst interessant, indem ihr Fotos von Museumsobjekten bzw. eigene Zeichnungen einfügt.
> 3. Falls eure Informationen noch Lücken aufweisen, Notizen unklar sind oder Fotos fehlen, habt ihr hier im Museum die Gelegenheit, »Nachschub« zu holen. (GA/2–3 Stunden)

Nachbereitung

Da die Zeit im Museum für eine Fertigstellung des Kommentars nicht ausreichen wird, erfolgt eine Nachbearbeitung als HA. Dazu wird folgendes AB ausgegeben:

> Fertigstellung des Kommentars
>
> 1. Bearbeitet eure *Asterix*-Kommentarseiten zu Hause: Schreibt die Texte zu Ende und prüft dabei Rechtschreibung und Ausdruck. Ergänzt fehlende Fotos der Originalobjekte und scannt oder kopiert *Asterix*-Szenen als Gegenüberstellung ein.
> 2. Speichert alles auf Diskette oder brennt eine CD. Gebt diese in der nächsten Lateinstunde ab.

Nach Prüfung und Korrektur durch den Lehrer werden am Ende alle Unterlagen an den Endredakteur weitergereicht, der dann ein Gesamtprodukt erstellt.[81]

Weiterverwendung

Nach mehreren »Durchgängen« weiterer Klassen könnte auf der Grundlage einer computergesteuerten Arbeit eine perfekte Kommentierung und ein allgemein gültiger *Asterix*-Grundwortschatz in gedruckter und gebundener Form entstehen, der in die Fachbereichsbibliothek eingestellt wird und z. B. von (fachfremden) Kollegen für Ver-

---

79 Bei Fehlen geeigneter Arbeitsräume im Museum können die Phasen des Formulierens, der schriftlichen Fixierung sowie das Einarbeiten von Bildern auch in die Schule verlegt oder als Hausarbeit erledigt werden. Das Arbeiten im Museum hat den Vorteil, dass die Schüler auf fehlende Informationen bzw. Bilder oder unbrauchbare Detailaufnahmen an Ort und Stelle reagieren können.

80 Einheitliche Formatierungs- und Schriftvorgaben nicht vergessen!

81 Auch für dieses Projekt ist eine Leistungsbeurteilung möglich und kann Motivation schaffen. Kriterien: Teamarbeit, inhaltlicher Umfang und Richtigkeit, äußere Gestaltung und Bebilderung.

tretungsstunden eingesetzt werden kann. Erreicht wird eine gewisse Lektürekontinuität und Anspruchsorientierung für *Asterix*-Lektüren in der Schule.

Die Ergebnisse der Schüler sollten jedoch nicht nur in den Bücherregalen verschwinden, sondern zur Attraktivitätssteigerung des Faches Latein öffentlich präsentiert werden. Gelegenheiten zu Schülerausstellungen bieten viele Museen. An einem »Tag der offenen Tür« oder einem speziellen »Latein-Tag« an Schulen kann eine solche Ausstellung ebenfalls sehr attraktiv und werbewirksam sein.

2.5.2 Schulfahrten

Dieses Kapitel stellt ein Konzept zur Organisation, inhaltlichen Gestaltung und Durchführung von Schulfahrten vor, bei dem die gesamte Fahrt (von der Auswahl des Fahrtziels bis zur Nachbereitung) als ein von den Schülern verantwortetes Projekt im Sinne einer »Studienfahrt« gesehen wird.

1. Grundlagen
   - Definition und Zielsetzung von Schulfahrten
   - Charakteristika des Fahrtenkonzepts
   - Zeitpunkt und Einbettung
     - Exkursionen
     - Klassen- und Kursfahrten
   - Rolle der Schüler und des Lehrers
   - Leistungsbeurteilung
2. Vorbereitung einer Fahrt in vier Phasen
   (1) Materialsammlung
   (2) Ziel- und Themenauswahl
   (3) Vorbereitung und Ticketvergabe
   (4) Korrektur und Endbesprechung
3. Durchführung einer Fahrt
4. Nachbereitung einer Fahrt
5. Beispiele
   Exkursion mit einer 8. Klasse nach Xanten
   Kursfahrt mit einer 13. Klasse nach Griechenland
4. Anhänge mit Checklisten, Materialien und Adressen

1. Grundlagen

Definition

Fahrten bilden feste Bestandteile der pädagogischen Arbeit an einer Schule. Schulfahrten sind Teil des Unterrichtsauftrages und ergänzen die Erziehungs- und Bildungsarbeit der Schule. Es handelt sich um »Schule unterwegs«, also Unterricht an einem anderen, außerschulischen Ort. Der Unterricht findet »unter freiem Himmel« statt.[1] Im Rahmen des LU stellen alle klassischen Stätten der griechisch-römischen Antike im In- und Ausland geeignete Ziele für Schüler dar.
Häufig finden Schulfahrten im Rahmen einzelner Klassen oder Jahrgangsstufen statt. Im LU der Unter- und Mittelstufe ermöglichen kleine Lerngruppen auch übergreifende Veranstaltungen verschiedener Klassen oder Jahrgänge. In der Oberstufe können Leistungskursfahrten oder fachübergreifende Fahrten durchgeführt werden. Unterschei-

1 Museumsbesuche können integriert sein; → Kap. 2.5.1, S. 243.

dungskriterium bei der Bezeichnung von Schulfahrten ist die Dauer: Bei Unterrichtsgängen oder eintägigen Wandertagen sprechen wir von »Exkursionen«, bei mehrtägigen Unternehmungen von »Klassen- und Kursfahrten«.[2]
Alle genannten Fahrten werden als »Studienfahrten« im weitesten Sinne verstanden. Studienfahrten stehen immer unter Schwerpunktthemen. Diese sollen durch das unmittelbare Studium an Ort und Stelle vertieft und durch konkrete Anschauung bereichert werden. Die Fahrten werden von Schülern inhaltlich vor- und nachbereitet. Im Rahmen eines projektorientierten LU gestalten sie durch eigene Arbeitsprodukte und -ergebnisse ihre Fahrt mit Unterstützung des Lehrers maßgeblich selbst.

Zielsetzung

Schulfahrten sollen

- eine unmittelbare Anschauung ermöglichen;
- die Zusammenarbeit und das Miteinander aller am Schulleben Beteiligten fördern;
- das Verständnis für kulturelle, historische und soziale Zusammenhänge vertiefen;
- keine überwiegend touristische Prägung aufweisen.

Schulfahrten haben sowohl fachimmanente als auch fachübergreifende Lernziele: Als Ergänzung und Vertiefung der fachspezifischen Inhalte des LU schaffen sie einen Ort, an dem der Schüler Zeit hat, das Gelernte mit anderen Mitteln und in anderen Sozialformen als im Schulunterricht zu »begreifen«. Insbesondere im Fach Latein können hohe Anforderungen an eine Fahrt zu guten Ergebnissen führen: Die fachlichen Beiträge erreichen eine hohe Qualität und die Beliebtheit der Fahrt (trotz oder gerade wegen erschwerter Zugangsbedingungen) ist Werbung für das Fach und schafft neue, interessierte Lateinschüler.
Jenseits von fachgebundenen Aspekten und Zielen bieten Schulfahrten die Chance, Schlüsselkompetenzen einzuüben und »Reisen zu lernen«. Das gilt auch und besonders in einer Zeit, in der das private Reisen eine Selbstverständlichkeit geworden ist und sich der Erlebniswert bei jungen Menschen in einer eigenen Weise ausgeprägt hat. Der LU kann dazu beitragen, Schüler zu einer anderen Form des Umgangs mit Tourismus und Freizeit anzuleiten und Eigeninitiative, Verantwortungsbereitschaft, Selbstständigkeit sowie kritische Reflexion zu fördern.

---

2 Im Folgenden erfolgt eine begriffliche Trennung nur bei differenzierter Betrachtung; bei allgemeinen Kriterien, die alle Formen von Fahrten betreffen, sprechen wir von »(Schul-)Fahrten«. Der Begriff »Studienfahrten« unterscheidet sich von der Verwendung dieses Begriffes in manchen Vorschriften, die eine »Studienfahrt« (im engeren Sinne) erst ab der Klassenstufe 9 vorsehen.

Charakteristika des Fahrtenkonzepts

Intensives und effektives Lernen, Erleben, Verarbeiten sowie eine hohe Motivation bei Schulfahrten hängen von einer Reihe von Faktoren ab:

Hermeneutischer Grundsatz
Die Grundannahme, dass man immer nur auf der Basis dessen, was man bereits verstanden hat, verstehen kann, ist für die fachliche Qualität einer Fahrt maßgeblich. Die komplizierte Struktur der Wirklichkeit lässt sich nur anhand eines komplexen Netzes von Kenntnissen und Wissen begreifen. Je höher also das vorliegende Grundwissen, desto wertvoller ist die neue Erkenntnis. Den Schülern kann so verdeutlicht werden, warum sie die Fahrt inhaltlich vorbereiten müssen.

Engagement und Leistung
Es sollten nur diejenigen die Fahrt unternehmen, die bereit sind, etwas dazu beizutragen. Der Leistungsgedanke steht also im Vordergrund. Die Teilnahme an der Fahrt wird durch die sog. »Ticketvergabe« geregelt: Über eine Art indirekten Bewerbungsverfahrens ist es dem Schüler möglich, durch eigenen Einsatz bei der organisatorischen und inhaltlichen Vorbereitung der Fahrt ein »Ticket« zu erwerben.[3] Der Schüler wird so entsprechend dem Grundsatz von »Fordern und Fördern« im Rahmen seiner Möglichkeiten in die Verantwortung für die Fahrt eingebunden.

Methodische Vorkenntnisse
Notwendig sind in jedem Fall grundlegende Kenntnisse der Schüler in GA und Teamarbeit,[4] in Erarbeitung und Erschließung von Texten, in Präsentations- und Vortragstechniken sowie im Anfertigen von Referaten.[5]

Auswahl des Fahrtenziels
Die Auswahl des Zieles ist mitentscheidend für den Erfolg einer Fahrt. Nicht jedes Ziel ist für jede Klasse geeignet. Es muss dem Interesse, den Wahrnehmungsmöglichkeiten und dem Kenntnisstand der Schüler entsprechen, einen vielfältigen und breiten Zugang für alle ermöglichen und Neugierde wecken. Ausschlaggebend ist, dass darüber ein Konsens zwischen allen Beteiligten hergestellt wird.[6]

---

3 → S. 277–279.
4 → Kap. 3.2.4, S. 320.
5 → Kap. 3.3.1, S. 323.
6 → S. 276–277.

Fahrt als Projekt[7]
Schulfahrten werden von Schülern einzeln oder in Gruppen in Form eines Projektes organisatorisch und inhaltlich vor- bzw. nachbereitet und durch eigene Arbeitsprodukte und -ergebnisse maßgeblich selbst mitgestaltet. Die Fahrt jeder Gruppe ist damit etwas Spezifisches und Eigenes.

Fächer verbindendes/fachübergreifendes Lernen[8]
Eine einseitige fachorientierte Betrachtung sollte vermieden werden. Verschiedene Aspekte (Geschichte, Kunst, Religion, Musik, ...) lassen sich verknüpfen, um eine differenzierte Betrachtung und tiefergehendes Verständnis herbeizuführen. Die Vielschichtigkeit antiker Kulturgüter kann damit für Schüler begreifbar gemacht werden.

Spezialistenwissen
Durch Vergabe und Verteilung von Aufgaben zur Vorbereitung der Fahrt wird erreicht, dass jeder Schüler die Fahrt als Spezialist in einem selbst gewählten Fachgebiet begleitet. Denkbar sind dabei Spezialisten für allgemeine Sachthemen, aber auch für einzelne Objekte, spezielle Orte sowie für die Organisation.[9] Jeder Schüler trägt damit Mitverantwortung für seine Klasse und für das Gelingen der Fahrt. Dies sollte jedoch in teamorientiertes Arbeiten eingebunden werden.

Teambildung
Verschiedene Formen von Teamarbeit sind möglich: Ein Team arbeitet in der Vorbereitungsphase über längere Zeit in konstanter Besetzung an einem Thema oder es bilden sich am Ende der Vorbereitungsphase Teams, die ihr Zusammenwirken als Spezialisten an einzelnen Objekten bzw. Orten miteinander absprechen. Bei der Präsentation vor Ort ist auch eine spontane Teambildung möglich.[10] Ein Team kann arbeitsteilig oder auch geschlossen agieren.

Produktorientierung
Der Schüler soll seine Arbeit am Thema der Fahrt anhand eines »Produktes«[11] dokumentieren. So kann er ablesen, wie weit er bei Vorbereitung und Umsetzung fortgeschritten ist. Diese Produkte stabilisieren den kognitiven Prozess des Wissenserwerbs und sorgen bei der Präsentation für einen gesunden Wettbewerb untereinander.

---

7 Zum Begriff »Projekt« bzw. der abgestuften Form des »projektorientierten Unterrichts« → Kap. 2.4.1, S. 165–196.

8 Zum Begriff »Fächer verbindend/fachübergreifend« → Kap. 2.4.1, S. 165, Anm. 1.

9 → S. 278; → S. 281–283; → S. 286–290.

10 → S. 278–280.

11 Zu möglichen Produkten → S. 277; → S. 280–281.

Emotion und Kognition
Die besondere Chance von Schulfahrten ist, neben Informationen und Fakten auch Spaß am Lernen zu vermitteln. Wichtig ist deshalb die emotionale Einstimmung auf eine Fahrt und das Wecken von Neugierde[12] oder auch eine Verbindung von Kultur- und Naturerlebnis.[13] Solche emotionalen Erlebnisse erleichtern es, den besonderen Charakter eines fremden Ortes zu erschließen.

Zeitpunkt und Einbettung

Exkursionen

Außerschulischer LU in Form einer Exkursion (Unterrichtsgang oder eintägiger Wandertag)[14] in die nähere Umgebung bietet sich insbesondere für jüngere Schüler an. Hier kann er gezielt als Motivation in der Anfangsphase des ersten Lernjahres in Klasse fünf oder Klasse sieben eingesetzt werden. Es eignen sich hierfür kurze Entdeckungstouren zum Thema »Lateinische Wörter in unserem alltäglichen Umfeld« (»Latein auf der Straße«) sowie Erkundungen im Umkreis zu Einzelobjekten wie einem Limeswachturm, einem Römerkran, einem Grabstein, einer Römervilla oder einer Grabsäule (»Auf den Spuren der alten Römer«). Eine nachgestellte Ausgrabung im Schulgarten oder eine kurze Limeswanderung usw. können unter anderem eine erwartungsvolle, positive Grundeinstellung zum Fach fördern.
Auch im Verlauf eines Unterrichtsjahres der Unter- und Mittelstufe bieten sich Exkursionen als Motivation an. Geeignet sind dafür z. B. Zeiträume im Anschluss an eine von Schülern oft als »trocken« empfundene Grammatik- oder Übungsphase. Im Verlauf oder am Ende einer thematischen UE bzw. längeren Lektürephase ist eine Exkursion ebenfalls sinnvoll. Insbesondere für den Themenschwerpunkt »Römer in Deutschland« bieten viele Lesestücke der Lehrbücher sowie die Caesarlektüre eine Reihe von Anknüpfungspunkten.[15] Zudem verfügen die meisten Schüler zu diesem Zeitpunkt bereits über Vorkenntnisse zur (provinzial-)römischen Archäologie aus dem Geschichtsunterricht. Ein eintägiger Besuch eines »Römerparks« oder einer Römersiedlung am Niederrhein, im Saarland oder in Westfalen ist dafür empfehlenswert.[16]

---

12 → S. 279–280.

13 Becker, 18: »Die in der Natur- wie in der Kulturlandschaft vorhandenen Elemente und Strukturen: geologische Gegebenheiten, Klima und Geländeformationen sowie ihre kulturelle Überformungen und ihre Wirkungen und Funktionen ... gehen in der sinnlichen Wahrnehmung zusammen und sind nicht analytisch getrennt.«

14 Beispiel für eine Exkursion → Kap. 2.5.1, S. 257–259.

15 Kap. 2.5.1, S. 252, bietet eine Liste von Lektionen aus gängigen Lehrbüchern, die sich als thematische Ausgangspunkte für eine Exkursion eignen.

16 Archäologischer Park Xanten, Römerpark Kalkriese/Osnabrück, Römerpark von Homburg-Schwarzenacker, Römersiedlung in Borg (Kontaktadressen → Anhang 4, S. 302–305); → Germann.

Klassen- und Kursfahrten

Mehrtägige Fahrten eignen sich insbesondere in der Mittelstufe in reinen Lateinklassen als Klassenfahrten. In klassenübergreifenden Lateinkursen eines Jahrgangs können sie auch in Form von Abschlussfahrten am Ende der Mittelstufe durchgeführt werden.[17] Lohnenswert sind Ziele, die auf Schüler wegen ihrer thematischen und räumlichen Komplexität, der Distanz zur Schule und des mehrtägigen intensiven Gruppenerlebnisses besonderen Reiz ausüben. Eine Erlebnis- oder Naturausrichtung einer Fahrt kann die Attraktivität noch verstärken. Fahrten nach Trier und Umgebung mit Zeltlager an der alten Römerbrücke, nach Xanten in Verbindung mit einer Radtour, nach Köln (dabei »per pedes« durch die »cloaca maxima«), außerdem mehrtägige Rucksack-Touren im Stile römischer Legionäre am Limes oder auf der »via Ausonia« oder ein Streifzug auf Spuren der Germanen und Römer am Ort der Varusschlacht entsprechen dem Wissensstand und der Interessenlage dieser Altersstufe.[18]
In der Oberstufe kann diese methodische Großform als Kursfahrt im Rahmen eines Latein-Leistungskurses oder zusammen mit fachverwandten Kursen (Geschichte, Griechisch, Philosophie, Geografie, Kunst, Religion) Anwendung finden. Ausländische Ziele wie Südfrankreich, Rom, Süditalien, der Golf von Neapel, Sizilien oder Griechenland tragen dem besonderen Abschlusscharakter der Fahrt Rechnung. Entsprechend der Zusammensetzung und dem Interesse der Lerngruppe können diese Touren als reine Kulturprogramme per Bus oder Bahn (Rom) oder auch als Kulturfahrt in Verbindung mit einem Naturerlebnis (in Form von Kletter- bzw. Wandertouren) z. B. in Süditalien, am Golf von Neapel, in Griechenland, Südfrankreich usw. durchgeführt werden.

Rolle der Schüler

Entdecken, Erforschen und Erproben sind Domänen der Schüler. Deswegen gilt: Planung, Konkretisierung und das Gelingen der Exkursionen, Klassen- oder Kursfahrten liegen in der Mitverantwortung[19] der Schüler. Die Verantwortung des Schülers für den eigenen Erfolg im Schulunterricht wird dabei lediglich auf einen außerschulischen Ort übertragen. Alle grundsätzlichen Entscheidungen werden im Vorfeld in und von der Schülergruppe gefällt und bilden den festen Rahmen

17 Ist die Klasse keine reine Lateinklasse, entsteht bei Exkursionen und Fahrten das Problem, dass die Schüler, die eine andere Fremdsprache lernen, als Rumpfgruppe zurückbleiben. Um dies zu verhindern, könnte z. B. der Fachbereich Französisch zum selben Zeitpunkt eine Exkursion/Fahrt planen.

18 Kontaktadressen → Anhang 4 und 5, S. 302–306.

19 Selbstverständlich liegt die rechtliche Verantwortung für die Fahrt und ihre Teilnehmer immer noch beim Lehrer. Sie schließt aber eine inhaltliche und organisatorische Mitverantwortung der Schüler nicht aus.

der Veranstaltung. Der Schüler fühlt sich mit seinen Vorstellungen ernst genommen, entscheidet konkret mit und lernt, Verantwortung zu tragen. In der Regel kann insbesondere einem Oberstufenschüler einiges zugetraut werden. Zudem wird die Aktivität der Schüler dadurch angeregt, dass sie ein »Ticket« für die Fahrt lösen müssen.[20]

Rolle des Lehrers

Der Lehrer spielt nicht die Rolle eines Reiseveranstalters und Reiseführers, sondern die eines Initiators, Katalysators und Moderators. Er gibt der Fahrt ihren organisatorischen und inhaltlichen Rahmen. Mit seinem eigenen Fachwissen und seiner organisatorischen Erfahrung unterstützt und berät er die Schüler in jeder Phase der Vorbereitung, er koordiniert und betreut während der Fahrt.[21] Der jeweilige »Input« des Lehrers orientiert sich an Alter, Interesse und den methodischen Vorkenntnissen der Schüler. Denkbar ist auch die Übernahme einer Spezialistenaufgabe,[22] z. B. den antiken oder modernen Ort und seine spezifische Eigenart zu erläutern. Die Hauptarbeit des Lehrers liegt in der Vorbereitung der Fahrt, damit er während der Fahrt entlastet agieren kann.[23]

Leistungsbeurteilung

Fachübergreifendes Lernen bedingt fachübergreifendes Beurteilen. Die Breite der geforderten Schülerleistung legt es nahe, zur Beurteilung ggf. Kollegen anderer Fächer hinzuzuziehen. Dies bedeutet nicht nur eine zeitliche Entlastung für die Kollegen, die das Unternehmen durchführen, sondern auch die Möglichkeit, Fahrten in die pädagogische Arbeit eines ganzen Kollegiums einzubinden. Das kann Fahrten und ihre pädagogische Bedeutung deutlich stärken. Kollegen anderer Fächer sind für die Beurteilung der vorbereitenden und nachbereitenden Produkte mit zuständig.[24] Sie erhalten sie in vorläufiger Form vor der Fahrt zur Begutachtung, in überarbeiteter Form im Anschluss da-

---

20 Zur Ticketvergabe → S. 270 und → S. 277–279.

21 Es steht nicht das Organisationstalent des begleitenden Lehrers auf dem Prüfstand. Das Konzept bedarf eines gewissen Mutes, da Offenheit für Neues erforderlich ist und Misserfolge in Kauf genommen werden müssen. Darin liegt der pädagogische Wert einer hauptsächlich von Schülern organisierten Fahrt. Auch hier gilt: Ausgenommen davon bleibt die rechtliche Verantwortung des Lehrers für die Schüler und ihre Fahrt.

22 Zur Spezialistenbildung → S. 278; → S. 280–283; → S. 286–290.

23 Da die Arbeit auf mehrere Schultern verteilt ist, verringert sich nicht nur die Belastung für den durchführenden Lehrer, sondern es führt auch zu einer Steigerung der positiven Ergebnisse auf Schülerseite.

24 Z. B. Kollegen aus dem Informatikfachbereich (für Internet-Auftritte), der Film-Fachmann der Video-AG (für eine Filmdokumentation), Kunst-, Deutsch- und Geschichtskollegen (für Reiseführer). Weitere mögliche Produkte → S. 277; → S. 280–281.

ran zur Beurteilung. Die Lehrer, die an der Fahrt teilnehmen, konzentrieren sich auf die Schülerleistungen unterwegs, können aber auch in ihren Fachgebieten Schriftliches mit bewerten.
Bei den Orts-, Objekt- sowie Sachthemenspezialisten werden Inhalt und Darbietung/soziale Kompetenz beim Einsatz vor Ort gleich gewichtet. Die Bewertung der Darbietung sorgt erfahrungsgemäß dafür, dass sich Schüler bei der Präsentation ihrer Ergebnisse Besonderes einfallen lassen und ein gesunder Wettbewerb entsteht. Schüler haben oft eine ungenaue Vorstellung davon, was eine gute Präsentation ist.[25] Es lohnt sich deshalb, in einem gemeinsamen Prozess zu erarbeiten, wie präsentiert werden soll. Diese Kriterien bilden dann den verbindlichen Rahmen für die erwartete Schülerleistung.
Die Beurteilung muss dem Zeitaufwand entsprechend gewichtet werden und die Note kann, sofern die Richtlinien dies zulassen, ggf. als Facharbeit oder sonstige Lernleistung in die Abiturzulassung eingebracht werden.
Bewertung von Schülerbeiträgen (Sachthemen, antike Orte und Objekte):

Fachkollege	Fahrtenleiter/Fahrtenbegleiter
Fachliche Kriterien: Aufbau Vollständigkeit Inhaltliche Richtigkeit Forschungsstand (Oberstufe) Formales	*Soziale Kompetenz:* Zusammenarbeit im Team Interesse und Engagement *Präsentation:* Klarheit, Sicherheit und Originalität der Darbietung

2. Vorbereitung einer Fahrt in vier Phasen

Der Vorbereitung kommt entgegen der herkömmlichen Praxis ein großes Gewicht zu. Der erweiterte zeitliche Aufwand im Vorfeld lohnt sich: Enttäuschungen oder Belastungen während der Fahrt aufgrund falscher Schüler- bzw. Lehrererwartungen lassen sich dadurch weitgehend vermeiden und wirken sich angenehm für beide Seiten auf das Klima der Fahrt aus.[26]

25 Meist erfolgen Äußerungen wie: »Nicht so wie in der Schule!« oder »Irgendwie interessant und spannend!«. Wenn es gelingt, diese Erwartungshaltung der Schüler auf die Schülerleistung selbst anzuwenden, gibt es die Möglichkeit einer fruchtbaren Weiterentwicklung von Präsentationsleistungen; → Kap. 3.3.1, S. 323.

26 Bedenken wegen unverhältnismäßig großen zeitlichen Aufwandes bzw. Vernachlässigung von Unterrichtsinhalten und eine pädagogisch sinnvoll gestaltete Schulfahrt schließen einander aus. Wichtige Unterrichtszeit und -inhalte gehen erst dann verlo-

Die Vorbereitung besteht aus vier Phasen:

	Inhalt	Zeitraum
1. Phase	Materialsammlung zu Reisezielen Vorbereiten von Präsentationen	1–2 Wochen (Schule und häusliche Arbeit)
2. Phase	Konkrete Zielauswahl Festlegen von Erwartungen, inhaltlichen Schwerpunkten und Produkten	3–4 Unterrichtsstunden (Schule)
3. Phase	Inhaltliche Vorbereitung der Fahrt: Spezialistenbildung Zusätzliche Beiträge Einstimmung auf die Fahrt Organisationsaufgaben des Lehrers	1–2 Tage (außerhalb der Schule); 1–2 Monate (Schule mit häuslicher Arbeit)
4. Phase (evtl.)	Erste Korrektur der Referate Absprachen	

(1) Material-sammlung

Inhalt: Materialsammlung zu Reisezielen; allgemeine Zielauswahl
Zeitraum: 1–2 Wochen (mit schulischer und häuslicher Vorbereitung)

Die Schüler erhalten den Arbeitsauftrag, in Zufallsgruppen[27] oder EA Materialien zu ihrem Wunschziel, zur Logistik, zu Angeboten jeweiliger (Schul-)Reiseanbieter und zu dem (kultur-)geschichtlichen Hintergrund zu sammeln, die gewonnenen Informationen aufzubereiten und eine überzeugende Präsentation vorzubereiten. Diese erste eigene Materialsammlung der Schüler, im Folgenden ergänzt durch Materialien aus der Fachbereichsbibliothek, dem privaten Bestand des Lehrers oder dem Internet, dient in allen Phasen der Vorbereitung als Arbeitsgrundlage.

(2) Ziel- und Themenauswahl

Inhalt: Konkrete Zielauswahl; Festlegen der Erwartungen, der inhaltlichen Schwerpunkte/Themen und der Produkte
Zeitraum: 3–4 Schulstunden (Schule)

Die Schüler stellen ihre jeweiligen Wunschziele vor. Bilder, Dias, Filme und Erzählungen können dabei als Illustration eingesetzt werden. Die Auswahl des Ziels sowie die Klärung der Erwartungen und des Anspruchs an die Fahrt erfolgen durch Schüler und Lehrer in einem gemeinsamen Prozess der Konsensfindung. Die Teilnehmer einigen

---

ren, wenn viele Tage ohne weitreichende inhaltliche oder pädagogische Ergebnisse für Schulfahrten »geopfert« werden. In der Unterrichtszeit hat man genau so viel Zeit zur Verfügung, wie man einem Unterrichtsgegenstand sinnvoller Weise widmen möchte. Sinnvolle Arbeit erfordert Zeit.

27 Es ist auch möglich, Wunschgruppen zu bilden.

sich auf Route und inhaltliche Schwerpunkte der Fahrt sowie auf die Referatsthemen. Die Entscheidungen müssen von allen mitgetragen werden. Bei Unvereinbarkeit der Vorstellungen sollte man von der Fahrt Abstand nehmen; spätere Missstimmungen werden so vermieden.
Abschließend werden die Produkte, die als Ticket für die Fahrt dienen, mit dem Lehrer/den Lehrern vereinbart: Präsentationen für Eltern-Informationsabende als vorbereitende Produkte, Referate während der Fahrt und selbst geschriebene Reiseführer, Fahrten-Tagebücher mit persönlichen Erlebnissen und Erinnerungen, Foto- bzw. Filmdokumentationen der Fahrt, Internetauftritte usw. als nachbereitende Produkte sind denkbar. Bei Produkten, die der Nachbereitung dienen, sollte im Vorfeld zumindest ein Grundkonzept oder eine Gliederung die Arbeitsbemühungen dokumentieren. Der Umfang und die Bewertungskriterien müssen für alle Produkte abgestimmt werden.

(3) Vorbereitung und Ticketvergabe

Inhalt: Spezialistenbildung; inhaltliche Vorbereitung der Fahrt; Ticketvergabe
Zeitraum: 1–2 Tage (außerhalb der Schule); 1–2 Monate (innerhalb der Schule mit häuslicher Arbeit).[28]

Lernumgebung

Diese Phase der Planung sollte bei der Vorbereitung von Klassen- oder Kursfahrten idealerweise außerschulisch ein- oder mehrtägig stattfinden. Die räumliche Veränderung, die Auflösung des engen Stundenkorsetts und das Zusammenfinden der Fahrtenteilnehmer als eigene Gruppe ermöglichen ein intensives Arbeiten aller Beteiligten. Möglich ist aber auch die Integration in den Unterricht oder eine Vorbereitung im Rahmen zusätzlicher Nachmittagsstunden.[29]
Auf geeignete Räumlichkeiten sollte geachtet werden (ruhige Einzelräume, Garten usw.). Es ist vorteilhaft, wenn eine gute technische Ausstattung (Computer, Laptops, Internet), ausreichende und geräumige Arbeitsplätze sowie eine Bibliothek oder eine eigene Materialsamm-

---

28 Das Maß der Hausarbeit bemisst sich jeweils nach den Möglichkeiten einer Integration in den Unterricht oder einer außerschulischen Vorbereitung.

29 Im Rahmen eines projektorientierten Unterrichtes ist ein großer Teil der Vorbereitung durchaus zeitlich in der Schule zu leisten. Eventuell verbleibende Feinarbeit zur Fertigstellung der Referate (Formulierungen, Textgestaltung, Skizzen …) kann (und soll) über Hausarbeit erfolgen. In der Schule werden nur die Weichen gestellt. Der zeitliche Mehraufwand liegt für den Lehrer in der Korrektur der Referate und den sonst üblichen Fahrtenvorbereitungen. Ansonsten bereitet er Unterricht vor (hier für einen »außerschulischen« Ort). Letztlich steht es den Kollegen frei, in welcher Form und mit welchem Zeitaufwand sie die Vorbereitung in den Unterricht integrieren wollen.

lung zur Verfügung stehen. Der Handapparat sollte an einem für alle Fahrtenteilnehmer zugänglichen Ort aufgestellt werden.[30]

Spezialistenbildung

Für drei Bereiche können Spezialisten(teams) gebildet werden: Organisations-, Orts- und Sachthemenspezialisten. Folgende organisatorische Aufgaben können (in Auswahl oder kombiniert) von Schülern übernommen werden: An- und Abfahrtsplanung, Erstellung eines Gesamtzeitplanes, Gestaltung der Pausen, die Eigenarten des modernen Ortes (Essen/Trinken, Einkauf, ...), Fotografieren, Verfassen eines Presse- bzw. Schülerzeitungsartikels usw.[31] Zusätzlich werden Referatsthemen zur Geschichte des zu besichtigenden Ortes und seiner Objekte (Wo ist was?, Rundgang mit historischen Grundinformationen)[32] und zu speziellen Aspekten römischer Kulturgeschichte (zu Religion, Literatur, Architektur, Mythologie, zu gesellschaftlichen, politischen und ökologischen Themenbereichen usw.) verteilt.

Zusätzliche Beiträge

Möglich sind – je nach Interessenlage und Ideenvielfalt der Gruppe – auch zusätzliche Beiträge, wie die Darstellung einer Szene eines (deutsch-) lateinischen Theaterstückes oder ein Kurzvortrag in lateinischer Sprache (integriert z.B. in ein Referat zum römischen Theater). Beiträge solcher Art können aufgrund der Verschiedenheit der Präsentationen hohen Motivationswert für die Auseinandersetzung mit dem zu besichtigenden Ort besitzen.

Die einzelnen Spezialisten führen nun in dem vorgegebenen Zeitrahmen privat intensive Recherchen durch. Ziel ist es unter anderem, eine Gliederung des eigenen Stoffgebietes zu entwickeln. Auf diese Weise zeigen sich Querverbindungen und Überschneidungen zwischen den verschiedenen Sachgebieten einzelner Schüler. Diese stimmen sich mit

30 Solche Örtlichkeiten kann man in modernen Jugendherbergen finden (hier bei der Reservierung darauf achten, dass man Arbeitsräume mit entsprechender technischer Ausstattung vorher erfragt und reserviert!); auch in Selbstversorgerhäusern bietet sich oft eine große Palette von Möglichkeiten (auch hier muss vorher eruiert werden, wie die räumlichen und technischen Voraussetzungen genau aussehen). Auch engagierte Eltern stellen manchmal für »einen guten Zweck« Räumlichkeiten (und Verpflegung!) zur Verfügung. In der Schule lassen sich Räume und Arbeitsplätze während des Schultages oder nachmittags reservieren, um ein ruhiges und konzentriertes Arbeiten zu gewährleisten (wichtig: rechtzeitige Information des zuständigen Kollegen für den Stunden- bzw. Vertretungsplan).

31 Die Verteilung richtet sich nach Interessen und speziellen Fähigkeiten der Schüler. Die begleitenden Lehrer sollten das Maß ihres eigenen Engagements in diesen Punkten danach bemessen, möglicherweise einige dieser Aufgaben auch selbst übernehmen.

32 Die Rolle des Ortsspezialisten kann aufgrund seiner Kenntnisse und Erfahrungen durchaus einer der begleitenden Lehrer übernehmen und die Schülerbeiträge in dieser Funktion koordinieren.

Mitschülern und den begleitenden Lehrern bzgl. eines möglichen Zusammenwirkens an einem Objekt oder an einem Ort ab (Teambildung) und treffen Absprachen für eine spätere Teampräsentation (Einsatzorte, Zeitpunkt und Umfang des eigenen Beitrages).
Organisatorische Vorbereitungen bzw. die Aufbereitung eines Themengebietes zu einem Referat können entweder einzelne Schüler oder bei umfangreicheren Themenkomplexen auch Schülergruppen (mit oder ohne Arbeitsteilung) übernehmen.

Organisationsaufgaben des Lehrers

Im Verlauf dieser Phase sollten durch den Lehrer Buchungen vorgenommen,[33] Eintrittsbefreiungen beantragt, Versicherungen abgeschlossen,[34] Einverständniserklärungen der Eltern eingeholt und die Teilnahmebestätigung der Schüler samt Anzahlung eingesammelt sowie eine Elterninformation veranstaltet werden. Je nach Umfang und Kosten[35] der Fahrt kann die Informationsveranstaltung auch durch ein ausführliches Informationsschreiben ersetzt werden.[36]

Einstimmung

In dieser Vorbereitungsphase sollte nicht versäumt werden, die gesamte Gruppe auf die Fahrt und die Eigenart des Ortes einzustimmen. Besonders für mehrtägige Fahrten kann dies erhebliche Auswirkung auf das Gruppenklima und die Erwartungshaltung haben. In kleinerem Rahmen eignen sich einstimmende Bilder bzw. Hintergrundmusik im Klassenzimmer, bei längeren Vorbereitungen außerhalb der Schule oder Nachmittagsstundenblöcken ein gemeinsames abschließendes Kochen römischer oder griechischer Gerichte, ein Tanzkurs, ein Blitz-Sprachkurs mit Reisetipps (ältere Schüler), eine Filmvorführung (Do-

---

33 Zu beachten sind hier die bundeslandüblichen Vorschriften über die Befugnis, in der Schule rechtsverbindliche Geschäfte und Buchungen durchzuführen. In der Regel ist dies dem Schulleiter vorbehalten. Der Schulleiter kann diese Befugnis aber delegieren.

34 Besonders bei Auslandsfahrten lohnt sich der Abschluss einer »Reisekrankenversicherung mit Soforthilfe« und sorgt für Entlastung der begleitenden Lehrer im Notfall. Große gängige Reiseversicherungen bieten zu besonders günstigen Konditionen Gruppenversicherungen in diesem Bereich an.

35 Die Lehrpläne schreiben vor, dass in bestimmten Klassen/Stufen Fahrten durchgeführt werden. Von den Eltern wird erwartet, dass sie dafür finanzielle Aufwendungen tätigen. Die meisten Eltern tun das (im zumutbaren Rahmen) gerne, wenn sie erkennen, dass ihr Geld sinnvoll angelegt ist. In manchen Schulen gibt es Unterstützungsfonds, Fördervereine usw., die Fahrten finanziell unterstützen.

36 → Anhang 1, S. 294–297. Informationsschreiben sind rechtlich meist hinreichend, haben aber Nachteile: Sie sind unpersönlich, ihr Informationspotenzial ist limitiert, sie nehmen dem Lehrer die Chance, zusammen mit den Schülern bei den Eltern für die Fahrt, ihre Zielsetzung und ihre Inhalte zu werben und die pädagogischen Gesichtspunkte genauer zu erläutern.

kumentar- oder Spielfilm) oder das gemeinsame Schneidern römischer Kleidung für das Theaterstück (jüngere Schüler).

(4) (evtl.) Korrektur und Endbesprechung

Die Referate und Entwürfe werden rechtzeitig vor der Fahrt (bei Exkursionen mindestens eine Woche vorher, bei Klassen- und Kursfahrten mindestens einen Monat vorher) den begleitenden Lehrern oder den jeweiligen Fachkollegen zur Sichtung und ersten Korrektur vorgelegt[37] und können in einer möglichen vierten Phase je nach Bedarf und Zeitplan mit den Schülern besprochen werden. Nach den Verbesserungen und Ergänzungen sollte eine letzte Feinabsprache der Teams stattfinden.

3. Durchführung einer Fahrt

Während der Fahrt präsentieren die Spezialisten(teams) ihre Ergebnisse. An den einzelnen Orten und zu ausgewählten Objekten können hierbei verschiedene Spezialisten zu Wort kommen.[38] Über die vorherige Absprache hinaus kann dies vor Ort auch spontan aufgrund der Teilnehmerreaktionen und -fragen erfolgen. Zumeist fühlt sich ein Spezialist »per se« veranlasst, selbst wenn es nicht vorher abgesprochen war, dass er sein Wissen an einem bestimmten Ort beiträgt. Oft fordern die Mitschüler das Spezialistenwissen auch ein. Das Lehrerteam kann, wenn nötig, am Ort moderierend eingreifen und Schüler zu Beiträgen veranlassen. Jeder Schüler ist mit seinem Spezialwissen zu jeder Zeit der Fahrt gefragt und als Mitglied ständig wechselnder Teams wichtig für die Gesamtgruppe. Das Verfahren fordert stetige geistige Präsenz aller Teilnehmer. Der Effekt ist eine differenzierte Auseinandersetzung des Einzelnen mit komplexen Zusammenhängen. Daneben ist eine interne persönliche Disziplinierung zu beobachten, die die Sache in den Vordergrund stellt.

4. Nachbereitung einer Fahrt

Im Anschluss an die Fahrt werden die Ergebnisse durch verschiedene nachbereitende Produkte gesichert: Überarbeitete Referate, Fahrtentagebücher und Fotodokumentationen (besonders bei den unteren Klassenstufen), Reiseführer, Filmdokumentationen, Presseberichte, Inter-

---

37 Zur Leistungsbeurteilung → S. 274–275.

38 Beispiel für das Zusammenwirken der Spezialisten: In Delphi agieren zusammen ein Spezialist für Delphi (allgemeine Geschichte Delphis, Rundgang im Heiligtum und Museum), ein Mythos-Spezialist (Apollon, Gaia, Python, ...), ein Tempelspezialist (Apollontempel, Athena-Pronaia-Tempel), ein Theaterspezialist (Apollontheater), ein Religionsspezialist (Apollonkult, Opferriten, Reinigungsriten, Orakel, ...) und ein Musikspezialist (Geschichte der antiken Musik, Apollon).

netauftritte usw. dienen einerseits der persönlichen Erinnerung, andererseits der Dokumentation der eigenen Leistung. Sie machen das Projekt für die Schüler manifest. Die Produkte dienen als Maßstab und Orientierung für spätere Fahrten anderer Schüler.[39]

5. Beispiele

Beispiel 1: Exkursion mit einer 8. Klasse nach Xanten

Ziel:	Archäologischer Park (und Regionalmuseum) in Xanten/Niederrhein[40]
Klassenstufe:	Zweites Lateinjahr, Klasse 8
Zeitpunkt:	Abschluss einer Lehrbucheinheit zum Thema »Römer am Rhein«
Dauer:	Ein Tag (je nach Länge der Anreise muss ein zweiter Tag eingeplant und eine Übernachtung organisiert werden)[41]
Anreise:	Bus/Bahn

Vorbereitung

1. Phase (ca. fünf bis sechs Wochen vor der Fahrt): Materialsammlung
Materialsammlung zu Orten der provinzialrömischen Geschichte am Rhein[42]
Vorbereitung von Präsentationen der Orte durch die Schüler
Zeitraum: 2 Wochen (HA und – je nach Möglichkeit – Integration in den LU; evtl. ein zusätzlicher Nachmittagsstundenblock)

2. Phase (nach zwei Wochen): Ziel- und Themenauswahl
Vorstellung der Ergebnisse der ersten Phase
Festlegung des Exkursionsziels, hier: Xanten
Auswahl der Orte und Objekte, die man am gewählten Ziel anschauen möchte
Zusammenstellung der Themengebiete
Absprache der Produkte[43]
Zeitraum: 4 Unterrichtsstunden

Mögliche Objekte/Orte	**Mögliche Themen für Spezialisten**
Hafentempel	Römische Götter Römische Religion Antike Bautechnik

39 Damit ist auch ein Erwartungshorizont für folgende Fahrten festgeschrieben.
40 Alle Kontaktadressen zu Xanten → Anhang 5, S. 305.
41 Unterkunftsmöglichkeiten in Xanten → Anhang 5, S. 306.
42 Vorschläge zu geeigneten Schülermaterialien → Anhang 6, S. 306–312.
43 Literaturvorschläge zu Objekten und Themen in Xanten → Anhang 6, S. 306–312.

Mögliche Objekte/Orte	Mögliche Themen für Spezialisten
Jupitergigantensäule	Römische Götter Römische Religion
Römischer Kran, Steinmetzhütten	Antike Bautechnik Sklaven
Hafenanlage	Römischer Handel; Schifffahrt; Rhein
Stadtmauer, Wehrtürme, Stadttore, Graben	Römische Stadtanlagen und Veteranensiedlungen Antike Bautechnik Römische Befestigungs- und Verteidigungsanlagen
Straßen(netz)	Römische Stadtanlagen Römischer Straßenbau Antike Bautechnik
Taverne	Essen und Trinken Römische Tischsitten Apicius-Rezepte
Spielehaus	Römische Spiele Römische Kindheit (Schule, Erziehung, Freizeit, Mädchen/Jungen)
Amphitheater	Gladiatorenspiele; Tierhetzen; Spartacus Wettkämpfe (Wagenrennen, Schwerathletik) Antike Tragödie; Komödie; Posse; Mimus Kaiser Trajan
Badehaus/Große Thermenanlage	Römische Wasserversorgung (Wasserleitung, Hypokausten, Abwasser, Toiletten) Thermenräume und deren Funktionen Hygiene, Schönheit, Mode, Frisuren
Römische Wohnhäuser, Backofen, Kornmühle	Römisches Alltagsleben (Berufe, Essen und Trinken, Ernährung, Kleidung, Möbel, Hygiene) Römische Familien (Sklaven, Erziehung, Rolle der Familienmitglieder)
Römische Wasserleitung, Zisterne, Brunnen, Abwasserkanal	Römische Wasserversorgung (→ Thermen)

Mögliche Objekte/Orte	Mögliche Themen für Spezialisten
Colonia Ulpia Traiana/Archäologischer Park Xanten (APX)	Römer am Rhein (Germanen, Limes, Caesar, Städte/Zivilsiedlungen, Kastelle) Geschichte des antiken Xanten Lage der antiken Objekte; antiker Ortsplan; Führung mit Kurzerläuterungen
Ort Xanten	Geschichte des mittelalterlichen Xanten; Lage der Objekte; mittelalterliche Ortspläne Modernes Xanten (Essen, Trinken, Bäcker für römisches Brot, ...) Freizeitmöglichkeiten im APX (Kletterspielplatz, Tischtennis, römisches Spielehaus, Grillhütte, Imbiss in der römischen Herberge)
Regionalmuseum	Museumsplan; wichtigste Ausstellungsstücke mit Kurzerläuterung; mögliche Aktionen; Rastmöglichkeiten

3. Phase: Vorbereitung und Ticketvergabe
Spezialistenbildung (Gruppen oder Einzelne): Bildung und Absprache der Teams bzgl. der ausgewählten Objekte und Orte
Recherche, Gliederung und Arbeit an den Beiträgen
Zeitraum: 1 Tag (Ausarbeitung der Referate in Hausarbeit; Abgabetermin: nach 2 Wochen [Ticketvergabe])

Mögliche zusätzliche Beiträge:
Jeder Schüler wählt ein Objekt aus dem Museum aus, das zu seinem Thema passt, und informiert sich darüber.[44]
Vorbereitung einer römischen Theaterszene (für interessierte, begabte und zügiger arbeitende Schüler) und Herstellen entsprechender Kleidungsstücke (Fach Kunst?)
Gemeinsames römisches Essen nach Apicius-Rezepten am Ende der dritten Phase.[45] Dabei berichten die Schüler ihren Mitschülern über die Zubereitungsweise und Zusammensetzung ihrer jeweiligen Gerichte.

---

44 Zum Regionalmuseum in Xanten und den einzelnen Objekten → Anhang 6, S. 306–312.

45 Die Rezepte werden in der 2. Phase der Vorbereitung an interessierte Schüler verteilt; gekocht wird zu Hause, weil dies in der Schule zu zeitaufwändig wäre und meist an ungeeigneten Rahmenbedingungen scheitert. Bei Erfolg kann Ähnliches im Rahmen eines »römisches Picknicks« auch in die Fahrt integriert werden (→ S. 284). Achtung: Speisen auswählen, deren Zutaten leicht zu beschaffen, die zu Hause einfach vorzubereiten und die problemlos zu transportieren sind! Rezepte des Apicius: → Marcus Gavius Apicius; → Das Kochbuch der Römer.

Organisationsaufgaben des Lehrers:
Buchung des Busses bzw. der Bahnkarten[46]
Reservierung der Unterkunft (bei einer Zweitagesfahrt)[47]
Klärung der Öffnungszeiten
Elterninformationsabend bzw. Informationsblatt mit Programm und Kurzerläuterung, Einverständniserklärungen, Festlegung von Anzahlungen, Klärung rechtlicher Fragen

(Evtl.) 4. Phase (eine Woche vorher): Korrektur und Endbesprechung
Erste Korrektur der Beiträge durch die Lehrer, die die Exkursion durchführen bzw. begleiten und/oder durch einen anderen Fachlehrer
Besprechung der Beiträge in kleiner Runde[48]
Letzte Absprachen der Spezialistenteams

Durchführung

Beginn:
Einführung in den historischen Kontext, in die örtlichen Gegebenheiten, in die Lage der Objekte sowie Kurzerläuterungen der Geschichte des antiken und mittelalterlichen Xanten durch Schülerteams und/oder Lehrer

Vormittag:
Erläuterungen der Spezialistenteams im Archäologischen Park, kombiniert mit einer Führung durch den Ortsspezialisten

Mittagspause:
Gemäß der Entscheidung der Gruppe bzw. des Organisationsspezialisten: Entweder römisches Picknick mit vorbereiteten Apicius-Speisen oder Besuch der römischen Taverne[49] oder Essen im modernen Xanten,[50] anschließend römische Spiele im römischen Spielehaus[51]

Nachmittag:
Je nach Zeitrahmen und Vorbereitung: Führung durch das Regionalmuseum durch Museumsspezialisten mit Ergänzungen durch Spezia-

---

46 Die DB AG bietet günstige Schüler-Gruppenreisen nach Xanten an. Kontaktadresse (auch für größere Klassenfahrten): DB Reise & Touristik AG, Schulfahrten und Jugendgruppenreisen, Postfach 17 01, 76006 Karlsruhe; schulenjugendkarlsruhe@bahn.de

47 Eine Reservierung sollte zu Beginn der Vorbereitung erfolgen!

48 An dieser Besprechung sollten nur die jeweiligen Spezialisten teilnehmen.

49 Die Taverne ist für Schüler sehr teuer, die Speisen entsprechen nicht immer dem Geschmack Jugendlicher! Das Ambiente ist lohnend und ein Blick von außen möglich.

50 Um den zentralen Domplatz in Xanten befinden sich einige preiswerte Lokale; Gehzeit: ca. 30 min.

51 Empfehlenswert, da die Schüler die Spiele ausprobieren können (Beschreibungen vorhanden!). Geeignet für die Mittagspause, da sich eine Picknick-Wiese sowie Kletterspielplatz und Grillhütte in unmittelbarer Nähe befinden.

listen zu den Sachthemen[52] oder Besichtigung der Großen Thermen[53] oder Präsentation von zusätzlichen Beiträgen, z.B. Aufführung einer kurzen Szene aus einem römischen Theaterstück im Amphitheater[54]

Nachbereitung

Ideen zur Nachbereitung:
Zusammenstellen eines Reiseführers für Kinder über das antike Xanten (Referate, Grundrisse, Fotos der Objekte)
Referatsammlung mit persönlichen Fotos und Erlebnisberichten (Exkursionstagebuch)
Abschließende Bewertung von Referaten und Vorträgen bzw. des Reiseführers durch den begleitenden Lehrer bzw. die Fachlehrer

Beispiel 2: Kursfahrt mit einer 13. Klasse nach Griechenland

Ziel:	Griechenland[55]
Klassenstufe:	13. Klasse; Grundkurse Latein, Geschichte, Philosophie
Zeitpunkt:	Studienfahrt vor dem Abitur
Dauer:	11 Tage
Anreise:	Fähre/Flug

Vorbereitung

1. Phase (ca. 9–10 Monate vor der Fahrt): Materialsammlung
Einzelne Grund- bzw. Leistungskurse sammeln Materialien zu diversen Studienreisezielen, vergleichen Angebote und Preise von Schulreiseveranstaltern und prüfen Transportmöglichkeiten (Bus, Bahn, Flug). Sie stellen entweder kursintern oder kursübergreifend die Ziele vor und stimmen ein Wunschziel ab.
Planung eines Vorbereitungswochenendes in einem Selbstversorgerhaus oder einer Jugendherberge[56]

52 Zentrale Lage neben dem Dom. Vom Archäologischen Park 30 Gehminuten entfernt, am besten Bus benutzen! Mit einer intensiven Besichtigung des APX sinnvoll kombinierbar nur im Rahmen einer zweitägigen Fahrt.

53 Außerhalb des APX gelegen. Längerer Fußmarsch! Am besten eigenen Bus benutzen, wenn vorhanden.

54 Es kann sich nur um eine improvisierte Kurzvorstellung eines vorbereiteten Stückes handeln. Auf Kostüme und Kulissen kann verzichtet werden; das spezielle Ambiente ist Kulisse genug.

55 Eine Zusammenstellung von in der Praxis bewährten Griechenland-Studienfahrten verschiedener Gymnasien in Rheinland-Pfalz mit unterschiedlichen Konzepten, zeitlichen Rahmen, Empfehlungen zur inhaltlichen Gestaltung und zur organisatorischen Durchführung (berücksichtigt sind auch Kleinasien und Großgriechenland) in: → Impulse 9; speziell für Griechenland: → Bietz/Kuntz/Scherf.

56 Verzeichnis aller Jugendherbergen sowie Buchungen und umfassende Informationen: DJH Service GmbH, 32754 Detmold, Tel.: 05 23 1/74 01–0, E-Mail: service@djh.de, www.djh.de

Erweiterte Materialzusammenstellung zum Wunschziel Griechenland (Öffentliche Bibliotheken, Fachbereichsbibliothek, Lehrermaterialien, Internetrecherchen, private Bestände usw.)[57]
Zeitraum: 2 Wochen

2. und 3. Phase: Vorbereitungswochenende (ca. 6 Monate vor der Fahrt):[58] *Ziel- und Themenauswahl; Vorbereitung und Ticketvergabe*
1.Tag:
Klärung der Erwartungen und des Anspruchs an die Fahrt, an ihre Teilnehmer und an die begleitenden Lehrer
Gruppenpräsentationen verschiedener Routenvorschläge
Auswahl der zu besichtigenden Orte; Erarbeiten einer Route
Klärung der An- und Abreisemöglichkeiten/Logistik
Konsensbildung
Vereinbarungen über Produkte und deren Bewertung
Zusammenstellung der Ziele und Zuordnung der Themengebiete:[59]

Mögliche Objekte/Orte	Mögliche Themen für Spezialisten
Olympia (Heiligtum, Museum)[60]	Geschichte des antiken Olympia; Lage und Bedeutung der Objekte; Führung Führung durch das Museum; Informationen zu Ausstellungsstücken Olympische Spiele der Antike und Moderne Panhellenische Spiele Antike Religion; Götterkult Griechische Tempelarchitektur

57 Ausgewählte Literatur und Internetadressen, die sich zur Vorbereitung von Griechenland-Studienreisen bewährt haben → Anhang 6, S. 306–312.

58 Hier gilt die Devise: Je früher, desto besser. Frühe Buchungen schaffen Planungssicherheit, können preiswerter sein und haben positive Auswirkung auf die Qualität und Länge der Referate! Ticketgedanke!

59 Bei folgender Ziel- und Themenzusammenstellung handelt es sich um ein Maximalprogramm. Es bezieht sich schwerpunktmäßig auf Nordgriechenland und den Norden der Peloponnes und ist geeignet für eine ca. elftägige Studienfahrt und eine Gruppengröße von ca. 25 Schülern. Für den gleichen Zeitraum ist auch eine Kombination mit der Südpeloponnes denkbar, wobei in diesem Fall Thessaloniki mit Umgebung sowie die Besteigung des Olymp (zwei bis drei Tage) unbedingt aus dem Programm gestrichen werden sollten. Möglich ist auch eine Kombination mit Kreta (per Fähre von Athen), wofür insgesamt mindestens 14 Tage zu veranschlagen sind.
Letztlich richtet sich die Vielfalt der Ziele und die Vergabe der Themen nach der zur Verfügung stehenden Zeit und der jeweiligen Teilnehmerzahl. Generelle Basis ist der zumutbare finanzielle Rahmen. Niemand darf aus finanziellen Gründen gehindert sein, an einer solchen Fahrt teilzunehmen. Optional sind Zusammenfassungen oder Streichungen von Zielen bzw. Themengebieten.

60 Das moderne Olympia lädt nicht zum Verweilen ein und ist für Schülergruppen sehr teuer. Am besten die Fahrt so planen, dass eine Übernachtung nördlich oder südlich von Olympia (Richtung Pylos) am Meer möglich ist.

Mögliche Objekte/Orte	Mögliche Themen für Spezialisten
	Antike Bautechnik Antike Statuen(Museum) Mythologie
Mykene[61] (Palast mit Zitadelle, Schatzhaus des Atreus, Grab der Klytaimnestra)	Geschichte von Mykene; Lage und Bedeutung der Objekte Führung Antike Bautechnik Mythologie Minoisch-mykenische Kultur; Funde (Museum) Troja; Schliemann
Nafplion/Nauplia (Stadtrundgang, Palamidi)	Geschichte der Stadt Nafplion; Stadtführung; Lage und Bedeutung der wichtigsten Bauwerke Venezianische Festungsanlagen Geschichte der fränkisch-venezianischen Zeit; 4. Kreuzzug Türkische Besatzungszeit Griechischer Freiheitskampf Otto I. von Bayern; Philhellenismus; Klassizismus
Epidauros (Theater, Asklepiosheiligtum, Museum)	Geschichte des antiken Epidauros; Führung durch die Ausgrabung; Erläuterung der Gebäude und Anlagen Führung durch das Museum; Informationen zu den ausgestellten Objekten Griechisches Theater Römisches Theater (Vergleich) Antike Bautechnik Mythologie Religion, Götterkult Antike Tempelarchitektur
Korinth (antikes Korinth, antiker Hafen, Museum, Akrokorinth, Kanal von Korinth)	Geschichte des antiken Korinth; Führung durch die Ausgrabung; Erläuterung der Bauwerke Museumsführung mit Informationen zu ausgestellten Objekten Mythologie Antiker Handel; Schifffahrt Antike Tempelarchitektur Antike Bautechnik Panhellenische Spiele Römische Zeit

61 Unbedingt die Zisterne besichtigen! Der Abstieg bereitet den Schülern viel Spaß und bringt bei großer Hitze eine willkommene Abkühlung, auch wenn es am Ende kaum etwas zu sehen gibt. An Taschenlampen denken!

Mögliche Objekte/Orte	**Mögliche Themen für Spezialisten**
	Fränkische Festungsanlagen Geschichte der fränkisch-venezianischen Zeit; 4. Kreuzzug
Athen[62] (Akropolis mit Museum, Agora, Agoramuseum, Klassische Meile, Nationalmuseum)[63]	Klassische Zeit (Attische Demokratie, Perikles, Perser) Römische Zeit Führung auf der Akropolis; Bebauungsgeschichte; Erläuterung der Gebäude und Anlagen Führung über die Agora; Bebauungsgeschichte; Erläuterung der wichtigsten Bauwerke Führung durch das Akropolismuseum und das Agora-Museum; Informationen zu den wichtigsten Objekten Führung durch das Nationalmuseum; Auswahl von Schwerpunktthemen bzw. Abteilungen; Erläuterung ausgewählter Objekte Otto I. von Bayern; Philhellenismus; Klassizismus Griechische Philosophie Mythologie Antike Religion; Götterkult Antike Bautechnik Antike Tempelarchitektur Panhellenische Spiele Griechisches/Römisches Theater Antike Statuen (Museum) Griechisch-orthodoxe Kirche (Geschichte, Bau- und Stilformen, Bildsymbolik, Klosterleben usw.) Modernes Griechenland (Geschichte seit 1945, Innen- und Außenpolitik, Wirtschaft, politisches System, EU, Türkeikonflikt, Zypern usw.) Städtebau Stadtplanung(sdefizite) Umweltproblematik

62 Am besten Stadtpläne (mit Metro-Plan!) von Athen bei der Griechischen Zentrale für Fremdenverkehr (Neue Mainzer Straße 22, 60311 Frankfurt/Main, Tel.: 0 69/23 65 61–3, Fax: 0 69/23 65 76, E-Mail: info@gzf-eot.de, www.gnto.gr) bestellen.

63 Achtung: Agora und Agora-Museum sind nur bis mittags (ca. 14 Uhr) geöffnet! Im Nationalmuseum muss immer damit gerechnet werden, dass aufgrund Personalmangels Abteilungen tageweise komplett geschlossen sind. Wegen ständiger Umbau- und Renovierungsarbeiten befinden sich die Exponate selten an den Orten, an denen man sie laut Führer erwarten sollte.

Mögliche Objekte/Orte	Mögliche Themen für Spezialisten
Delphi (Apollonheiligtum, Museum, Gymnasion, Kastalia,[64] Heiligtum der Athena Pronoia/Marmaria)	Geschichte des antiken Delphi; Führung durch das Apollon-Heiligtum und das Heiligtum der Athena Pronoia (Marmaria); Informationen zu den Bauwerken und Anlagen Führung durch das Museum; Auswahl und Erläuterung von Ausstellungsstücken Mythologie Antike Religion; Götterkult Griechische Philosophie Antike Bautechnik Antike Tempelarchitektur Griechisches Theater Panhellenische Spiele Griechische Musikgeschichte Antike Statuen (Museum)
Meteora-Klöster[65] (Kloster Warlaam, Kloster Megalo Meteoron, Kloster Agios Nikolaos)	Geschichte der Meteora-Klöster; Führung durch ausgewählte Klöster Griechisch-orthodoxe Kirche; Ikonen Griechische Natur (Geologie, Flora, Fauna, Verkarstung, Oliven, Wanderrouten, Umweltschutz)
Olymp	Erarbeitung und Führung einer Wandertour (Strecken-, Zeitplan, Pausen, Rastmöglichkeiten) Griechische Natur Mythologie Antike Religion, Götterkult
Thessaloniki und Umgebung (Dion, Pella, Vergina, Museum in Vergina[66] und Thessaloniki)	Makedonische Geschichte (Philipp II., Alexander) Makedonische Kultur Führung durch Dion und Pella; Erläuterungen der Ausgrabungen Führung durch die Ausgrabung von Ver-

64 Der Zugang zur Kastalia kann wegen Steinschlags gesperrt sein.

65 Man muss damit rechnen, dass viele Klöster tageweise geschlossen sind, da die meisten verlassen sind und nur von wenigen Mönchen/Nonnen betreut werden. Verlässliche Informationen zu den Öffnungszeiten bekommt man leider nur vor Ort; Hotelbetreiber oder Tavernenwirte wissen meistens Bescheid. Internetinformationen (→ Anhang 6, S. 312) sind nicht immer auf dem aktuellen Stand, können aber erste Orientierung geben.

66 Sehr lohnend für Schülergruppen, da die Grabungsfunde (z. B. der Goldschatz Philipps II.) an ihrem ursprünglichen Fundort (nicht mehr in Thessaloniki) ausgestellt werden.

Mögliche Objekte/Orte	Mögliche Themen für Spezialisten
	gina und Rundgang durch das Museum; Erläuterung der Objekte Stadtrundgang durch Thessaloniki; Erläuterung der wichtigsten Sehenswürdigkeiten Byzantinisches Museum in Thessaloniki: Führung und Erläuterung ausgewählter Objekte Griechisch-orthodoxe Kirche Antike Bautechnik Modernes Griechenland

2. Tag:
Spezialistenbildung (Gruppen oder Einzelne; → die Themenzusammenstellung S. 286–290)
Recherche, Gliederung und Arbeit an den Referaten
Zusammenstellen von Teams: Erarbeitung des archäologischen Befundes der Orte und organisatorische Vorbereitung von Führungen (z. B.: Absprachen der Spezialisten zum Ziel »Athen«, »Epidauros« usw.)

Mögliche zusätzliche Beiträge:
Jeder Schüler bzw. jede Gruppe sucht Objekte in den Museen[67] der entsprechenden Besichtigungsorte aus, die zu seinem bzw. zu ihrem Thema passen.[68]
Vorbereitung einer Theaterszene oder Gesangseinlage (Epidauros), musikalischer Beiträge, griechischer Tänze (Einbindung der Fächer Deutsch, Musik, Sport)

Aufgabenstellung:
Fertigstellung einer ersten Version der Referate in Hausarbeit (Abgabetermin: 1 Monat vor der Fahrt [Ticketvergabe])

Einstimmung während des Vorbereitungswochenendes:
Blitz-Sprachkurs »Neugriechisch für Einsteiger«[69]

---

67 Alle großen griechischen Museen sind aus Anlass der Olympischen Spiele 2004 renoviert und modernisiert worden. Für große Schülergruppen steht nun teilweise etwas mehr Raum um die Exponate zur Verfügung. Auf dem Gebiet der Museumsdidaktik gibt es keine Verbesserung.

68 Museumsführer und Websites → Anhang 6, S. 306–312.

69 Falls die betreuenden Lehrer kein Neugriechisch sprechen, besteht die Möglichkeit, eine ortsansässige deutsch-griechische Gesellschaft, einen griechischen Kulturverein oder eine Universität um Unterstützung zu bitten. Auch Griechisch-Dozenten von Volkshochschulen vermitteln manchmal Kontaktadressen. Und warum nicht einmal beim »Griechen um die Ecke« nachfragen? Griechische Familien sind zumeist sehr

Tipps zu »Land und Leuten«
Griechisches »Symposion« mit selbst zubereiteten griechischen Speisen
Film *Alexis Sorbas* bzw. Reisefilm zu Griechenland[70]
Sirtaki-Tanz
Wanddekoration mit Griechenland-Bildern

Organisationsaufgaben des Lehrers:
Buchung von Flug bzw. Fähre, Bus[71] und einzelnen Hotels[72]
Ausstellen der internationalen Schülerausweise in der Schule und Beantragung der Eintrittsbefreiung für alle archäologischen Stätten und Museen[73]
Elterninformationsabend: Präsentation des Programms, der Route und der Themen durch Schüler (Vortrag mit Dias, PowerPoint oder Overhead); Informationen zu rechtlichen, versicherungstechnischen, finan-

---

hilfsbereit, wenn sie merken, dass man ein ehrliches Interesse an ihrer Kultur und ihrem Land hat.

70 Verleih in öffentlichen Bibliotheken (*Alexis Sorbas*) bzw. bei Rundfunksendern mit Reisemagazinen (WDR, SWR, BR) und bei der Griechischen Zentrale für Fremdenverkehr (→ Fußnote S. 288); geeignete Beiträge für Schulen v. a. im Schulfernsehen des Südwestrundfunks (www.wissen.swr.de/sf); Bestellung von Sendungen des Schulfernsehens für alle Bundesländer beim Landesmedienzentrum Baden-Württemberg, Rotenbergstr. 111, 70190 Stuttgart, Tel.: 07 11/28 50–6.

71 Griechische Busse entsprechen den internationalen Sicherheitsstandards und sind in der Regel mit Klimaanlage ausgestattet. Von Vorteil sind die Ortskenntnisse der einheimischen Busfahrer, aber Achtung bei Zwischenstopps an Tavernen oder Autobahnraststätten. Hier gibt es oft Absprachen zwischen Betreiber und Busunternehmen bzw. Fahrer, »Kunden« zu bringen. Oft sehr teuer und wenig landestypisch! Adressen für Bus-Buchungen am besten bei ortsansässigen griechischen Reiseveranstaltern oder Touristeninformationen erfragen.

72 Am besten über Reisebüros. Dort sind die einschlägigen Gruppenhotels bekannt. Nicht versäumen sollte man, Schüler und Eltern darauf hinzuweisen, dass griechische Hotels stets sehr einfach in der Ausstattung sind und das Frühstück eher dürftig ausfällt. Um die Schüler am griechischen Leben teilhaben zu lassen, empfiehlt es sich, das Mittag- oder Abendessen immer außerhalb des Hotels einzunehmen. Das Essen in Restaurants ist in Griechenland sehr günstig. Achtung: Schüler vor hohen Preisen und schlechtem Essen in der Plaka in Athen warnen!

73 Für Schüler bis 18 Jahre genügt ein internationaler Schülerausweis. Für ältere Schüler und für Lehrer kann am griechischen Ministerium für Kultur in Athen (Ministry of Culture, Makrigianni 2–4, GR – 11742 Athens) unter Vorlage des Programms der Studienfahrt, der Teilnehmerliste mit Geburtsdaten, einer offiziellen Bestätigung der Schule (alles in englischer Sprache und zweifacher Ausfertigung) und zweier Passbilder eine Eintrittserlaubnis beantragt werden. Ausgenommen von der Eintrittsbefreiung sind kirchliche Einrichtungen (z. B. Meteora-Klöster).
Wichtige Informationsquelle für alle Fragen, die den deutsch-griechischen Schulaustausch und entsprechende Formalia betreffen: Europäisches Zentrum für wissenschaftliche, ökumenische und kulturelle Zusammenarbeit e.V., Griechisch-Deutsche Initiative, Balthasar-Neumann-Promenade 11, 97070 Würzburg, Tel.: 09 31/1 69 29, E-Mail: euro-initiative@web.de

ziellen Fragen, zu organisatorischen Details und örtlichen Besonderheiten durch die begleitenden Lehrer[74]

4. Phase (1 Monat vor der Fahrt): Korrektur und Endbesprechung
Durchsicht der einzelnen Referate durch begleitende Lehrer bzw. Fachlehrer
Besprechung und Ergänzungen der Referate
Inhaltliche Koordination innerhalb der Teams

Durchführung

Auf der Fahrt geschieht Folgendes:
Führung und Präsentation durch die Spezialistenteams vor Ort[75]
Aufführung einer Szene aus einem antiken oder modernen Theaterstück im antiken Theater von Epidauros[76] (fakultativ)

Folgende fakultative Bestandteile wirken sich positiv auf die emotionale Ebene einer Fahrt aus, da sie die Schüler in einer Verbindung von Kultur- und Naturerlebnis den besonderen Charakter eines Ortes erschließen lassen:[77]
Schnorcheln über dem antiken Hafenbecken von Korinth (Kenchreai)[78]

---

74 Zu berücksichtigende Punkte → »Fahrten-Agenda für Lehrer«, Anhang 1.

75 Tipp: Um in Ruhe den Ort auf sich wirken zu lassen und ohne Störungen durch andere Führungen die antiken Stätten besuchen zu können, empfiehlt sich eine Besichtigung entweder morgens vor 10 Uhr (die meisten archäologischen Stätten öffnen bis Ende Oktober um ca. 8.30 Uhr), im Spätsommer und Herbst auch um die Mittagszeit (die meisten Reisegruppen sind dann in der Mittagspause und essen; im Sommer allerdings zu heiß!) oder am frühen Abend ab 17 Uhr (Öffnungszeiten bis Oktober meist bis 19 Uhr). Besonders lohnend: Das menschenleere Theater von Epidauros am frühen Morgen, die Akropolis oder das Apollonheiligtum in Delphi am Spätnachmittag! Unvergessliche Stimmungen und Stille! Achtung: Museen schließen meist früher als die Ausgrabungsstätten!
Da in Griechenland Öffnungszeiten ständig wechseln, von Ort zu Ort unterschiedlich sind und antike Stätten bzw. Museen manchmal aufgrund spontaner Streiks für kurze Zeit schließen, bietet keine Vorauskunft wirklich Sicherheit und Garantie! Bei der griechischen Zentrale für Fremdenverkehr (→ Fußnote 62, S. 288) gibt es auf Anfrage ein Verzeichnis der »offiziellen« Öffnungszeiten, die zumindest eine Grobplanung erlauben.

76 Im Vordergrund steht dabei das Erlebnis der Akustik und der besonderen Stimmung des Ortes. Es geht keinesfalls um eine perfekte Inszenierung mit Bühnenbild und Kostümen.

77 Da diese möglichen Bestandteile des Fahrtenprogramms äußerst anstrengend für Schüler sein könnten, sollte man deren Auswahl an der körperlichen Konstitution und geistigen Leistungsfähigkeit der Gruppe orientieren. Bei einer Vorbereitung der Studienfahrt in der hier demonstrierten Art wird den Schülern ganz schnell bewusst, dass es sich dabei keineswegs um eine Vergnügungsreise handelt. Erfahrungsgemäß bleiben gerade diese Erlebnisse bei den Schülern unvergessen, beeinflussen positiv das Gruppenklima und prägen in Verbindung mit dem intensiven Studiencharakter die Erinnerungen an die Fahrt (→ S. 272).

78 Man kann die Grundmauern der alten Magazine und das Hafenbecken unmittelbar

Erklimmen des Palamidi (Nafplion)[79] bzw. der Burg von Akrokorinth (Korinth) bzw. der Phaedriaden-Felsen bis zur Korykischen Grotte (Delphi)[80]
Wanderung durch die Schluchten der Meteora-Klöster[81]
Besteigung des Olymp[82] (alternativ bei schlechtem Wetter: Führungen durch die Spezialistenteams in Dion und Pella oder in Vergina mit Museum oder in Thessaloniki)
Griechischer Abend am Strand mit Tanz und Musik (eigene Beiträge)

Nachbereitung

Ideen zur Nachbereitung:
Aufbereitung der Referate (Bebilderung, inhaltliche Ergänzungen, Layout)
Zusammenstellung eines Reiseführers zu Griechenland (Buch oder CD-ROM)
Schneiden eines Dokumentationsfilms
Abschließende Benotung der verschiedenen Produkte durch begleitende Lehrer und Fachlehrer der Schule

---

unter der Wasseroberfläche noch erkennen. Es ist also keine besondere Ausrüstung erforderlich und birgt keine Gefahren. Kenchreai besitzt einen kleinen Strand, der sich auch für eine Mittagspause mit Picknick eignet. Für die Sicherheit sind dringend die Bestimmungen des Schwimmerlasses in seiner gültigen Version zu beachten. Insbesondere die besonderen Gefährdungen bei Schwimmen in offenen Gewässern!

79 Sehr anstrengend: Hunderte von Treppenstufen! Dafür wunderbare Ausblicke! Schüler, die den Aufstieg nicht leisten können, sollte man mit dem Reisebus hinauffahren lassen.

80 Leicht ansteigender Wanderweg oberhalb der Kirche von Delphi (im Ort fragen), der anfangs asphaltiert ist und später als schmaler Pfad durch Macchia führt (am besten festes Schuhwerk und lange Hosen!). Auch hier überzeugend: Der Ausblick über Delphi und den Golf von Itea. Lohnend ist auch nur ein kurzer Aufstieg am späten Nachmittag, um die Stimmung und die Farbenspiele der Sonne an den Phaedriaden zu bewundern.

81 Leichte, ungefährliche Wanderung, keine hochalpine Klettertour. Geeigneter Ausgangspunkt ist der Vorort Kastraki (direkter Zugang zu den Felsschluchten oberhalb des Ortes). Kleiner Zeitrahmen: 2–3 Stunden (Rast und Abstieg; Rückfahrt mit dem Bus). Umgekehrt: Eindrucksvoller Aufstieg, dafür anstrengender! Problem bei beiden Varianten: Die Vielzahl der Trampelpfade macht eine gesicherte Orientierung schwierig; man muss Umwege mit einkalkulieren. In Souvenirgeschäften sind 3-D-Karten des Meteoragebietes mit eingezeichneten Trampelpfaden erhältlich.

82 Für eine sportliche Schülergruppe ein Muss und unbestrittener Höhepunkt einer Griechenlandfahrt. Unterkunft sollte im nahen Gebirgsort Litochoron gebucht werden. Ein früher Start vom Parkplatz Prionia in ca. 1100m Höhe ist nötig, um an einem Tag Auf- und Abstieg zu bewältigen (12 Stunden insgesamt mit Pause). Übernachtung und/oder Rast ist in der bewirtschafteten Hütte A auf 2100m möglich (Aufstieg von Hütte A: 2–2,5 Stunden). Kontaktadresse: Schutzhütte A, Spilios Agapitos, Fam. Zolotas, Tel.: 00 30/3 52/8 18 00 oder 00 30/3 52/8 13 29 (Wirtsleute sprechen Deutsch) oder für allgemeine Informationen über den Olymp: Griechischer Alpenverein (EOS), Litochoron, Tel.: 00 30/3 52/8 19 44, www.mount.gr

Anhänge zu Kap. 2.5

Übersicht:

Anhang 1: Fahrten-Agenda für Lehrer (S. 294–297), Elternabend-Agenda für Lehrer (S. 297)
Anhang 2: Checkliste für Schüler (S. 298–299)
Anhang 3: Adressen von Museen in Deutschland (S. 299–301) und Museen mit Römerkoffern (S. 301–302)
Anhang 4: Adressen von Römerparks und Originalstätten der römischen Geschichte in Deutschland (S. 302–305)
Anhang 5: Kontaktadressen in Xanten (S. 305–306)
Anhang 6: Literatur (S. 306–312)

Anhang 1

Fahrten-Agenda für Lehrer

☐ Festlegen des Reiseziels

Termin

Achtung!: 6–8 Wochen vor den Sommerferien haben alle Fahrtziele Schülergruppen-Stoßzeit. Deshalb am besten schon zu Schuljahresbeginn planen!

☐ Schultermine berücksichtigen
☐ Bedingungen des Zielorts (Öffnungszeiten, Feiertage, Ferien, besondere Ereignisse)
☐ Information der Kollegen (Schulkalender, Klassenarbeitsplaner, fehlende Schüler auflisten)

Genehmigungen

☐ Zustimmung der Eltern einholen (Rundschreiben/Elternabend[83])
☐ Genehmigung durch die Schulleitung (Termin, Finanzierung der Lehrerreisekosten, Zweck der Fahrt, Anzahl der begleitenden Kollegen)
☐ Absprache mit dem Schulträger (evtl.)
☐ Voranzeige bei Bezirksregierung (evtl.)
☐ Beantragung von Eintrittsbefreiung (bes. Auslandsfahrten)

Begleitpersonen

Begleitende Lehrer:

☐ *Formular:*[84] Antrag auf Genehmigung einer Dienstreise
☐ *Formular:* Reisekostenanträge

---

83 Einzelheiten → S. 297: »Elternabend-Agenda für Lehrer«.

84 Der Hinweis »Formular« ist dort gegeben, wo vermutlich alle Bundesländer ihre unterschiedlichen behördlichen Formulare verwenden.

Außerschulische Begleitpersonen:

- ☐ Genehmigung/Bestätigung der ehrenamtlichen Tätigkeit für die Schule
- ☐ Klärung der Versicherung/Meldung an Berufsgenossenschaft (evtl.)

Reservierungen

- ☐ Zahlungsmodalitäten (bar, Karte, Rechnung)
- ☐ Stornierungsbedingungen klären
- ☐ Bus/Bahn/Flug/Schiff
- ☐ Unterkunft
- ☐ Führungen

Geld

- ☐ Fahrtenkonto anlegen[85] (evtl.)
- ☐ Reisekosten von Eltern überweisen lassen (zu empfehlen ist eine Anzahlung, die die Teilnahme verbindlich macht, bis zu sechs Monate im voraus; Restsumme sechs Wochen vor Fahrtbeginn; Stornierungsbedingungen erläutern)

Programmplanung vor Ort

- ☐ Öffnungszeiten der Museen und Ausgrabungsstätten, Raumpläne, Sitzgelegenheiten, akustische Verhältnisse (Führungen, Referate)
- ☐ Zeiten in der Unterkunft (Mahlzeiten, Schließung abends, Schlüssel)
- ☐ Verkehrsmittel und Abfahrtspläne (evtl.)
- ☐ Stadtpläne (evtl.)
- ☐ Gastronomie
- ☐ Freizeitangebote (Abendgestaltung)

Ausweise

- ☐ Gültigkeit der Personalausweise, Kinderpässe, Schülerausweise
- ☐ Kopien von allen Ausweisen anfertigen lassen und einsammeln
- ☐ DJH-Jugendherbergskarte der Schule (evtl.)
- ☐ Internationalen Lehrerausweis ausstellen lassen (evtl.)
- ☐ Nationalität der Schüler prüfen/Visa beantragen (evtl.)
- ☐ Kopien der Impfpässe einsammeln (evtl.)
- ☐ Beantragung des internationalen Schülerausweises veranlassen (evtl.)

Versicherungen

- ☐ Reisekrankenversicherung für Schüler abschließen (evtl. inkl. Soforthilfe)
- ☐ Haftpflicht für außerschulische Begleitpersonen (evtl.)
- ☐ Reiserücktrittsversicherung abschließen (bei kostenintensiven Fahrten)
- ☐ Reisegepäckversicherung (optional)

85 Bei vielen Banken unentgeltlich und ohne Kontoführungs- und Buchungsgebühren.

Medizinische Versorgung

- ☐ Individuelle Notfallliste ausfüllen lassen (Medikamenteneinnahme, Telefon des Hausarztes, Medikamentenunverträglichkeit usw.)
- ☐ Erste-Hilfe-Taschen (+ Fieberthermometer) mitnehmen
- ☐ Hausapotheke für Prellungen, Insektenstiche, Erkältung, Kopfschmerzen (Ärzte- oder Apothekereltern fragen)

Kontakte

- ☐ Komplette Anschriftenliste der Klasse/Gruppe
- ☐ Telefonkettenliste (Telefon der Eltern) und Handyliste (Nummern der Schüler)
- ☐ Telefonliste der Schule für Notfälle und Mitteilungen
- ☐ Telefonnummern der Transportunternehmen, Unterkünfte und Versicherungen

Schriftliche Einverständniserklärungen der Eltern

- ☐ Entscheidungsfreiheit der Lehrer im Krankheits- und Notfall
- ☐ Entfernen von der Gruppe
- ☐ Heimfahrt auf Kosten der Eltern bei Verstoß gegen die Gruppendisziplin
- ☐ Abendveranstaltungen (Diskobesuch usw.)
- ☐ Baden[86]

Formular: Offizielle schriftliche Schulbestätigung (in mehrfacher Ausfertigung)[87]

- ☐ Name der Schule, Unterschrift des Direktors, Stempel
- ☐ Anzahl der teilnehmenden Erwachsenen
- ☐ Anzahl der teilnehmenden Schüler (männlich/weiblich, volljährig/minderjährig, deutsch – nichtdeutsch)
- ☐ Anzahl der vereinbarten Freiplätze (evtl.)
- ☐ An- und Abreisedatum
- ☐ Reiseziel/Kontaktadresse

Kurz vor Fahrtantritt

- ☐ Letzte Absprachen mit Transportunternehmen und Unterkunft (Abfahrtsort und -zeit bestätigen, Ankunftszeit durchgeben, besondere Ernährungsgewohnheiten an Unterkunft melden)
- ☐ Überprüfung der Abfahrts- bzw. Abflugzeiten (Bahn/Flugzeug/Schiff)
- ☐ Besprechung der Hausordnungen (Museum, Unterkunft)
- ☐ Eigene Gruppenregeln aufstellen und von der Gruppe unterschreiben lassen

---

86 Problematisch, da Zuständigkeit bei Sportlehrern oder Personen mit Rettungsschwimmerschein liegt!

87 Evtl. für Eintrittsbefreiungen vor Ort und sonstige Vergünstigungen, als offizieller Nachweise für die Vermieter usw.

- ☐ Zimmerverteilung (im Vorfeld immer besser!)
- ☐ Küchen-, Ordnungs-, Zimmerkontrolldienste einteilen (evtl. auch vor Ort)
- ☐ Abendgestaltung besprechen
- ☐ Gastgeschenke besorgen lassen
- ☐ Packliste/Checkliste an Schüler verteilen (Referate nicht vergessen!)
- ☐ Bargeld vom Fahrtenkonto abheben und Karte mitnehmen

Elternabend-Agenda für Lehrer

Im Vorfeld

- ☐ Termin vereinbaren
- ☐ Organisation eines geeigneten Raumes (auf ausreichende Sitzmöglichkeiten und Sauberkeit achten!)
- ☐ Gestaltung des Raumes durch Schüler (Bilder, Plakate, Getränke usw.)

Elternabend: Information der Eltern durch Lehrer und Schüler

- ☐ Begrüßung und Vorstellung
- ☐ Erläuterung von Ziel und Zweck der Fahrt
- ☐ Präsentation des Programms
- ☐ Termin
- ☐ Dauer
- ☐ Kosten (Taschengeldfrage)
- ☐ Beförderung (Zeit-Kosten-Relation)
- ☐ Unterkunft

Formal-rechtliche Anmerkungen und Erläuterungen:

- ☐ Aufsicht
- ☐ Gruppendisziplin
- ☐ Ruhezeiten (Handy, Walkmen usw. während gemeinsamer Unternehmungen)
- ☐ Versicherungen
- ☐ Sicherheitsstandards bei Bus/Bahn/Flugzeug/Schiff
- ☐ Gepflogenheiten/Besonderheiten des Landes (bei Auslandsfahrten)

Anhang 2

Checkliste für Schüler

Gepäckstücke:

- ☐ Größe und Anzahl abhängig vom Transportmittel (Achtung: Flug, Wanderung)
- ☐ Kleines Handgepäck für die Reise (am besten Rucksack)

Technisches:

- ☐ Ausweise (Personalausweis bzw. Reisepass, Schülerausweis)
- ☐ Medikamente
- ☐ Krankenversicherungskarte bzw. Angaben zur privaten Krankenversicherung
- ☐ Kleidung für jedes Wetter
- ☐ Geeignete Schuhe (zum Wechseln)
- ☐ Sonnenbrille; Sonnenschutz für Haut und Lippen
- ☐ Taschengeld; Scheckkarte; Reiseschecks
- ☐ Sichere Geldverwahrung
- ☐ Handy
- ☐ Kamera (Video, Foto) und Filme
- ☐ Kleiner Rucksack (für Wanderungen)
- ☐ Nackenstütze/Kissen
- ☐ keine Scheren, Messer, Nagelfeilen im Handgepäck (Flug)

Unterkunft:

- ☐ Bettwäsche/Schlafsack/Isomatte
- ☐ Handtücher
- ☐ Küchenhandtücher

Wanderungen:

- ☐ Ausreichend Trinkwasser
- ☐ Geeignetes Schuhwerk
- ☐ Blasenpflaster
- ☐ Kopfbedeckung
- ☐ Sonnencreme
- ☐ Sonnenbrille
- ☐ Regenschutz

Museum:

- ☐ Schreibzeug mit fester Unterlage
- ☐ Laptop (Diskette)
- ☐ Digitale Kamera

Fahrt:

- ☐ Referate
- ☐ Reiseführer
- ☐ Fachliteratur
- ☐ Wander-, Straßenkarten

Lastenteilung:
- ☐ Spiele für drinnen und draußen
- ☐ Bücher
- ☐ Wecker
- ☐ Föhn
- ☐ Schirm
- ☐ Fotoapparat
- ☐ Musikinstrumente
- ☐ CD-Player

Anhang 3

Adressen von Museen in Deutschland

1. Hingewiesen sei auf das Museumsportal aller Museen in Deutschland im Internet unter www.webmuseen.de.
2. Adressen und Hinweise (Sammlungsschwerpunkte, pädagogische Angebote) aller deutschsprachigen Antiken-Museen sind zusammengestellt in: AU 4+5/2001, 80–84 (Stand: Ende Juli 2001). Daraus ausgewählt und überarbeitet wurden die unseres Erachtens wichtigsten Museen (Stand: Dezember 2005, Anordnung nach PLZ):

Archäologischer Park/Regionalmuseum **Xanten**
Trajanstr. 4, D-46509 Xanten
Tel.: 02801/719-415, Fax: 02801/712-149
http://www.apx.lvr.de
Museumspädagogin: Fr. Hilke, Tel.: 02801/712-154
E-Mail: marianne.hilke@lvr.de

Informationszentrum **Kalkriese**
Venner Str.69, D-49565 Bramsche-Kalkriese
Tel.: 05468/9204-0, Fax: 05468/920445
E-Mail: kontakt@kalkriese-varusschlacht.de
http://www.kalkriese-varusschlacht.de
Museumspädagogin: Fr. Pavlowski, Tel.: 05461/61826

Römisch-Germanisches Museum **Köln**
Roncalliplatz 4, D-50667 Köln
Tel.: 0221/221-24590
E-Mail: museumsdienstkoeln@netcologne.de
http://www.stadt-koeln.de
Museumspädagogin: Fr. Dr. Schneider, Tel.: 0221/221-23467

Rheinisches Landesmuseum **Bonn**
Colmantstr. 14–16, D-53115 Bonn
Tel.: 0228/20700, Fax: 0228/2070299
http://www.rlmb.lvr.de/
Museumspädagogin: Fr. Dr. Gansohr,
E-Mail: h.gansohr-meinel@lvr.de

Rheinisches Landesmuseum **Trier**
Weimarer Allee 1, D-54290 Trier
Tel.: 0651/9774-0, Fax: 06 51/9774-222
E-Mail: RLMTrier@t-online.de
http://www.uni-trier.de/trier/lm/rlmt.htm
Museumspädagoge: Hr. Schwinden, Tel.: 0651/114

Römisch-Germanisches Zentralmuseum (**Mainz**)
Kurfürstliches Schloss, D-55116 Mainz
Tel.: 06131/9124-0
E-Mail: info@rgzm.de
http://web.rgzm.de/
Hr. Kimmel (Öffentlichkeitsarbeit), Tel.: 06131/9124-130

Museum für antike Schifffahrt (**Mainz**)
Neutorstr. 2b, D-55116 Mainz
Tel.: 06131/28663-09, Fax: 06131/28663-24
http://www.rgzm.de/Navis/Musea/Mainz/AID.htm

Saalburgmuseum/Saalburg-Kastell
D-61350 Bad Homburg v. d. H.
Tel.: 06175/9374-0, Fax: 06175/937411
E-Mail: Info.Saalburg@Saalburgmuseum.de
http://www.saalburgmuseum.de
Museumspädagogin: Fr. Ulrich, Tel.: 06175/9374-20,
E-Mail: ulrich.c@saalburgmuseum.de

Limesmuseum **Aalen**
St.-Johann-Str. 5, D-73430 Aalen
Tel.: 07361/961819, Fax: 07361/961839
E-Mail: limesmuseum.aalen@t-online.de
Museumspädagogin: Fr. Wudy

Römisches Museum **Augsburg**
Dominikanergasse 15, D-86150 Augsburg
Tel.: 08 21/3 24-41 34 oder -41 31, Fax: 08 21/3 24-41 33
http://www.augsburg.de/Seiten/augsburg_d/kultur/museen_n/roem_museum/index_extern.shtml
Museumspädagoge: Hr. Hahn, Tel.: 08 21/3 24-41 31

Museum im Archäologischer Park Cambodunum APC (**Kempten**)
Kulturbüro, Memminger Str. 5, D-87439 Kempten
Tel.: 08 31/25 25-2 00, Fax: 08 31/25 25-4 63
E-Mail: museen@kempten.de
Museumspädagoge: Hr. Koch

Adressen von Museen mit Römerkoffern

Folgende von Lateingruppen häufig frequentierte deutsche Museen verfügen über einen Römerkoffer:

Rheinisches Landesmuseum Bonn
Inhalt 1. Koffer: Originale, originalgetreue Repliken und römische Scherben zum Thema »Römer im Rheinland«.
Inhalt 2. Koffer: nachgeschneiderte römische Kleidungsstücke.

Saalburgmuseum (Bad Homburg)
Inhalt: Kleidung, Kochrezepte, Schreibutensilien, Spiele, Replikate von Schmuck, Münzen, zahlreiche Alltagsgegenstände.
Ordner mit Texten und Kopiervorlagen, Bastelmaterial, Kartenspiel »Alltagsleben«, erläuternde Informationen (Dia-Reihe, CD-ROM »Limes«, Film »Unter römischer Herrschaft«, zahlreiche Bücher und Sachhefte).

Limesmuseum Aalen
35 zum größeren Teil originale Gegenstände (Fundorte zumeist in und um das Aalener Kastellgelände), in drei Lagen sortiert: Ganz oben liegen kleinere Gebrauchsgegenstände (mehrere Schmuckstücke, verschiedene Schlüssel, ein halber Spielstein, ein Nagel, eine Geschossspitze, ein Eisenmesser, eine Glocke, ein Öllämpchen, mehrere Münzen u. a.), in der Mitte Alltagsgeschirr oder Teile davon (wie der obere Teil eines Glaskruges, Sigillataschälchen, rätische Ware), die unterste Schicht umfasst größere, sperrige Gegenstände (einen Tierknochen, einen Wand-Hohlziegel, zwei Hypokaustziegel). Ein knappes Erläuterungsheftchen gibt einige Hinweise.
In Planung ist ein Themenkoffer zum Thema »Religion«.

Archäologischer Park Cambodunum (Kempten)
Inhalt »Großer Koffer«: Zahlreiche Bild- und Texttafeln mit Sachinformationen, Instruktionsmappe mit Bildbeispielen, Kassette mit römischer Musik, Dachplatten, Deckziegel, *Strigilis* (»Peeling«-Schabeisen).
Inhalt »Kleiner Koffer«: Figuren/Büsten von römischen Göttern, Lampen und Zubehör, Schmuckstücke, Münzen, Keramik, Werkzeug, Kleidung.

Anhang 4

Adressen von Römerparks und Originalstätten der römischen Geschichte in Deutschland
(*Anbindung an Museen/gleiche Kontaktadresse)

Via Ausonia (Bingen-Trier):
Verkehrsamt der Verbandsgemeindeverwaltung Kirchberg
55481 Kirchberg (Hunsrück)
Tel.: 06763/910-214
E-Mail: touristik@kirchberg-hunsrueck.de
(Wanderkarte, Wanderführer »via Ausonia«, Unterkünfte)

Verkehrsamt Morbach
54497 Morbach
Tel.: 06533/71117
E-Mail: Morbach@t-online.de
www.morbach.de
Wanderung auf der Römerstraße von Bingen nach Trier über den Hunsrück nach der »Mosella« des Ausonius. Für eine naturverbundene, sportliche Gruppe geeignet. Gesamtwanderstrecke 107 km, Teiletappen zwischen 12 und 20 km. Besonders lohnend die Teiletappe Kirchberg-Hochscheid mit Teilstücken originaler Römerstraße, rekonstruiertem Wachturm, römischen Tempelbezirken, Durchquerung des »Sarmaten-Landes«, Erläuterungstafeln am Wegesrand usw.

Limeswanderweg (Hochtaunus-Saalburg*):
Archäologische Karte mit Verlauf des Limes und Kastellen, Informationsmaterial zu allen Kastellen, Führungsblätter im Museum anfordern!
Schöne Kombination von Wanderung/Naturerlebnis und Besichtigung (Saalburg): zwei-, dreitägig; reine Besichtigung: eintägig. In der Saalburg wird den Schülern anschaulich das Leben römischer Legionäre demonstriert. Besonders spannend für jüngere Schüler! Mehrtägiges

Spezialprogramm »Abenteuer Archäologie« in Verbindung mit Jugendherbergen möglich.

Archäologischer Park Xanten:[88]*
Xanten ist geeignet für einen Aufenthalt in Kombination mit einer Fahrradtour (auch als Klassenfahrt). Der Archäologische Park bietet reizvolle und vielseitige Angebote (Amphitheater, Taverne, Tempel, Thermen, Befestigungsanlagen, römisches Spielehaus ...) für Schüler, eine Ergänzung durch die Großen Thermen und das Regionalmuseum bietet sich an für alle Altersstufen!

Park Kalkriese (Osnabrücker Land*):
Park Kalkriese
Venner Straße 69
49565 Bramsche-Kalkriese
Tel.: 05468/92040
E-Mail: ariane.hanselmann@kalkriese-varusschlacht.de
http://www.kalkriese-varusschlacht.de/
Auf dem Ausgrabungsgelände der Varusschlacht wurden ein modernes Museum (Eröffnung 2001) und ein Park (Eröffnung 2000) mit außergewöhnlicher Konzeption errichtet. Im Park werden die Schüler auf den Germanen-Pfaden oder der Marschroute der Römer an die verschiedenen Fundstellen der Ausgrabung geführt, begleitet von Kommentaren antiker Autoren zur Varusschlacht. Anhand eines Grabungsschnittes können sie der Arbeit der Archäologen folgen. Die Themenvielfalt des Museums reicht von der Ausgrabungs- bis zur Rezeptionsgeschichte! Anschaulicher Einstieg in das Thema durch die Ausstellung »Varusschlacht – Eine Legende wird ausgegraben«.

Römische Villa Borg, Römerpark von Homburg-Schwarzenacker (Saarland):
Tourismuszentrale Saarland GmbH
Franz-Josef-Röder-Straße 9
66119 Saarbrücken
Tel.: 0681/92720-0
(Vermittlung von Jugendherbergen auf Anfrage!)
Denkbar als mehrtägige Fahrt (auch Klassenfahrt) durch das Saarland als spannende Entdeckungsreise durch römische Wohn- und Lebenskultur in den Provinzen: Die gut rekonstruierte römische Villenanlage in Borg vermittelt den Schülern anschaulich einen Eindruck von der

---

88 Weitere Informationen zu Unterkünften, Führungen usw. in Xanten → Anhang 5, S. 305–306.

Pracht römischer Wohnkultur. Eine römische Taverne bietet Gerichte nach den Rezepten des Apicius. Eine typisch römische Stadtanlage ist in Homburg zu finden, angegliedert ist ein Museum. Ergänzt werden kann die Rundreise durch das Saarland durch die Besichtigung des aufwändig rekonstruierten Mosaikbodens in Nennig und einen Besuch in Trier.

Römervilla am Silberberg (Ahrweiler):
Museum Römervilla
Am Silberberg 1
53474 Bad Neuenahr-Ahrweiler
Tel.: 02641/5311 oder 87241
Ähnlich wie in Borg eine sehr anschauliche Demonstration gehobener römischer Lebensweise und Wohnkultur (für jüngere Schüler gut geeignet!): Einmaliger Erhaltungszustand (für die Gebiete nördlich der Alpen) und aufwändige Rekonstruktionen (Bemalung)! Schüler können komplette Räume durchqueren und somit die Atmosphäre der Römerzeit nachvollziehen. Günstig bei schlechtem Wetter: Schutzbau aus Holz und Glas!

Römisches Prätorium und Cloaca Maxima (Köln):*
Außenreferat der Museen der Stadt Köln
Richartzstraße 2–4
50667 Köln
Tel.: 0221/22127468 oder 22127380
museumsdienstkoeln@netcologne.de
(Führungen)
Die Fahrt in die älteste Stadt am Mittelrhein eignet sich für einen eintägigen Wandertag von Schülern der Unter- und Mittelstufe. Vielgestaltige Möglichkeiten der Erkundung einer römischen Provinzhauptstadt: Ausgrabungen des römischen Statthalterpalastes (Prätorium), Eintauchen in das römische Abwassersystem (Cloaca maxima), römische Glaskunst (Diatretbecher im Museum) und Mithraskult (Mithräum am Dom), römische Stadtmauer usw.

Römisches Trier:*
Tourist-Information Trier
An der Porta Nigra
54290 Trier
Tel.: 0651/978080
E-Mail: info@tit.de
www.trier.de/tourismus

Zeltplatz *(April bis Oktober geöffnet)*:
Camping Trier-City
Luxemburger Straße 81
54294 Trier
Tel.: 0651/86921
Fax: 0651/83079
Mehrtägige Fahrt für Mittel- und Oberstufe, kombinierbar mit Zelten an der alten Römerbrücke (30 min. Fußweg in die Stadt). Separater Teil des Platzes direkt am Moselufer steht den Gruppen zur Verfügung. Sehr schöne Lage und Stimmung! Besichtigung: Gut erhaltene Kaiserthermen, Amphitheater (im Sommer Antikenfestspiele), Porta Nigra, römische Palastaula, rheinisches Landesmuseum Trier (lohnenswert!). Im Rheinischen Landesmuseum Trier auf spezielle Anfragen auch Kinder- und Schulführungen mit praktischen Versuchen (»Schreiben wie die alten Römer«, »Mosaikherstellung nach römischer Technik«).

Archäologischer Park Cambodunum* in Kempten

Anhang 5:

Kontaktadressen in Xanten
(*Kontakte für dortige Museen und Park → Anhang 3, S. 299)

Anmeldung für Führungen; Nachfrage Fahrradverleih (direkt am Bahnhof!) und Unterkunft:

Tourist Information Xanten
Kurfürstenstraße 9
46509 Xanten
Tel.: 02801/98300
E-Mail: info@xanten.de
www.xanten.de

Grillhütte/Anmeldung
Tel.: 02801/98300

Restaurant/Imbiss »Römische Herberge«
Tel.: 0 28 01/34 15

Große Thermen Xanten
Siegfriedstraße
Tel.: 02801/706918 (Kasse)

Unterkünfte

Villa Kunterbunt
Am Kerkend 7
46509 Xanten-Wardt
Selbstversorgerhaus; ca. 15 min. zum APX (Fahrrad). Zu buchen über:
BDKJ Stadtverband
Postfach 100608
46526 Dinslaken
Tel.: 02064/2002

Jugendherberge Xanten
Bankscher Weg 4
46509 Xanten-Wardt
Tel.: 02801/9850-0
E-Mail: jh-xanten@djh-rheinland.de
Diese moderne Jugendherberge an der Xantener Südsee wurde im Juni 2004 eröffnet. Mit öffentlichen Verkehrsmitteln sehr gut erreichbar! Nähe zum APX!

Moerenhof
Frau Anne Meurs
Mörmter Str. 7
Xanten-Marienbaum
Tel.: 02804/375
www.moerenhof.de
Anerkannter Beherbergungsbetrieb für 40 Personen

Anhang 6

Literatur

Antikensammlung Berlin, Die griechische Klassik, Idee oder Wirklichkeit, Ausstellung im Martin-Gropius-Bau, Berlin 1. März-2. Juni 2002, Mainz 2002.

Asterix apud Gothos, Band 3, Übersetzung von Karl-Heinz Rothenburg, Delta-Verlag, Stuttgart 1995.

Baatz, Dieter: Die Wachtürme am Limes, Stuttgart 1985.

Baatz, Dietwulf/Herrmann Fritz-Rudolf: Die Römer in Hessen, Stuttgart 1982. *Sachbuch mit zahlreichen Abbildungen, Kartenskizzen, Rekonstruktionszeichnungen und einem ausführlichen topographischen Katalog.*

Baatz, Dietwulf: Der römische Limes. Archäologische Ausflüge zwischen Rhein und Donau, 2. Auflage, Berlin 1975.

Bechert, Tilman: Römisches Germanien zwischen Rhein und Maas. Die Provinz Germania inferior, München/Zürich 1982.

Becker, Friedrich: Subjektivität und Naturaneignung, in: Klein, Fridhelm: Ideale Landschaft, Ausstellung Kunsthalle Nürnberg 17. Juli bis 5. September 1981, Nürnberg 1981, 18–20.

Becker, Thomas/Bender, Stephan/Kemkes, Martin/Thiel, Andreas: Der Limes zwischen Rhein und Donau. Ein Bodendenkmal auf dem Weg zum UNESCO-Weltkulturerbe, 2. Auflage, Stuttgart 2002.

Beer, Sonja: Symposion. Eine Einladung in die griechische Antike. Göttingen 2001.

Berking, Matthias, Geschichte. Einleitung, in: Schule und Museum. Vom Nutzen des Museums für die Schule, Hg. vom Museumspädagogischen Dienst Berlin in Zusammenarbeit mit der Senatsverwaltung für Schule, Jugend und Sport und dem Außenamt der Staatlichen Museen zu Berlin Preußischer Kulturbesitz, Berlin/Milow 1998, 24.

Bertscheid, Ralf: Bilder werden Erlebnisse. Mitreißende Methoden zur aktiven Bildbetrachtung in Schule und Museum, Mülheim 2001.

Biastoch, Martin: Die Glyptothek als Lernort, in: AU 4+5/2001, 57–61.

Bietz, Wolfgang/Kuntz, Friedrich/Scherf, Ferdinand: Studienfahrt nach Griechenland. Vorschläge zur Planung, Durchführung und Auswertung, in: AU Beilage zu Heft 6/1979.

Boardman, John/Dörig, José/Fuchs, Werner/Hirmer, Max (Hg.): Die griechische Kunst, München 1970.

Böcking, Werner: Der Niederrhein zur römischen Zeit, Archäologische Ausgrabungen in Xanten, Kleve 1989.

Bremmer, Jan: Götter, Mythen und Heiligtümer im antiken Griechenland, Darmstadt 1996.

Brenne, Sabine und Stefan: Athen, Attika, München/Zürich 1993.

Buschor, Ernst: Griechische Vasen, München 1975.

Colombati, Silvia: Flip-Poster S.P.Q.R. Kultur und Faszination des antiken Roms auf mitreißenden Bildern neu entdecken, Stuttgart 1997 (Flip-Poster und Begleitbuch).

Cüppers, Heinz: Römer in Rheinland-Pfalz, Trier 1990.

Das Kochbuch der Römer. Rezepte aus der »Kochkunst« des Apicius, Zürich/München 1984 (geeignete, ins Deutsche übersetzte Auswahl von genießbaren Gerichten!).

Das Rheinische Landesmuseum Bonn; Die neun Themen, Führer des Rheinischen Landesmuseums Bonn, Kunst und Altertum am Rhein Nr. 144, Hg. Frank Günter Zehnder, Köln 2003.

Datow, Wulf: Mit der Klasse im Museum, in: Handbuch Praxis des Vorbereitungsdienstes. Band 2: Erziehungswissenschaftliche Problemfelder, Düsseldorf 1982, 289–310.

Dech, Uwe Christian: Sehenlernen im Museum. Ein Konzept zur Wahrnehmung und Präsentation von Exponaten, Bielefeld 2003.

Deutscher Limes-Radweg 1 (Reihe *bikeline*), 1. Auflage, Rodingersdorf, 2000.

Deutscher Limes-Radweg 2 (Reihe *bikeline*), 1. Auflage, Rodingersdorf, 2002.

Drossou Panaiotou, Niki: Olympia, Mykene, Epidauros, Korinth, Athen, Delphi. Illustrierte Führer mit Rekonstruktionen, Rom 1990/1991. *Reich bebilderter, handlicher Führer mit ausführlichen Erläuterungen. Hilfreich: Über das Foto des jetzigen Ausgrabungszustandes wird eine Folie mit einer (allerdings teilweise sehr gewagten) Rekonstruktion gelegt!*

Dubin, Marc: Griechenland Wanderbuch, Kiel 1988.

Ecce Roma. De vita cottidiana Romanorum, 2. verbesserte Auflage, Ravensburg 1986 (ins Lateinische übertragen von Ulrich Streckfuß; englischer Originaltitel: Usborne Pocket Guide to Ancient Rome).

Elbe, Joachim von: Die Römer in Deutschland, Ausgrabungen, Fundstätten, Museen, München/Eltville 1989.

Erdmann, Elisabeth: Leben unter römischer Herrschaft. Die Römerzeit im heutigen Baden-Württemberg, hg. von der Landeszentrale für politische Bildung Baden-Württemberg, Villingen-Schwenningen 1986.

Ewigleben, Cornelie/Köhne, Eckart (Hg.): Caesaren und Gladiatoren. Die Macht der Unterhaltung im antiken Rom, Katalog zur Ausstellung im Historischen Museum Speyer, 9. Juli – 1. Oktober 2000, Mainz 2000.

Fast, Kirsten (Hg.): Handbuch der museumspädagogischen Ansätze, Opladen 1995.

Filtzinger, Philipp (Hg.): Die Römer in Baden-Württemberg, 2. Auflage, Stuttgart/Aalen 1976.

Filtzinger, Philipp: Limesmuseum Aalen, Stuttgart 1983. (Alter Museumskatalog; zum neuen → unter Kemkes.)

Gach, Hans Joachim: Geschichte auf Reisen. Historisches Lernen mit Museumskoffern, Schwalbach/Ts. 2005.

Gach, Hans Joachim: Handout zum Seminar »Museum aus Koffern«. Bundesakademie für kulturelle Bildung Wolfenbüttel e.V., Wolfenbüttel 2004.

Gach, Hans Joachim: Museumskoffer. Mobile Sammlungen gegenständlicher Quellen, in: Geschichte lernen, Heft 104/2005, 6–8.

Gach, Hans Joachim: Vor Quellen überquellen. Mit Materialkoffern auf Zeitreise gehen, in: Geschichte lernen, Heft 104/2005, 26–31.

Gaitanides, Johannes: Griechenland ohne Säulen, München 1992.

Gerlach, Gudrun: Essen und Trinken in römischer Zeit, Köln 1986.

Germann, Albrecht: Tagesexkursion zum Saalburgkastell. Eine Unterrichtsreihe für die Sekundarstufe I, in: AU, 5/1985, 32–61.

Götterberge Griechenlands, in: Berge. Das internationale Magazin der Bergwelt, Nr. 40, Nürnberg 1990.

Griechische Küche, 280 Rezepte der kulinarischen Spezialitäten Griechenlands, München 1978.

Gruben, Gottfried: Die Tempel der Griechen, München 1969.

Hamacher, Johannes (Hg.): Nicodemus Frischlin, Iulius Redivivus. Caesar et Cicero in comoedia. Text und Kommentar, Münster 1997.

Heimberg, Ursula/Rieche, Anita: Die römische Stadt, Köln 1986.

Hell, Klaus/Kirch, Peter/Rupp, Robert: Bei den Römern. Weltmacht am Mittelmeer – Unterrichtsbaustein Oktopus, Stuttgart 2000. *Auswahl von Zeugnissen der Technik der römischen Kaiserzeit, vermittelt durch reichhaltiges Bildmaterial und für Schüler verständliche Sprache.*

Hellenika, Einführung in die Kultur der Hellenen, Berlin 2002.

Hierdeis, Helmwart/Schratz, Michael (Hg.): Mit den Sinnen begreifen. 10 Anregungen zu einer erfahrungsorientierten Pädagogik, 2. Auflage, Innsbruck 1994.

Horn, Heinz Günter: Römer in Nordrhein-Westfalen, Stuttgart 1987.

Huber, Heide: Cursus Inscriptionum in CCAA. Inschriftenrallye im Römisch-Germanischen Museum Köln, in: AU 4+5/2001, 30–41.

Hunger, Herbert (Hg.): Lexikon der griechischen und römischen Mythologie, Hamburg 1974.

Johnson, Anne: Römische Kastelle, Mainz 1987.

Junkelmann, Marcus: Die Legionen des Augustus. Der römische Soldat im archäologischen Experiment. Kulturgeschichte der antiken Welt, Band 33, 9. Auflage, Mainz 2003. *Bildliche Dokumentation eines archäologischen Selbstversuches, eingearbeitet in eine umfassende Darstellung der römischen Militärgeschichte; dazu auch zwei geeignete Filme: »Die Reiter des Imperiums« Teil 1 und 2.*

Jürgensen, Frank.: Cinderellas Kutsche (Zum problematischen Verhältnis von Schule und Museum), in: Fast (Hg.), 101–145.

Kemkes, Martin/Scheuerbrand, Jörg/Willburger, Nina: Am Rande des Imperiums. Der Limes – Grenze Roms zu den Barbaren, Ulm 2002. *Neuer Museumskatalog mit dem*

Anspruch, historisches und kulturelles Grundlagenwissen verständlich zu vermitteln. Bestellung auch beim Museum direkt möglich: Limesmuseum Aalen, St.-Johann-Str. 5, 73430 Aalen, E-Mail: limesmuseum.aalen@t-online.de.

Kemkes, Martin: Am Rande des Imperiums, Multimediashow, 2005 *Komplexere Darstellung des Geschehens am Limes, auch mit modernen historischen Vergleichen, geeignet für Schüler ab der 9. Klasse, kann im Limesmuseum Aalen gezeigt werden.*

Kemkes, Martin: Das römische Aalen, Film, 2005. *Ein virtueller Gang durch das Kastell und durch einen römischen Gutshof, geeignet auch für Kinder, kann im Limesmuseum Aalen gezeigt werden.*

Klee, Margot: Der Limes zwischen Rhein und Main, Stuttgart 1989. *Bildsachbuch über den Limes zwischen Rheinbrohl und Großkrotzenburg mit detailliertem Führungsteil und herausnehmbarer Limes-Wanderkarte.*

Klein, Stefan: Imperium Romanum. Bauen mit den Römern, Mülheim an der Ruhr 1997.

Knell, Heiner: Grundzüge der griechischen Architektur, Darmstadt 1980.

Kolb, Peter: Die Römer bei uns. Juniorkatalog und Sachbuch, Museumspädagogisches Zentrum MPZ München, 2000.

Kolb, Peter: Die Römer bei uns. Juniorkatalog und Sachbuch, Museumspädagogisches Zentrum MPZ München, 2000.

Korff, Gottfried: Die Eigenart der Museumsdinge. Zur Materialität und Medialität des Museums, in: Fast (Hg.), 17–28.

Krefeld, Heinrich (Hg.): Res Romanae. Begleitbuch für die lateinische Lektüre, 1. Auflage, Berlin 1997.

Landschaftsverband Rheinland, Rheinisches Landesmuseum Bonn: Archäologischer Park Xanten, Kurzführer, Köln 1985.

Landschaftsverband Rheinland, Rheinisches Landesmuseum Bonn: Colonia Ulpia Traiana, Arbeitsberichte zu den Grabungen und Rekonstruktionen, Köln 1978.

Landschaftsverband Rheinland, Rheinisches Landesmuseum Bonn: Römer in Xanten, Schülerheft 1, Köln 1990.

Lange, Sophie: Wo Göttinnen das Land beschützen – Matronen und ihre Kultplätze zwischen Eifel und Rhein, Bad Münstereifel 1995.

Lauffer, Siegfried (Hg.): Griechenlandlexikon der historischen Stätten, München 1989.

Lexikon der antiken Welt in drei Bänden, München 1990.

Lullies, Reinhard/Hirmer, Max: Griechische Plastik von den Anfängen bis zum Hellenismus, München 1972.

Marcus Gavius Apicius: De re coquinaria, Reclam Nr. 8710, Stuttgart 1991. *Komplette zweisprachige Ausgabe mit brauchbaren Mengenangaben im Anhang.*

Microsoft Encarta: Enzyklopädie 2000, Microsoft Corporation 1993–1999.

Miquel, Pierre: So lebten sie zur Zeit der römischen Legionäre, Hamburg 1981.

Mit Schülern im Limesmuseum Aalen, LEU (Landesinstitut für Erziehung und Unterricht Baden-Württemberg) L (Latein) 40, Stuttgart 1984.

Mommsen, Peter: Studienfahrten an den Limes. Historisch-Archäologische Einführung. Vorschläge zur Planung und Durchführung, 1. Auflage, Stuttgart 1981.

Müller, Dietram: Griechische Bergwelt. Ein Führer für Gebirgstouren in Griechenland, Wiesbaden 2002.

Müller-Wiener, Wolfgang (Hg.): Burgen der Kreuzritter, München 1971.

Museumspädagogischer Dienst Berlin in Zusammenarbeit mit der Senatsverwaltung für Schule, Jugend und Sport und dem Außenamt der Staatlichen Museen zu Berlin Preußischer Kulturbesitz (Hg.): Schule und Museum. Vom Nutzen des Museums für die Schule, Berlin/Milow 1998.

Nickel, Rainer/Utz, Clemens/Westphalen, Klaus: Felix. Das Sachbuch, 2. Auflage, Bamberg 2000.

Nickel, Rainer/Waiblinger, Franz-Peter: Kleines Lexikon zur römischen Welt, Bamberg 1985.

Nickel, Rainer: Lexikon zum Lateinunterricht, Bamberg 2001.

Niemann, Karl-Heinz: Das ambulante Museum, in: AU 4+5/2001, 68–71.

Oppermann, Siemer: Peloponnes, München 1993.

Otto, Gunter: Lehren und Lernen zwischen Didaktik und Ästhetik. Band 2: Schule und Museum, Seelze/Velber 1998.

Pausanias, Beschreibungen Griechenlands, Ein Reise- und Kulturführer aus der Antike, übers. und hg. von Jacques Laager, in: Manesse Bibliothek der Weltliteratur, Zürich 1999.

Pleticha, Heinrich/Schönberger, Otto: Die Römer. Ein enzyklopädisches Sachbuch zur frühen Geschichte Europas, München 1977.

Precht, Gundolf/Rieche, Anita/Schalles, Hans-Joachim: Die römischen Bäder, Köln 1989.

Pristl, Martin: Gebrauchsanweisungen für Griechenland, München 1996. *Beide Bücher von Pristl: Leicht lesbare, humorvolle Essays über Land und Leute.*

Pristl, Martin: Griechenland. Anders Reisen, Hamburg 1995.

Res Romanae, Begleitbuch für die lateinische Lektüre, Berlin 1997. *Neubearbeitung; nach Sachthemen zur römischen Kultur und Zivilisation geordnetes, sehr empfehlenswertes Nachschlagewerk für Schüler; ein Muss für die Fachbereichsbibliothek!*

Rieche, Anita/Schalles, Hans-Joachim: Arbeit, Handwerk und Berufe in der römischen Stadt, Köln 1987.

Rieche, Anita: So spielten die alten Römer, Köln 1984.

Römer am Rhein, Ausstellungskatalog des Römisch-Germanischen Museums in Köln, Köln 1967.

Römisch-Germanische Kommission des Deutschen Archäologischen Instituts und Verband der Landesarchäologen in der Bundesrepublik Deutschland (Hg.): Der römische Limes in Deutschland, Sonderausgabe, Hamburg 2000.

Saalburgmuseum (Hg.): Bastelbogen »Römische Schuhe«, »Limeswachturm«, Bad Homburg 1990.

Saalburgmuseum (Hg.): Der Limes im Hochtaunus, Archäologische Karte, Wiesbaden 1990.

Schmeer-Sturm, Marie-Louise: Museumspädagogik zwischen ästhetisierender Distanz und Sinnlichkeit, in: Hierdeis/Schratz (Hg.), 36–54.

Schneider, Helmuth: Einführung in die antike Technikgeschichte, Darmstadt 1992.

Schneider, Lambert/Höcker, Christoph: Griechisches Festland, DuMont Kunst-Reiseführer, Köln 1996.

Simon, Erika: Die Götter der Griechen, München 1969.

Soechting, Dirk: Führer durch das Regionalmuseum in Xanten, Köln 1978.

Speich, Richard: Peloponnes, Kunst- und Reiseführer, Stuttgart, Berlin, Köln 1989.

Spuren der Römer in der näheren Umgebung und in Europa, LEU (Landesinstitut für Erziehung und Unterricht Baden-Württemberg) L (Latein) 61, Stuttgart 1997.

Spuren der Römer in der näheren Umgebung und in Europa, LEU (Landesinstitut für Erziehung und Unterricht Baden-Württemberg) L (Latein) 61, Stuttgart 1997.

Steinhilber, Jürgen: Medienhandbuch zum Lateinunterricht. Anregungen, Beispiele, Literaturhinweise, Bamberg 1982 (bes. Kap. 15: Museum, 63–67).

Stoll, André: Asterix. Das Trivialepos Frankreichs. Bild- und Sprachartistik eines Bestseller-Comics, Köln 1975.

Stützer, Herbert Alexander: Kleine Geschichte der römischen Kunst, Köln 1984.

Thiel, Andreas: Wege am Limes. 55 Ausflüge in die Römerzeit, 1. Auflage, Stuttgart 2005.

Thies, Stephan: Der virtuelle Museumsbesuch, in: AU 4+5/2001, 85–87.

Vakalopoulos, Apostolos (Hg.): Griechische Geschichte von 1204 bis heute, übers. von Danae Coulmas und Nona Nielsen-Stokkeby, Köln 1985.

van Royen, René/van der Vegt, Sunnyva: Asterix – Die ganze Wahrheit, München 1998.

Verband der Landesarchäologen in der Bundesrepublik Deutschland (Hg.): Archäologie in Deutschland, Stuttgart. *Für spezielle Sachthemen-Referate geeignet; Vorteil: Aktueller Stand der Forschung.*

Visser, Tamara: Schülerarbeitsblätter im Museum. Chancen und Probleme ihrer Ausgestaltung, in: AU 4+5/2001, 14–23.

Weeber, Karl-Wilhelm: Alltag im Alten Rom, Düsseldorf/Zürich 2000.

Weeber, Karl-Wilhelm: Alltag im Alten Rom. Das Landleben, Düsseldorf/Zürich 2000.

Weeber, Karl-Wilhelm: Alltag im Alten Rom. Das Leben in der Stadt, 7. Auflage, Düsseldorf/Zürich 2003.

Weiß, Günter: Peloponnes, DuMont Kunst-Reiseführer, Köln 1994.

Wildberger, Anne-Käthi: Bildungsarbeit mit Schulklassen im Museum, in: AU 4+5/2001, 4–13.

Wolff, Gertha: Das Römisch-Germanische Köln, Führer zu Museum und Stadt, Köln 1984.

Zacharias, Wolfgang.: Orte, Ereignisse, Effekte der Museumspädagogik. Horizonte des musealen Bildungsauftrags und Spekulationen zur Topographie kultureller Erfahrung, in: Fast (Hg.), 71–97.

Zehnder, Frank Günter (Hg.): Das Rheinische Landesmuseum Bonn. Die neun Themen. Kunst und Altertum am Rhein, Nr. 144, 2. Auflage, Köln 2005

Zehnder, Frank Günter: Das »›Themen-Museum‹«,: Die Neukonzeption der Dauerausstellung nach dem Umbau, in: Das Rheinische Landesmuseum Bonn, Berichte aus der Arbeit des Museums, Heft 3/2000, Hg. Landschaftsverband Rheinland, Rheinisches Landesmuseum, Bonn 2000, 41–45.

Zschietzschmann, Willy: Kleine Kunstgeschichte der Griechen und Römer, Stuttgart 1963.

AU 4+5/2001: Lernen im Museum.

Das römische Imperium, Geo Epoche. Das Magazin für Geschichte, Nr. 5, April 2001.

Der römische Limes in Deutschland, 100 Jahre Reichs-Limeskommission. Sonderheft der Zeitschrift »Archäologie in Deutschland«, Stuttgart 1992.

Impulse 9, Beiträge zum altsprachlichen Unterricht, Pädagogisches Zentrum des Landes Rheinland-Pfalz, Bad Kreuznach 1992.

Landschaftsverband Rheinland, Rheinisches Landesmuseum Bonn (Hg.): Jule im Museum. Das Magazin für junge Leute (erscheint monatlich).

Römische Legionäre, Praxis Geschichte, Heft 6, November 1998.

Weitere Bastelbogen und Spiele erhältlich bei:

Museums-Pädagogisches Zentrum München (info@mpz.bayern.de)

Museumsdienst Köln (museumsdienst@stadt-koeln.de; museumsdienstkoeln@netcologne.de)

Römermuseum Augst (mail@augusta-raurica.ch)

Limesmuseum Aalen (→ Anhang 3)

Archäologischer Park Xanten (→ Anhang 3)

Antike zum Be-Greifen, Versand Dr. Gabriele Nick, nick@antike-zum-begreifen.de, www.antike-zum-begreifen.de. *Eine echte Fundgrube für Beisätze aller Art, Kalender, Poster, CDs, Lieder usw.!*

Dia-Reihen

Römische Antike (mit Erläuterungstexten), Stuttgart 1980–1983. *Sachthemen-Reihen: Die Römer und die Götter, Kleidung und Stand in der Römerzeit, Antike Belagerungsmaschinen, Römisches Wohnen, Soldaten am Limes, Bauten am Limes, Römische Thermen.*

CD-ROM

Link, Stefan/Molthagen, Joachim: Römisches Alltagsleben in Bildern, Paderborn/Hamburg 2001. *Bestellung: link@hrz.uni-parderborn.de*

Internet

www.griechenland-botschaft.de/,2003 *(Online-Informationsservice der Presseabteilung der Botschaft der Republik Griechenland)*

www.auswaertiges-amt.de *(Länder- und Reiseinformationen zu Griechenland)*

www.griechenlandinformation.de *(Griechenlandinformation des griechischen Generalkonsulats)*

www.griechenland-infos.de *(Wissenswertes rund um Griechenland)*

Weitere Informationsquellen über alle Bereiche des modernen Griechenland:

www.gogreece.com *(Informationsquellen über alle Bereiche des modernen Griechenland)*

www.griechenland.net *(Informationsquellen über alle Bereiche des modernen Griechenland)*

www.culture.gr *(Antike Stätten und Museen in Griechenland. Hierüber ermöglicht das griechische Kulturministerium einen zentralen Zugang zu allen griechischen Kultureinrichtungen; von hier ist der direkte Zugang zu vielen wichtigen griechischen Orten und Poleis [mit Bildern, Plänen, Rekonstruktionen usw.] möglich.)*

www.culture.gr/2/21/toc/museums.html *(Eine Liste aller [!] griechischen Museen; von hier direkter Zugang zum Nationalmuseum, Akropolismuseum, Agoramuseum)*

www.phil.uni-erlangen.de

www.kirke.hu-berlin.de/ressourc/ressourc.html *(Speziell zu den griechischen Stadtstaaten; von der KIRKE-Page [= Katalog für Internet-Ressourcen für die Klassische Philologie in Erlangen] kann man zur Suchmaschine ARGOS gelangen.)*

www.perseus.tufts.edu *(Englischsprachige Homepage mit schnellem Zugriff auf verschiedenste Informationen zur griechischen Geschichte)*

www.kzu.ch *(Kurzlehrgänge für Schüler zur griechischen Kunstgeschichte)*

www.smb.spk-berlin.de *(Von hier gelangt man zur Antikensammlung, Berlin.)*

www.stmwfk.bayern.de/kunst/museen/glypto.html *(Glyptothek, München)*

www.christusrex.org/www1/vaticano/0-Musei.html *(Vatikanische Museen)*

www.british-museum.ac.uk *(British Museum)*

www.archaeologie-online.de

www.limes-in-deutschland.de

www.unesco.org/whc

www.unesco-welterbe.de

3 Methodische Elemente

Den verschiedenen Großformen, die im Kapitel 2 vorgestellt wurden, liegen als Bausteine methodische Elemente zugrunde, die ebenso auch den herkömmlichen, sog. phasenstrukturierten Lehrbuch- und Lektüreunterricht sowie jeden Unterricht auch anderer Fächer strukturieren. Sie wurden in Kapitel 2 daher nur genannt, nicht aber eigens eingeführt. Dafür stellvertretend bieten wir hier orientierende Kurzporträts der Elemente, gemäß ihrem Vorkommen innerhalb der vorgestellten Großformen.[1]

---

1 Ausführliche Darstellung dieser methodischen Elemente → Drumm, Julia: Methodische Elemente des Unterrichts. Sozialformen, Aktionsformen, Medien, Göttingen 2007.

3.1 Einführung in die methodischen Elemente[2]

Definition

Methodische Elemente sind Grundbausteine bzw. kleine Einheiten innerhalb der offenen methodischen Großformen (2.2 bis 2.5) wie innerhalb des herkömmlichen Lehrbuch- und Lektüreunterrichts.[3]

Methodische Elemente

3.2 Sozialformen
3.2.1 Klassenunterricht
3.2.2 Einzelarbeit (EA)
3.2.3 Partnerarbeit (PA)
3.2.4 Gruppenarbeit (GA)

3.3 Aktionsformen/Handlungsmuster
3.3.1 Schülervortrag
3.3.2 Lehrervortrag
3.3.3 Unterrichtsgespräch
3.3.4 Rundgespräch
3.3.5 Rollenspiel
3.3.6 Szenische Elemente
3.3.7 Musikalische Elemente

3.4 Medien
3.4.1 Arbeitsblätter
3.4.2 Tafel und Folien
3.4.3 Plakate
3.4.4 Tonträger
3.4.5 Computer
3.4.6 Bilder
3.4.7 Lernspiele

2 → Meyer, Hilbert: Unterrichtsmethoden I: Theorieband, 6. Auflage, Frankfurt am Main 1994.
→ Meyer, Hilbert: Unterrichtsmethoden II: Praxisband, Frankfurt am Main 1987.

3 → Definition »Methodische Großform«, Kap. 2.1.

3.2 Übersicht über die Sozialformen

Definition

Sozialformen geben an, mit wem ein Schüler in einer bestimmten Unterrichtsphase zusammenarbeitet. Sie regeln also die Beziehungs- und Kommunikationsstruktur des Unterrichts.[4]

Vier Sozialformen

3.2.1 Klassenunterricht	
Ziele	■ Zentrale Inhalte allen zugänglich machen ■ Gemeinsam auswerten oder planen ■ Alle in der Gruppe vorhandenen Ideen nutzen
Einsatz/Inhalt	■ Erschließung (Text/Thema) im Unterrichtsgespräch ■ Interpretation/Erörterung mit allen ■ Vermittlung neuer Inhalte (Vortrag/Referat) ■ Planung/Durchführung/Präsentation handlungsorientierter Elemente im/vor dem Plenum
Zu beachten	■ Kommunikation: Sieht jeder jeden? Hört jeder jeden? ■ Motivation: Kann jeder folgen?

3.2.2 Einzelarbeit (EA)	
Ziele	■ Individuelle Denkvorgänge ermöglichen (Binnendifferenzierung!) ■ Konzentration, Selbstständigkeit und Durchhaltevermögen schulen (Lernroutine!) ■ Oasen der Ruhe schaffen
Einsatz/Inhalt	■ Brainstorming ■ Aufgabengesteuerte Textvorerschließung ■ Erarbeitung neuer Inhalte/Recherche ■ Beobachtungs-/Höraufträge ■ Ergebnissicherung ■ Üben und Festigen ■ Kreative Vertiefung ■ Selbstüberprüfung
Zu beachten	Der Faktor Zeit: Wie lassen sich unterschiedliche Arbeitstempos berücksichtigen?

4 → Meyer (1994), 136–143.

3.2.3 Partnerarbeit (PA)	
Ziele	■ Individuelle Denkvorgänge ermöglichen und die kognitive Leistungsfähigkeit der Schüler fördern ■ Soziale Kompetenz der Schüler schulen (Zweierbeziehungen als Grundbaustein sozialen Lernens) ■ Lernen lernen und lehren lernen (Helfersystem)
Einsatz/Inhalt	■ Vertiefung, z. B. durch Lernspiele ■ Erarbeitung eines Teilaspektes des Unterrichtsthemas (gemeinsame Lektüre/Übersetzung) ■ Spontaner Austausch (Eindrücke, Assoziationen) ■ Recherchen in Schulbibliothek und Internet ■ Wiederholung eines Themas durch Minivortrag ■ Gegenseitige Ergebnispräsentation/-kontrolle
Zu beachten	Kommunikation: Ist die Aufgabe klar? Können die Partner unter vier Augen kommunizieren (Sitzordnung?)

3.2.4 Gruppenarbeit (GA)	
Ziele	■ Selbstständigkeit der Schüler fördern ■ Methodenkompetenz fördern ■ Soziale und kommunikative Kompetenzen fördern ■ Den Unterricht inhaltlich verdichten (unterschiedliche Wege und Ergebnisse der einzelnen Gruppen) ■ Verschiedene Fragen parallel erarbeiten
Einsatz/Inhalt	■ Erarbeitung eines neuen Themenbereichs ■ Übung oder Vertiefung eines bereits erarbeiteten Themas ■ Vorträge oder Präsentationen in kleinem Rahmen ■ Erfahrungs-/Meinungsaustausch (in der Regel als Vorbereitung auf einen Austausch im Plenum)
Zu beachten	Organisation und Gerechtigkeit: Nutzen die Schüler die GA produktiv? Bringen sich alle angemessen ein?

3.2.1 Klassenunterricht

Definition

Klassenunterricht ist die Sozialform, bei der die ganze Lerngruppe mit dem Lehrer zusammenarbeitet. Es gibt *ein* zentrales Geschehen, an dem alle Schüler teilhaben.

Keineswegs. Im Klassenunterricht sind verschiedene Aktionsformen möglich:

- Lehrervortrag, Referat, Präsentation
- Gebundene und offene Unterrichtsgespräche, Rundgespräch
- Formen gemeinsamen Erlebens: Rollenspiele, szenische oder musikalische Elemente

Ein Referent/Moderator/Impulsgeber bündelt die Aufmerksamkeit:

- Zeigend (einen Film, ein Material)
- Vortragend (ein Referat)
- Fragend (im Unterrichtsgespräch)
- Vermittelnd (zwischen einzelnen Gruppen)

Wichtig: Geeignete Sitzordnung und ein klares Rollenbewusstsein
Hilfreich: Rituale: »Salvete, discipuli – Salve, magister!« und Regeln

Tipp
Finden Sie möglichst rasch heraus, wie viel Klassenunterricht am Stück die jeweilige Lerngruppe verträgt!

3.2.2 Einzelarbeit (EA)

Definition

Bei der EA, auch Stillarbeit genannt, arbeiten die Schüler selbstständig und eigenverantwortlich. Im Unterschied zum Klassenunterricht bestimmen sie selbst die Reihenfolge und das Tempo ihrer Denkschritte.

Ja, aber ...

- *Vor* die EA gehört eine klare Ansage: Wie lange? Welche Aufgabe? Welche Erwartung?
- *Während* der EA kann erlaubt sein: Rücksprache mit dem Lehrer; flüsternde Beratung durch Lehrer/durch »Experten« (aus der Lerngruppe).
- *Nach* der EA ist die Würdigung der Ergebnisse unerlässlich: Fehlerkorrektur, Rückmeldungen, Austausch; das geschieht im Plenum und/oder in PA/GA.

Wichtig: Präsenz des Lehrers (Umhergehen, Aufmerksamkeit zeigen)

Hilfreich: Zeitvorgabe; bei jüngeren Schülern mit Wecker/Sanduhr?

Tipp

Sehen Sie eine Zusatzaufgabe für »Schnellarbeiter« vor (Binnendifferenzierung) sowie ein Notprogramm für den Fall, dass die Zeit nicht reicht (Auswertung von Teilergebnissen; Fortsetzung: wann? wie?).

3.2.3 Partnerarbeit (PA)

Definition

Bei der PA wird der Klassenverband für eine begrenzte Zeit in Zweiergruppen aufgeteilt, die sich gemeinsam und selbstständig mit einer Aufgabenstellung beschäftigen. Die Ergebnisse werden in der Regel im anschließenden Klassenunterricht besprochen bzw. präsentiert.

Keineswegs. Partner sein bedeutet:

- Dialogisch sichten und Aspekte sammeln
- Auf gleicher Augenhöhe diskutieren
- Gemeinsam zu Lösungen kommen
- Lösungen gemeinsam vertreten

Partner sein kann auch bedeuten:

- Der eine hilft dem anderen.
- Der eine fragt, der andere erklärt.
- Synergien werden genutzt.

Wichtig: Regeln, die gewährleisten, dass die PA nicht zum Plauderstündchen gerät. Der Lehrer beobachtet von fern, hält sich aber möglichst heraus.

Hilfreich: Bewusste Zusammenstellung der Paare

Wie können Partner ermittelt werden?

- Nachbarn:
  organisatorisch am einfachsten; Gefahr: Routine
- Zufallspartner:
  organisatorisch aufwändig; Chance/Gefahr: Spannung
- Lieblingspartner:
  schwierig (für nicht gewählte Schüler)
- Stark – schwach:
  organisatorisch aufwändig; Chance: Helfersystem

Tipp
Zwei Einzelarbeiten sind keine Partnerarbeit! Ebenso ungünstig ist es, wenn ein Paar sich trennt und die beiden Schüler sich jeweils mit den Sitznachbarn auf der anderen Seite unterhalten.

3.2.4 Gruppenarbeit (GA)

Definition

Bei der GA wird der Klassenverband für eine begrenzte Zeit in Kleingruppen aufgeteilt, die jeweils gemeinsam und selbstständig an einer Themenstellung arbeiten, ihre Arbeitsergebnisse in der Regel in späteren Unterrichtsphasen im Plenum präsentieren und nach Möglichkeit in ein Gesamtergebnis münden lassen.

Nein, aber seine Rolle ist bei GA eine andere als etwa im Klassenunterricht:

- Er hat die Lerngruppe langfristig auf eigenverantwortliches Arbeiten vorbereitet (z. B. durch wiederholte EA- und PA-Phasen).
- Er hat Material vorbereitet, das Lernchancen bietet und zur Auseinandersetzung reizt.
- Er hat Einbettung und Rahmen der GA geplant.
- Er gewährleistet Raum, Zeit, Arbeitsmaterialien und Arbeitsklima für die GA (hierzu gehört auch seine aktiv-interessierte Präsenz – ohne Einmischung!).

Wichtig:	Klarheit des skizzierten Rollenwandels
Hilfreich:	Unterscheidung zwischen zwei Typen von GA und ihr funktioneller Einsatz

Arbeitsgleiche GA	Alle Kleingruppen bearbeiten dasselbe Thema. Empfehlenswert, wenn zuvor erarbeitete Grundkenntnisse oder Kompetenzen an neuen Inhalten überprüft, erprobt oder gefestigt werden sollen.
Arbeitsteilige GA	Jede Kleingruppe erhält einen anderen Arbeitsauftrag. Geeignet, um verschiedene Aspekte, Ebenen oder Dimensionen ein- und desselben Themas erarbeiten und später zusammentragen zu lassen.

Tipp
Zeitspanne für GA und Komplexität des Arbeitsauftrages langsam steigern. Üben lohnt!

3.3 Übersicht über die Aktionsformen

Definition

Aktionsformen bzw. Handlungsmuster bezeichnen die Art und Weise, wie ein bestimmter Stoff von Schülern oder vom Lehrer dargeboten, sich angeeignet oder erlebbar gemacht wird. Sie sind wie Drehbücher, die für einzelne Szenen bestimmte Abläufe festlegen.[1]

3.3.1 Schülervortrag, Referat und Präsentation	
Ziele	■ Relevante Informationen verständlich präsentieren ■ Mitschüler bei der Informationsaufnahme motivieren
Einsatz/Inhalt	■ Vorlesen, deklamieren, zusammenfassen ■ Übersetzen, Strukturen erläutern ■ Interpretieren, analysieren
Zu beachten	Für Referat und Präsentation: AIDA-Vortragsformel beachten (**A**ttention – **I**nterest – **D**esire – **A**ction)

3.3.2 Lehrervortrag	
Ziele	Einer Gruppe auf altersgemäße Art und Weise Informationen gebündelt und zusammenhängend weitergeben, die sie von sich aus nicht wissen kann
Einsatz/Inhalt	■ Inhaltliche Einführung in Text/Thema ■ Exemplarische Vorführung der Aktionsform Referat ■ Erklärung einer methodischen Großform ■ Zusammenfassung von Arbeitsergebnissen ■ Weitergabe organisatorischer Informationen
Zu beachten	So knapp wie möglich, so ausführlich wie nötig!

3.3.3 Unterrichtsgespräch	
Ziele	■ Ein Thema, ein Projekt gemeinsam besprechen ■ Ein Thema, ein Projekt gemeinsam erarbeiten/planen
Einsatz/Inhalt	■ Feststellung der Erwartungen an ein Unterrichtsthema ■ Erarbeitungsphasen und Planungen ■ Auswertung, Ergebnissicherung und Wiederholung
Zu beachten	Gebundene und freie Unterrichtsgespräche sind zu unterscheiden und je nach Anlass bewusst zu wählen.

1 → Meyer (1994), 115. → Meyer (1994), 124–128.

3.3.4 Rundgespräch	
Ziele	■ Gesprächsregeln einüben ■ Argumentieren, werten und urteilen üben ■ Verantwortung für den Unterricht delegieren
Einsatz/Inhalt	■ Besprechung von HA oder Übungen ■ Training von Grammatikformen oder Vokabeln ■ Inhaltliche Auswertung eines erarbeiteten Themas ■ Informations- und Organisationsrunden
Zu beachten	Ein gleichberechtigtes Gespräch kann nur über Themen entstehen, bei denen alle inhaltlich qualifiziert mitreden können.

3.3.5 Rollenspiel	
Ziele	■ Die Schüler für ein Thema öffnen ■ Den Inhalt eines Textes erarbeiten, vertiefen, variieren, aktualisieren oder verfremden ■ Interpretationsergebnisse spielerisch umsetzen
Einsatz/Inhalt	■ Einstieg/Abschluss eines Themas ■ Interpretation eines Textes ■ Problematisierungs- und Aktualisierungsphasen
Zu beachten	Ernsthaftigkeit gewährleisten, niemanden zum Spielen nötigen, die Zuschauer einbinden (Beobachtungsauftrag)

3.3.6 Szenische Elemente	
Ziele	■ Verständnis von Texten fördern ■ Spielfreude, Fantasie, Gemeinschaftsgefühl wecken
Einsatz/Inhalt	■ Veranschaulichung von Texten ■ Offene Unterrichtsformen, Projekte
Zu beachten	Nicht zu hohe Anforderungen an die schauspielernden Schüler und die technischen Hilfsmittel stellen!

3.3.7 Musikalische Elemente	
Ziele	■ Tieferes Verständnis von Texten fördern ■ Das Lernen intensivieren (verschiedene Zugänge) ■ Fachübergreifend arbeiten
Einsatz/Inhalt	■ Grammatikunterricht (Regeln/Texte vertonen) ■ Textarbeit (musikalische Interpretationen anhören) ■ Einstimmung auf Exkursion oder Klassenfahrt
Zu beachten	Interessiert sich die Lerngruppe für Musik? Polarisiert die Auswahl der musikalischen Elemente?

3.3.1 Schülervortrag, Referat, Präsentation

Definition

Gemeinsames Merkmal von Schülervortrag, Referat und Präsentation ist die Vermittlung von Inhalten und Informationen durch Schüler.

Schülervortrag
Meist im Unterricht spontan und mündlich; Zusammenfassung, Textvortrag, Kurzdarstellung eines eng begrenzten Themengebietes.

Referat
Setzt eine intensive Auseinandersetzung mit dem Thema, dessen inhaltliche Gliederung sowie eine konkrete Organisation des Ablaufs und des Einsatzes von Hilfsmitteln voraus; Vorbereitung außerhalb des Unterrichts; Schwerpunkt auf der mündlichen Darlegung eines komplexen Themas oder Textes (zumeist verbunden mit einer schriftlichen Ausarbeitung).

Präsentation
Infolge einer Vielfalt offener Unterrichtsformen sowie eines verstärkten Einsatzes moderner Medien im Unterricht: Schüler-Präsentation als eigenständige Aktionsform im LU; Schwergewicht auf der medienunterstützten mündlichen Vorstellung von Arbeitsergebnissen.

Inhaltliche Vorbereitung eines Referates/einer Präsentation

1. Thema klären und eingrenzen: Besprechung des Vortragsinhaltes mit dem Lehrer bzw. den Mitschülern (bei PA, GA); Abgrenzen des Inhaltes (fachbezogen oder fachübergreifend, Überschneidung mit anderen Vortragsthemen); Entwickeln der Leitfragen.
2. Informationen sammeln und recherchieren: Sammeln erster Informationen und Literaturhinweise (Lexika, Handbücher); Auswahl geeigneter Quellen und Nachschlagewerke (öffentliche, Schul- und Fachbereichsbibliothek, Internet, CD-ROM, Archiv, Expertengespräch); Analysieren, Bewerten und Selektieren wichtiger Informationen (nicht zu viel kopieren!).
3. Informationen strukturieren und visualisieren: Markieren der Texte; gedankliche Verarbeitung der Inhalte und visuelle Strukturierung: Kurven- oder Flussdiagramm, Mindmap, Schaubild.
4. Informationen aufarbeiten: Reduktion des Stoffes auf das Wesentliche (Komprimieren); Notieren der Kernaussagen auf Karteikarten (Exzerpieren); wörtliches Zitieren oder Zusammenfassen zentraler Aussagen; Sortieren der Karteikarten nach Themenbereichen; Gliederung des Stoffes nach Kapitelüberschriften und Teilüberschriften.

3.3.2 Lehrervortrag

Definition

Die Aktionsform Lehrervortrag ist eine Methode der Informationsvermittlung, in der der Lehrer einer Lerngruppe einen fachlichen oder methodischen Zusammenhang in einem Vortrag mündlich darlegt. Der Vortrag ist präzise geplant, gut strukturiert und evtl. durch Visualisierungen unterstützt. Die Schüler hören aufmerksam zu, machen sich u. U. Notizen oder bearbeiten einen gestellten Arbeitsauftrag und haben, sofern dies im Vorfeld vereinbart worden ist, die Möglichkeit, Rückfragen zu stellen.

Anforderungen

- an den Vortragenden – seinen Stil, seine Gestik, seine Stimmführung –,
- an den Vortrag – seine Struktur, seine Länge, seine Prägnanz –,
- an die unterstützenden Maßnahmen – das Tafelbild, Medien –

sind dem Schaubild zu entnehmen …

3.3.3 Unterrichtsgespräch

Definition

Das Unterrichtsgespräch ist ein strukturiertes und regelhaftes Gespräch, das dem Lehren bzw. Lernen eines vorher bestimmten Stoffes dient. Zu unterscheiden sind offene und gebundene Unterrichtsgespräche.

»Offen« bzw. »frei«	»Gebunden«
■ Unterhaltung ■ Schülergespräch ■ Diskussion, Streitgespräch, Pro- und-Contra-Gespräch, Debatte	■ Lehrgespräch ■ Gelenktes Unterrichtsgespräch ■ Fragend-entwickelndes Unterrichtsgespräch
■ Die Schüler tragen eigene Einschätzungen, Ideen, Fantasien und Fragen an den Unterrichtsgegenstand heran; die Moderation des Lehrers ist zurückhaltend, evtl. strukturierend und sammelnd, aber nicht wertend. Regeln für Diskussion und Debatte sind vorab vereinbart, werden eingehalten oder eingefordert.	■ Der Lehrer legt die Inhalte und Ziele des Gesprächs fest. Er ist seines größeren Überblicks wegen der Erklärer und Vermittler, dominiert und lenkt das Unterrichtsgeschehen – im Falle des Lehrgesprächs in einem noch stärkeren Maße als in einem fragend-entwickelnden oder gelenkten Unterrichtsgespräch.
■ *Wichtig:* Das Thema muss sich zur freien Entfaltung eignen (über die korrekte Bestimmung grammatischer Formen kann man nicht diskutieren!)	■ *Wichtig:* Gute Fragetechnik, klare Gesprächsstruktur, aufmerksame, zielführende Moderation

Welches Gespräch für welche Fragestellung?

- Wir planen einen Thementag: »Alltag in Rom«.
- Wir sammeln und sortieren die Übersetzungsmöglichkeiten des Participium coniunctum.
- Wir interpretieren Catulls *»Odi et amo«*.
- Wir besprechen eine (zurückgegebene) Klassenarbeit.
- Wir diskutieren Caesars Eingreifen in Helvetien.

– offen/frei
– gebunden
– gebunden oder offen/frei
– gebunden
– offen/frei

3.3.4 Rundgespräch

Definition

Die Aktionsform Rundgespräch ist eine Variante des Klassenunterrichts, in der alle Schüler (und Lehrer) für eine bestimmte Zeitspanne (in der Regel) im Kreis sitzen und die anstehenden Unterrichtsinhalte als gleichberechtigte Gesprächspartner erarbeiten, präsentieren oder diskutieren. Hierzu kann ein Gesprächsleiter bestimmt werden, der auf die Einhaltung der Regeln und Vereinbarungen achtet und die Gespräche oder Diskussionen moderiert.

Beispiel	**Besprechung der HA (Nachübersetzung)**
Dauer:	verschieden, (in der Regel) nicht länger als 15 min
Initiierung:	Der Lehrer nennt die HA, liest den ersten Satz vor, ruft einen der Schüler auf.
Schülerrolle:	■ Der aufgerufene Schüler bietet seine Lösung an. Die Mitschüler diskutieren ggf. die Fehler, formulieren Verbesserungsvorschläge, bieten Alternativen an, stellen und beantworten Fragen, einigen sich auf die richtige Lösung. ■ Der Schüler, der zuerst seine Lösung angeboten hat, bringt noch einmal zur Ergebnissicherung seine, evtl. korrigierte, Lösung zu Gehör, liest den nächsten lateinischen Satz vor, ruft einen anderen Schüler auf. ■ Dieser bietet nun wiederum seine Lösung an. ■ Der Vorgang wiederholt sich so lange, bis die gesamte HA besprochen und verbessert ist.
Lehrerrolle:	■ Der Lehrer initiiert das Rundgespräch in der beschriebenen Form, übergibt das Wort dann aber ganz an die Schüler, ■ weist lediglich auf nicht bemerkte Fehler hin.
Anmerkungen:	Den Schülern ist bei dieser Methode, HA zu besprechen, stets deutlich, zu welchem Zeitpunkt Alternativen, Fragen usw. zu einem Satz anzubringen sind und wann die Besprechung eines neuen Satzes beginnt.

3.3.5 Rollenspiel

Definition

In der Aktionsform Rollenspiel schlüpfen Schüler in die Haut einer anderen Person, einer Gottheit, eines Tieres oder eines sonstigen Akteurs eines antiken Textes. Sie bereiten – meist in Kleingruppen – ihre Rollen vor und führen schließlich das Rollenspiel vor ihren Mitschülern auf. Die Zuschauer erhalten in der Regel Beobachtungsaufträge. Im Anschluss werten Agierende wie Beobachtende gemeinsam das Rollenspiel aus. Zu unterscheiden ist zwischen dem offenen (Schüler schreiben selbst Texte) und dem gelenkten Rollenspiel (Textvorlage oder Rollenkarten).

Beispiel: *Lumina*, Lekt. 12, Text 1: »Die Hochzeit von Peleus und Thetis«

Beschreibung:	▪ Gelenktes Rollenspiel, d. h., die Schüler spielen den Lektionstext nach. ▪ Rollen: Erzähler, Peleus, Thetis, Götter, Paris ▪ Rollenspielsprache: Deutsch (auf Wunsch der Schüler auch Latein) ▪ Requisiten: »Essen«, »Wein«, »goldener Apfel«
Zeitpunkt/Einbettung:	Abschluss einer Lektion
Zeitansatz:	Eine Unterrichtsstunde
Vorbereitung:	Während des Unterrichts; es werden Gruppen zu je sechs Schülern gebildet (jede Gruppe erarbeitet die ganze Szene, jeder Gruppenteilnehmer übernimmt eine Rolle).
Durchführung:	Jede Gruppe spielt ihr Rollenspiel vor.
Beobachterauftrag:	Ist der Inhalt/die Problematik des Textes richtig wiedergegeben/interpretiert?
Besprechung:	Nach jeder Präsentation einer Gruppe

Beispiel für ein freies Rollenspiel:

Salvete, Lekt. XXXII: »Hercules am Scheideweg«. Die Schüler verfassen eine eigene, moderne Version des Lektionstextes, indem sie eine Entscheidungssituation aus ihrem Alltag darstellen (→ Kap. 2.2.1, Beispiel 1, S. 28).

3.3.6 Szenische Elemente

Definition

Als »szenische Elemente« kann man all diejenigen einzelnen Tätigkeiten bezeichnen, die verwendet werden, um einen Text schauspielerisch oder mittels Requisiten in Szene zu setzen. Die angeführten szenischen Elemente entstammen den Herkunftsbereichen gesprochene Sprache, Körpersprache, bildnerische Mittel und Requisiten.

- Lesen: Neben dem gewohnten Vorlesen des lateinischen Textes – monologisch oder mit verteilten Rollen – sind als künstlerische Vorträge möglich:
  - Prosodik: Schüler arbeiten für verschiedene (oder dieselben) Figuren in unterschiedlichen (oder in denselben) Textzusammenhängen die passende Sprechweise heraus.
  - Chorisches Lesen, Rezitation, Vortrag des Textoriginals auf Lateinisch, Deutsch oder gemischtsprachig
  - Echo: Zentrale Textpassagen können aus dem Off wiederholt werden.
  - Stille: Lediglich Verwendung von körpersprachlichen und sonstigen künstlerischen Mitteln sowie Mitteln der Requisite und des Bühnenbildes
- Sprachliche Ausgestaltung: Ein Text wird umgeschrieben, erweitert oder ergänzt: Perspektivenwechsel, situative Einbettung, Kommentierung (»Chor«).
- Choreografische Darstellung: Einbeziehung des Raumes in die Interpretation; die Sprecher bilden z.B. Kreis(e), Reihe(n), Gassen, Paare; Gehen/Laufen; Tanz
- Komplexe körpersprachliche Tätigkeiten: Standbild (→ Kap. 2.2.2, S. 47–48); Statuen; Pantomime
- Bildnerische Mittel: Lichteffekte (Beleuchtung, Verdunkelungsvorrichtungen); Medien; Requisiten (Tische, Stühle, Kartenständer, Blume, Kleidungsstücke, Papier, Schminke)

3.3.7 Musikalische Elemente

Definition

Der Einsatz von Musik im LU meint zum einen den kreativen Umgang mit Musik, d. h., Schüler erfinden selbst Melodien oder Rhythmen zu Merkversen oder Texten. Zum anderen kann Musik im LU rezeptiv eingesetzt werden, d. h., Schüler hören Musikstücke und bringen diese in Bezug zu gelesenen Texten.
Kreative Möglichkeiten: Rhythmisches Sprechen, Rap, Singen, Sprechgesang; klatschen, Rhythmus schlagen, musizieren; neu texten (für bekannte Melodien); selbst komponieren; einen Text mit einem Soundtrack unterlegen

Beispiele für die Vertonung von Merkversen

- Auf die Melodie »Üb immer Treu' und Redlichkeit« kann man den Merkvers »Genitiv bei Adjektiven« singen: »Begierig, kundig, eingedenk, teilhaftig, mächtig, voll, regieren stets den Genitiv, was man sich merken soll.«
- Auf die Melodie »Summ, summ, summ, Bienchen summ herum« kann man die Indikativ-Präsens-Formen von *esse* »vertonen«.
- Vertonung der Feminina der u-Deklination auf die Melodie: »Morgen, Kinder, wird's was geben«

Beispiel für den rezeptiven Umgang mit Musik

- Didos Tod bei Vergil und Purcell (Verg. Aen. 4 651–661; Henry Purcell, Dido and Aeneas, 3. Akt, 2. Szene)

3.4 Übersicht über die Medien

Definition

Medien sind die Materialien und Geräte, mit deren Hilfe der Unterrichtsstoff vermittelt wird. Ein Medium kann in einfacher Ausfertigung zentral für eine ganze Lerngruppe vorhanden sein oder in mehrfacher Ausfertigung jedem einzelnen Schüler bzw. jeder Schülergruppe zur Verfügung stehen. Ein Medium an sich ist zunächst »tote Materie«. Es muss durch Lehrer und Schüler im Rahmen des Unterrichts mit Leben gefüllt werden.[1]

3.4.1 Arbeitsblätter	
Ziele	■ Schriftliches Material zur Bearbeitung bereitstellen
Einsatz/Inhalt	■ Informationen ■ Aufgaben, Übungen ■ Kontrolle, Lösungen
Zu beachten	Überflutung der Schüler mit Arbeitsblättern vermeiden: »Kopiert ist noch nicht kapiert!«

3.4.2 Tafel und Folien	
Ziele	■ Lerninhalte zentral visualisieren
Einsatz/Inhalt	■ Einstieg ■ Erarbeitung ■ Präsentation
Zu beachten	Übersichtlichkeit, Funktionalität, Flexibilität

3.4.3 Plakate	
Ziele	■ Informationen und Ergebnisse vor einer Gruppe präsentieren und festhalten
Einsatz/Inhalt	■ Kommunikation ■ Brainstorming ■ Präsentation ■ Werbung
Zu beachten	Sachverhalte und Probleme müssen auf das Wesentliche reduziert werden (muss mit den Schülern geübt werden!).

1 Meyer drückt dies mit folgendem Bild aus: »Unterrichtsmedien sind ›tiefgefrorene‹ Ziel-, Inhalts- und Methodenentscheidungen. Sie müssen im Unterricht durch das methodische Handeln von Lehrern und Schülern wieder ›aufgetaut‹ werden.« (→ Meyer [1994], 150).

3.4.4 Tonträger	
Ziele	■ Den »auditiven Kanal« für Lernerfolg nutzen ■ Schüler- und produktorientiert unterrichten
Einsatz/Inhalt	■ Anhören/Aufnehmen eines Textes ■ Hörbeispiele/Nachsprechübungen ■ Audio-Führungen im Museum
Zu beachten	Es ist hilfreich, wenn ein MP3-Player mit Aufnahmefunktion zur Grundausstattung des Lateinlehrers gehört.

3.4.5 Computer	
Ziele	■ Sich in der Welt der Medien aktiv und kritisch bewegen lernen ■ Medien für Lernzwecke einsetzen lernen
Einsatz/Inhalt	■ Arbeitsmedium ■ Medium zur Informationsbeschaffung ■ Medium zur Kommunikation ■ Präsentationsmedium
Zu beachten	Schüler kommen leicht in Versuchung, vorgefundene Texte unverändert zu übernehmen (kritische Bewertung einüben!).

3.4.6 Bilder	
Ziele	■ Neue Perspektiven und Zugänge eröffnen ■ Neugier wecken, den Unterricht bereichern
Einsatz/Inhalt	■ Schaubilder/Realien-Bilder vermitteln Einsichten. ■ Kunstbilder laden zu verschiedenen Deutungen ein. ■ Unterhaltende Bilder wecken Neugier und Emotionen.
Zu beachten	Mit dem Bildeinsatz im Unterricht soll stets ein Erkenntnisgewinn verbunden sein.

3.4.7 Lernspiele	
Ziele	■ Intensives, selbstständiges Lernen fördern ■ Spaß am Lernen initiieren ■ Binnendifferenzierung ermöglichen
Einsatz/Inhalt	■ Übung im Schulbuchunterricht ■ Vertiefung, z. B. an Stationen ■ Eigene Gestaltung als Projekt
Zu beachten	Ein gutes Lernspiel ist ansprechend gestaltet, hat einfache Regeln und bietet Möglichkeiten der Selbstkontrolle.

3.4.1 Arbeitsblätter

Definition

Ein Arbeitsblatt (AB) ist ein beschriftetes oder bebildertes Blatt – meist in Form einer Kopie im DIN-A4-Format –, das den Schülern zur Bearbeitung verteilt wird. Dabei ist die Kopie entweder die Übernahme einer Vorlage oder vom Lehrer (ggf. auch vom Schüler) individuell maßgeschneidert.

Was man mit und auf AB alles tun kann …

Vokabeln Latein
Wort-, Sachfelder, Wortfamilien zusammenstellen
Kreuzworträtsel lösen
Vokabeln illustrieren

Grammatik (Formen, Syntax)
Systematiken ergänzen (Nominal-, Verbalsystem)
Syntaktische/semantische Analyse
Spielplan und -anleitung basteln
Strukturen im Lt/Sp/F/E/D/Gr vergleichen

Lat. Texte/Übersetzung
Deutsche Vorgabe mit Lücken: komplettieren
Übersetzungsvergleich, Stilkritik: markieren
Korrektur falscher Übersetzung: korrigieren
Fremdsprachige Übersetzung: paraphrasieren

Realien
Sachtext (auch fremdsprachlich): informieren
Bild zur Beschriftung: Fachvokabeln sortieren
Bastelbogen/technische Bauanleitung: (re)konstruieren

Interpretation/Rezeption
Skizze/Schema/Tabelle vervollständigen
Vorgegebene Interpretation: kommentieren
Literarische Texte: rezipieren
Noten von Vertonungen: musizieren

3.4.2 Tafel und Folien

Definition

Tafel und Folie ermöglichen es, durch Notizen einen Schüler- oder Lehrervortrag visuell zu unterstützen (Tafel- bzw. Folienanschrieb) oder Beiträge verschiedener Sprecher zu erfassen und zu ordnen (Tafel- bzw. Folienbild). Voraussetzungen für die Arbeit mit Folien sind ein Overheadprojektor, eine Projektionsfläche, geeignete Lichtverhältnisse sowie Platz, um den Projektor in ausreichender Entfernung von der Wand zu positionieren.

Stärken der Tafel	**Stärken der Folie**
▪ Schülernähe ▪ Einfache Technik ▪ TB entsteht vor den Augen der Schüler. ▪ Der Anschreibende (Lehrer oder Schüler) kann sich flexibel auf Beiträge aus der Lerngruppe einstellen. ▪ Falsch Angeschriebenes lässt sich durch Abwischen leicht korrigieren.	▪ Möglichkeit, reale Dokumente (z. B. Bilder, Zeitungsausschnitte, Landkarten), ganze Texte oder einzelne Zitate sowie komplexe Darstellungen (z. B. Grafiken) zu projizieren ▪ Blick zur Klasse während der Arbeit an der Folie ist möglich. ▪ Kann vorbereitet werden. ▪ Lässt sich aufbewahren und weiterverwenden.

Beispiel eines TB[1]

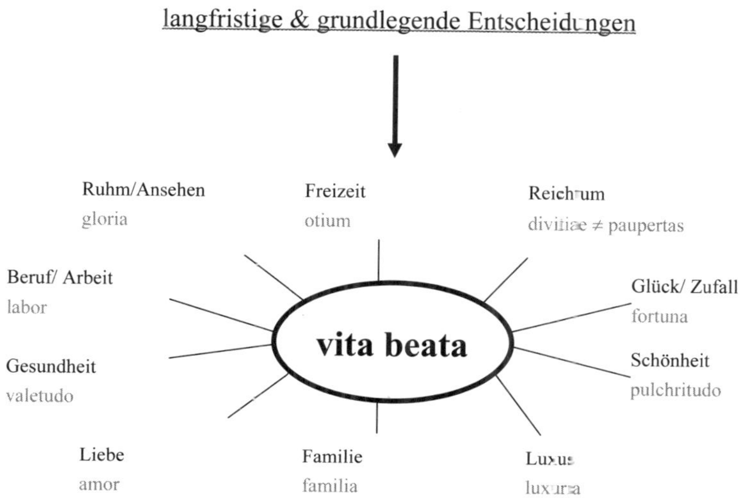

1 → Kap. 2.2.1, Beispiel 1, S. 27.

3.4.3 Plakate

Definition

Plakate werden in der Regel aus einem großen Bogen Papier oder Packpapier oder einem Stück Tapete hergestellt. Sie werden von Schülern oder Lehrern gefertigt und dienen im Schulalltag entweder dem individuellen, persönlichen Lernen eines Einzelnen oder als Grundlage für das Lernen einer bestimmten Lerngruppe. Mit einem Lernposter kann man Informationen, Arbeits- oder Gesprächsergebnisse vor einer größeren Gruppe präsentieren und über einen längeren Zeitraum hinweg zeigen.

Ein gutes Plakat ist
- einfach,
- klar,
- übersichtlich,
- schnell erfassbar,
- auch auf Distanz gut lesbar,
- ansprechend,
- zielgruppengemäß (z. B. altersgemäß)

gestaltet.

Beispiel

Der Aufbau eines LZ wird in der Regel zusammen mit den visualisierten Arbeitsaufträgen an (Pinn-)Wänden dargestellt und ist so während der gesamten LZ-Arbeit für die Schüler einsehbar.

Aufbau und visualisierte Arbeitsanweisungen zu einem LZ zu Mythen des Hygin (→ Kap. 2.3.1, Beispiel 5).

3.4.4 Tonträger

Definition

Als Tonträger gelten alle Medien, die es ermöglichen, akustische Signale dauerhaft zu konservieren und diese konservierten Signale beliebig oft und an verschiedenen Orten mit geringem technischem Aufwand wiederzugeben. Passive Tonträger sind Schallplatten und tontragende CDs; Kassetten und alle Formen digitaler Speichermedien kann man als aktive Tonträger bezeichnen.

Beispiel Rezeption (*Lumina*, Lekt. 6)

Tonträger	Ablauf/Arbeitsauftrag	Dauer
CD: *Lumina audio*	■ Vorerschließung des Textes durch akustische Präsentation mit Arbeitsaufträgen: 1) Schreibe die Eigennamen auf. 2) Notiere unbekannte Vokabeln. 3) Finde eine passende Überschrift. ■ Auswertung	ca. 15 min

Beispiel Imitation (Verg. Aen. I,1–11)

Tonträger	Ablauf/Arbeitsauftrag	Dauer
Vom Lehrer besprochene Kassette mit dem im Versmaß gelesenen lateinischen Text	Üben des Lesens im Hexameter (Versmaß bereits bekannt): ■ Mehrfache akustische Präsentation des Textes mit dem Arbeitsauftrag: Markieren Sie in Ihrem Text betonte und unbetonte Silben sowie Längen und Kürzen. ■ Korrektur der Ergebnisse, indem das Versmaß auf einer Folie eingetragen wird ■ Erneutes Anhören und Nachlesen durch Einzelne oder die Lerngruppe im Chor.	max. 1 Unterrichtsstunde

Produktion

Schüler können lateinische Texte akustisch gestalten, zunächst nur durch betont sinnhaftes Lesen, dann aber auch durch hörspielartige Gestaltung des Ambientes (→ Kap. 3.3.6, S. 328; → Kap. 3.3.7, S. 329).

3.4.5 Computer[1]

Definition

Der Computer ist eine Maschine und zugleich ein Medium bzw. eine Ansammlung von Medien; man spricht hier auch von einem »Verbundmedium«. Das bedeutet: Texte, Bilder und Töne (z. B. Musik), bei entsprechender technischer Ausstattung sogar Filme, lassen sich miteinander kombinieren. Diese »Medienschnipsel« können auch aus dem Internet oder digitalen Lexika bezogen werden, was komplexen Projekten inhaltlich sehr zugute kommen kann.
Der Computer an sich hat keinen pädagogischen Eigenwert. Der Einsatz des Computers im Unterricht muss grundsätzlich didaktischen Entscheidungen unterliegen. Allerdings ist der Computer ein »mächtiges«, die Aufmerksamkeit der Schüler fesselndes Medium, sodass sein Einsatz starke Auswirkungen auf die didaktische Anlage des Unterrichts hat. Die Wechselwirkung zwischen Inhalten, Zielen und eingesetzten Medien ist hier also besonders groß.

Beispiel Internet

Innovativ im positiven Sinne ist nicht die Arbeit mit dem Internet an sich, sondern der kritische, reflektierte Umgang mit diesem Medium, durch den die Schüler Medienkompetenz erwerben können; hierzu eine Checkliste:

Checkliste zur Bewertung von Internetseiten

- Gibt der Verfasser sich mit vollem Namen zu erkennen?
- Ist irgendwie die Kompetenz des Autors zu erkennen?
- Genügt die Seite den Anforderungen des Teledienste-Gesetzes, verfügt sie also über ein vollständiges Impressum?
- Werden zu allen wichtigen Tatsachenbehauptungen vollständige und nachvollziehbare Quellenangaben gemacht?
- Wird die Herkunft der Abbildungen, d. h. der eingebetteten Bilddateien, angegeben? Werden die Bilder erläutert?

1 → Bechthold-Hengelhaupt, Tilman: Alte Sprachen und neue Medien, Göttingen 2001.

3.4.6 Bilder

Definition

Ein Bild ist eine Einladung an jeden Betrachter, seine eigenen Entdeckungen zu machen.

Beispiele für den Einsatz von Bildern

- Bei der Einführung *neuer Vokabeln* können visuelle Hilfen (z.B. einfache Skizzen) den Schülern die Erschließung der Wortbedeutungen erleichtern und u.U. falschen Vorstellungen vorbeugen oder diese korrigieren.
- Ist der Ausgangstext mit Bildern (Bildergeschichten) illustriert, können Schüler den *thematischen und inhaltlichen Kontext* ohne den Umweg über einen langen Text rasch herstellen.
- Mit Bildern lassen sich ausgelassene *Textstellen* überbrücken (z.B. durch Einsatz verkürzter Comic-Fassungen).
- Bilder können als Parallel- oder Kontrastmaterial die *Interpretation* eines Textes im visuellen Bereich ergänzen und vertiefen.
- Im Sinne eines produktorientierten LU können die Schüler zu einem im Unterricht behandelten Thema, Text oder einer Szene ihrer Wahl mit selbst gestalteten Bildern, Collagen o.Ä. einen neuen Zugang gewinnen und dabei zugleich ihr Textverständnis überprüfen oder erweitern.

Bilderschließungsfragen (Kunstbild)

Was siehst du? Beschreibe (in Stichworten)!	Was vermutest du? Deute!	Was bleibt unklar? Notiere Fragen!

3.4.7 Lernspiele

Definition

Lernspiele sind Medien/Materialien, anhand derer in spielerischer Form Wissen erworben, geübt oder vertieft wird. Die Materialien werden in der Regel in EA, PA oder GA genutzt. Sie eröffnen verschiedene Zugangsweisen zu einem Thema. Lernspiele sind z. B. schriftliche Rätsel, mündliches Befragen von Spielpartnern oder handlungsorientierter Umgang mit Karten oder Spielsteinen.

Beispiel: Verbolino

- Eine längliche Pappkarte ist am rechten und am linken Rand beschriftet und mit kleinen Einkerbungen versehen. Um die Pappkarte wird eine Kordel gewickelt, mit der Zusammengehörendes jeweils vom linken Rand zum rechten Rand hinüber verbunden wird (Prinzip: Bandolino/Bandolo für Kinder).
- In der Regel EA
- Mögliche Zuordnungen: lat. Vokabel – dt. Bedeutung; Form – Bestimmung; Aktiv – Passiv; ... Die Zuordnungen müssen eindeutig sein.
- Kontrolle: Auf der Rückseite der Karte ist eingezeichnet, wie die Kordel verlaufen muss, wenn alle Verbindungen korrekt gespannt wurden.
- Beispiel: Verbolino zu den Verben *esse, posse* (1. Karte), *ire* (2. Karte), *velle, nolle, malle* (3. Karte), *ferre* (4. Karte)[1]

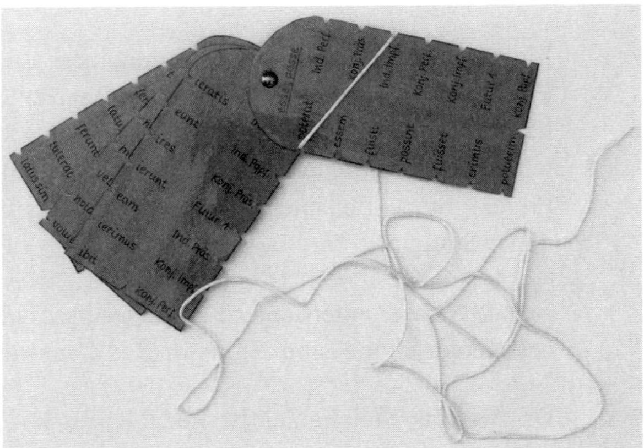

---

1 → Drumm, Julia: Lernzirkel zu den lateinischen Konjugationen, Göttingen 2004, Station 4, Üc.

Zu den Autoren

Tilman Bechthold-Hengelhaupt unterrichtet Latein, Deutsch und Ethik am Graf-Zeppelin-Gymnasium in Friedrichshafen und ist Fachberater für das Fach Latein beim Regierungspräsidium Tübingen.

Dr. Martin Biastoch unterrichtet Latein, Griechisch und Geschichte am Max-Planck-Gymnasium in Göttingen.

Julia Drumm unterrichtet Latein und Französisch am Gymnasium Ramstein-Miesenbach.

Roland Frölich unterrichtet Latein und Mathematik am Gymnasium St. Franziskus in Kaiserslautern und ist Fachleiter für Latein am Studienseminar Kaiserslautern.

Marina Keip unterrichtet Latein und Mathematik an der Gesamtschule Duisburg-Mitte. Sie ist Fachleiterin für Latein an den Studienseminaren Duisburg und Krefeld.

Stefan Kliemt unterrichtet Latein, Geschichte und Katholische Religion am Kurfürst-Balduin-Gymnasium in Münstermaifeld.

Ralf Lotz unterrichtet Latein und Philosophie am Privaten Gymnasium Nonnenwerth in Remagen.

Bettina Münch-Rosenthal unterrichtet Latein und Geschichte am Privaten Gymnasium Nonnenwerth in Remagen.

Ingvelde Scholz unterrichtet Latein und Evangelische Religion am Friedrich-Schiller-Gymnasium in Fellbach. Sie ist Fachberaterin für Latein am Regierungspräsidium Stuttgart sowie Fachleiterin für Latein, Lehrbeauftragte für pädagogische Psychologie und Leiterin der Projektgruppe Begabten- und Hochbegabtenförderung am Studienseminar Stuttgart.

Joanna Siemer unterrichtet Latein, Deutsch und Griechisch am Johannes-Kepler-Gymnasium Stuttgart-Bad Cannstatt.

Dr. Martina Steinkühler ist Redakteurin im Verlag Vandenhoeck & Ruprecht.

Philipp Wehmann unterrichtet Latein und Geschichte, bis Sommer 2007 am Gymnasium Ramstein-Miesenbach, dann an der Deutschen Schule Tokyo/Yokohama.